JN260864

ものが語る歴史　31
古代食料獲得の考古学

種石　悠

同成社

序　文

「狩猟は、わずかではあるが、法体系が見出される最初の領域である」
（E・ロット＝ファルク『シベリアの狩猟儀礼』）

「趣味—それは支配階級という場、および文化生産の場を舞台としてくりひろげられる闘争において、最も重要な争点をなすもののひとつである」
（ピエール・ブルデュー『ディスタンクシオン』）

　本書は、これまで詳細な研究が立ち遅れている日本古代の狩猟、漁撈および植物採集の食料獲得の活動実態とその文化・社会的意義について、東日本を中心に多角的に考古学的資料を検討することで解明を試みたものである（以後、本書で「食料獲得」と示す場合には前述の生業を全て指す）。各生業の検討に際しては資料の分析に加え、関連する民俗誌記録を参考にし、狩猟具については民族考古学的手法も用いた。
　本書で「古代」とした弥生時代から平安時代までの日本列島では、食糧生産社会が営まれ、主要な生業は水田稲作や畑作の農耕あるいは家畜飼養であったとされる。そのような時代において副次的あるいはごく小規模な生業であった食料獲得の有り様を検討することに、果たして学問的意義があるかと疑問を持たれるかもしれない。
　しかし第 1 章で述べる通り、古代の生業活動は他の時代と同様に複合性を帯びており、相互に作用しあっていた。つまり、たとえ生業全体からみて食料獲得が副次的なものであっても、それを検討する意義は小さくないと考えるのである。
　戦後の古代日本食料獲得研究に、漁業の視点から先鞭をつけた羽原又吉（はばらゆうきち）は、

著書『日本古代漁業経済史』の中で、「統一化する一般史と個別化する特殊史とは、相互に融通して、統一し特殊しゆくところに、躍動する人間生活史の生きた二つの面が明かにせらるる」(羽原 1949：10頁)と述べているが、的を射た指摘と思われる。

また、近代化へと向かう当時のシベリアで民族調査をしたフランスの人類学者E・ロット＝ファルクは、「狩猟とは、技術、魔術、宗教、法律のさまざまな領域に関する、完璧な知識を要するもののように思われる」(ファルク 1980：4頁)と、食料獲得行為としての狩猟の性格を見事に言い当てている。食料獲得は、そもそも歴史叙述に足るだけの、重要な文化的意義を有しているのである。

古代食料獲得の考古学研究の意義は、それだけではない。

当時、食料獲得が副次的な生業としての意味しかもたなかったのならば、なぜ弥生時代の銅鐸に狩猟や漁撈の様子が描かれ、古墳時代に狩猟文鏡や狩猟対象動物・鷹匠・狩人が造形された埴輪が存在し、釣針やヤス、銛、漁網錘といった漁撈具が古墳に副葬されたのだろうか。また、たびたび殺生禁断令が出された律令期の集落遺跡から、膨大な量の漁網錘が出土するのであろうか。これらの考古学的事実は、当時、食料獲得が、食べ物を得ること以外に他の文化的意義をも有していた可能性を示唆するのではないか。

これまで大きな文化・社会的意義を軽視されてきた食料獲得の実態を再検証し、日本古代史叙述の新たな可能性を本書で示したい。

なお、本書で示す遺跡等の所在地は、調査当時の市町村名を用いている。

目　次

序　文　i

第1章　日本古代食料獲得研究の意義 ……………………… 1
第1節　生業研究のあゆみ　1
第2節　生業研究の成果　15
第3節　生業の考古学研究の課題　17

第2章　海面漁撈と古代社会 ……………………………… 19
第1節　古代大型魚漁の文化・社会的意義　19
第2節　律令期東北地方北部の釣漁技術の独自性　40

第3章　内水面漁撈と古代社会 …………………………… 61
第1節　内水面漁撈体系の模式化　61
第2節　内水面漁撈の実態と古代社会―関東地方の網漁―　79
第3節　古代内水面漁撈の多様性―東北地方の網漁―　104
第4節　中央高地の古代網漁と内陸漁撈の独自性　127

第4章　古代狩猟の実態と民族考古学 …………………… 151
第1節　狩猟体系の模式化　151
第2節　狩猟具の民族考古学　167
第3節　古墳時代の弓矢猟　187

第5章　堅果類採集―民俗誌の検討から― ……… 213
第1節　古代堅果類利用の研究史　213
第2節　堅果類利用習俗の諸事例　217
第3節　堅果類利用技術の傾向　231

第6章　古代食料獲得の歴史的意義 ……… 239
第1節　古代食料獲得史　239
第2節　古代食料獲得と環境、他生業との相互作用　242
第3節　古代食料獲得と社会の動向　245
第4節　古代食料獲得の意義の多様化と重層化　257
第5節　古代食料獲得研究の課題　261

引用文献　265
資料編　295
　巻末写真資料　マタギ山刀の製作　297
　巻末表①　内水面漁撈民俗誌　305
　巻末表②　関東・東北・甲信地方の古墳時代集落出土鏃集成　314
　あとがき　323

古代食料獲得の考古学

第1章　日本古代食料獲得研究の意義

　日本列島で先史時代から現在に至るまで連綿と営み続けられてきた生業は、これまで考古学をはじめ多くの学問分野によって、研究の俎上に載せられてきた。生業は、社会の基盤をなす、重要な文化要素の一つであると認識されたためである。本章では、食料獲得だけにとらわれず、考古学と他の関連学問分野による生業研究史を概観し、まず、生業の考古学研究における課題と展望を明確にしておきたい。

　なお本書では、生業を広義の「労働」や「職業」の意と捉えず、「人類が生存していくために周辺環境からエネルギー源や栄養素などを得る主要な戦略」であり、「野生動物や海獣類の狩猟、腐肉の入手、漁撈、貝類の採取、野生植物の採集と栽培、集約的な農耕、さまざまな動物の飼育・牧畜などの経済行為を含」（山本典 2000：146頁）む文化的活動と定義する。

第1節　生業研究のあゆみ

　次に各学問分野による諸論考を概観する。これらの研究は、扱う対象地域や年代幅が広く、生業内容の時間的変化や地域的多様性をよく捉えており、列島の生業の内容や性格を把握する上で、さまざまな示唆を与えてくれる。なお、紙数の都合上、小地域や各時代・時期を対象とした生業研究は割愛した。

（1）文化人類学（民族学）からみた生業

　文化人類学による、生業の問題を含む代表的な文化論に、「照葉樹林文化論」と「ナラ林文化論」とがある。
　照葉樹林文化論は、『農業の起源』を著したサウアー（Sauer）に影響を受

けた中尾佐助（1966）と佐々木高明（1971）によって論じられた。縄文時代に淵源が求められる日本の基層文化の多くは、ユーラシア大陸東部の温帯南部に広がる照葉樹林帯（東亜半月弧）で発展した農耕文化が日本列島西南部に伝播したものであり、生業は、採集・半栽培段階から雑穀焼畑、そして水田稲作へ推移したとする考えである。佐々木は、縄文時代後・晩期を当文化の典型的な段階とする。

ナラ林文化論は、東北日本を中心に広がる落葉広葉樹林帯で発展した、もう一つの基層文化に注目する考えである。佐々木高明（1986）によって提唱され、東日本から朝鮮半島中・北部・中国東北部・ロシア沿海州およびアムール川流域に広がるナラ林帯で発展した文化が縄文後・晩期に伝わり、基層文化の源流の一つとなったとする。生業の特徴として、堅果類・イモ類の採集、サケ・マスの漁撈、およびカブ・オオムギなどの北方系作物の栽培などが挙げられ、東日本のナラ林文化は照葉樹林文化の北上とともに、やがて色彩が薄れていったとされる。

以上の農耕系譜論的な研究法による二つの文化論に対して、地理学の市川健夫らは、機能的・環境論的研究方法による「ブナ帯文化論」を提唱した（市川健ほか1981、市川健1987）。

ブナ帯は列島のナラ林とほぼ同じ地域を指すが、ブナ帯文化論は、現代のブナ帯と人間とのかかわりのなかで生まれた生活文化複合の解明を目指す点に相違があるという。ブナ帯文化の特徴として、堅果類と地下茎の採集、狩猟と漁撈、雑穀と根菜類の栽培、畜産、木工集団の存在、薬草と染料の利用、独自の住居および食料保存法の存在を挙げる。

生業を含むアイヌの活動系を、人間生態系の構造のなかで捉えようとしたのは渡辺仁（1977）である。渡辺は生業を含む技術的活動系を、物質的生活環境への適応手段として認めた。

文化生態学の川喜田二郎（1980）は、「水界稲作民」の存在に着目し、日本古代史理解のために新たな仮説を示した。すなわち列島の人びとは稲作だけではなく、水界の産物から動物性タンパク質を得ることで、栄養学的にバランス

が取れていたと考えるのである。

　このほか青葉高（1981・1988）は農学の立場から、日本で栽培される野菜の品種分布と遺伝的特性をもとに、中国と東北アジア経由の大きく二つの渡来ルートを想定し、東西日本で栽培品種が異なることを示した。

　文化人類学の分野では、照葉樹林文化論・ナラ林文化論が示され、またこれらと異なる視点からブナ帯文化論も唱えられた。これらの論考を通じて、縄文時代以来、列島内の照葉樹林帯とブナ帯という異なる環境下で形成された、生業をはじめとする特徴的な二つの文化の存在が指摘されてきたのである。その他の研究も、人間と自然環境との関わりを重視した、生態学的な視点をもつものであった。

（2）日本民俗学からみた生業

　柳田國男による日本の食性民俗の検討（柳田國 1940）と日本文化の基盤を稲作文化に求める主張（柳田國 1961）ののち、さまざまな生業民俗の検討が行われてきた。

　1959年刊行の『日本民俗学大系第5巻』において、稲作・畑作・漁業・林業・鉱山業・狩猟・牧畜・手工業など各生業民俗の内容がまとめられ、その後も各生業研究の深化が図られた。

　宮本常一は、山や海を生活の場としてきた人びとの歴史と民俗を描き、種々の職業の発生について叙述を試みた（宮本常 1964ab・1965）。

　また千葉徳爾は、中世以降の狩猟史と狩猟民俗を綿密に調査し、山地狩猟の伝承は室町時代にはじまり、近世中・後期に盛んになったと考えた（千葉徳 1969・1972・1975など）。そして山地狩猟民俗を、原始からの狩猟文化の残存ではなく、農耕儀礼の一環として捉えた。

　生業の複合性に関する次の検討も重要な成果であった。

　河岡武春は、新潟県蒲原地域の低湿地帯における生業民俗を調査し、「低湿地文化論」を唱えた（河岡 1977）。低湿地帯では、稲作のほかに漁撈も不可分に行われ、鴨猟など「魚鳥」も認められるという。河岡はこのような生業文化

について、南方系の漁民系農民がもたらした浮稲農耕や漁撈と、北方系の魚鳥やサケ漁とが融合して生成されたと考えた。

坪井洋文は、「餅なし正月」の民俗に着目し、それまでの稲作単一文化論に対してイモや雑穀などの畑作を基盤とする、もう一つの文化の存在を主張した（坪井 1979・1982）。

野本寛一は、稲作に対置される焼畑民俗を調査し、そこに狩猟・漁撈・採集などとの複合現象を見出した（野本 1984）。

各生業技術の総合化を目指す「複合生業論」を唱えた安室知は、生業複合の様相に関して、水田稲作地の調査を通じ、水田稲作は他の畑作・漁撈・狩猟・採集と併存する「生業複合型稲作地」から、稲作が他の生業を内部化してゆく「生業単一化志向稲作地」へ、歴史的に展開していったと論じた（安室 1998）。また安室は、生業複合のうち、「水田漁撈」について個別に論じてもいる（安室 2005）。

このほか、菅豊による内水面漁撈およびそれに関連する儀礼民俗の研究（菅 1986・1995など）や、日本農耕文化は稲だけでなく、アワなど五穀も合わせる形で生成されたと主張する増田昭子の雑穀関連儀礼の研究（増田昭 2001）、田辺悟（2005）による相模地域を中心とした詳細な海面漁撈民俗の調査と研究が知られる。

また松井健は文化人類学の立場から、民俗世界において副次的な生業ですらない、いわゆるマイナー・サブシステンスについて評価を行った（松井健 1998）。すなわち、この種の生業は、伝統的・捕獲から消費までが直接的・自然との密接な関わり・単純な技術と高度な技法が行為者にもたらす情緒的価値・時間空間的に限られる対象生物・名人による威信の獲得、などの特徴をもち、自然と人間との関わり方の位相関係や、自然の移ろいを身体で体感する働きがあるとする。

このように日本民俗学では、1960年代から稲作単一文化論に対する疑問が提示され、水田稲作以外の生業を基盤とする文化の存在、あるいは生業の複合性への注意がなされ、研究が深められていった。民俗誌記述の際には、農耕のほ

か狩猟・漁撈などの非農耕的な生業についても詳細に調査されるとともに、生業暦が編まれ、生業の季節性も明らかにされてきた。

そのなかでも、狩猟民俗は原始からの狩猟文化の残存ではなく、あくまで農耕儀礼の一環の行為であるとした千葉の説、また安室による水田地の歴史的展開への言及は、先史・古代を含む生業の歴史に言及したもので、考古学・歴史学の立場からも検証を行う必要があると思われる。

文化人類学の松井の指摘も、マイナーな生業がその生業に携わる人間に与えるさまざまな影響を改めて示した点において、生業の研究史上、特筆される論考である。

（3）文献史学からみた生業

考古学に関連が深い、奈良・平安時代を中心とした時期の生業研究をみていく。当時代は食糧生産社会であり、水田稲作や家畜飼養が研究の俎上に載せられたことは当然かもしれないが、食料獲得の検討もみられた。家畜史では、鋳方貞亮（1945）が古代文献史料を中心に吟味し、イヌ・ウマ・ウシ・イノシシ・ニワトリの家畜利用ならびに家畜をとりまく文化・社会について叙述を行った。その後、佐伯有清（1967）も、古代のウシと人間生活とのかかわり、特に「殺牛祭神信仰」について詳しく論じた。

古代漁業史では、羽原又吉（1949）が考古学や民俗学の研究成果を引用しながら、史料を検討し、先史時代から古代に至るまでの漁業史を叙述し、漁民（「海人」）の果たした歴史的役割について論じた。羽原による奈良・平安時代の漁業・漁民の記述はことに詳細であり、漁業や漁民の観点から古代日本社会の形成を解明しようとした着想は、生業史研究のなかで特筆するに値する。このほか、澁澤敬三（1954）は、『延喜式』を中心に関連史料の記述を詳細に検討し、古代の水産物の需要と供給、漁法および水産神饌品に関する考察を行った。

1964年に刊行された『体系日本史叢書第10巻　産業史Ⅰ』では、文献史料をもとに、奈良・平安時代の生業が網羅された。このなかで農業に関して水田や畠地利用・農産物・農具・肥料などの諸点がまとめられ（亀田ほか 1964）、牛

馬飼養をはじめとする牧畜や水産物・漁撈技術など漁業の実態についても解釈がなされた。

塩業史では、渡辺則文（1971）が古代から明治時代前期までの塩の生産と流通についてまとめ、各地の古代塩業の内容を関連文献の記述をもとに検討した。また律令期以降の製塩技術史の叙述も行われた（廣山 1983）。

網野善彦による日本中世非農業民の研究も、古代以降ではあるが、生業と社会とのかかわりを叙述した点で重要である。すなわち網野は、中世前期まで天皇や寺社に属していた狩猟・漁撈民が、後期になり天皇・寺社の権威が失墜するにつれ、差別を受けるようになったことを示した（網野 1984）。また中世若狭を研究対象とし、塩業・神社・荘園と海との密接な関係や、「百姓」による廻船活動などを示した（網野 1997）。網野の研究は、「百姓」を農民と同義とみなす、従来の歴史的認識に注意を促すこととなった。

古代・中世の畠作史では、水田以外の農業の存在を認め、畠作が分業・流通の面で果たした役割を評価した木村茂光の研究が著名である（木村茂 1992）。

肉食の問題に関して原田信男は、中世を中心に古代から近世までの米食と肉食との関連を歴史的に検討し、米の偏重と肉の禁忌が進んだ過程を叙述した（原田浩 1993）。古代については、国家形成期において肉食と米食は補完的な関係であったが、やがて水田稲作志向が強まる中で狩猟や漁撈が停滞していったと述べる。

文献史学における生業研究では、古代以降の主生業である水田稲作に関する研究が進められたことは当然ながら、その一方で職能民史や生業史および食文化史の研究を通じて、水田中心史観の見直しが進められてきた点が重要である。それだけでなく、中世後期以降に非農業民の被差別化、あるいは古代にはじまる肉食禁忌がさらに進行するなど、時代の変遷とともに各生業に対する社会的認識や価値観に変化が生じることも主張されてきた。家畜史研究においては、佐伯が当時のウシ飼養に関する叙述に際し、民衆の生活実態を把握するための重要な側面として殺牛儀礼とその信仰に着目したが、これは家畜飼養と儀礼とのかかわり、すなわち生業と文化的環境との相互作用を考察した研究事例

として、評価されてよいと考える。ただし、渡辺の古代塩業史研究を除いて、生業の地域色に言及した研究事例があまりみられない。

（4）日本考古学からみた生業

　先史時代に関しては、遊動生活が営まれた旧石器時代には触れず、定住生活開始後、生業が複雑化したと考えられる縄文時代の研究史を概観する。次に、食糧生産社会へ移行した弥生時代から律令期までの古代生業研究についてみていく。

①縄文時代の生業

　吉田章一郎（1964）と岡本勇（1965・1986）によって、戦後初めて縄文時代の生業が体系的に論じられた。岡本は、当時の生業に漁撈・狩猟・植物採集の三つの要素を認めた。

　その後、漁撈と植物質食料採集に関しては、渡辺誠（1973）が各種漁撈具の分布と変遷を整理し、網漁・釣漁・銛漁の発達に草創期後半、中期、そして後期中葉から末までの時期の三つの画期が存在することを論じた。また出土した堅果類遺存体を集成し、堅果類利用習俗を参考にしながら植物食の検討も行った（渡辺 1975・1982a）。植物食の検討については、山本直人（2002）によって野生根茎類食料化の民俗モデルが構築され、縄文時代植物利用の地域色が検討されている。

　狩猟に関しては、西本豊弘の研究（1991a）をはじめ、石鏃や動物遺存体などの遺物、あるいは落とし穴と考えられる遺構などの検討を通じて、多数の論考が著されてきた。なかでも熊谷賢（2001）による研究は、狩猟具が貫入した動物遺存体を集成し、対象動物・狩猟具・狩猟方法を詳細に推量した点で、説得力をもつ。

　また、縄文時代のイノシシ飼育の可能性についての言及もなされた（加藤晋 1980、西本 2003）。「縄文ブタ」の存否問題は現在も検討が続いている。

　生業暦にはじめて言及したのは小林達雄（1977）であった。小林は、季節労働としての食料獲得活動の流れのなかに、あらゆる文化活動も組み込まれてゆ

き、次第に「縄文カレンダー」が編成されていったと考えた。

　研究が進むにつれ、生業内容の地域色にも言及する、さらに詳細に踏み込んだ論考も認められるようになった。

　金子浩昌らは、列島内の自然環境の差異によって、当時の狩猟や漁撈の内容が地域色を有していた可能性があることを考古資料や動物遺存体を用い示した（金子ほか 1982）。

　また赤澤威は、人類学的手法を用いながら、石器や漁具の組成の差異を列島内に見いだし、縄文人の経済システムが西日本と東日本の間で本質的に異なることを指摘した（赤澤 1984）。

　今村啓爾は、蓄積した資料をもとに、狩猟・漁撈・植物採集は時間的・地域的にさまざまに変化していたが、それら生業の全体的傾向および縄文文化の動向を最も左右したのは植物質食料であり、その利用は半栽培・栽培を含む高度な段階に達していたと解釈した（今村 1993）。

　内山純蔵は、動物考古学の立場から、早期末から中期初頭にかけての西日本における、コイ科魚類を代表とする淡水性食料資源に基盤を置く「低湿地定住型」の生業戦略の存在を認め、その戦略が実施された「低湿地生業圏」を想定した（内山純 2007）。

　2007年には『縄文時代の考古学第5巻なりわい—食料生産の技術—』が刊行され、内容として石器組成・漁撈技術・狩猟技術の観点から当時の生業の地域的多様性が検討された（小杉ほか編 2007）。

　理化学的分析法を用いた研究も大きな成果を挙げている。縄文時代以降の古人骨コラーゲンの炭素同位体分析が Brian Chisholm ら（1988）により、また炭素・窒素同位体分析が南川雅男（2001）により行われ、当時の列島の人びとの食性復原がなされた。この結果、縄文人が地域ごとに特徴のある食生活を送っていたことや、弥生人の水産食物の割合が、縄文時代と比べ減少することなどが明らかとなった。縄文時代の地域的な食性の差異は、当時の生業内容の差異を示している。また土器付着物の同位体分析もはじめられており（吉田邦 2008）、今後も検討が進むと思われる。

さらに生業だけにとどまらず、生業と社会との関連にまで言及した論考も著されている。

渡辺仁（1990）は、縄文時代のクマ猟やカジキ漁について、北方民族事例をもとに、このような武器をもっての大形動物の捕獲活動は、単なる生計活動ではなく一種の威信獲得活動であった可能性があると推測した。そしてこの種の猟・漁を行う「特殊狩猟系家族」と、行わない「非狩猟系家族」とに生業分化が進み、後者では男性による漁撈中心の生業活動が行われていたと考えた。

また高橋龍三郎（2004）は、堅果類関連遺構が飛躍的に増加し、外洋への出漁が開始され、イノシシなど特定の獣に対する狩猟が行われるなど、縄文時代後期において、生業の傾向に変化が生じることを指摘した。そしてこれらの変化が、個々の生業の単なる発達ではなく、社会のなかでどのような「機能上の構造化」を遂げた結果であるか、注意する必要があると述べた。

高橋健（2008）は、北海道太平洋岸西部における、19世紀末以降のアイヌ社会の動揺によって、メカジキ漁の威信的価値が増大し、高度に様式化した銛頭が出現する要因になったと解釈したが、この社会的危機によって銛漁の威信的価値が増大し、銛頭の形態が発達したとするモデルは、縄文時代晩期の東北地方における、燕形銛頭の発達を考える際にも有効であるとした。

戦後、縄文時代の生業研究の初期の段階では、狩猟・漁撈・植物採集および栽培に関する当時の複合的な実態が考古資料から示された。その後、生業暦の存在が示され、また自然環境の地域差に基づく生業内容の地域色の存在が提示されるようになった。

今村は、当時の植物質食料の多寡が他の生業の実施傾向を左右したとする生業モデルを提示したが、これは植物質食料の重要性と、各生業間の相互作用に言及した点で重要である。渡辺仁が認めた、生業と社会との関連、また高橋龍三郎と高橋健が察知した、社会に対して生業が有した機能も従来にない指摘であり、現時点における縄文時代の生業研究の成果として評価される。

②弥生時代から平安時代までの生業

1964年刊行の『産業史Ⅰ』で、農業・漁業・狩猟・牧畜について論じられた

（吉田章 1964、森 1987）。なかでも森浩一による漁業の研究は、列島各地域の様相をまとめ、地域色の存在を示した初の研究事例であった。

　1966・1967年刊行の『日本の考古学第3巻 弥生時代』では「農具」と「狩漁具」が、同書第5巻『古墳時代（下）』では「農業生産」と「製塩」が考古学的検討を通じて論じられた。そして同書第6巻『歴史時代（上）』では、古代・中世の「農業技術と営農形態」、「漁業の発展」、「製塩技術とその時代的特質」が考古資料および文献史料から検討された。この段階で、すでに古代生業の複合性が認められ、各生業の詳細な実態解明が進んでいた。

　その後、農耕に関しては、田中義昭（1983・1986）によって、弥生時代から律令期までの水田形態・灌漑技術とその変遷がまとめられ、諸画期が設定された。併せて畑・畠作や漁業の展開についても検討された。田中は、弥生時代以降の生業は、水田農業を中心としつつもこれを畑（畠）作・漁業・狩猟・採集が補完していたこと、そして専業的畑作集落や漁業集落もみられることから、これら副次的生業が弥生時代以降に、分化・専業化していった可能性を示した。水田農業の発展と他の生業、また社会構造の変化とが互いに関連していることを指摘した点は重要である。

　甲元眞之は、弥生時代の九州地方を対象に、自然環境・生態系の差異や縄文文化伝統の強弱による、多様な生活様式の存在を、「非水稲耕作民」の生活痕跡から示そうとした。そして、非水稲耕作民である「山の民」や「海の民」が農耕民とネットワークを結ぶため、縄文時代以来存在していた山と海とのネットワークが再編されていったと推測した（甲元 1983・1992）。

　さらに甲元は、瀬戸内地方を対象に弥生時代の生業暦を検討した。すなわち、農耕の導入で農耕暦が生活のリズムとなり、さらに季節に合わせた営みが祭りにより明確になっていったと推測したのである（甲元 1989）。また弥生時代の農耕経済について、水稲耕作を行っていた集落の中には、網羅的な経済基盤をもつ例と、コメを中心とした選別的な経済基盤をもつ例とが、早い段階から存在したと推測した。そしてこの様相を中国大陸や朝鮮半島の先史農耕文化と比較し、東アジア初期農耕文化は、畑作地帯における穀物栽培や家畜飼養を

含めた「網羅・複合的類型」と、稲作地帯におけるブタ飼育と数種の動物狩猟からなる「選別的な類型」に分かれ、弥生時代の農耕文化は後者の類型に属し、さらにその性格が推し進められることによって、家畜を欠く農業へと発展していったと考察した（甲元 1993）。

個々の生業についても詳しく論じられた。

水田稲作に関しては、工楽善通（1991）による弥生・古墳時代の水田遺構・農具の解説や、弥生時代の水田遺構の多様な地域色とその理解を目的とした田崎博之（2002）の論考がある。

田崎は、地域に固有な水田稲作の性格は、環境の人工的な改変と稲作側からの技術的適応との比重の違い、すなわちイネ栽培の環境適応を図る戦略の違いによって生じたと結論づけた。

また乙益重隆（1992）は、文献史料も参考にしながら弥生時代の米の実質収量、水田区画および農具の検討を行った。乙益の研究によって、弥生時代水田稲作の実態がより詳しく明らかにされることになった。

畑作（畠作）に関しては、能登健が縄文時代の焼畑と古墳時代以降の畠作について関連遺構をもとに検討した（能登 2002）。古墳時代の畠作耕地は、水田耕地に取って代わられてゆく傾向があり、その背後に当時の米志向を認めた。また、原則として畠作のみを行なう集落は存在しなかったと推測した。

農具研究も進展した。弥生時代農具の研究では、南信濃地域や南部九州地方における石製耕作具の分布の集中（神村 1985）、また鍬先形態の地域色の存在（黒崎 1991）が明らかにされた。穂摘具の研究でも、磨製石庖丁の存続期間・形状・素材・出土数量に認められる地域色の存在（酒井龍 1985）、中期以降のサヌカイト製打製石庖丁の瀬戸内海沿岸地域における分布（間壁 1985）、三浦半島洞窟遺跡から出土する特徴的な貝庖丁（神澤 1985）、木製穂摘具の近畿地方における限定的な分布（工楽 1985）、ならびに北部九州地方を中心とした鉄製穂摘具の分布（寺沢 1985）について検討された。

古墳時代についても、広鍬先・又鍬先・穂摘具の形態や泥除け具の装着法に、地域色が存在することが明らかになった（黒崎 1991）。

このほか、酒井龍一（1986・1989）は、西日本各地の代表的な弥生遺跡出土の石包丁・石斧類の石器組成を検討し、当時の各集落において穂摘み活動・樹木伐採活動・木材加工活動のいずれが主体であったかを推測し、その結果から初期農耕実施の際の開拓活動に、「地域的個性」があったことを認めた。

本書の主題でもある、古代食料獲得に関する研究も進められた。

植物採集については、寺沢薫・寺沢知子（1981）が弥生時代の植物質食料遺存体を集成し、その種類・栄養価・収穫期・地域色をまとめた。そして弥生時代植物食と縄文時代植物食との間には系統関係があり、また、当時は穀物栽培へ大きく依存していたために救荒食を備える必要があり、遺跡から検出されるドングリ貯蔵の跡に救荒食保存の意義を認めた。さらに、稲や照葉樹林帯で作物体系が整えられた雑穀・ウリ・マメ・果実の栽培技術、および精神文化などが複合的に伝播してきた事実、そして当時のイネワラ利用や水田の生産性について検討し、弥生時代前・中期における稲作の低い生産性と後期における稲以外の食料への依存を推測した。そして、食料の生産・消費活動は、縄文時代から弥生時代へ、漸進的に発展したと結論づけた。

狩猟については、中井一夫（1981）によって弥生時代吉野川流域遺跡の検討がなされ、当時の狩猟に農耕の補完的役割と水田害獣の駆除の性格を認めるとともに、当地域の弥生後期から古墳前期にかけて、ある程度専業化した狩猟集団の存在の可能性が推測された。

また、動物遺存体の分析を通じて弥生時代の狩猟について言及したのは金子浩昌であった（金子 1981・1988）。イノシシ・シカの遺存体が山地・丘陵地近くの遺跡から多く出土し、西日本はイノシシ、東日本はシカを主体とし、また狩猟者が狩猟期のみ生活したと考えられる山地性遺跡の存在を指摘した。

西本豊弘は、古墳時代の狩猟内容は、弥生時代と基本的に異ならないとしながらも、鷹狩りなど新しい狩猟法が加わり、支配者層の遊び・訓練としての意味が新たに生じたとした。つまり、生業と遊びや訓練へ、二分化が進んだ点を古墳時代の狩猟の特徴と認めたのである（西本 1991b）。西本が、狩猟のもつ意義に、歴史的な変化を認めた点は重要である。

漁撈に関しては、大野左千夫・和田晴吾・真鍋篤行らによって西日本を中心に弥生時代から古墳時代にかけての漁撈関連遺物が分析され、その分布と変遷がまとめられた（大野 1981・1992、和田 1982、真鍋 1992・1993・1994・1995）。一連の研究によって、当時、網漁・釣漁・刺突漁・タコ壺漁の実施が推測され、その発展の中心が備讃瀬戸海域から紀伊水道にかけての沿岸にあったことが判明した。また漁具の変遷にいくつかの画期が見出せることも明らかにされた。

　大野は、当時の漁撈のなかに海面を主とする「海民漁撈」と内水面を主とする「農民漁撈」とが存在した可能性を示し（大野 1992）、高橋龍三郎も水田およびその周辺用水で行われた淡水漁撈の存在を指摘した（高橋龍 1996）。下條信行（1993）は、弥生時代の土錘（土製漁網錘）を初期稲作文化の一要素ととらえ、その分布から稲作文化の伝播の過程を考察した。下條は西日本を中心とする初期稲作出現期の遺跡から土錘が出土することから、土錘の伝播は稲作の広がりと密接な関係があると考えた。そしてそれら土錘も一様な形態・組成ではなく、各地で変容・付加・創出を繰り返し順次東伝したと推測した。そのため、稲作文化の伝播も一気呵成に広域に拡散したとは考えにくいと主張する。また従来分析対象となる機会が少なかった弥生・古墳時代の銛頭についても、集成・検討が進められた（渡辺誠 2000、高橋誠 2008）。

　家畜飼養や製塩など、農耕以外の食料生産活動に関する研究も若干認められる。金子浩昌は、全国の弥生時代の動物遺存体出土例を地域ごとに概観し、漁撈・狩猟活動の復原を試みるとともに、家畜存否の問題にも言及した（金子 1981）。

　西本豊弘は、九州から関東地方までの弥生時代遺跡出土イノシシ遺存体を検討し、その多くに家畜化されたブタがもつ形質的特徴を認めた。また九州・東海地方出土のニワトリ遺存体から当時のニワトリ飼育を認めた。そしてブタとニワトリは、弥生時代の開始とともに渡来人によってもたらされたものであると結論付けた。

　西田親史（1999・2000）は、関東・中部・東北地方の古墳出土鶏形埴輪を検

討し、背中に突起をもち刺殺されたような表現をもつ例と、家・巫女形埴輪とともに配される例が3例あることから、この埴輪に神饌としての犠牲獣と被葬者の再生を促す霊鳥としての意味を推測した。一般的には、弥生時代から継続して、古墳時代にも食用としてのニワトリ飼育が考えられるという。

　このほか、古代・中世のイヌ・ウシ・ブタ・ウマなどの家畜飼養および斃牛馬処理や肉食の実態について、松井章（1987・2005）が動物考古学的見地から、関連文献史料も参考にしながら解釈を行った。

　製塩については、近藤義郎（1984）によって縄文時代から律令期までの各地の土器製塩遺構の検討と製塩土器の地域的編年が行われた。その後も、近藤が編者となり各県の研究者によって、各地域の製塩遺跡が解説され、製塩土器が精緻に編年された（近藤 1994）。一連の研究によって、縄文時代から律令期までの各地における土器製塩の消長が列島規模でおさえられることとなった。なお、石部正志（1985）による原始・古代の土器製塩活動の叙述も知られる。

　以上のように古代生業の研究は、縄文晩期にはじまる水田稲作農耕が、その後の生業の主要な位置を占めていった過程を明らかにし、また、地域的・時期的にその割合に多寡はあるものの、稲作と同時に雑穀栽培や狩猟・漁撈・植物採集・製塩・家畜飼養も複合的かつ補完的に行われていたことを示した。

　そして、田中による水田農耕と他の生業また社会構造との相互関連、甲元による生業の変化が社会的交流関係に与えた影響、および西本による狩猟の意義の歴史的変化への言及は、生業研究当初にはみられなかった指摘であり、これらの論考が提示されたことは研究の深化が進んだことを示している。

　ただし、生業内容の地域色や各生業間の相互作用に関しては、縄文時代の生業研究に比べて解明は進んでいない。また主たる生業である水田稲作に関連する遺構や遺物の研究に比べて、やはり副次的な食料獲得の研究は立ち遅れているのである。

第2節　生業研究の成果

　前節で示した列島の生業が有する性格に関する研究成果には、各分野が同様に示した見解と分野独自の見解とがある。

　同様に示された見解は、自然環境の差異に基づく列島の生業内容に認められる地域色の存在、主生業と副次的生業からなる生業活動の複合性、生業活動の季節性（生業暦の存在）、生業と文化・社会との相互作用、そして生業が有する食料獲得目的以外の文化的意義である。

　分野独自の見解としては、文献史学による、社会の生業に対する認識や価値観の歴史的変化への注目がある。網野によって、中世後期以降に狩猟民や漁撈民の被差別化が進んだこと、また原田によって古代以降に米の偏重化や肉食の禁忌化が進んだことが指摘されたことは、先述した通りである。

　また考古学では、近年の縄文時代研究のなかに、生業研究の新しい視点をみることができた。今村は、植物質食料利用の多寡が当時の生業複合化に影響を与えたとし、また高橋龍三郎は、社会維持の機能として生業の構造化が遂げられた可能性を示した。これら両論考によって、植物採集が当時の生業複合の主要素でありながら、他の生業とも互いに作用し合うことと、生業が社会構造と相互作用することとが新たに提示されたのである。後者は、生業の内容が一方向的に社会構造を左右したとする、従来の考え方とは異なる視点をもっている。

　以上の生業の研究成果は、生業活動と自然環境との相互作用、生業活動と文化・社会環境との相互作用、および食糧（食料）獲得活動と食糧生産活動との相互作用に、さらに性格を要約することができる。次にそれぞれの性格の内容をまとめたい。

　食糧（食料）獲得も食糧生産も、自然環境に大きな影響を受けるため、自ずから季節性を有し生業歴が存在する。そしてその活動内容には、地理や気候などの差異により、地域色が生まれる。また、自然界から可能な限り食を得ようとするため、多角的な生業活動が行われる。すなわち主たる生業が形成される

ことがあっても、副次的な生業や小規模な生業も営まれ、全体として生業は複合性を有する。自然界に働きかける生業活動は、当然のことながら自然環境にも影響を与える。

　文化人類学の松井健によって、食糧生産社会のマイナー・サブシステンスの再評価が行われ、これらの生業には、食料獲得以外にその行為者に情緒的な価値を生じさせ、さらに威信を獲得させるなどの性格があると指摘された。

　また日本考古学の分野では、渡辺仁による、北方民族事例を参考にした縄文時代の大型動物捕獲活動に威信獲得活動としての意義を認める見解、高橋龍三郎による縄文時代の狩猟採集活動の活発化と社会との関連への注意、そして高橋健による19世紀末以降のアイヌ社会の動揺とメカジキ銛漁の威信的価値の増大および銛頭形態の発達との関連の指摘が示された。

　このように食糧獲得社会および食糧生産社会の食糧（食料）獲得行為は、単なる生計活動としての意義以外に、行為者の威信を高めるなどの文化的意義が生じ、社会と深く関連している。

　田中義昭は、弥生時代以降、主生業として水田稲作が行われていくなかで、補完的または副次的に実施される畑作や他の食料獲得が、分化あるいは専業化していった可能性を考えた。甲元眞之は、弥生時代以降、農耕の導入により農耕暦が生活のリズムとなり季節に合わせた営みが、祭りによって明確になっていったと推測した。そして能登健は、畑や畑作関連遺構の検討から、古墳時代の米志向を推測した。

　これらの見解は、食糧生産活動としての農耕が社会に影響を与え、また政策などによって逆に影響を与えられるなど、食糧生産が当時の文化・社会環境と相互に作用し合っていたことを示している。

　寺沢らの弥生時代植物質食料の研究は、遺跡で検出されるドングリピットに、穀物栽培への依存ゆえの救荒食の備えの意義を認めるものであった。これは稲作の食糧生産と堅果類採集の食料獲得との関連を示す。

　また、弥生時代の狩猟に関する中井の検討は、当時の狩猟に農耕を補完する役割と水田害獣の駆除の性格を認めるものである。

漁撈では、大野による「農民漁撈」の存在や、高橋龍三郎による「水田およびその周辺用水で行われた淡水漁撈」の存在の指摘、そして下條による弥生時代前期における土錘の伝播と稲作の広がりとの密接な関係に関する指摘があった。これらの見解は、弥生時代の内水面漁撈が水田稲作と深く関連していたことを論じたものである。

弥生時代生業の研究を通じて、農耕社会において水田稲作と植物採集や狩猟、漁撈の食料獲得の間に密接な関連があることが示された。

第3節　生業の考古学研究の課題

考古学では、縄文時代の生業研究に比べ、弥生時代から律令期までの古代日本における、農耕および副次的・小規模生業を含めた総合的な生業体系（構造）の詳細、生業複合を形作る各生業の地域色や変遷、および各生業間の相互作用の実態の検討が不足している。

この課題解決のためには、古代生業複合の中で、主要な生業であった農耕や家畜飼養などの食糧生産に比べ研究が遅れている、非農耕的な副次的生業すなわち食料獲得の実態解明に取り組み、複合的な生業体系（構造）の全貌を明らかにしてゆく必要がある。先にみたように、古代食料獲得に関しては文献史学による研究があるが、史料に表れない生業史の叙述や一般階層の人びとによる食料獲得活動の解明には、考古学が有効である。

次に、前節でまとめた列島の生業が有する性格に関する仮説、すなわち生業と自然環境との相互作用、生業と文化・社会環境との相互作用、および食料（食糧）獲得と食糧生産との相互作用が、古代にも存在するかどうか検証する作業がある。さらに、文献史学研究が示した、社会の生業に対する認識や価値観の歴史的変化についても、考古学的に検討しなければならない。

次章以降、上記課題解決を図ることで、食料獲得の考古学を通じて日本古代生業の総合的な検討を目指したい。そのことによって、古代文化・社会史叙述はさらに豊かなものとなると考える。

第2章　海面漁撈と古代社会

　古代食料獲得の一つに、海面漁撈がある。その存在は、貝塚などから出土する動物遺存体や、漁場を擁する海岸付近の遺跡から出土する各種漁具資料から確認できる。

　本章では、海面漁撈と古代社会とのかかわりを明らかにするため、大型魚漁について動物遺存体を分析対象に考察し、出土した律令期釣針から釣漁技術の地域色を描く。

第1節　古代大型魚漁の文化・社会的意義

（1）アイヌとチューマッシュの狩猟採集社会におけるカジキ漁

　海洋に舟で乗り出し、釣針や銛を用いてカジキ・マグロ・サメ類などの大型魚を捕獲する行為には、絶えず危険と困難とが付きまとう。舟の動力化以前には膨大な労力を要したはずであり、そのため大型魚漁は食料獲得に加え、特別な文化・社会的意義をも有していたと考えられる。実際に、後述する北海道アイヌや南カリフォルニアのチューマッシュの民族学的事例では、カジキ漁が特別な意味をもっていたことが報告されている。

　ここでは、動物遺存体および関連考古資料の検討を通じて、古代日本における海面漁撈とりわけカジキをはじめとする体長1m超の大型魚漁について考察し、その漁の文化・社会的意義の有無について推察する。

　さらに、大型魚漁が開始されたと考えられる縄文時代の様相についても分析を行い、古代の大型魚漁にどのように引き継がれていったかを考える。

　まず、狩猟採集社会のカジキ漁に関する二つの研究を示し、狩猟採集社会が営まれた縄文時代および後続する弥生・古墳時代に大型魚漁があったのかどう

かについて考えてみたい。

　カジキ類は、単独で海を泳ぐことが多い外洋性の大型魚類である。このような特徴をもつ魚を先史時代や古代において捕獲するためには、舟に乗り、背びれを水から出して泳ぐ魚影を見つけ銛を打ち込むか、釣漁を行うかしなければならない。したがってカジキ類の漁は豊富な知識と経験を要するとともに、多くの時間と労働力を費やす。また捕獲中に吻部（くちばしの部分）で漁撈者が突かれるなど、危険もつきまとう。そして出漁しても、豊富な漁獲量は必ずしも期待できない。つまり当時のカジキ漁は、単なる食料獲得のためだけが目的の生業活動ではなく、漁撈者が附属する社会集団において、自らの威信を高めるための社会的意義をもつ生業でもあった可能性が高い。

　アイヌのカジキ漁を検討した渡辺仁（1990）は、この漁に威信を高めるための意義を認めた。渡辺は、アイヌのカジキ漁は5mを超える丸木舟に乗り、銛を用いて沖合で行われ、漁の技術と漁撈儀礼の知識は父系相続されること、カジキ漁を行う特定の数家族は、沖合の漁場を支配する2人の兄弟神を祀り、この神を祀らない家族はアイヌ社会の階層のなかで低い位置にいること、そして捕獲されたカジキの魂はイオマンテと呼ばれる儀礼で神の世界へ帰され、肉は集落の人びとすべてに分配されるが、高い階層の人びとは低い階層の人びとより多く分配されることを示した。

　渡辺はアイヌのカジキ漁は単なる生業であるだけにとどまらず、大きな社会的意義をもつ活動でもあると結論づけた。また、縄文時代においても丸木舟、銛頭およびカジキ類遺存体が存在することから、当時カジキ漁が行われていたことを推測した。そして縄文社会にもアイヌ社会と同様、階層があったと結論付けたのである。

　南カリフォルニアのチューマッシュの間でも、大型で外洋性の魚種は、漁撈者の成功・力強さ・勇気の象徴であったとされ、これらの魚種、特にカジキを漁撈の対象とすることは地位を築くための冒険的行為だったという（Arnold and Bernard 2005）。この事実は、チューマッシュの口承物語において、カジキ類が重要な象徴的役割を占めることからも明らかである。考古学的な分析結

果によれば、カジキ類のような大型魚類遺存体の出土量がもっとも増大するのは、紀元後1200年から1300年の間、そして紀元後1700年ののちであるという。

アーノルドとバーナードは、カリフォルニアのチューマッシュ関連の遺跡における、カジキ類や他の大型魚類の遺存体出土量増大の要因を三つ示した。すなわち、①舟に関する諸技術の向上、②多くの魚類に適した海洋状況への変化、そして③社会・政治における見せるための魚種（showy species）の重要性の増大である（Arnold and Bernard 2005：117頁）。

①に関して、チューマッシュは3種の舟を使ったという。丸底で松を原材料とする丸木舟、漁と沿岸の航海に使われたイグサの茎の束で作られた舟、そして「トモル」と呼ばれる板綴（いたつづり）舟である。トモルはアメリカ大陸における最も技術的に複雑な舟である。2tまで積載可能な組み合わせ式の舟であり、航行速度は速くそして安定している。1艘のトモルを作るのに6カ月程度を要するという。

②に関して、カリフォルニアではカジキの捕獲量が紀元後500年の後に増加したことがわかっている。アーノルドとバーナードは、この理由の一つに紀元後450～1300年の不安定な海洋の循環を挙げた。つまり海水温度が低下したためプランクトンの数が増え、魚類とそれを捕食するカジキ類も増えたとするのである。

最後に③に関して、カジキ類遺存体の量は紀元後1400年の後、劇的に増加するという。この事実は、チューマッシュの文化と社会・政治組織における大きな変化を考慮するとき、大きな意味をもつ。それは、大型外洋魚類の出土量が最も大きく増大する紀元後1200～1300年および紀元後1700年の後の時期は、それぞれ、地域的首長制が形成された時期と、歴史時代古段階において社会変化が生じた時期にあたるからである。

このように狩猟採集社会には、カジキ漁が社会的意義をももっていたことを示す事例が見受けられる。縄文・古代遺跡の魚類遺存体資料の蓄積が進んできた現段階において、改めて当時のカジキ漁にアイヌやチューマッシュの漁と同様の意義があったかどうかについて、再検討を試みる必要がある。

(2) 縄文時代の大型魚漁

①カジキ漁について

　縄文時代のカジキ漁に関しては、福島県南部を対象とした福井淳一 (1993) および北海道・東北・関東地方を対象とした鈴木信 (1994) の先行研究がある。

　福井は、貝塚出土の骨角器・動物遺存体の検討結果から、カジキ漁は後期初頭に開始され、後期末から晩期初頭にかけての時期に安定して行われていたと解釈した。カジキ漁開始の背景として、沿岸漁や植物採集の余剰を挙げるとともに、地域集団の協業の開始を推量した。カジキ類遺存体出土量の乏しさについては、協力者への分配や頻繁に出漁する余裕がなかったことなどの原因を挙げ、一部に遺存体の漂着物由来の可能性を認めた。

　鈴木は、前掲の渡辺の仮説を検証するべく、北海道・東北・関東地方のカジキ類出土遺跡を集成した。検討の結果、カジキ類遺存体の出土量が少なく漁の非経済的行為を窺わせること、そして縄文時代中期後半以降にカジキ類を含む大型海棲動物漁が発展し、「狩猟の特殊化」がはじまったことを述べ、渡辺の仮説は検証されたと結論付けた。

　福井による一地域を対象とした詳細な調査や、鈴木による縄文時代からアイヌ社会への漁の系統の検討も重要であるが、ここではカジキ漁の実態を巨視的に捉えるため、日本列島全域を対象とした分析を試みたい。そのため縄文時代のカジキ類遺存体出土遺跡については鈴木の集成（鈴木信 1994）の一部にそれが含まれているが、あらためて現段階での集成をしておきたい。

　日本列島周辺のカジキ類には、バショウカジキ（*Istiophorus platypterus*）、フウライカジキ（*Tetrapturus angustirostris Tanaka*）、マカジキ（*Tetrapturus audax*）、クロカジキ（*Makaira mazara*）、シロカジキ（*Makaira indica*）およびメカジキ（*Xiphias gladius Linnaeus*）の六つの種が認められる（益田ほか 1984）。いずれも最大体長2.5～4.5mを測り、南日本周辺と太平洋とインド洋の温帯・熱帯地域に分布する。

　カジキ類遺存体は、縄文時代から歴史時代までの各時代の遺跡で出土する

が、縄文遺跡からの出土例が最も多い。また縄文時代貝塚の集成（山崎ほか1998など）によれば、早期からカジキ漁が行われていた可能性が高い。今のところ最古のカジキ漁は紀元前1000年の地中海における銛漁によるものとされているので（Ward, porter and Elscot 2000）、縄文のカジキ漁は世界でも最古の事例となりうる。

　カジキ類遺存体は、縄文時代に属する35遺跡から出土する（表1）。このうち29遺跡が貝塚で他の6遺跡は集落の廃棄ブロック、地点貝塚、海蝕洞窟または包含層からの出土である。出土地域は、北海道地方8遺跡・東北地方11遺跡・関東地方12遺跡・北陸地方2遺跡・九州地方2遺跡を数え、大半が東日本からの出土である。出土時期は早期から晩期までの各時期が該当する。メカジキ・マカジキ・シロカジキ・バショウカジキが同定されている。

　次に上記の遺跡のうち、定量的分析を行った報告書の記述をもとに、魚骨の同定標本数（NISP）のなかでカジキ類遺存体が占める割合をみていきたい（表2）。今回、貝鳥貝塚（草間・金子 1971）・田柄貝塚（宮城県教育委員会 1986）・里浜貝塚（安倍博・山田 1997）・薄磯貝塚（大竹ほか 1988）・網取C地点貝塚（渡辺一・馬目 1968）・寺脇貝塚（渡辺一・馬目 1966）・大畑貝塚（金子・牛澤 1975）・鉈切洞窟遺跡（平野・金子 1958）の8遺跡を確認した。この8遺跡では、マカジキ・メカジキ・バショウカジキが同定されており、部位として吻部と椎骨がほとんどを占める。

　カジキ類遺存体の割合は、網取C地点貝塚の1.45％を最多、田柄貝塚の0.07％を最少として、いずれも1％未満から1％前後までにとどまる。この結果とこれらの遺跡における1～10点前後の遺存体出土点数からみて、当時これらの遺跡において、カジキ漁が活発に行われていたとは解釈しがたい。今回扱った貝塚は、列島でも有数の規模の貝層をもつ。そのためこのカジキ類遺存体出土量の傾向は、他の貝塚・遺跡においても同様であろうと推測される。

　なおカジキ類遺存体の加工品について言及しておきたい。岩手県磐井郡花泉町貝鳥貝塚から、後期末葉から晩期までに属する、何らかの用途をもつ道具と推測されるマカジキの吻部片が検出されている。また北海道釧路町天寧（てんねる）1遺跡

表1　カジキ類遺存体を出土した縄文遺跡

県　名	遺跡名	時　期	内　容	備　考
北海道	サイベ沢遺跡	前　期	カジキ類	貝　塚
	戸井貝塚	後期初頭	カジキ類	
	コタン温泉遺跡	中期～後期初頭	メカジキ	貝　塚
	朝日トコロ貝塚	中期後半	マカジキ	焼　骨
	入江貝塚	前期末～後期	メカジキ	
	駒場貝塚	縄文時代	カジキ類	
	寺町貝塚	中期後葉	カジキ類	貝　塚
	有珠善光寺2遺跡	後期末～晩期初頭	メカジキ	貝　塚
青　森	三内丸山遺跡	前　期	メカジキ	廃棄ブロック
岩　手	獺沢貝塚	晩期中葉	マカジキ科の一種	
	貝鳥貝塚	後期末～晩期	カジキ類	
宮　城	田柄貝塚	後期中葉～晩期前葉	マカジキ科の一種（マカジキ、シロカジキ、バショウカジキ）、メカジキ	
	里浜貝塚	晩　期	マカジキ	
	沼津貝塚	後期後葉～晩期後葉	カジキ類	
	二月田貝塚	後期後葉～晩期前葉	カジキ類	
福　島	網取C地点貝塚	後　期	マカジキ	
	寺脇貝塚	後期中葉～晩期前半	カジキ類	
	大畑貝塚	後期初頭	マカジキ科の一種	
	薄磯貝塚	晩　期	マカジキ、マカジキ属、マカジキ科、バショウカジキ、メカジキ亜目	
千　葉	加曽利北貝塚	中～後期	カジキ類（表土）	
	鉈切洞窟遺跡	後期初頭	マカジキ、メカジキ、バショウカジキ	
	稲原貝塚	早期中葉	カジキ類	
	加曽利貝塚	後期前葉～後葉	マカジキ、メカジキ、カジキ類	
東　京	西久保八幡貝塚	後　期	カジキ上科？	
	下高洞遺跡	中～後期	マカジキ科	地点貝塚
	竜ノ口遺跡	中　期	カジキ類	海蝕洞窟
神奈川	茅山貝塚	早期末	カジキ類、マカジキ	
	吉井城山貝塚	早期末・中期後葉	カジキ類	
	万田遺跡	中期後葉～後期前葉	カジキ類	
	岡村三殿台遺跡	後期前葉	カジキ類	
	榎戸貝塚	後期前葉	カジキ類	
富　山	朝日貝塚	前期末～後期初頭	カジキ類	
石　川	真脇遺跡	前期後葉～中期前葉	マカジキ科の一種	包含層、遺構覆土
長　崎	有喜貝塚	後期前葉～中葉	メカジキ亜目	
	佐賀貝塚	中～後期	カジキ類	

※山崎ほか 1998、鈴木 1994および報告書を参考に作成。

表2 カジキ類出土部位および魚骨NISPに占める割合

遺跡名	NISP(カジキ類)	部位	魚骨NISP合計	カジキ類の割合
貝鳥貝塚	2	マカジキ吻部片2（工具に利用か）	581	0.34%
田柄貝塚	12	マカジキ科尾椎1、メカジキ科吻部2、マカジキ科吻部6ほか	17012	0.07%
里浜貝塚	1	カジキ類（部位未検討）	105	0.95%
薄磯貝塚	10	マカジキ吻部・第7椎体・腹椎各1、マカジキ属第2or第3椎体1、第3or第4椎体2、マカジキ科下尾骨3（うち1点は弥生）、バショウカジキ吻部・第3椎体？・腹椎各1、メカジキ亜目歯骨・左鰓蓋骨各1	960	1.04%
網取C地点貝塚	6	マカジキ椎骨6	413	1.45%
寺脇貝塚	2	カジキ類椎骨2	1113	0.18%
大畑貝塚	14	マカジキ科の一種椎骨14、鰭棘・吻部片それぞれ若干数	4959	0.28%
鉈切洞窟遺跡	8	マカジキ吻部片1、メカジキ吻部片1、椎骨3、バショウカジキ椎骨3	3247	0.25%

※報告書をもとに作成。

の縄文後期前葉の貝塚から、メカジキ鰭棘製銛頭が出土している（福井2007）。ただし、カジキ類の文化・社会的意義を窺わせる考古資料は今のところみつかっていない。

②マグロ・サメ漁について

　縄文遺跡から出土するカジキ類以外の大型魚類には、マグロ類とサメ類が認められる（表3）。カジキ類同様、体長が1mを超すこれらの魚種の捕獲も豊富な知識と経験を要し、その漁撈者はある程度の威信を獲得していた可能性が推測され、その存否はやはり重要な問題となると思われる。カジキ類と併せて検討したい。縄文貝塚の集成（山崎ほか1998）等によれば、マグロ類は85遺跡、サメ類は164遺跡で出土している。

　マグロ類は、クロマグロ（*Thunnus orientalis*）と同定された例もあるが、マグロ属（*Thunnus*）までの認定を行った報告例がほとんどである。草創期から晩期まで各時期の遺跡から出土している。北海道地方11遺跡、東北地方45遺跡、関東地方14遺跡、北陸地方4遺跡、中部地方5遺跡、近畿地方2遺跡、中国地方2遺跡、九州地方4遺跡で出土が認められ、四国・沖縄地方からの例

表3 マグロ・サメ類遺存体を出土した縄文遺跡

県名	貝塚・遺跡名	時期	内容	備考
北海道	サイベ沢遺跡	前期	マグロ類、サメ類、ツノザメ類	貝塚
	忍路土場遺跡	後期中葉	ネズミザメ、メジロザメ科	焼土跡、作業場跡
	東釧路貝塚	早期末～中期	サメ類	
	網走湖底遺跡	早期中葉	マグロ	湖底
	静川22遺跡	早・前期	アブラツノザメ	貝塚
	美沢4遺跡	前期	トラザメ科の一種、メジロザメ科の一種、アブラツノザメ	貝塚
	煉瓦台遺跡	後期	マグロ類	貝塚
	北黄金2遺跡	前期	マグロ	貝塚
	戸井貝塚	後期初頭	マグロ類、ホホジロザメ、ネズミザメ、アオザメ、ホシザメ、ツノザメ、モウカザメ	
	コタン温泉遺跡	中～後期初頭	マグロ類、ネズミザメ、ホシザメ、ツノザメ類	貝塚
	栄磯岩陰遺跡	中期末～晩期	アブラザメ科の一種	岩陰
	茶津貝塚	中期	マグロ類	
	フゴッペ貝塚	中期末	メジロザメ科	
	朝日トコロ貝塚	中期後半	クロマグロ	
	高砂貝塚	後期初頭	マグロ類	
	入江貝塚	前期末～後期	マグロ類、クロマグロ、ホシザメ、ツノザメ、サメ類	
	駒場貝塚	縄文時代	サメ	
	寺町貝塚	中期後葉	マグロ、サメ	
青森	三内丸山遺跡	前期	マグロ	廃棄ブロック
	長七谷地貝塚	早期	サメ目	
	一王子遺跡	前・中期	サメ	泥炭層
	八幡貝塚	晩期	サメ類	
	天狗森貝塚	早～後期後半	マグロ	
	最花貝塚	中期末	マグロ類、モウカザメ	
	女館貝塚	前期	サメ	
	亀ヶ岡遺跡	晩期	サメ	泥炭層
	五月女萢遺跡	晩期	マグロ属	
	古屋敷貝塚	前期後葉～中期後半	サメ目	
	ドウマンチャ貝塚	晩期	マグロ、ネズミザメ、オナガザメ	
	札地貝塚	晩期	モウカザメ	
秋田	大畑台遺跡	中期初頭～後葉	ヤモリザメ類	
	中山遺跡	後期後半～晩期前半	ホホジロザメ	泥炭層
岩手	鍬ヶ崎館山貝塚	早～後期	マグロ、アオザメ、ツノザメ	
	崎山貝塚	早～中期	マグロ	

第2章　海面漁撈と古代社会　27

県　名	貝塚・遺跡名	時　期	内　容	備　考
岩　手	清水貝塚	前・中期	マグロ、サメ類	
	大洞貝塚	後期後半～晩期	マグロ、サメ	
	蛸ノ浦貝塚	前・中期	マグロ	
	長谷堂貝塚	前～晩期	マグロ	
	牧田貝塚	前　期	マグロ	
	大陽台貝塚	前・中期	マグロ類、モウカザメ、ドチザメ	
	中沢浜貝塚	前期中葉、中期中葉、晩期中葉	マグロ類、サメ目の一種	
	獺沢貝塚	晩期中葉	マグロ類、サメ目の一種、カスザメ科の一種	
	堂の前貝塚	中期末～後期初頭	マグロ類	
	貝鳥貝塚	中～晩期	マグロ類、ネズミザメ亜目の一種	
	中神遺跡	後期中葉～弥生中期	サメ目	焼土層、土坑
	根井貝塚	後期末	マグロ、ネズミザメ科	
宮　城	沼津貝塚	中～晩期	マグロ	
	仁斗田貝塚	中　期	マグロ	
	田柄貝塚	後期中葉～晩期前葉	マグロ、ホホジロザメ、ネズミザメ、アオザメ、ミズワニ科の一種、ドチザメ、メジロザメ科の一種、ヨシキリザメ、ツノザメ科の一種	
	金剛寺貝塚	後期後半～晩期初頭	マグロ	
	畑中貝塚	後・晩期	サメ類	
	西ノ浜貝塚	前～晩期	マグロ、サメ	
	大木囲貝塚	前～後期	クロマグロ、マグロ、サメ、ミズワニ属	
	二月田貝塚	後期中葉～晩期	マグロ類、アオザメ科の一種、ツノザメ科の一種、カスザメ科の一種	
	沢上貝塚	晩　期	マグロ、モウカザメ	
	東宮貝塚	後・晩期	マグロ	
	長根貝塚	中　期	マグロ	
	中沢目貝塚	後期末～晩期中葉	マグロ属、サメ目、ネズミザメ、ドチザメ科、メジロザメ科、ツノザメ目	
	新山前貝塚	早期末～前期初頭	マグロ	
	青島貝塚	中期末～後期初頭	マグロ類、サメ類	
	長者原貝塚	中　期	サメ目の一種	
	南境貝塚	早期末～晩期前葉	マグロ類、ドチザメ	
	平田原貝塚	晩期初頭	マグロ、サメ類、トラザメ科の一	

県　名	貝塚・遺跡名	時　期	内　容	備　考
宮　城			種、ホシザメ科の一種、ツノザメ科の一種、カスザメ科の一種	
	天雄寺貝塚	中・後期	マグロ	
	里浜貝塚	晩　期	マグロ、マグロ属、サメ、サメ目	
	金山貝塚	前期前半	マグロ類	
	出島山下貝塚	後期初頭	マグロ、サメ	
	前浜貝塚	晩期前葉・中葉	マグロ、サメ類	
福　島	台ノ上貝塚	中　期	マグロ、カスザメ	
	網取貝塚	後　期	マグロ類、マグロ属、アオザメ科の一種、ホシザメ科の一種、メジロザメ科の一種、ツノザメ科の一種、カスザメ科の一種、アオザメ	
	寺脇貝塚	後期中葉〜晩期前半	マグロ、カスザメ、オナガザメ、ホホジロザメ、アオザメ、ネズミザメ	
	真石貝塚	晩　期	サメ	
	大畑貝塚	中期後葉〜後期初頭	マグロ類、ホシザメ科の一種、メジロザメ科の一種、ツノザメ科の一種、カスザメ科の一種、ネズミザメ、サメ亜目	
	薄磯貝塚	後・晩期	マグロ属、ネコザメ属、アオザメ、ネズミザメ科、メジロザメ属、メジロザメ科	
	上ノ内遺跡	中期後半	マグロ属、ネコザメ、メジロザメ属、シュモクザメ属、ネズミザメ、アオザメ属、ツノザメ属、ノコギリザメ、カスザメ属	貝　塚
	三貫地貝塚	中期末〜晩期	マグロ属、カスザメ、アオザメ	
	浦尻台ノ前貝塚	前〜後期	サメ類	
	郡山貝塚	前　期	メジロザメ属、ホホジロザメ、カスザメ、サメ目	
茨　城	上高津貝塚	後　期	アオザメ	
	原町西貝塚	前　期	イタチザメ	
	中妻貝塚	後　期	サメ類	
	三反田貝塚	前期〜後期初頭	カスザメ、サメ類の一種	
	小堤貝塚	後　期	サメ目	
	小山台貝塚	後期〜晩期初頭	サメ亜目	
埼　玉	石神貝塚	後期中葉・晩期	アオザメ科、ミズワニ	
	吹上貝塚	中　期	サメ類	
千　葉	加曽利北貝塚	中・後期	サメ目	
	小金沢貝塚	後期初頭	ネズミザメ目	

県　名	貝塚・遺跡名	時　期	内　容	備　考
千　葉	木戸作貝塚	後期前半	サメ類	
	浜野川神門遺跡	前　期	ネズミザメ目	貝　塚
	余山貝塚	後・晩期	マグロ、サメ類	
	海老ヶ作貝塚	中　期	サメ類	
	鉈切洞窟	後期初頭	マグロ？、ネコザメ、ナヌカザメ、ドチザメ、ネズミザメ科の一種、アオザメ、カスザメ	洞　窟
	亥の海道貝塚	後期前葉	メジロザメ科の一種、カスザメ科の一種	
	西広貝塚	中期末〜晩期	マグロ類、サメ目	
	草刈遺跡	中　期	ミズワニ、サメ目	地点貝塚
	能満上小貝塚	中期末〜晩期中葉	マグロ類、サメ目	
	堀之内貝塚	後・晩期	ネズミザメ科、メジロザメ科	
	山野貝塚	後　期	ネズミザメ目	
	中台貝塚	中期末〜後期前葉	サメ目	
	新田野貝塚	前期初頭、中期	ネズミザメ亜目	
	稲原貝塚	早期中葉	マグロ、サメ類	
	加曽利貝塚	後期前葉〜後葉	サメ類	
東　京	西久保八幡貝塚	後　期	メジロザメ属、カスザメ属	
	伊皿子貝塚	後　期	サメ目の一種	
	動坂遺跡	中　期	ヤモリザメ類	住居内貝層
	豊沢貝塚	後　期	メジロザメ属、シロワニ属、ツノザメ属、ツノザメ科	
	西ヶ原貝塚	後　期	サメ目	
	袋低地遺跡	後　期	メジロザメ科	貝　塚
	日暮里延命院貝塚	後　期	マグロ属、サメ類	
	下高洞遺跡	中・後期	マグロ亜科	住居、包含層
	鉄砲場岩陰遺跡	前期後半〜中期初頭	ネコザメ、サメ類、アオザメ	岩　陰
	竜ノ口遺跡	中　期	サメ類	
	大石山遺跡	後　期	メジロザメ科の一種、ネズミザメ科、アオザメ属の一種	住居、包含層
	渡浮根遺跡	後・晩期	サメ類	包含層、岩陰
	倉輪遺跡	前期末〜中期初頭	ネズミザメ科、メジロザメ科	住居、包含層
神奈川	新作貝塚	前　期	マグロ属	
	夏島貝塚	草創期、早期	マグロ、ドチザメ	
	平坂西貝塚	早　期	マグロ	
	平坂東貝塚	草創期	マグロ	
	堤貝塚	後　期	サメ	
	茅山貝塚	早期末	マグロ、サメ類	
	吉井城山貝塚	早期末・中期後葉	マグロ、サメ類	

県　名	貝塚・遺跡名	時　期	内　容	備　考
神奈川	万田遺跡	中期後葉～後期前葉	マグロ	
	榎戸貝塚	後期前葉	サメ	
新　潟	御井戸遺跡	晩期	サメ	泥炭層
	寺地遺跡	晩期前葉・中葉	サメ目	配石遺構
	三宮貝塚	後期	サメ類	
	藤塚貝塚	中期末	サメ	
富　山	小竹貝塚	前期	サメ、アオザメ、ネズミザメ目	
	大境洞窟遺跡	中～晩期	マグロ	貝　塚
	朝日貝塚	前～晩期	マグロ、サメの一種	
	境A遺跡	中期中葉～晩期後葉	ネコザメ、ネズミザメ、ホホジロザメ、アオザメ	住居、ピット
	南太閤山Ⅰ遺跡	前期	サメ目	包含層
石　川	古府遺跡	中期	サメ	包含層
	米泉遺跡	後・晩期	アオザメ	住居、ピット、包含層
	赤浦貝塚	中期中葉・後葉	ネズミザメ亜目	
	上山田貝塚	中期	ネズミザメ亜目、イタチザメ、ホオジロザメ	
	気屋遺跡	後期前葉	アオザメ、ホホジロザメ、ヨシキリザメ	包含層
	神代貝塚	中期後葉～後期前葉	サメ類	
	堀松貝塚	中期前葉～中葉	ネズミザメの一種、ネズミザメ科の一種、アオザメの一種	
	木ノ浦遺跡	前期	サメ類	包含層
	真脇遺跡	前期後葉～中期前葉	マグロ、アオザメ、ホホジロザメ、ヨシキリザメ、ネズミザメ、イタチザメ	住居、包含層、土坑
福　井	鳥浜貝塚	草創期～前期	マグロ	
長　野	栃原岩陰遺跡	草創期・早期	アオザメ（歯）	岩　陰
静　岡	蜆塚遺跡	後期前葉	ネズミザメ科の一種	貝　塚
愛　知	元刈谷貝塚	後期末～晩期前半	ホホジロザメ、ホシザメ	
	枯木宮貝塚	晩期前葉・中葉	マグロ、ホシザメ、アオザメ、ノコギリザメ	
	川地遺跡	中期前葉、後・晩期	マグロ属、サメ類	貝　塚
	神明社貝塚	後・晩期	マグロ属、サメ類	
	先刈貝塚	早期中葉	サメ目の一種	
	吉胡貝塚	後期後葉～晩期	マグロ	
	伊川津貝塚	後期後葉～晩期	マグロ属、サメ類、アオザメ科の一種、ホシザメ科の一種	
三　重	大築海貝塚	晩期	マグロ、サメ	

県　名	貝塚・遺跡名	時　期	内　容	備　考
京　都	桑飼下遺跡	後期前葉・中葉	サメ目	低湿地
	浜詰遺跡	前期後半～後期後半	マグロ類	貝　塚
大　阪	森の宮遺跡	後期～弥生中期	サメ類	貝　塚
	讚良川遺跡	中　期	サメ	土坑内貝層
和歌山	鳴神貝塚	晩　期	ドチザメ？	
	高山寺貝塚	早期後半	サメ目	
鳥　取	目久美遺跡	前～後期	マグロ、メジロザメ	低湿地
	栗谷遺跡	後期前半	サメ（垂飾もあり）	低湿地
島　根	佐太講武貝塚	前　期	サメ類	
	崎ヶ鼻洞窟遺跡	後　期	マグロ、マグロ類、サメ類	洞　窟
岡　山	矢部奥田遺跡	中期末	メジロザメ科	貝　塚
	磯の森貝塚	前期中葉	サメ	
愛　媛	江口遺跡	前期～後期	サメ類、ネズミザメの一種、エイ・サメ類	貝　塚
福　岡	永犬丸遺跡	後期初頭	エイorサメ	貝　塚
	沖ノ島社務所前遺跡	前～中期、晩期	サメ目	包含層
	山鹿貝塚	前～後期	サメ	
	新延貝塚	前～後期	サメ類	
	天神山貝塚	早期末～前期、後期初頭	サメ類	
佐　賀	菜畑遺跡	前期、晩期末～弥生前期	マグロ、サメ目の一種	貝塚、包含層
	赤松海岸遺跡	早期末～前期、後期	マグロ、サメ	海岸遺跡
長　崎	有喜貝塚	中期～後期中葉	マグロ属、サメ類、ネズミザメ科、サメ目	
	白浜貝塚	後・晩期	サメ	
	伊木力遺跡	前　期	サメ類	低湿地
	串島遺跡	後・晩期	サメ類	貝　塚
	佐賀貝塚	中・後期	サメ目、ネズミザメ科、アオザメ、モウカザメ、ツノザメ科	
	志多留貝塚	後　期	ネズミザメ、アオザメ	
熊　本	黒橋貝塚	中・後期	サメ類	
	カキワラ貝塚	後期前半	サメ類	
	竹の下貝塚	後期？	サメ類	
大　分	立石貝塚	後期前半	サメ類	
鹿児島	草野貝塚	後　期	シロワニ、メジロザメ属の一種	
	麦之浦貝塚	後　期	シロワニ、サメ類	
	成川遺跡	後　期	マグロ、サメ	
	川上貝塚	後　期	サメ	

県　名	貝塚・遺跡名	時　期	内　容	備　考
鹿児島	江内貝塚	中・後期	サメ	
	ケジⅠ・Ⅲ遺跡	前・中期	サメ	
	ヨヲキ洞穴	前〜後期	サメ	洞　穴
沖　縄	古我地原貝塚	後期併行	メジロザメ科、サメ目	
	地荒原貝塚	後・晩期併行	アオザメ科、サメ目	
	知場塚原遺跡	晩期併行	メジロザメ科	住　居
	渡具知東原遺跡	早・前期併行	ホホジロザメ	包含層
	野国貝塚群	草創期、前期併行	サメ類	
	荻堂貝塚	後期併行	サメ類（加工品）	
	北原貝塚	後期併行	サメ	

※山崎ほか 1998、鈴木 1994および報告書を参考に作成。

は今のところみつかっていない。東北地方の出土遺跡数が特に多く、次いで北海道・関東地方の遺跡数が目立つ。

　サメ類は、ネズミザメ（別名モウカザメ、*Lamna ditropis*）・アブラツノザメ（*Squalus acanthias*）・ホホジロザメ（*Carcharodon carcharias*）・アオザメ（*Isurus oxyrinchus*）・ホシザメ（*Mustelus manazo*）・ドチザメ（*Triakis scyllium*）・カスザメ（*Squatina japonica*）・ネコザメ（*Heterodontus japonicus*）・ノコギリザメ（*Pristophorus japonicus*）・イタチザメ（*Galeocerdo cuvier*）・ミズワニ（*Crocodile shark P. kamoharai*）・ナヌカザメ（*Cephaloscyllium umbratile*）・ヨシキリザメ（*Prionace glauca*）・メジロザメ（*Carcharhinus plumbeus*）・シロワニ（*Eugomphodus taurus*）の各種と、ツノザメ科（*Squalidae*）・オナガザメ科（*Alopiidae*）・シュモクザメ科（*Sphyrnidae*）の各科、およびこれらの仲間と考えられる例が同定されている。草創期あるいは早期の可能性のある遺跡から晩期の遺跡まで、各時期の遺跡で出土している。北海道地方12遺跡、東北地方42遺跡、関東地方42遺跡、北陸地方13遺跡、中部地方16遺跡、近畿地方6遺跡、中国地方6遺跡、四国地方1遺跡、九州地方24遺跡、沖縄地方7遺跡を数える。東北・関東地方を中心に東日本の出土遺跡が西日本・沖縄地方に比して多い。ただし西日本・沖縄地方のなかで、九州地方のみ出土遺跡数が東北地方、関東地方に次いで多く、注意される。

　マグロ・サメ類の詳細な出土部位・点数に関しては今回未調査である。しか

し貝類や中・小型魚類の遺存体のような多量の出土事例は認められず、出土状況はカジキ類と大きくかけ離れない。

なおマグロ・サメ類の文化的意義を推測させる遺存体の加工品についても言及しておきたい。

北海道を中心に、全国の遺跡出土のサメ歯および穿孔を有するサメ歯が、長沼孝（1984）によって集成されている。北海道から沖縄までの各地で出土し、縄文時代に属する出土例が多く、後・晩期に増加するという。またホホジロザメ・アオザメ・メジロザメ属・イタチザメなどの凶暴な人食いザメの歯が素材にされる。武器や工具の可能性もあるが、サメの歯の模造品が存在することから、装身具への利用が多かったと推測する。長沼はこの製品に、漁の「トロフィー」や「守護神」としての意義を認めた。

金子浩昌・忍澤成視らの集成（1986）によっても、サメ歯穿孔品のほかにサメ類椎骨の穿孔品が北海道を除く全国で、前期から弥生時代まで認められることが示された。ほかに椎骨加工例は岩手県崎山弁天貝塚でマグロを素材とする例が２点出土しているという。

以上のサメの歯や椎骨を装飾品に加工する多くの事例から、長沼も述べたように、縄文人がサメ類に見出した何らかの文化的意義が推測できる。

なおマグロ漁に関しては、中期後半にはじまる三陸海岸・仙台湾・磐城海岸の「外洋性漁業」の発達の検討のなかで、渡辺誠（1985a）が言及している。渡辺は、中期後半の銛頭や大型結合釣針の発達と多量の出土数から、マダイ・カツオ・マグロ類などの外洋性魚類の集中的捕獲と、晩期のマグロ類への漁の比重の増大を推測した。この理由として、マグロ類を燻製にしたときの保存性の高さ、および魚体の大きさから生ずる交換価値の高さを挙げた。

しかし出土遺跡数はサメ類遺存体と同程度であり、他の魚類遺存体の出土も少なくはない。燻製品への加工は他の魚類でも可能であるし、魚体が大きくても捕獲量が多くなければ交換されるまでに及ばない。外洋性魚類の集中的捕獲やマグロ漁の比重の増大を実証するためには、この地域の貝塚におけるマグロ類遺存体の豊富な出土量を示す必要がある。渡辺の仮説には、検討の余地があ

るように思われる。

(3) 古代の大型魚漁
　古代におけるカジキ類およびマグロ・サメ類の漁の実施状況について、弥生・古墳時代遺跡出土魚類遺存体の検討を通じてみていきたい。
　弥生時代では、カジキ類が福島県と神奈川県の5遺跡、マグロ類が宮城・福島・愛知・和歌山・鳥取・長崎県の8遺跡、サメ類が宮城・福島・神奈川・静岡・愛知・和歌山・鳥取・山口・福岡・長崎県の18遺跡で確認されている。
　このうち神奈川県池子遺跡出土のマカジキ科吻部はヤスに加工され、池子遺跡と福島県薄磯遺跡および鳥取県青谷上寺地遺跡では、サメ類の歯や椎骨に穿孔を施す例が認められている。山口県土井ヶ浜遺跡のサメ歯製の牙鏃は矢柄装着部分が加工されている。
　時期は、カジキ類は5遺跡すべてが中期、マグロ類は弥生時代中～後期、そしてサメ類は17遺跡中11遺跡が中期に属している。この事実から大型魚漁を対象とする漁は、弥生時代中期に特に盛んであった可能性が高いと推測する。
　なお、兵庫県出石郡出石町袴狭(はかざ)遺跡から、弥生時代後期に属する箱形木製品の底板と両側板3枚が出土し、うち側版1枚にサケあるいはスズキと考えられる魚類1尾、シカ1匹、シュモクザメ3尾の線刻画が認められた（鈴木敬ほか(1)2000、図1）。出雲大社伝世の祭事に用いる打楽器「琴板」に類似していることから、報告書では本製品は琴板同様、神事に使用された祭具であり、そこに神饌としての動物が表現されたと推測している。
　シュモクザメが神饌であったか否かは今後も検討を要するが、祭器の可能性が高い製品にサメが多く描かれていた事実は、当時の儀礼・祭祀とサメとが深い関わりをもっていたことを示唆している。
　古墳時代では、カジキ類が神奈川県と三重県の2遺跡、マグロ類が神奈川県の1遺跡、サメ類が神奈川・千葉・三重・鳥取県の4遺跡で出土が確認されている（山崎ほか 1998、表4）。
　また、木村幾多郎（1990）によって、古墳に供献されたと考えられる動物遺

存体の集成がなされているが、海産貝類の例がほとんどであり、大型魚類の例は認められないようである。このほか、古墳社会における大型魚類の文化・社会的意義を示唆する考古資料もみられない。

　弥生・古墳時代の大型魚類遺存体出土遺跡は、縄文時代に比して弥生時代の遺跡数が大幅に減少する傾向は確かであると考える。ただし、遺跡数は東北・関東・九州地方が多く、漁の機会が減少したとはいえ、遺跡の分布傾向が類似する点において、弥生時代の大型魚漁は縄文時代からの伝統を引き継いでいた可能性が高いと推測される。また、縄文時代と同じくサメ類の歯・椎骨を装飾品にする例や儀礼関連の木製品にシュモクザメの絵画を描く例が知られ、弥生人が縄文時代から継続して、サメ類に対してなんらかの文化的意義を認めていたことがわかる。

　古墳時代になると、弥生時代に比べさらに大型魚類遺存体出土遺跡数は減少し、縄文・弥生時代に盛んな漁撈の場であった東北地方や九州地方からの出土も今のところみられない。弥生時代に比べて、大型魚漁の実施頻度はさらに減少していたと考えられる。また、大型魚類遺存体を用いた装飾品や大型魚類が表現された考古資料、墳墓への供献もみられず、当時の人びとが大型魚類に対

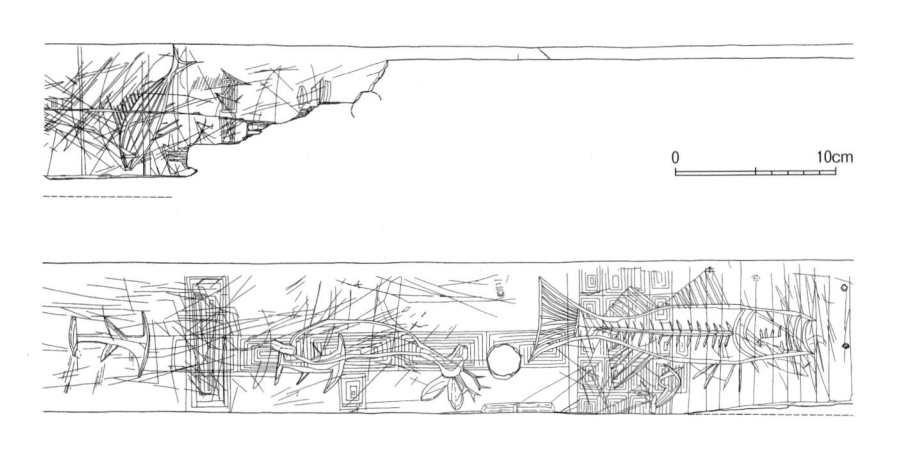

図1　袴狭遺跡出土箱形木製品の線刻画

表4 弥生・古墳時代において大型魚類遺存体を出土した遺跡

弥生時代

県名	遺跡名	時期	内容	備考	文献
青森	大間貝塚	前期	マグロ		菅原 2005
宮城	東宮貝塚	中期	マグロ、サメ類		
	鳳寿寺貝塚	弥生時代	マグロ、サメ類		金子 1981
福島	薄磯貝塚	中期前葉	マカジキ科（下尾骨）、マグロ属（尾椎ほか2点余り）、アオザメ（右上顎第1歯1、垂飾品1、不明品3、メジロザメ科（椎骨4点余り、うち3点穿孔あり、穿孔あるサメ椎体は計9点）		大竹ほか 1988
神奈川	池子遺跡	中期後半	マカジキ科（吻部利用のヤス1）、ネズミザメ科、メジロザメ科？、カスザメ属、ホホジロザメ歯垂飾品1、サメ類（ネズミザメ科が主）椎骨248点（うち19点穿孔）	旧河道	樋泉 1999
	大浦山洞穴	中期	ネズミザメ科、サメ類	海蝕洞穴	
	毘沙門B洞穴	中期	ネズミザメ科	海蝕洞穴	
	毘沙門C洞穴	中期	カジキ類、ネズミザメ科、サメ類	海蝕洞穴	
	西ノ浜洞穴	中期	カジキ類、サメ類	海蝕洞穴	
	海外洞穴	中期	カジキ類、ネズミザメ科、サメ類	海蝕洞穴	
静岡	登呂遺跡	後期	ネズミザメ科の一種、ドチザメ、ホシザメ科の一種、アオザメの一種		直良 1954
愛知	朝日遺跡	中期	マグロ類、アオザメ？、サメ目（椎骨6）	貝層	渡辺・田中 1992、西本ほか 1992
	瓜郷貝塚	中期～後期	サメ類		金子 1981
和歌山	笠嶋遺跡	後期	マグロ、サメ	砂州上遺跡	安井 1969
鳥取	青谷上寺地遺跡	中期中葉～古墳初頭	マグロ（椎骨117、一部解体痕）、サメ類（椎骨15、一部穿孔）	低湿地遺跡	湯村ほか 2002
山口	土井浜遺跡	前期～中期	サメ類（牙鏃2）	墓域	金関・坪井・金関 1961
福岡	前田山遺跡	前期末～中期初頭	サメ類	袋状ピット	木村 1982
長崎	三井楽貝塚	中期前半	サメ		
	ハルノツジ遺跡	後期初頭	マグロ	貝層	金子 1981
	住吉平貝塚	縄文終末～弥生前期	サメ類		

古墳時代

県域	遺跡名	時期	内容	備考	文献
神奈川	間口東洞穴	古墳時代	ネズミザメ科		樋泉 1999
	浜諸磯遺跡	古墳時代	カジキ類、マグロ属、サメ類		
千葉	上ノ台遺跡	後期・終末期	ネズミザメ目（椎体1）	住居表土	小宮 1982
	大寺山洞穴	中期	サメ目		岡本ほか 1996
三重	阿津里貝塚	前期	カジキ、サメ		中川ほか 1966
鳥取	福浦海底遺跡	古墳時代	サメ（歯）		岡村・菅原 1996

して重要な文化的意義を見出していたと考えるのは難しい。古墳時代になると、縄文時代にはじまり弥生時代にも一定程度引き継がれていた大型魚漁の伝統は、技術・意義ともにかなり変容していたものと推測する。

　古墳時代より後の様相については、出土する遺存体資料が非常に乏しいため、関連する文献史料から若干推量しておきたい。

　平安時代の『延喜式』の「主計式」には、進貢魚類とその国名が記されている。「許都魚（コツウオ）」の魚皮が備前・備中・備後から、「鮨皮（ツサキハチ）」と呼ばれる魚皮が但馬・因幡・伯耆から、そして「鮫（サメ）」の楚割が肥後から進貢されている（澁澤敬 1940）。これらの魚名・製品はみな、産地・用途からサメ類であったと考えられるという(2)。また、カジキ・マグロ類に相当する魚名は認められていない。

　記事に示された進貢魚類は、当時の水産物の内容をすべて表すものではない。しかし大型魚類がサメ類以外見当たらないことは、当時の大型魚漁の実施内容をうかがう上で示唆的である。おそらく、平安時代の海面漁撈も、大型魚漁の実施頻度が低かった古墳時代の傾向と変わらなかったのではないか。

　なお記事によれば、サメ類は皮や楚割として進貢され、工具・装飾品・武具また食品としての利用目的があったことが窺える。平安時代における、サメ類の実用目的以外の文化・社会的意義の有無については今のところ不明である。

（4）大型魚漁の文化的意義

　カジキ類およびマグロ・サメ類の遺存体を出土した縄文遺跡数は、管見に触れたものでカジキ類が35遺跡、マグロ類が85遺跡、サメ類が164遺跡であり、魚種ごとに大きな差が生じた。この結果から、いずれも体長が1mを超す外洋性の大型魚類であるにもかかわらず、縄文時代を通じてサメ類が捕獲される機会が最も多く、カジキ類はもっとも少なかったことが示唆される。

　また大型魚類遺存体の出土遺跡数は、東北地方を最多とし北海道・関東地方など東日本における多さが目立つ。これは当時の大型魚類の漁獲の頻度に、地域色が存在したことを示唆する。ただし九州地方は、西日本で唯一カジキ類遺

存体の出土があり、サメ類遺存体の出土遺跡数も東北・関東地方に次いで多い。西日本のなかで九州地方は大型魚漁の頻度が特に多く、特異な地域であったといえる。

　九州地方における縄文時代の漁撈技術に関しては、渡辺誠（1985b）が、西北部九州で縄文前期から弥生前期まで認められる、長さ7cm超の大型骨角製釣針である「西北九州型結合釣針」に着目し考察を行った。この釣針から、マグロ類・サメ類などの対象魚を推定し、西北部九州地方における大型魚の釣漁技術の存在を推量した。カジキ・マグロ・サメ類の遺存体出土遺跡も、福岡・佐賀・長崎・熊本県域の西北部九州所在が多い。この釣針が、当時これら大型魚種の捕獲を支えた漁撈具であった可能性が高いと推察する。

　これら3種の大型魚類は、食用とすることが可能である。特にサメ類は、歯や皮が工具や利器、武具、装飾品に利用可能であり、利用部位が多い点で当時カジキ・マグロ類よりも需要が多かったことが予想される。

　列島周辺に生息するサメ類は、カジキ・マグロ類に比べ、種類が多様である。そのため、サメ類遺存体の出土遺跡数がカジキ・マグロ類より多い結果を示したとする解釈も可能かもしれない。しかしサメ類の生息数とサメ漁の実施頻度・漁獲量とが強く関連するとは考えられない。現段階では自然環境的な要因ではなく、当時サメ類の需要がカジキ・マグロ類よりも高かったことが、サメ類遺存体の出土遺跡数が他の2種をはるかに凌いだ要因と考えておきたい。

　一方、カジキ類の出土遺跡数が他の2種に比してあまりに少ない事実については、原因の解釈が難しい。カジキ類遺存体出土量の乏しさについて福井は、カジキ類を多量に捕獲するための余剰が当時の社会に無かった可能性を考えたが、縄文時代特に後期には、丸木舟や発達した各種骨角製漁撈具の製作が知られ（松田真2003、安斎2002）、当時の漁撈技術は高い水準にあったと推測される。今回の検討によっても、マグロ・サメ類の大型魚類が、カジキ類より多く捕獲されていたことが明らかとなった。後期を中心とした時期に縄文人は、大型魚漁が可能な物質的余裕を備えていたのである。

　また福井は、出土するカジキ類遺存体に偶然の漂着の可能性も示したが、出

土遺跡数には地域差があり、その傾向は弥生時代までは引き継がれるので、出土するカジキ類遺存体は偶然の漂着ではなく、漁での捕獲によるものと考えられる。

一方鈴木は、その出土量の少なさからカジキ漁の非経済的行為すなわち威信獲得行為としての意義を推測したが、当時の考古資料からカジキの文化的意義を示す例はいまのところ見あたらない。

アイヌやチューマッシュのなかの一部の集団は、外見的に目立ち、捕獲困難なカジキを積極的に得ることで威信を獲得していたとされる。けれども今回触れた縄文遺跡にそのような痕跡はみられない。そしてこの解釈が妥当とすれば、捕獲可能な技術をもちながらカジキ漁に消極的であった事実から、カジキ類をマグロ・サメ類のように漁撈の対象とし難かった、縄文人の意図が察知される。カジキ類の外見に対して畏怖心が生じ、漁がためらわれたなど、何らかの文化的要因を想定する必要があるのではないか。さらにいえば、そのような要因は、高度で複雑な社会でなければ生じ得ない。縄文の社会構造を考察する上でも、縄文カジキ漁の実態についてさらなる検討の継続が必要である。

本節で扱った集成や各報告書の記載では、出土遺存体の厳密な帰属時期をすべて特定することができなかった。貝塚は複数の時期にわたって形成されることもあるため、貝層の堆積状況や調査方法によっては、時期の厳密な特定が困難だからである。

しかし前述したように、出土丸木舟は後期の例が最も多く（松田真 2003）、銛漁の技術も後期にもっとも複雑化していたと解釈されている（安斎 2002）。漁具を検討した渡辺誠（1973）によれば、東北・関東地方における内水面・海面漁撈は後期・晩期に発展をみる。また貝塚は早期に出現後、前期から増えはじめ、中期から後期にかけて質・量ともに最も充実し、後期後半以降はあまり形成されなくなる（鈴木公 1989）。サメ歯の出土点数も後・晩期に増加する（長沼 1984）。今回カジキ類遺存体の魚骨全体に占める割合を示した各貝塚も、後期から晩期にかけて形成された。

このように考古資料から、縄文時代後期に漁撈技術がもっとも複雑化し、海

面漁撈の漁獲量も増大していた可能性が高いと解釈される。おそらく、カジキ・マグロ・サメ類を対象とした大型魚漁も、後期を中心とした時期にもっとも盛行していたと推測される[(3)]。

弥生時代の大型魚類遺存体出土遺跡の分布や、サメ類の歯・椎骨製品の存在から、縄文の大型魚漁の伝統は弥生時代に一定程度は引き継がれたと考えられる。けれども漁の頻度は縄文時代に比べて減少していった。古墳時代に入るとさらに減り、大型魚類のもつ実用以外の文化的意義を示唆する考古資料もみられなくなる。縄文時代からの漁の伝統は大幅に変容していったのである。これには、弥生時代以降進んできた農耕の主生業化が大きな要因の一つと考えられる。『延喜式』に示された進貢魚名にマグロ・カジキ類が認められないのも、この傾向が平安時代まで進行していたためであろう。平安時代には、運輸に便宜を図るため、大型魚類よりむしろ保存・加工のしやすい中・小型魚類の漁が志向されたことも原因の一つに挙げられる。事実、式に記載された魚名は、中・小型魚類が大部分を占める（澁澤敬 1940）。

縄文時代にカジキ類よりも捕獲の機会が多かったと考えられるマグロ・サメ類の捕獲も、やはり大型魚を対象とし、豊富な知識と経験、多大な労力を要するとともに危険を冒して行われる。これらを捕獲した漁撈者は、その行為によってある程度の威信を得ていた可能性が高い。特にサメ類は、その歯や椎骨が装飾品に利用されるなど、食用や工具利用以外の文化的な意味があったと考えられる。あるいは縄文社会では、サメ類が威信獲得のための捕獲対象となっていた可能性がある。

弥生時代においても、サメ類に特別な文化的意義を見出す心性は、引き継がれたと考えられる。袴狭遺跡出土箱形木製品の線刻画および非実用的なサメ類の歯や椎骨の装飾品の存在はそのことを示唆しているのである。

第2節　律令期東北地方北部の釣漁技術の独自性

前節では、大型魚漁という特殊な海面漁撈について先史時代からみてきた

が、本節では、むしろ一般的な漁撈であった釣漁を取り上げる。律令期は、古墳時代につづいて大型魚漁が停滞していたが、この時期には釣針が豊富に出土しており釣漁は活発に行われていたことがわかる。律令期の釣漁から、古代海面漁撈技術の地域的差異について検討を試みる。

ここでは、東北地方海岸部遺跡出土の鉄製釣針から当地方の海面釣漁の内容を解釈し、その結果を同時期の列島内における他地域の釣針の分析結果と比較することで、地域的差異を明確にしたい。そののち、律令期東北地方の海面釣漁と、海人論との関わりについても若干の考察を試みる。

（1）民俗誌からみた東北地方の海面釣漁

考古資料の分析に入る前に、東北地方の海面漁撈民俗誌に示された釣漁の内容について触れたい。動力・機械化が進む以前の、手漕ぎ舟を用いた時代の海面漁業民俗の記録は、律令期の釣漁をはじめ海面漁撈の技術内容を考古学的に解釈するうえで参考になると考えられるからである。

秋田・青森・岩手・宮城県の海面釣漁民俗の内容を項目ごとにまとめ表5として示す。漁場は主に沿岸と沖合とに分かれる。釣漁法の種類には、一本釣り・手釣り・引き釣り・延縄漁・イカ釣り・タコ釣りが認められる。このうち鉄製釣針は、イカ・タコ釣り以外の釣漁で用いられる[4]。その対象魚は、沿岸釣漁がマダイ・スズキ・カレイ・アイナメ・ソイ・ブリ・ヒラメ・アコウダイ・アラ・マダラ・アカウオ・メバル・サケ・マス・ドンコ・ハモ・ウグイ・ウナギ・イカ・タコ、沖合釣漁がマグロ・カツオ・シイラ・アカデリ・アラ・マダラ・タイ・アコウダイ・ネズミザメ・サメ・イカである[5]。

民俗誌14事例のうち、沿岸で一本釣り3例、手釣り2例、引き釣り2例、延縄漁13例、タコ釣り1例が、そして沖合で一本釣り5例、一本釣りあるいは手釣り4例、延縄漁4例、イカ漁5例が認められる。沿岸では延縄漁が盛んな傾向にあり、沖合では一本釣り・手釣りと延縄漁が同程度行われる。これら釣漁には5人以下の小規模な人員がたずさわる。

釣漁以外には、ウニ・アワビ・ナマコ・ヒジキ・ワカメ・コンブ・ノリなど

表5　民俗誌からみた東北地方の釣漁

地域と時期	漁場	釣漁の内容と対象魚	人員	他の生業	文献
秋田県男鹿半島周辺（近・現代）	沿岸	引き縄釣（マダイ・スズキ）	1人	半農半漁	秋田県教育委員会 1978
	沖合	一本釣り（カツオ・シイラ・アカデリ・アラ）、延縄漁（タラ・サメ・タイ）、手釣り（マス）	1～5人		
青森県八戸沿岸（大正後期～昭和初期）	沿岸	延縄漁（カレイ・アイナメ・ソイ・タコ）	2～3人	半農半漁、一部に専業	古里 1991
	沖合	延縄漁（タラ・イカ）	1～3人		
青森県東通村尻屋（昭和初期、以下同じ）	沿岸	一本釣り（ソイ・アイナメ・スズキ・ブリ・ヒラメ）、延縄漁（ヒラメ・マス・ソイ）	未確認	漁業中心のほか田畑・牛馬飼育	田中ほか 1984
	沖合	イカ釣り	2人		
青森県同村白糠	沿岸	手釣り（ヒラメ・ソイ・アイナメ・アコウダイ）、延縄漁（カレイ）、引き釣り（ヒラメ・マス）	未確認	林業・磯漁	
	沖合	一本釣りor手釣り（カツオ・イカ・タイ）			
岩手県種市町角ノ浜	沿岸	手釣り（ヒラメ・ソイ・アイナメ）、延縄漁（ドンコ・ハモ・ヒラメ）	1～3人	農業・塩作りが主	
	沖合	イカ釣り			
岩手県久慈市小袖	沿岸	一本釣り（ソイ）、延縄漁（アコウダイ・ソイ・タラ）		漁業中心のほか畑作・塩焚き・牛飼育	
	沖合	一本釣りor手釣り（カツオ・イカ）			
岩手県宮古市重茂石浜	沿岸	延縄漁（アイナメ）、手釣り（アイナメ）		農業中心のほか製塩	
	沖合	イカ釣り			
岩手県釜石市箱崎白浜	沿岸	延縄漁（アコウダイ・アラ・マダラ・ウグイ・アカウオ・アコウダイ）		未確認	
	沖合	一本釣り（カツオ）			
岩手県陸前高田市根崎	沿岸	一本釣り（タラ・ヒラメ・カレイ・アイナメ・イカ・メバル・ブリ・スズキ・サケ・マス）、延縄漁（タラ・アラ・ドンコ・メバル・ハモ）		未確認	
	沖合	一本釣り（カツオ）、延縄漁（マグロ）	未確認		
宮城県唐桑町鮪立	沿岸	タコ釣り、延縄漁（アコウダイ・ドンコ）		沿岸漁業中心	
	沖合	一本釣りor手釣り（カツオ・イカ）			
宮城県気仙沼市四ヶ浜	沿岸	延縄漁（スズキ・ハモ・ドンコ・アイナメ・ソイ・ヒラメ・ブリ・ハモ・ウナギ）、タコ釣り			
	沖合	イカ釣り			
宮城県歌津町名足	沿岸	延縄漁（ドンコ・カレイ・ブリ・タイ・ヒラメ・スズキ）		未確認	
	沖合	一本釣りor手釣り（カツオ・イカ・タコ）			
宮城県牡鹿町寄磯	沿岸	延縄漁（タイ・ソイ・ドンコ）			
	沖合	一本釣り（カツオ）、イカ釣り			
宮城県石巻市月浦	沿岸	延縄漁（ハモ・ドンコ・ソイ）			
	沖合	一本釣り（カツオ）、延縄漁（ネズミザメ・アコウダイ）			

を磯で採取する磯漁と、各種の網漁が全事例で認められる。これら漁村の生業形態は、農業中心が2例、半農半漁が2例、漁業中心が4例、未確認6例である。集落によって、生業全体における漁業の占める割合の多寡は異なる。

次に漁に用いられる釣針についてふれたい。岩手県陸前高田市根崎の漁村を扱った民俗誌に、釣針の調査結果が示されている。このデータをもとに高さと幅の散布図を図2として示す。なお、本稿での釣針法量の計測部位は、渡辺誠の案に従った（図3、渡辺誠 2000a）。

一本釣り用釣針の法量の平均値は高さ8.1cm、幅2.7cm、延縄漁用が高さ3.1cm、幅1.4cmである。平均値からみて、延縄用の釣針は一本釣り用に比して小型であることがわかる。

なお東北地方の例ではないが、渡辺によって愛知県篠島のサメ釣針の民俗例が調査されているので紹介したい（渡辺誠 1989）。3点あり、それぞれ高さ8.0・7.4・9.1cm、幅5.1・4.7・5.0cm、直径7・5・7mmを測る。寛政年間の文書『張州雑志』に「長縄百尋ノ間ニ針五本ヲ付」また「鮫ヲ釣リテ此ハリニ掛テ船ニ入ル」とあるので、延縄漁や立縄漁あるいは掛針として用いられたと考えられる。根崎の民俗例にも同程度の高さをもつ一本釣り用の例があるが、幅は根崎の最大例より1cm近く大きい。

これらの民俗例が示すように、一本釣り・延縄漁用ともさまざまな大きさの釣針が認められる。これは、対象魚の大きさによって釣針の大きさが選択されるためである。石川隆司（1985）は漁撈学的実験データをもとに、ある一定の大きさの釣針に対して最も釣れやすい魚体長（口の大きさ）があること、また最も釣りやすい釣針の大きさは対象魚の最大口幅の約半分くらいの最大幅を有することの2点をまとめ、釣針の大きさに漁獲選択性が関与していることを説明した。当然、上述した釣針の民俗例や律令期の鉄製釣針の大きさ決定にもこの漁獲選択性は影響していたと推察する。

（2）律令期東北地方の鉄製釣針

青森県域出土例については、桜田隆（1978）と齋藤淳（2005）によってすで

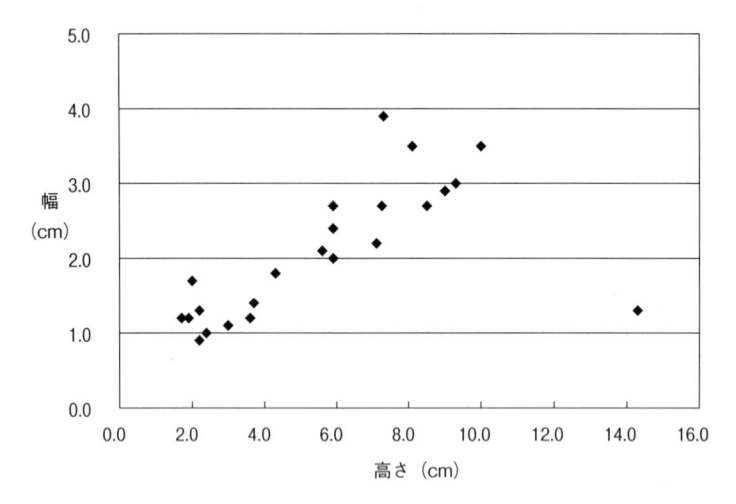

民俗例

No.	用途と対象魚	高さ(cm)	幅(cm)
1	一本釣り（イシナギ）	10.0	3.5
2		7.3	3.9
3	一本釣り（ブリ）	9.3	3.0
4		8.5	2.7
5	一本釣り（ブリ・ヒラメ）	9.0	2.9
6		14.3	1.3
7		8.1	3.5
8		7.3	2.7
9	一本釣り（スズキ）	5.9	2.4
10		7.1	2.2
11	一本釣り（アイナメ・ソイ）	4.3	1.8
12		5.6	2.1
13	延縄（マグロ）	5.9	2.7
14	延縄（サケ・マス）	5.9	2.0
15		3.7	1.4
16	延縄（ドンコ・ソイ・メバル）	3.6	1.2
17		2.2	0.9
18	延縄（カレイ）	3.0	1.1
19	延縄（メバル）	1.7	1.2
20	延縄（タイ）	2.0	1.7
21		2.2	1.3
22		1.9	1.2
23	延縄（ハモ）	2.4	1.0

※岩手県陸前高田市根崎の例（田中 1984）をもとに作成

◀図2　民俗誌の釣針法量

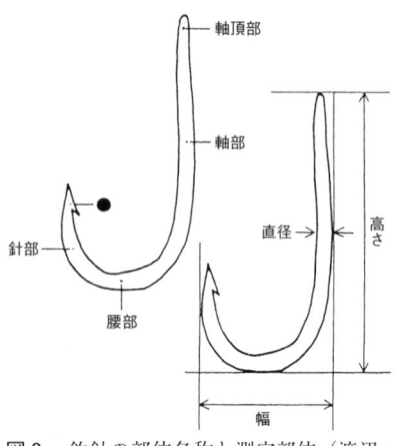

図3　釣針の部位名称と測定部位（渡辺誠 2000a）

に検討が加えられている。桜田は、10世紀半ばの集落跡と推定される青森市三内遺跡出土の鉄製釣針13点について、大きさや釣糸の結着状態などからタラなどの延縄漁に使用されたと推定した。そして結着していた釣糸の同定結果を紹介した。齋藤は、青森県域の律令期の鉄製釣針は平安時代の例が多く、陸奥湾・太平洋沿岸に立地する遺跡からの出土が目立つとした。そして齋藤の分類でいう軸長4cm未満、幅2cm未満の「小・中型品」は内水面・海面を問わず竿・手釣りへの使用を、「大型品」（軸長4〜7cm、幅2〜3cm）を超える例は複数が結着して出土する例が多いことから立縄漁あるいは延縄漁への使用を推測した。

　ここでは上記の論考と重複する部分もあるが、他地域との比較に備え、改めて東北地方全域の海岸部遺跡出土の律令期鉄製釣針について、その性格を詳細に把握するために法量を中心に分析したい。内陸部出土の釣針も認められるが別途検討したい。

　釣針の法量に関しては渡辺誠の集成（2000a）を参考にするほか、青森県八戸市尻内大仏遺跡（大野亨 2003）・同県青森市高田朝日山（2）遺跡（中嶋ほか 2003・2004）・同市合子沢野木遺跡Ⅱ・Ⅲ（中島ほか 1999・2000）、秋田県山本郡峰浜村水沢湯ノ沢岱遺跡（柴田ほか 1998）、宮城県石巻市飯野新田東遺跡（柳沢 2003）・同市渡波梨木畑貝塚（芳賀ほか 2004）・同県多賀城市浮島市川橋遺跡（佐久間光ほか 2000）の出土例も新たに補う。なお奈良・平安時代に加え、奈良時代との区別が明確でない例が多いため、律令期あるいは7世紀代の飛鳥時代に属する可能性のある資料も対象に含めることにする。対象となるのは渡辺の集成で該当する16遺跡87点、および今回認めた7遺跡17点のうち、完形あるいは高さ幅が判明する15遺跡34点および7遺跡16点の計22遺跡50点である。

　渡辺の集成に掲載されている属性の詳細は氏の集成を参照願いたい。ここで新たに分析に加える釣針の例について簡単に説明しておきたい（図4）。

　大仏遺跡　遺構外遺物包含層Ⅰ層より1点が出土した。11世紀後半以降に属する。チモトを欠き、カエシは備えない。断面は円形である。高さ9.9cm、幅

46

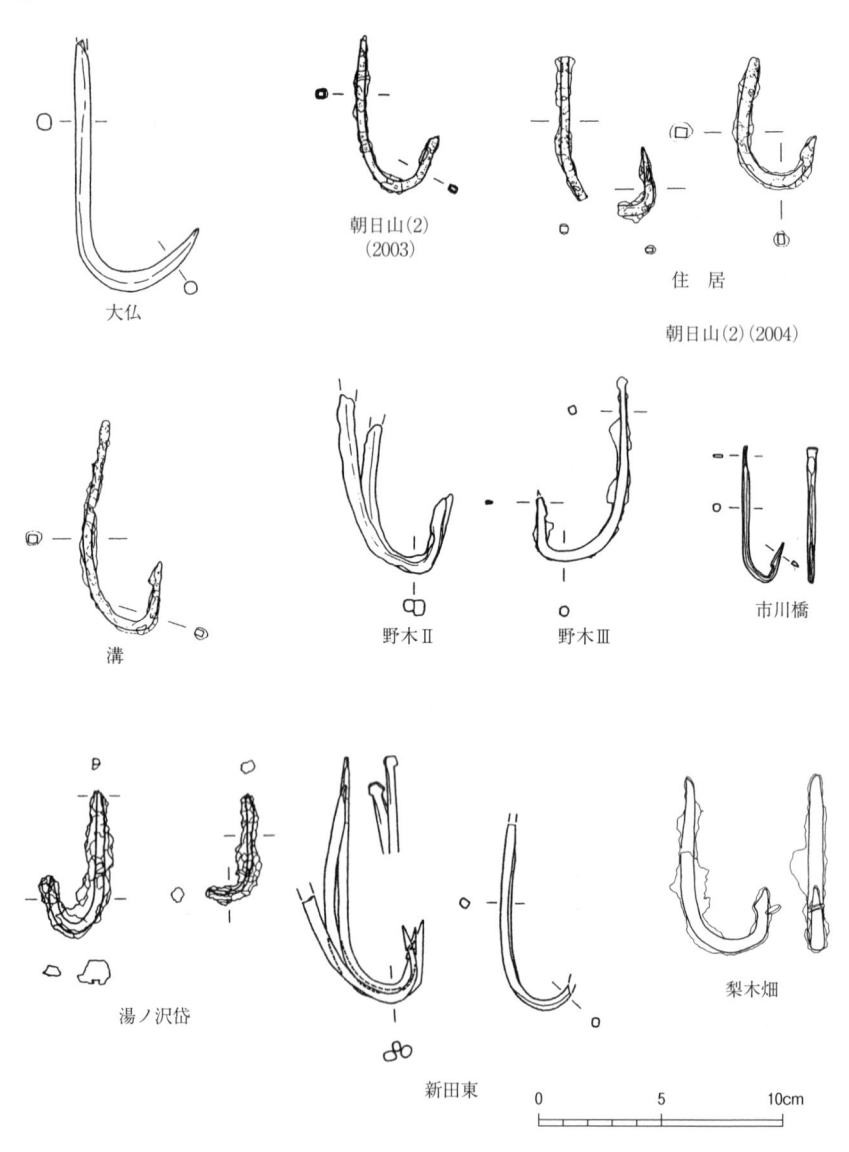

大仏　朝日山(2)(2003)　住居　朝日山(2)(2004)

溝　野木Ⅱ　野木Ⅲ　市川橋

湯ノ沢岱　新田東　梨木畑

0　5　10cm

図4　新たに分析に加える釣針

5.2cm、厚さ0.6cmを測る。

　朝日山（２）遺跡　2003年度報告例は、232号住居床面出土の２点である。錆ぶくれがひどく詳細な形状は不明であるが、完形の例は断面方形で、高さ6.3cm、幅3.4cm、厚さ0.6cmを測る。2004年度報告例は、742号住居床面から２点と215号溝覆土から１点の出土である。住居出土の例は、チモトは欠いているようだが、内アグ式のカエシを備える。断面は方形である。それぞれ高さ6.3・5.1cm、幅3.8・3.4cm、厚さ0.8・0.7cmを測る。溝出土の例は、断面方形で、高さ8.5cm、幅3.6cm、厚さ0.8cmである。両報告例とも、９世紀後半から10世紀前半に属する。

　野木遺跡Ⅱ・Ⅲ　野木遺跡Ⅱでは、495号住居床面から２点出土した。チモトを欠くが、内アグ式のカエシは確認できる。断面方形を呈す。それぞれ、高さ7.6・6.0cm、幅4.0・4.0cm、厚さは１点のみ計測されており0.6cmである。９世紀前半から中葉に属する。野木遺跡Ⅲでは、327号溝から１点出土した。チモトおよび内アグ式のカエシを備える。断面方形で、高さ7.4cm、幅3.8cm、厚さ0.5cmを測る。こちらも同じ年代に属する。

　湯ノ沢岱遺　321号土坑と385号土抗から１点ずつ出土した。前者は、高さ5.7cm、幅1.4cm、後者は高さ4.0cmを測る。錆ぶくれが激しく、チモトとカエシの有無は確認できないが、前者は断面が方形を呈すると思われる。出土遺跡の集落の盛期である10世紀中葉から後葉に属すると考えられる。いまのところ秋田県域で唯一の律令期の釣針出土例である。

　新田東遺跡　11号住居床面から、４点がまとまって出土した。扁平でくびれを有するチモトと内アグ式のカエシを備える。断面方形で、法量が判明するものはそれぞれ高さ9.7・8.9・7.6cm、幅3.2・4.2・3.2cmを測る。８世紀第３四半期に相当する。

　梨木畑貝塚　遺物包含層より出土した。軸部上端はすぼまる形状でチモトはもたないようである。内アグ式で、錆ぶくれが著しく断面の形状は不明である。高さ7.0cm、幅3.5cm、厚さ0.7cmを測る。付近の住居の年代から、平安時代９世紀頃に相当すると考えられる。

市川橋遺跡 5021号河川跡から出土した。古代東北地方では唯一銅製である。扁平で端部がひらくチモトと内アグ式のカエシを備える。断面円形で、高さ5.7cm、幅1.7cm、幅0.3cmを測る。同遺構出土須恵器から平安時代9〜10世紀に属すると考えられる。

律令期東北地方の鉄製釣針は、仙台湾沿岸・三陸海岸沿岸・陸奥湾沿岸からの出土が目立つ。日本海側では、いまのところ湯ノ沢岱遺跡出土の10世紀代に属する例2点だけがあるのみである（柴田ほか 1998）。釣針の属する時期は平安時代が大部分を占める。素材に関して、市川橋遺跡で唯一銅製の釣針が出土しているが、この例も同じ金属製釣針として分析対象に含める。

なお同時期の津軽海峡を挟んだ北海道では、擦文文化前期以降に属する南川2遺跡・大川遺跡・西島松5遺跡から金属製釣針が出土している（福井 2005）。渡辺の集成（2000a）によれば、南川2遺跡では1点、大川遺跡では23点の出土をみたようである。また笹田朋孝（2002）の集成によると、恵庭市カリンバ2遺跡・斜里郡斜里町須藤遺跡・標津郡標津町当幌川左岸竪穴群遺跡の住居跡からも1点ずつ出土している。このうち須藤遺跡・竪穴群遺跡の例は擦文文化後期に属する。

釣針の法量分析に移る。長さと幅の散布図を図5として示す。高さ1.3〜9.9cm、幅1.1〜5.3cmの範囲に分布が認められる。なかでも高さ4〜7cm、幅2.5〜4cmに若干分布が集中する。この分布範囲は、先に示した岩手県陸前高田市根崎の漁村における昭和初期の釣針のものとほぼ同様の傾向にある。根崎の釣針には一本釣用と延縄漁用の例が含まれていた。したがって律令期東北地方の鉄製釣針の用途にも、民俗事例から一本釣り・手釣り用と延縄漁用の二者があったものと類推される。なかでも延縄漁は、先述した傾向から沿岸を主な漁場としていた可能性が高い。各釣漁の対象魚も、民俗誌に示された魚種であったと推測したい。

昭和初期の東北地方では、手漕ぎ舟を用い5人以下の人員で海面釣漁が行われていた。そして釣漁をはじめ漁業を行っていた集落では、農業中心から漁業中心まで、生業形態に多様性が認められた。これらの民俗事例から類推する

第2章　海面漁撈と古代社会　49

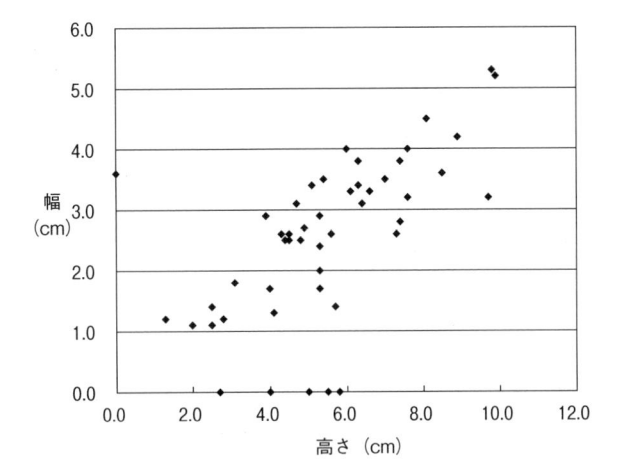

東北地方

県名	遺跡名	高さ(cm)	幅(cm)	県名	遺跡名	高さ(cm)	幅(cm)
青森	熊野堂	6.1	3.3	秋田	湯ノ沢岱	5.7	1.4
	田面木平（1）	2.5	1.4			4.0	0.0
	白旗館	2.8	1.2	岩手	中沢浜貝塚	3.1	1.8
	三内	4.1	1.3			2.7	0.0
		5.6	2.6			1.3	1.2
		5.5	0.0		沢田Ⅱ	5.4	3.5
		5.0	0.0			4.3	2.6
		6.6	3.3		磯鶏磯山	6.6	3.3
		6.4	3.1			4.0	1.7
		7.3	2.6			4.5	2.5
		5.3	2.4		下在家Ⅱ	2.8	1.2
		5.3	2.0			2.5	1.1
		4.9	2.7		島田Ⅱ	8.1	4.5
		5.3	2.9		兼田農場	4.4	2.5
		5.8	0.0			9.8	5.3
		4.7	3.1		中長内	2.0	1.1
	大仏	9.9	5.2		鼻館跡	4.8	2.5
	朝日山（2）	6.3	3.4	宮城	田道町	7.4	2.8
		6.3	3.8		横根貝塚	4.5	2.6
		5.1	3.4		新田東	9.7	3.2
		8.5	3.6			8.9	4.2
	野木Ⅱ	7.6	4.0			0.0	3.6
		6.0	4.0			7.6	3.2
	野木Ⅲ	7.4	3.8		梨木畑貝塚	7.0	3.5
	蓬田大館	3.9	2.9		市川橋	5.3	1.7

※市川橋遺跡例のみ銅製。古墳終末期〜平安時代。墳墓出土例を除く。完形・軸頂部か針先端部欠損・高さか幅がわかる例のみ。

図5　東北地方海岸部遺跡出土の律令期鉄製釣針の法量

と、自然環境・釣漁具の内容が大きく変わらない律令期においても、東北地方の海岸部集落では手漕ぎ舟を操り、少ない人員で釣漁が行われていたと推量する。そして民俗事例と同様、海面漁撈の生業全体に占める割合の多寡は集落によって異なっていたと考えられる。

（3）東北地方と他地域との釣針法量の比較

　律令期東北地方における釣漁内容の地域色の存否、また当時の列島内における海面釣漁の地域的差異について検討するため、律令期東北地方と同時期の関東・東海・北陸地方および西日本との鉄製釣針の法量比較を試みる。他地域の法量は渡辺の集成（渡辺誠 2000a）から得た。関東・東海・北陸で該当する20遺跡33点余り、および西日本で該当する7遺跡279点のうち、完形あるいは高さか幅が判明するそれぞれ17遺跡21点、および4遺跡22点を分析対象とする。すべて海岸部遺跡の出土である。なお古墳副葬釣針については、実用性より儀器的要素が強いとする意見が形態的分析を通じて真鍋篤行から提示されており（真鍋 1995）、古墳出土例は除外した。またこれらの地域と東北地方の出土遺跡数と点数は相互に大きく異なるが、出土する釣針は土製漁網錘と同様に破損や紛失に備えた予備の品あるいは再利用品であろうから、この差は漁の頻度などを示すものではないと考える。

　それぞれ鉄製釣針の高さと幅を散布図として示す（図6・7）。関東・東海・北陸の釣針は、高さ2.0～6.0cm、幅1.0～3.2cm の間に分布し、高さ2.0～3.0cm、幅1.0～2.0cm と高さ4.0～6.0cm、幅1.5～3.2cm の二つの範囲に若干まとまりをみせる。西日本の釣針は、高さ2.0～7.5cm、幅1.0～3.6cm の間に分布し、高さ2.2～3.5cm、幅1.0～2.8cm と高さ4.3～5.5cm、幅1.7～3.6cm の二つの範囲に若干分布が集中する。

　これら2地域の法量を分析すると、類似した傾向が看取される。すなわち、釣針の法量において高さ2～3cm、幅1～2cm と高さ4～6cm、幅1.5～3.5cm の二つの範囲に分布がまとまりをみせるのである。ただし西日本ついては、小型の方のまとまりが高さ3.5cm、幅2.8cm まで認められるので、この点

は関東・東海・北陸の散布図と若干異なる。しかし 2 地域の散布図は、ほぼ同様の傾向にあるとみてよいだろう。

両地域でみられた傾向を、先述の東北地方の散布図と比較してみる。東北でも高さ 2〜3 cm、幅 1〜2 cm と高さ 4〜6 cm、幅 1.5〜3.5cm の範囲にまとまり、両地域の散布図の傾向と類似する。しかし東北では、それらの範囲より大きい、高さ 6〜10cm、幅 2.6〜5.3cm の範囲にも 17 点の釣針が分布する。この範囲の分布は両地域には認められない。つまり古代東北の鉄製釣針は、規格において、関東・東海・北陸および西日本と同様の例に加え、さらにこの両地域にはない大型の釣針を含んでいたのである。この事実は、当時、東北地方なかでも特に釣針の大部分を出土した北部における釣漁が、日本列島のなかで特異な内容を一部にもっていた可能性が高いことを示唆している。

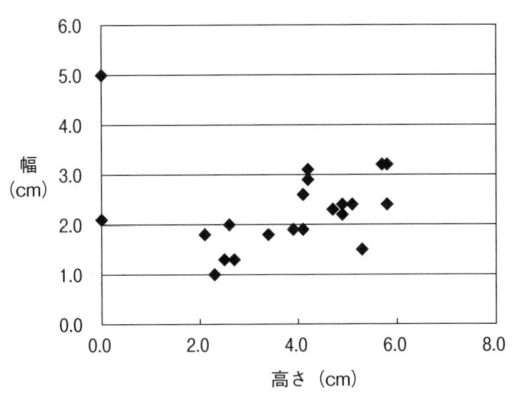

関東・東海・北陸地方

県　名	遺跡名	高さ(cm)	幅(cm)
茨　城	吹上	5.8	2.4
	遠下	4.1	2.6
神奈川	真土 17 の域	5.3	1.5
	厚木道	3.9	1.9
	大源太	2.7	1.3
		4.1	1.9
		4.2	2.9
		5.7	3.2
		5.8	3.2
		0.0	5.0
	毘沙門 B	4.7	2.3
	神明谷戸	4.9	2.4
	大町谷東	2.3	1.0
東　京	小足立中村南	4.2	3.1
	大島泉浜 B	4.2	3.1
	吹之江浜	2.1	1.8
静　岡	梶子	5.1	2.4
	宮道 I	2.5	1.3
愛　知	大木之本	2.6	2.0
新　潟	馬場上	4.9	2.2
石　川	寺家	3.4	1.8
	高田	0.0	2.1

※渡辺 2000 をもとに作成。古墳終末期（7 世紀代）〜平安時代。墳墓出土例を除く。完形・軸頂部か針先端部欠損・高さか幅がわかる例のみ。

図 6　関東・東海・北陸地方出土の律令期鉄製釣針の法量

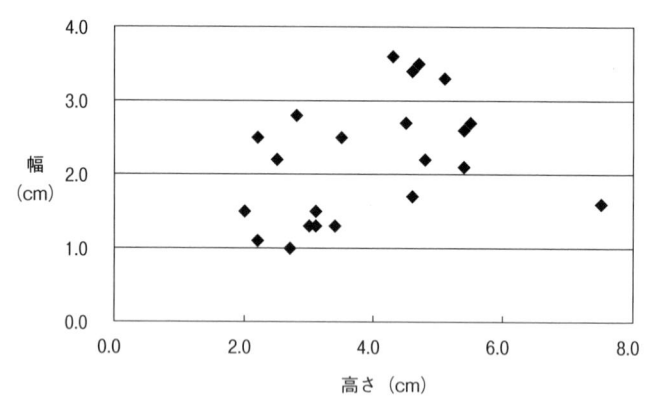

西日本

県　名	遺跡名	高さ(cm)	幅(cm)
高　知	ひびのきサウジ	2.0	1.5
福　岡	海の中道(1～3次)	3.1	1.3
		3.4	1.3
		7.5	1.6
		5.4	2.6
		5.4	2.1
		4.6	3.4
		2.7	1.0
		2.2	1.1
		2.2	1.1
		4.8	2.2
		3.5	2.5
		2.5	2.2
		2.2	2.5
	海の中道(4次)	3.1	1.5
		3.5	2.5
		4.5	2.7
		5.5	2.7
		2.8	2.8
		5.1	3.3
		4.3	3.6
		4.7	3.5
	多々良込田	4.6	1.7
鹿児島	金久第1	3.0	1.3

※渡辺2000をもとに作成。古墳終末期（7世紀代）～平安時代。墳墓出土例を除く。完形・軸頂部か針先端部欠損・高さか幅がわかる例のみ。

図7　西日本出土の律令期鉄製釣針の法量

東北出土のこの特異な大型釣針は、どのような漁で用いられたのであろうか。先の根崎の民俗例のなかでこの釣針の法量は、近代以降開始されるマグロ延縄漁用をのぞいて、一本釣り用の釣針の法量に該当する。したがってこれら東北の大型釣針は、一本釣り用あるいは手釣り用に用いられ、対象魚種は法量が該当する根崎の釣針の対象魚から類推して、イシナギ・ブリ・ヒラメ・スズキなどであったと推測される。そしてこれらを対象魚種としていた場合、大型釣針は沿岸において使用された可能性が高い。[7]

また関東・東海・北陸、西日本および東北地方で認められる高さ２～３cm、幅１～２cmと高さ４～６cm、幅1.5～3.5cmの釣針の用途についても言及しておきたい。これらの法量にまとまる二つの釣針を、先に東北の釣針で大型品を設定した関係上、それぞれ小型品・中型品とすると、根崎の民俗例から、小型品は主に沿岸での延縄漁・立縄漁用であり、サケ・マス・ドンコ・ソイ・メバル・カレイ・タイ・ハモなどを対象とし、中型品は一本釣り用あるいは手釣り用であり、大型品の対象より小型の魚種であるアイナメ・ソイなどを沿岸で採捕する際に用いられたと考えられる。

なお、先に紹介した青森県域における齋藤の検討では、軸長４cm未満、幅２cm未満の「小・中型品」は竿・手釣りに、軸長４～７cm、幅２～３cmを超える「大型品」は立縄漁あるいは延縄漁に使用されたと推定しており、本稿の見解と異なる。しかし水産学の実験によっても、「『向こうあわせ』で行なわれる延縄釣などでは、対象とする魚体の大きさにも関係するが、線径の細い小さな釣針を使用するほうが釣針は外れ難い」こと、また「『あわせ』を行なう一本釣などでは逆に線径の太い大きな釣針でもうまく強い力を加えれば、針がかりを起こりやすくし、釣針を充分に深く刺さり込ませ、外れ難くすることができる」ことが確かめられている（清水ほか 1993：195頁）。水産学の実験結果と根崎の民俗例からみて、高さ２～３cm、幅１～２cmの小型品は、やはり上述したように延縄漁・立縄漁用の可能性が高いと考える。

律令期において小型・中型の釣針は、九州から東北地方までの範囲において出土が認められる。したがってこれらの地域では、小型・中型の釣針を用い互

いに同内容の釣漁が実施されていたことが推測される。しかし、特に北部を中心に認められる律令期東北地方の大型鉄製釣針の存在は、当時、他地域にはない、大型魚種を対象とする釣漁がこの地域で行われていたことを示唆するのである。

なお、律令期東北の鉄製釣針の法量からみると、民俗誌中に認められる沖合釣漁が当時行われた可能性は低い。この理由としてまず、沿岸釣漁によって需要を十分満たすだけの漁獲量が達成できていたことが挙げられる。あるいは、房総地域の漁民たちは陸影海没地点以内の山アテの可能な範囲以外の海域をオクウミ（奥海）と呼んで畏れていたという民俗事例も存在するので（高桑1984）、当時沿岸に漁場が限定されていた理由については、何らかの観念的な事情が存在したことも考慮する必要があろう。

次章で詳述するように、土製漁網錘の検討によって、海面網漁はその出土遺跡の分布から、湾内における操業が主であったと解釈される。すなわち、律令期東北において農耕民によって一般的に行われた海面漁撈は、その漁場を沿岸にとどめていた可能性が高いと推測されるのである。

（4）海人論と蝦夷の漁撈

本節で示唆された、律令期東北の大型釣針を用いた特異な釣漁は、いかなる集団に属する人びとによって行われていたのであろうか。そこに「専業的」漁撈者（専業漁撈者ではない）の姿を思い浮かべることは容易であるが、ここではひとまずこの検討に備え、この問題に関連すると思われる、これまで考古学史上なされてきた弥生時代から律令期までの「海人」に関する議論について概観することにしたい。

原始・古代日本における漁業史を考古資料・文献史料から検討し、日本文化成立に海人集団が深く関連してきたことを推量したのは、羽原又吉であった（羽原 1949）。この論考が古代海人論の嚆矢となったとみてよい。その後は考古学の立場から、岡崎敬が壱岐・松浦半島・五島列島における弥生時代から古代までの海人文化について考古資料をもとに説明した。すなわち、海人は海で

の漁撈にたずさわりながら航海や運輸の仕事にもあたり、有事の際には水軍となって兵糧や陸上の軍勢を運ぶ人びとであったとした（岡崎 1968）。

同じく九州における弥生時代玄界灘海人について論じたのは下條信行である。下條は海人を漁撈に従事するだけでなく、「物資の輸送、情報の伝達などの海上輸送や航海に従っていた」人びととした（下條 1989：109頁）。彼らの性格として、外洋性漁撈を得意とし、定住的漁村を形成し、海洋航海能力をもち、また金属器入手など大陸舶載文物の水運に関わる点を挙げた。

鉄製漁撈具から、古墳時代前期における北部九州海人系氏族の畿内への東遷について論じたのは山中英彦である（山中 1980・1995ab）。山中は古墳時代海人について、移動性の強さから文化伝播の媒体、大陸交渉路の開拓、ひいては統一国家形成の原動力となると評価した。そして製塩や外洋での漁撈活動のほかに航海技術者、水軍の主力としての活躍を認めた。

東日本では、天野努が古代房総地域の海人について文献史料・考古資料から検討した。この地域の海人は専業的な漁撈のほか、物資や人の運送・交易活動などに従事し、また征夷など軍事の際には郡司のもとに輸送船の挾抄（かじとり）や水手（かこ）として徴発・動員されたとした（天野努 2001）。

山浦清も千葉県館山市大浦山洞穴遺跡および周辺古墳の分析を通じて、5世紀後半における倭の朝鮮半島への外交的・軍事的攻勢において東国の首長層の一部も参画し、兵站部隊として安房の海人もこれに加わっていた可能性を示した（山浦 2002）。そして6世紀後半から7世紀初頭にかけて形成された宮城県石巻市洞窟遺跡の検討を行い、房総地域海人との交流の結果、仙台湾周辺で組織化された武装海人集団あるいは海上輸送集団が成立したとする仮説を示した（山浦 2004）。

近年でも、古墳時代海人集団の再検討をテーマに埋蔵文化財研究集会が開催され、全国の海人集団関連資料が集成されるとともに、各地域の海人集団の様相について論考がまとめられた（埋蔵文化財研究会 2007）。また山中英彦によって、弥生時代終末期から古墳時代前期にかけての博多湾沿岸の漁撈集落が類型化され、ヤマト王権の誕生と博多湾の海人集団との関連性が主張された

（山中 2007）。このように原史時代・律令期日本の海人集団については、現在に至るまで活発な議論が継続している。

　これまで考古学の先学によって、おもに関東地方以西で論じられてきた弥生時代以降から古代律令期における海人集団とは、普段は専業的に海面漁撈にたずさわりながら、場合によっては輸送や軍事にもかかわりうる人びとであったとその性格をまとめることができるだろう。

　ただしこの集団を、外洋性漁撈を主に行っていた漁撈者とみなす意見には若干疑問を持たざるをえない。たしかに弥生時代から律令期にかけては外洋性漁撈の実施を思わせる銛頭や角釣針が出土し、外洋性海産魚類の遺存体も検出されている。しかし海人集団の漁撈は外洋のみに偏らず、沿岸における漁撈もあわせて複合的に行われていたと考えるべきであろう。先の民俗事例のように、海面漁撈は磯から沖合までその漁場の範囲が広いからである。そして漁場における沿岸と外洋・沖合の割合は、海人集団の本拠地とする地域の自然環境によって、あるいは漁撈技術の発達の度合いによって異なったであろう。

　さて、律令期東北北部を中心に、大型鉄製釣針を用いた特異な釣漁が行われていたと述べてきた。大型魚種を対象とする釣漁は、沿岸での操業が推測されるとはいえ、多種の釣漁具が複合する仕掛けを用い、舟の操縦・漁期の選定・漁場の把握など熟練を要する漁である。したがって当時、この特異な釣漁は専業的漁撈者によって行われていた可能性が高いと考えられる。また律令期の東北地方北部は非律令支配地域であり、律令政府から「蝦夷」と呼ばれた人びとが居住していた。その意味でこの事実は、蝦夷の実施していた釣漁をはじめとする海面漁撈が、当時列島内において独自色を帯びていたこと、そして蝦夷社会に専業的な海面漁撈者が存在していたことを示唆している。

　しかしこの蝦夷社会における専業的な海面漁撈者を、先学が定義した海人の性格に類似しているとして「海人」と呼称するには問題があろう。なぜなら、海人とは律令政府の文書に散見される名称であり、非律令支配地域に住まう蝦夷にとってはふさわしくない名称だからである。

　その呼称の問題はひとまずおき、九州・紀伊・関東において先学たちがその

生成を認めた海人文化は、東北地方に及ぶことはそもそもあったのであろうか。古墳時代に紀伊地方で発達した、カツオ釣りの際の疑似餌としての機能をもつとされる角釣針は、海人文化を論じる際に引き合いに出されることが多い。この角釣針の分布は、平安時代には宮城県石巻市梨木畑貝塚（芳賀ほか2004）、さらに岩手県陸前高田市中沢浜貝塚にまで及んでいる（渡辺誠2000a）。しかし中沢浜貝塚は平安時代における律令支配地域であり、角釣針は非律令支配地域ではいまのところ出土をみない。角釣針以外の海人文化の所産と思われる遺物も現段階では認められないので、関東以西に認められる海人文化は、蝦夷によって受容されなかったと考えたい。ただし中沢浜貝塚は、岩手県東部に広がる非律令支配地域に非常に近接した位置に所在するので、部分的に蝦夷が海人集団と接触する事態もあったと考えられなくもない。この点については関連資料の出土を待つほかない。

　また本節で対象とした鉄製釣針も海人文化の所産とも考えられるが、鉄製釣針は列島内の海人文化が生成された地域外や内陸からも出土しており、釣針の出土をもってすぐさま海人文化と関連づけることはできない。これは土製漁網錘についても同様なことがいえる。また大型釣針も、あくまで沿岸での漁の操業が推測され、海人文化の大きな特徴である外洋性漁撈を裏付けるものではない。したがって鉄製釣針は、海人文化の波及によるものではなく、土製漁網錘同様、蝦夷が他集団からこの製品とそれ関連する諸技術・漁法を、意図的に受け入れたためもたらされたものであると考える。

　なお、本州の平安時代に併行する北海道の擦文文化期における鉄製釣針の出土例は、現段階では 6 遺跡と遺跡数・出土点数ともに寡少であるので（福井2005・笹田 2002）、北からの流入については想定しがたい。この他集団とは東北地方北部以南の人びとであったと推量される。

　なお、下北半島東通村浜尻屋遺跡では、14～16世紀の角釣針が骨鏃・骨角製銛頭・鉄製釣針とともに出土している（工藤竹 2003）。したがって中世には非律令支配地域であった地域にも、海人文化が及ぶことになる。ただし、骨鏃・骨角製銛頭には擦文・アイヌ文化との類似性があるとされ、当遺跡で認められ

る漁撈文化を単純に海人文化のみの所産とすることはできない。

　たとえ関東以西の海人文化が及ばなかったとしても、律令期東北北部の専業的漁撈者は、先学が推測した海人の性格に類似した性格をもっていたと考える。考古学的には、擦文土器が平安時代の青森県域から多く出土し（齋藤淳 2002）、また北海道の擦文文化期に認められる鉄器および半製品は本州島から供給されたと考えられている（笹田 2004）。文献史料の検討からも、本州から鉄器や米が北海道にもたらされ、逆に北海道からは海獣の毛皮・昆布・が対価としてもちこまれ、交易がなされていたと推測されている（笹田 2004）。この津軽海峡を隔てた北海道地方との交易・交流に、東北北部の舟（船）の操縦に長けた専業的漁撈者の水運が関わっていた可能性は十分に考えられる。

　また『藤原保則伝』によれば、秋田の元慶の乱において蝦夷1000余人が「軽舸（けいか）」で秋田城に乗りつけ奇襲作戦を行ったという。奇襲を行った人びとのなかに「山夷・田夷」に対し、漁撈を主生業とする「海夷・川夷」とも称しうる集団が含まれていたと小松正夫は推測する(10)（小松 1996）。蝦夷の専業的漁撈者が、軍事の際に水軍となりうる可能性を示す事例といえる。今泉隆雄によっても文献史料の検討を通じて、奈良時代に陸奥村の蝦夷による昆布の貢納、また平安時代に甲斐に移配された俘囚が魚塩に便宜がある理由で駿河に再移配された事例が認められている（今泉隆 1992）。今泉は、彼らは本来海民であったと推測する。

　以上のように本節の検討と考古資料・文献史料の研究成果からみて、海面漁撈を専業的に行い、水上交通を用い交易や軍事にもたずさわる海人集団のような性格をもつ人びとが、蝦夷社会にも存在したことが推察されるのである。

　蝦夷が海人文化を受容しなかったとすれば、その理由にはどのようなことが考えられるのであろうか。

　先に釣針法量から当地域の漁法等を推測した際に、当時は主に沿岸において釣漁が行われていたことが窺えるとし、その理由として当地域の沿岸釣漁の漁獲量の豊富さと観念的制約の二つの可能性を示した。海人集団に特有の、角釣針漁・銛漁に代表される外洋性漁撈技術が受容された形跡がみられない理由に

ついても、やはり陸奥湾や三陸海岸など格好の沿岸漁場に恵まれていたため、あえて外洋性漁撈を導入する必要性がなかった可能性、あるいはオクウミを恐れるなど観念的な制約があった可能性を考えておきたい。

　前者の理由については、東北北部はサケ・マスが遡上する地域であり、豊富な内水面漁撈の漁獲が期待できたことも付け加えられる。またこれら自然・文化環境的要因以外に、政治的要因も考えられる。律令期の海人集団は、王権のもとに海部・安曇部などの品部として編成されており、また調の内容に海産物が多く認められることからしても、律令政府の支配を受けた人びとであったことがわかっている。蝦夷たちはたとえ間接的であったとしても海人文化を受け入れることで、律令政府の支配がおよぶことを拒んだのかもしれない。

　律令期の東北地方北部に存在した「海夷」ともいうべき専業的海面漁撈者たちは、関東以西で生成された海人文化を受け入れることなく、独自の海面漁撈文化を発展させ、軍事・輸送など集団的な役割も担っていたと考えられる。そしてこの漁撈の独自性は、律令期の海面漁撈がもっていた多様性の一端を示している。

註
（1）本絵画は、頭部を三日月状に描き、鰭や体躯の表現もサメ類の特徴を捉えている。シュモクザメを表現したと思われる。
（2）ツサキハチに関しては、フグの皮の意味もあるという。進貢品であり、利用されていたことからみても、澁澤の推測通りサメ類の皮と考えるのが妥当であろう。
（3）晩期に後期ほどの漁撈技術の進展が認められない理由については未検討であるが、阪口豊（1989）の花粉分析によって、関東地方の気候が紀元前1056〜580年という、晩期に重なる時期に寒冷化していたことが判明している。例えば自然環境的要因が原因の一つに考えられるかもしれない。
（4）イカ釣りには専用の擬餌針が、タコ釣りには鉤状の漁具が用いられる。
（5）魚種名は標準和名を記した。なおこれらの魚種名には地方名が認められた。アイナメをアブラメ・ネウ、アラをスケソウ、アコウダイをコウジン・メヌケ、ソイをスエ・スイ、ネズミザメをモウカザメと呼称する地域がある。
（6）三内遺跡で認められた釣糸の材料として、ミヤマイラクサ・シナノキ・サワグルミ・ブドウ・アカソが考えられ、特にシナノキ・アカソの可能性が高いという。

(7) 大型釣針は、一本釣り・手釣り漁や延縄漁以外に、サメ釣針の一部に認められるように掛針としてなど、他の用途としても用いられていた可能性がある。しかし現段階で大型釣針は東北地方で17点出土しており、出土数からみても基本的に釣漁用としての機能をもっていたと考えてよい。

(8) 角釣針の用途については、カツオ釣り用以外の用途を認める意見もある。漁業者からの聴き取りにより、下北半島東通村尻屋ではカツオのほかにブリ漁にも用いられていたことが判明している（工藤竹 2003）。また中世の角釣針のなかに、骨角製の軸部に複式の鉄製釣針を挿入したイカ釣針が認められることから、単式の釣針を挿入するカツオ釣り用との区別に注意すべきとする主張もなされている（猪熊 2006）。

(9) 先述のように、北海道では擦文文化期の釣針は6遺跡の例にとどまる。瀬川拓郎は石狩川水系と天塩川水系の擦文集団にとって、サケ漁は必須の生業となっていたと説く（瀬川 2005）。そしてその漁法として、上流域では遡上止め（テシ）漁が、下流域では袋網を用いた流し網（ヤシ）漁が行われていたとする。擦文文化期において、道内の他の地域においても2水系と類似した生業内容であったとすれば、上記の2漁法が主に実施され、釣針の使用は皆無だったであろうと推測する。

(10) 秋田城跡からは「解　申進上物事　合鯛拾四隻」と書かれた木簡が出土しており、小松はこの鯛の進上について「律令下に組み込まれた漁撈集団の存在を示」すと解釈した（小松 1996：307頁）。

第3章　内水面漁撈と古代社会

　海面漁撈同様、河川湖沼の内水面で行われる漁撈も検討を欠くことのできない古代生業の一つである。

　この漁は、当時の河川湖沼周辺所在の遺跡から出土する、土錘（土製漁網錘）をはじめとする各種漁具からその実施が確認される。水田稲作の主生業化が進められた古代において、内水面漁撈は水田や水田周辺の人工用水系、河口湖（潟湖）を含む河川湖沼で行われた。その意味では海面漁撈よりも一層、水稲農耕と強いかかわりをもつ漁であったといえる。

　本章では、関東地方、東北地方および中央高地における出土土錘の分析から、古代東日本における網漁技術の変遷と地域色を明らかにする。そして、中央高地と海岸平野の内水面漁撈の内容を比較することで、地理的な違いによる内水面漁撈の内容の差異について検討する。

　考古資料の分析に先立ち、資料解釈の参考とするため、第1節において原始的漁法を記録した内水面漁撈民俗誌を集成し、漁撈技術の傾向を検討し、漁撈体系を模式化する。

第1節　内水面漁撈体系の模式化

（1）民俗誌からみた東・西日本の内水面漁撈の内容

　古代の内水面漁撈の存在を示す考古資料に、土錘・石錘・浮子・釣針・骨角製刺突具・筌・簗が認められる。しかし現段階で、当時内水面漁撈に用いられていた漁具がすべて考古資料として検出されているとは考えがたい。網漁についても、土錘のみから当時の漁網の種類や漁の操業形態・漁法までを詳しく推量するのは困難である。考古資料から当時の人びとの文化活動を解釈するため

には、再構成された資料と解釈の間のへだたりを埋めるための理論的な架け橋が必要となる。

　本節では、近・現代の内水面漁撈の民俗誌を用い、弥生以降の農耕社会における内水面漁撈の内容を理解する上で参考となる漁撈体系の模式化を試みる。その際、内水面漁撈の民俗誌を用いるのは、近代以降、動力化・大規模化が進んだ海面漁撈と異なり、内水面漁撈は近年まで原始的な漁法を残していたからであり、またこの漁撈が農業者の副業であることが多く、農耕社会の内水面漁撈と性格が類似する可能性が考えられるからである。そして弥生以降の内水面漁撈と自然環境的条件がほぼ同時ある点も有用である。

　近・現代日本の内水面漁撈については、民俗学による研究がよく知られている（竹内利 1983、出口 1996、伊東久 1997・2002、安室 2005）。しかしこれらは内水面漁撈習俗の研究であり、農耕社会における内水面漁撈の考古学研究に用いるには情報が不足する部分も多い。その意味で、改めて考古資料解釈のための内水面漁撈民俗誌の検討が必要である。

　参考とするのは、東北地方から九州地方までの地域において、近・現代の内水面漁撈を詳細に調査し記録した52件の民俗誌である（巻末表①「内水面漁撈民俗誌」）。これら以外にも内水面漁撈民俗に関する記述は自治体史の民俗編をはじめ多く認められるが、今回分析対象とする項目群についての記述が不足し情報の採取が困難な報告は取り上げていない。また同じ河川湖沼の内水面漁撈民俗について、自治体史の民俗編と自治体や研究機関が発行する民俗調査報告書とに重複して記述されている場合には、より専門的な報告という意味で後者の記録を優先的に用いている。

　集めた記録の項目は、漁撈の対象となる河川の流域・主な漁法・主な対象魚など・舟の使用の有無・漁にたずさわる人員・漁期・専業者の有無・漁撈者の他の生業・消費形態・漁に関連する信仰や儀礼の有無である。なお参考までに北海道アイヌの例も別表に付け加えた。

　検討に際して、内水面漁撈を河川漁撈と湖沼漁撈とに分ける。そして管見に触れた河川漁撈の民俗誌42件の調査地について、岩手・秋田県から愛知県まで

を東日本、奈良県から鹿児島県種子島までを西日本と区分する。東日本30件、西日本12件を数える。列島を東西に区分するのは、糸魚川―静岡構造線を境に生息する淡水魚種が異なっており（秋道 1992）、この対象魚種の違いが漁撈内容の違いに反映される可能性が考えられるからである。湖沼漁撈は10件あり、滋賀県の調査事例が１件あるほかは東日本の事例である。

以下、各項目の傾向を検討し、古代の内水面漁撈について類推する。

①対象となる河川流域

東・西日本河川とも、上流から汽水域までの各流域が漁撈対象となる。山間部から河口付近まで集落付近の流域で漁撈が行われる。原史・古代においても河川の各流域が漁撈対象となりえ、集落周辺の河川や湖沼で特に漁撈が盛んであったと推測する。

また、水田およびその周辺用水路においても漁撈が実施される。このような漁撈を安室知氏は「水田漁撈」と名付け、「水田用水系を舞台にして、稲作の諸活動によって引き起こされる水流・水温・水量などの水環境の変化を巧みに利用して、ウケや魚伏籠といった比較的単純な漁具を用いておこなう漁」（安室 2005：18頁）と定義した。そしてこの漁がもつ、自給的生業・金銭収入源・社会統合・娯楽性の四つの性格を抽出した。

水田とその周辺用水系における漁撈については、根木修氏らが水稲稲作開始とともに始まった可能性を示している（根木ほか 1992）。「水田漁撈」に用いられる漁具のうち、筌が原史・古代の遺跡から出土している（渡辺誠 1982b、中西 1985）。これらが当時この漁に使用されていた可能性は十分考えられる。そして原史・古代に「水田漁撈」が行われていた場合、この漁が安室氏の指摘する性格と類似した性格を帯びていたことも想像される。

②主な漁法（表６、図８）

民俗誌に認められる漁法は網・釣・刺突漁のほか、筌・簗・魞を用いた陥穽漁、そして毒流し・漬け・石積み・おどし・火振り・石打ち・川干し・魚伏籠・鵜飼漁、および徒手採捕がある。計16種の漁法が確認できた。簡単に各漁法を解説したい。

表6　民俗誌に示される内水面漁法

漁法	件数		
	東日本河川（30）	西日本河川（12）	湖沼（10）
網	30	12	10
釣	26	12	10
刺突	29	11	8
筌	29	12	10
簗	19	10	2
魞	3	0	3
毒流し	17	8	2
漬け	4	5	2
石積み	2	5	1
おどし	7	6	0
火振り	21	5	4
石打ち	7	7	0
川干し	17	4	1
魚伏籠	3	2	3
鵜飼	8	4	1
徒手採捕	16	11	5
その他	1（コド漁）	0	0

　網漁：刺網・引網（地曳網・袋網）・投網・建網・サデ網・タモ網・四ツ手網を用いる。シジミかきとブッタイによる漁もこれに含めた。シジミかきはジョレンなどで川底をかいてシジミを捕る漁である。ブッタイは細い竹を簾状に編み、魚などをすくえるように丸めて柄をつけた漁具である。関東地方ではブッタイと呼ばれるが、地域によってはビッテ・ゴリスクイなどの呼び名もある。また小川原湖・八郎潟・諏訪湖では、湖面に張った氷の下に漁網を送って行う漁が知られる（中村勝 1978）。北方系の要素をもち、特殊な網漁といえる。

　釣漁：餌釣り・毛鉤釣り・疑似餌釣り・ヒッカケ・延縄漁・鮎の友釣りが認められる。

　刺突漁：ヤス・マス鉤・ウナギカキ（ウナギガマ）・ウナギバサミ・ドジョウブチ（ドジョウバタキ）を用いて行われる。

　陥穽漁（筌・簗・魞漁）：筌・簗・魞を河川湖沼に設置して行われる。筌漁は「水田漁撈」のなかにも認められる（安室 2005）。

　毒流し漁：山椒や胡桃の樹皮から採取した毒性のある樹液を川に流し、それにあたって浮いてきた魚などを採捕する漁である。

　漬け漁：木の枝やシノダケの束を川岸の浅瀬に沈めておき、しばらくたった後に引き上げて中に入ったカワエビなどを捕る漁である。

　石積み漁：川底に石を積み上げ、1週間以上経ってから石積みに網を被せ、石を取り除きながら中に潜んでいた魚などをヤスや手づかみで捕る漁である。

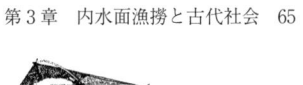

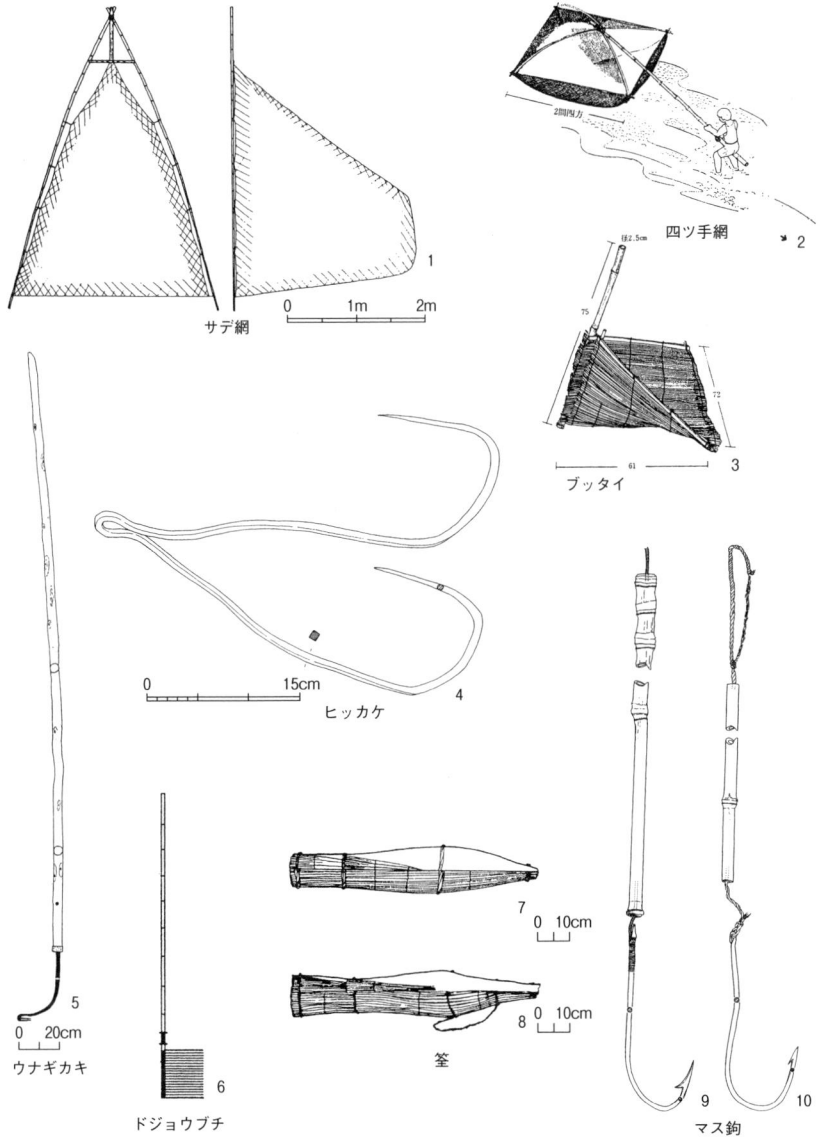

第3章　内水面漁撈と古代社会　65

図8　民俗誌に示される漁具（6はスケール不明、9・10は4と同スケール）
1・2・3・5・7・8：坂本1987、4・9・10：西井ほか1984、6：井上1986

おどし漁：石を投げ込んだり、竹竿で水面を叩いたり、草や鳥の羽根をしばりつけた綱を川の両岸から曳いたりするなどして魚をおどし、網に追い込んで捕る漁である。

火振り漁：夜間、松明・カンテラ・カーバイトランプで水面を照らし、寄ってきた魚を網やヤスなどで捕る漁である。

石打ち漁：魚の潜む川中の岩を石やハンマーで強く叩き、ショックで失神して浮かんできた魚を捕る漁である。

川干し漁：川や水田用水の流れを変えるなどして水をかき出し、そこにいた魚などを捕る漁である。

魚伏籠漁：竹や樹枝で編んだ円筒形の漁具（図9）を川の浅瀬や水田用水にいる魚に被せ、逃げられないようにして捕る漁である。

鵜飼漁：鵜を用いてアユを捕る漁である。鵜匠が鵜舟に乗って行うものと徒歩によるものとがある。夜間に灯火をともしながら行われる。

徒手採捕：手づかみで魚などを捕まえる漁である。

以上の漁法に該当しない例として新潟県大川流域のコド漁があるが（菅1987）、この漁も一種の陥穽漁とみなしてよいだろう。

河川漁法の種類は、東・西日本で特に大きな違いは認められない。東日本の火振り漁と川干し漁の割合が西日本より若干高い程度である。湖沼漁撈はおどし漁と石打ち漁が認められないほか、河川漁撈と同内容の漁法が実施される。

民俗誌に示される漁網は構造が単純であり、素材も植物質の網や素焼きの土製沈子を用いる例がある。したがってこれらに類似した漁網が原史・古代に存在したと考えても差し支えないであろう。また漁網のなかには、サデ網・タモ網・四ツ手網のように沈子を装着しない例も認められる。古代遺跡からは、漁網に装着されていた土錘とわずかであるが木製の浮子が出土するが、実際は多様な種類の漁網によって漁が行われていたと推察する。

釣漁は、古代遺跡から骨角製・金属製の釣針が出土するので、実施されていたことは確実である。漁法の工程が複雑な鮎の友釣りを除き、民俗誌に示された各釣漁法と類似した内容であれば、当時実施は可能であったと考える。

その他の漁法には、遺存しにくい漁具を用いる事例や漁撈を行った痕跡が残らない事例が認められる。しかしこれらもさほど労力や人員を費やさず、漁法の工程も単純で、古代にあっても製作あるいは入手可能な漁具を用いている。これらの漁法も古代に操業可能だったであろう。なお、毒流し・川干し漁については平安時代の『類聚三代格』に記述がある（澁澤 1942）。鵜飼漁については若狭徹氏によって鵜形埴輪と文献史料から検討が行われ、古墳時代から広く実施されていたことが推測されている（若狭 2002）。

また、漁具は金属製の釣針・刺突漁具をのぞき漁撈者自らが製作する。民俗誌から古代の内水面漁撈具の大部分は構造が単純であり、当時も漁撈者自らが製作していたと考える。

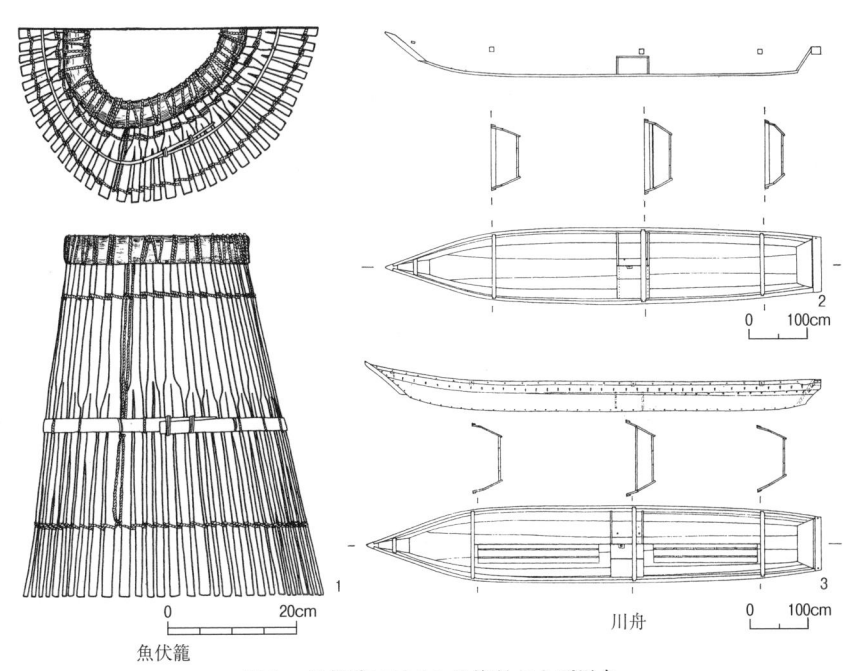

図9　民俗誌に示される漁具および川舟
1：長谷川ほか 1981、2・3：小島ほか 1978

③対象魚種など（表7）

内水面漁撈の対象生物には、魚類をはじめ甲殻類・両生類・爬虫類・貝類、およびカワノリなどの植物が認められる。民俗誌に示される頻度が多い対象生物の上位5位を示すと、東日本河川でウナギ・コイ・フナ・ナマズ・アユ・サケ類（サケ・マスノスケなど）・ドジョウ・ウグイ、西日本河川でウナギ・アユ・カニ類（モクズガニなど）・コイ・フナ・ナマズ・ウグイ・ハヤ（アブラハヤ属）・ヤマメあるいはアマゴ、湖沼でウナギ・コイ・フナ・ナマズ・エビ類（テナガエビなど）・ドジョウ・シジミ・ワカサギ・モツゴ・ハヤである。ウナギ・ナマズ・ドジョウ・コイ・フナ・アユ・ウグイ・ハヤはいずれも上位を占める。この順位は採捕量を反映するものではないが、これら上位の魚種が内水面漁撈の主要な対象であることを示す。

古代にも近・現代と同様な生物種が河川湖沼に生息していたとすると、上述した魚類・甲殻類が主要な漁撈対象と考えられる。ただし東日本のナマズは近世以降移植されたと考えられており（宮本・中島 2006）、古代においては漁撈対象にはなりえない。

ところで、内水面漁撈の対象魚種に関連する仮説にサケ・マス論がある（山内 1964・1969）。これは列島西南半と比べた際の、東北半の縄文時代遺跡の多さを説明するために提示された。東日本の民俗誌を参考にすると、古代にもサケ・マスが遡上する河川でこれらが重要な食料源として採捕されていたことが推量される。しかしこれらの河川での漁撈対象はサケ・マスのみに偏ることなく、先述した主要な漁撈対象である魚類・甲殻類も採捕されていたと推測する。

④舟の使用

舟は、網・釣・刺突漁において用いられる事例が多い。使用される舟はいずれも「川舟」と一般的に呼ばれる木製の舟である（図9）。

青森県馬淵川流域で使用されたのは、全長7～9m、幅0.5～1.5mを測る川舟である（昆ほか 2001）。福島県猪苗代湖では、新潟系の川舟である「ミヨシブネ」を用いていた。杉材を用いて作られ、全長約6.39m、幅1.1m、高さ0.3m

表7　民俗誌に示される対象魚種ほか

東日本（30件）		西日本（12件）		湖沼（10件）	
種名	件数	種名	件数	種名	件数
ウナギ	26	ウナギ	11	ウナギ	10
コイ	23	アユ	11	コイ	10
フナ	22	カニ類	11	フナ	10
ナマズ	22	コイ	10	ナマズ	9
アユ	21	フナ	10	エビ類	9
サケ類	17	ナマズ	9	ドジョウ	6
ドジョウ	17	ウグイ	8	シジミ	6
ウグイ	17	ハヤ	8	ワカサギ	5
カジカ	15	ヤマメ or アマゴ	7	モツゴ	5
ハヤ	14	ドジョウ	6	ハヤ	4
ヤマメ	13	スッポン	6	マス類	3
イワナ	13	シジミ	6	カニ類	3
マス類	12	スズキ	5	タニシ	3
カニ類	12	ボラ	5	ウグイ	2
ボラ	11	エビ類	5	カマツカ	2
エビ類	10	マス類	5	ワタカ	2
スズキ	8	タニシ	4	タナゴ	2
シジミ	8	サケ類	3	ドブガイ	2
タニシ	6	クロダイ	3	スズキ	1
オイカワ	5	ヨシノボリ	3	ボラ	1
ヤツメウナギ	5	カラスガイ	3	ハゼ	1
カマツカ	4	カワニナ	3	ニゴイ	1
ソウギョ	3	オイカワ	2	ハス	1
ニゴイ	3	ギギ	2	ホンモロコ	1
ワカサギ	2	ワカサギ	2	ヨシノボリ	1
モツゴ	2	アユカケ	2	サケ類	1
タナゴ	2	イワナ	2	アユ	1
カラスガイ	2	ハゼ	2	ギギ	1
シラウオ	1	カワムツ	2	ギバチ	1
ギバチ	1	オオサンショウウオ	2	シラウオ	1
ハチウオ	1	ギバチ	1	カラスガイ	1
アユカケ	1	オヤニラミ	1		
ハス	1	イサザ	1		
ワタカ	1	カマツカ	1		
ハゼ	1	ドンコ	1		
ギバチ	1	クルメサヨリ	1		
サンショウウオ	1	アカザ	1		
スッポン	1	ドンコ	1		
カワノリ	1	アカメ	1		
		アオノリ	1		

余りを測る。竹棹で漕いでいたという（佐々木長 1985）。茨城県飯沼川・西仁連川周辺で用いられたのは、杉材製で全長5.7m、幅1.15m、高さ0.24mで、竹棹で漕ぐ例である（猿島町史編さん委員会 1998）。埼玉県荒川流域を対象とした民俗誌には3例の川舟が示されている。それぞれ全長4.15・5.27・5.55m、幅0.95・1.45・1.35m を測る。神奈川県相模川流域では、カラマツ材を用い、櫂で漕ぐ全長3間～3間半（5.4～6.3m）、幅1尺5寸～2尺5寸（0.45～0.75m）の「チョキ舟」と全長約4間2尺（7.8m）、幅約2尺2寸（0.66m）で杉材を用いた「サンパ舟」が使用されていた。サンパ舟は棹・櫓で漕ぐほか、帆を使うこともあった。「棹は3年、櫓は3月」といわれ、棹の方が熟練を要するという（平塚市博物館 1978）。広島県の流域では鮎漁の際に、「船」と呼ばれる全長8.4m、幅0.9m、高さ0.3m の舟を用いていた。ここには「櫂は3年、棹は10年」という言葉が残されている（西井ほか 1991）。四万十川流域でも「棹3年、艪8年」という言葉が伝わっており（高木啓・田辺 1998）、相模川・江の川・四万十川流域に伝わるこれらの言葉は、川舟の操縦が難しく、熟練を要することを物語っている。

　これらの川舟と原史・古代の丸木舟を比較してみたい。川崎晃稔の集成（1991）によれば、復原も含め全長が判明している丸木舟は、弥生時代6例で全長3～6.7m、平均約4.8m、古墳時代24例で全長2.7～15m、平均約7.3m、平安時代は初期の例が1点あり全長5.8m である。このように原史・古代の丸木舟は、民俗誌中の河川湖沼漁撈に用いられる川舟と大きさがさほど変わらず、当時の漁撈の際の使用にも適していたと考えられる。

⑤人　員

　漁にたずさわる人員は、各事例の最大人数の平均が東日本河川5.43人、西日本河川4.33人、湖沼漁撈14.22人である。漁法にもよるが基本的には河川・湖沼とも個人から数人によって操業される事例が多い。河川漁撈の人員は多くても10～15人程度である。湖沼漁撈では30～40人の事例も見受けられ、河川漁撈に比べ大規模に操業される場合もある。地曳網など多数の人員を要する漁法が行われるためであろう。ただし河川漁撈において簗を設置する際に30人程度の人

員が組織される事例も認められる。

　近・現代の内水面漁撈は、個人単位からの操業が可能である。古代においても小規模な人員で操業できたと考えられる。この時期の遺跡から簗状遺構が検出されているが（久保 1988、上田ほか 2000）、これら簗の設置や大形の地曳網の操業に際しては、一時的に30人程度の人員が集められることもあったかもしれない。

⑥漁　期

　漁期は、「春～秋」が東日本9件、西日本3件、湖沼1件、「一年中」が東日本16件、西日本7件、湖沼7件である。民俗誌の漁撈暦をみると、1年を通して漁撈が営まれる場合であっても、やはり冬期の操業は頻度が少なく、最も多いのは夏期を中心とする時期である（中富 1990、西井ほか 1984・1985、坂本 1987、小島ほか 1978）。冬期は行われる漁法の種類も少なく、逆に夏期にはさまざまな漁法が併行して行われる。また、後述するように内水面漁撈は農業の副業として行われることが多いが、農閑期・農繁期を問わず、ほぼ一年を通して操業される。農耕の傍ら一年を通して操業可能であったと考えられる。古代においても、民俗誌と類似した漁撈暦が存在した可能性がある。

⑦専業的漁撈者の有無

　専業的漁撈者の有無は、東日本河川が「あり」12件、「なし」11件、「未確認」7件で、西日本河川が「あり」5件、「なし」7件で、湖沼が「あり」4件、「なし」5件、「未確認」1件である。全事例の約4割に、専業的な内水面漁撈者の存在が認められる。

　専業的漁撈者は、地域によって「川師」・「野良坊（のらぼう）」・「殺生人」などと呼ばれる。鳥取・広島県では被差別の人びとによる専業的な内水面漁撈（菅 1989、西井ほか 1991）、神奈川・愛知・岡山県ではときに「サンカ」と呼ばれることもある漂泊漁撈民による専業的漁撈（中村亮・森美 1969・湯浅 1977・竹内 1988）が報告されている。また福井県九頭竜川流域では、農村のなかで零細な耕地をもつ人びとが専業的に漁を行っている（坂本 1987）。このようにさまざまな事情によって、専業的内水面漁撈は行われるのである。

ところで鹿児島県の民俗誌には、川魚を捕り、食することへの否定的な感情が記録されている(7)（下野 1972、原田浩 1992）。このような感情は、先述の専業的漁撈民がいた地域でも、彼らに対して向けられることがある。これらの民俗誌の記述から、特に西日本を中心に、内水面漁撈を否定的に捉える風潮があることがわかる。民俗誌における内水面漁撈の報告件数が東日本に比べ西日本は少ないと先に述べたが、この風潮が原因にあるかもしれない。この内水面漁撈および漁撈者に対する否定的な感情には、宗教上・営農上の理由が考えられよう。

　古代においても、専業的な内水面漁撈によって生計を立てた人びとがいた可能性はある。それが漂泊漁撈民であった場合、その存在を考古学的に実証することは非常に困難である。そして当時、内水面漁撈が疎まれる生業であったかどうかを推測することも難しい。

　天武天皇4年（675年）の肉食禁止令を嚆矢とし、平安時代を通じてたびたび殺生禁断令が出された。この法令は仏教思想や神道上の穢れの観念、また農耕を円滑化する目的をもつと考えられる（原田信 1993）。魚族保護を目的とする例もある（澁澤 1942）。また、古代において仏教の興隆とともに殺生禁断と放生の思想が浸透し、肉食禁忌が進んだとする意見がある（原田信 1993）。仏教思想の社会への浸透の度合いによっては、内水面漁撈や川魚食も、狩猟や肉食同様、疎まれる事態も起こりうる。

　しかしこれから本章でみていくように、古代東日本において海岸・内陸遺跡とも漁網錘をはじめ漁撈具の出土例は少なくない。西日本においても類似した状況のようである（真鍋 1994）。考古資料からみる限り、古代社会に内水面漁撈に対する禁忌観や差別観がさほど浸透していたとは考えがたい(8)。

⑧漁撈者の他の生業

　漁撈者が行う他の生業は農業が最も多い。そのほか狩猟・採集・筏・家畜飼養・輸送業・林業・竹細工などへの従事が認められる。特に筏・輸送業は舟を操る技術を必要とするので、舟を用いた漁撈の経験を生かしての仕事と思われる。前述の「④舟の使用」で紹介した言葉が示すように、川舟の操作は熟練を

要し、誰しもが容易にできる作業ではないからであろう。

　内水面漁撈が、農業者によって副次的に行われる事例が多いという事実は、農耕社会において内水面漁撈が農耕の副次的生業として成り立つことを示唆する。また漁撈者の筏・輸送業への従事は、古代において木材や物品の交易にあたり、漁撈者が舟を用いて従事した可能性を類推させる。当時水運は重要な交通・輸送手段だったはずである。そこに舟の操作に慣れた内水面漁撈者が関わっていたことが考えられる。

⑨魚などの消費形態

　採捕した魚などの消費形態は、集成した事例の大部分が「自家消費」である。そのほかに行商や問屋への売買も多く行われる。珍しいところでは、静岡県大井川上流域のヤマメを神饌とする事例（多々良 2004）、群馬県多々良沼で沼から採取した水草や藻を肥料や飼料として使用する事例（阪本 1974）が認められる。

　古代においても採捕された魚などの大部分は、動物性タンパク源として自家消費され、一部は交易品にもなったであろう。採取した水草や藻を、肥料として用いることもあったかもしれない。

　平安期の『延喜式』には、調・庸・中男作物としての貢租、・宮廷への月料などの貢献としてコイ・フナ・サケ・アユ・マスなどの淡水魚の記載が認められる（澁澤 1942）。律令期には、貢租・貢献のための品目としても淡水魚が消費されていたことがわかる。

⑩漁撈に関連する信仰・儀礼

　漁撈に関連する信仰や儀礼は、東日本河川で16件、西日本河川で4件、湖沼で8件認められた。全事例の半数余りにのぼる。特定の神仏を信仰し豊漁や漁の安全を祈願する事例と、漁を行う際にさまざまな禁忌を伴う事例の二つのパターンが認められる。

　そのほか、サケ漁が盛んな地域では「鮭の大助」の伝承、神奈川県相模川流域では川にオヤカタ（テンゴウサマとも）やアズキアライが出現する俗信（中村亮・森美 1969）、同県早淵川流域ではキツネッピ（狐火）が目撃される話が

伝わるなど（岸上 1989）、神や妖怪などの超自然的な存在が水辺に出現する伝承や俗信が認められる。また群馬・埼玉県域の利根川水系周辺では、コイの尾だけを逆三角形になるように玄関に貼り魔除けにする事例（阪本 1974・1984、小林茂 1988）、群馬県域では出産間近の嫁ぎ先の娘とその家族に生きたコイを2尾届けるチカラゴイ（力鯉）の習俗（阪本 1984）が報告されている。さらに魚食に関する禁忌も存在し、虚空蔵信仰に関連してウナギを食べない地域が列島各地に存在する（佐野賢 1976）。

　内水面漁撈に関する信仰や儀礼についての研究は、大林太良による「鮭の大助」の論考（大林 1983・1992）や菅豊のサケ漁および「魚叩棒・魚叩行為」の検討（菅 1986・1995）が知られる。大林は、鮭の大助を「北方ユーラシアから北アメリカにおける広く分布する狩猟民的な神格としての野獣の主の一種であろう」（大林 1992：349頁）と述べている。菅は、「異界と此界を交流するサケの死と再生の循環論理、不滅の霊魂観」（菅 1995：57頁）が描かれる「サケの大助譚」や、初サケを川に流す儀礼などから、「サケをめぐる観念的な世界」が想起できるとした。

　信仰や儀礼が狩猟・漁撈に伴う理由について、大林は「狩猟や漁撈の営みは、それが危険であり、また成果が必ずしも確実ではないだけに、（中略）ふつうさまざまな信仰、儀礼、呪術などと結びついていた」（大林 1992：339頁）とし、西本豊弘は縄文時代の狩猟儀礼の有無について、「縄文時代に集団狩猟が行なわれていたとすれば、多くの人間が共同作業を行なうわけであるから、全体の意思統一のために何らかの儀礼が行なわれたことはほぼ確実である」（西本 1996：36頁）と述べている。

　内水面漁撈は変化に富む自然を相手に行われ、投機的な性格をもつ。またこの漁は基本的に小規模な人員で操業されるが、簗の構築や大形の地曳網漁などの際には集団で臨むこともある。したがって大林・西本の説は、内水面漁撈に信仰・儀礼が伴う理由としても妥当であると考える。

　さらに、「水田漁撈」が祭の一環として行われる民俗事例が報告されている（安室 2005）。古代においても、「水田漁撈」に限らず特定の内水面漁撈が儀礼

として行われることもあったかもしれない。その意味で、古墳時代の支配者が重要なことに臨み、自ら魚を捕ることで行う一種の占いとしての「釣り占い」が存在したとする仮説（森浩 1987）は重要な意義をもつと考える。

⑪性分業

　民俗誌に記述が少ないため「巻末表①内水面漁撈民俗誌」には項目をおかなかったが、内水面漁撈の性分業について検討してみたい。

　新潟県岩船郡山北町では「女性がカギやヤスをまたいだり、川に近づくと不漁になる」（菅 1987：134頁）といわれ、鹿児島県川辺郡川辺町では「川での魚捕りは男性のすることであり、女性はしない」（砂田 1994：97頁）とされる。その一方、群馬県多々良沼の女性や子供によるドブガイ捕り（阪本 1974）、関東地方利根川流域の夫婦による専業のドジョウ捕り（斎藤邦 2005）、神奈川県早淵川流域の夜間水田での老若男女問わず参加するドジョウの刺突漁（岸上 1989）、新潟県阿賀野川流域の男性を主体としつつも女性や子供も川漁にたずさわる事例（天野武 2004）、広島県江の川流域の女性と子供によるシジミ捕り（西井ほか 1984）、高知県四万十川流域の夫婦でのおどし漁の実施（高木・田辺 1998）、種子島の女性たちによるエビの網漁（下野 1972）が報告されている。また漁に従事しないが埼玉県幸手市や広島県江の川流域では、専業的漁撈者の妻が夫の捕った魚を売り歩くなど売買にたずさわっていた（大久根 1997、西井ほか 1991）。

　女性の漁への参加を嫌う明確な根拠について民俗誌には示されていないが、宗教・信仰上の禁忌観によるものであろう。しかしその他の事例が示すように、多くの場合男性以外に女性や子供も漁に参加する。特に水田や浅い川など、危険が伴わない漁場では女性や子供の参加は少なくない。また、江の川流域の「女性が賢くないとこの商売はやっていけない」（西井ほか 1991：34頁）という言葉が示すように、売買など採捕以外の仕事に従事し漁撈者を支えるという意味で、内水面漁撈における女性の存在は大きいと考える。古代の内水面漁撈にも、このような性分業の図式は適用可能ではないだろうか。

（2）内水面漁撈模式図

内水面漁撈の傾向をまとめると次のようになる。

　漁撈は河川の全流域で行われ、集落周辺で実施されることが多い。水田とその周辺用水系も漁撈の場となる。漁法としては、網・釣・刺突漁や陥穽漁（筌・簗・魞漁）、そして毒流し・漬け・石積み・おどし・火振り・石打ち・川干し・魚伏籠・鵜飼漁および徒手採捕がある。漁具の多くは漁撈者自らが製作する。主要な漁撈対象魚種は、東・西日本河川および湖沼で若干異なるが、ウナギ・ナマズ・ドジョウ・コイ・フナ・アユ・ウグイ・ハヤはいずれにおいても主要対象魚種である。

　また、網・釣・刺突漁で舟が使用されることがある。河川漁撈は1人～5人程度で操業され、湖沼漁撈はそれより若干多い人員によって行われる。河川漁撈でも簗構築や大形の曳網漁実施の際は、30人程度の人員が一時的に集められることがあり、漁法は異なりながらも1年を通じて行われる。特に夏期において多種の漁法が盛んに実施される。漁撈者のなかには、専業的な漁撈で生計をたてる人びとが存在するが、漁撈は農業（農耕）にたずさわる人びとによって副次的に行われることが多い。輸送業・筏など、漁撈における舟の操作技術を生かした生業への従事も認められる。採捕した魚などの大部分は自家消費されるが、一部は売買（交易）されることもある。

　漁撈に関連する信仰や儀礼には、神仏に漁の安全や豊漁を祈願する事例と、漁に関するさまざまな禁忌を伴う事例の二つのパターンがある。漁は男性が主な担い手であるが、危険が伴わない漁場では女性や子供も参加する。そして採捕した魚の流通に女性がかかわることがある。

　以上のように、内水面漁撈はさまざまな諸要素を内にもちながら実施される。したがって内水面漁撈は、諸要素が集合し、さらにそれらが相互に関連しているという意味において、一つの文化システム（体系）として捉えることができる。

　かつてビンフォードは、文化システムは社会的（social）・技術的（technological）・観念的（ideological）サブシステムからなり、互いに関連しながらヒ

ト・場・モノなど周囲の環境に適応していると考えた（Binford 1962・1965）。

　この意見を援用するならば、文化システムである内水面漁撈を構成する諸要素も、これら三つのサブシステムに分けることが可能である。すなわち、漁にたずさわる人員・専業者の有無・性分業は社会的な要素に、漁法・漁具の製作・舟の使用・漁撈者の他の生業・消費形態は技術的な要素に、漁に関連する信仰や儀礼は観念的な要素に該当する。そして、これら三つの要素は互いに密接に関連しながら漁撈システムは周囲の環境に適応している。その適応の結果が、漁撈の対象となる河川の流域や対象魚、そして漁期・漁法の選定となって現れると解釈される（図10）。

　しかしビンフォードが当時用いたシステム論は、その後検討が進むなかで大きく内容が変化した。ビンフォードは開放性の動的平衡システムを用いたが、その後システム論は、開放性の動的非平衡システムである自己組織システム、そしてオートポイエーシス（Autopoiesis：自己制作・自己産出）論（マトゥラーナ・ヴァレラ 1991）に移りつつあるという（河本 1995）。

　最新のシステム論であるオートポイエーシス論では、システムの特徴として自律性・個体性・境界の自己決定・入力と出力の不在が挙げられ（河本 1995）、システムの「もろもろの構成要素が一つの循環過程のなかで相互に作用し合って、その際にシステムの維持のために必要な構成要素が不断に生み出される」（クニール・ナセヒ 1995：57頁）と考えられる(9)。これはビンフォードが用いた、システムは全体とその部分からなり、かつその環境との交換過程よって維持される開放的な構造物であるとする捉え方とは異なる。考古学において文化や社会をシステムとみなして解釈を進めるとき、システム自らが自分自身を絶えず産出すると考える点で、オートポイエーシス論はそれ以前の機能・構造的システム論より適切な理論のようである(10)。

　ビンフォードによる文化の構成要素の分類（Binford 1962・1965）を用いながら、このオートポイエーシス論を援用して内水面漁撈を考えてみると、自律的システムとしての内水面漁撈は社会的・技術的・観念的要素、および漁撈をとりまく自然・文化環境的要素が回帰的に相互に作用し合うことで成立・存続

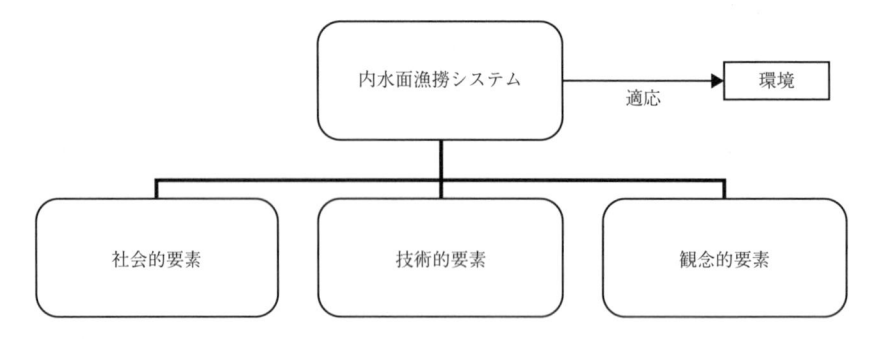

ビンフォードの文化システム論を援用した内水面漁撈体系模式図

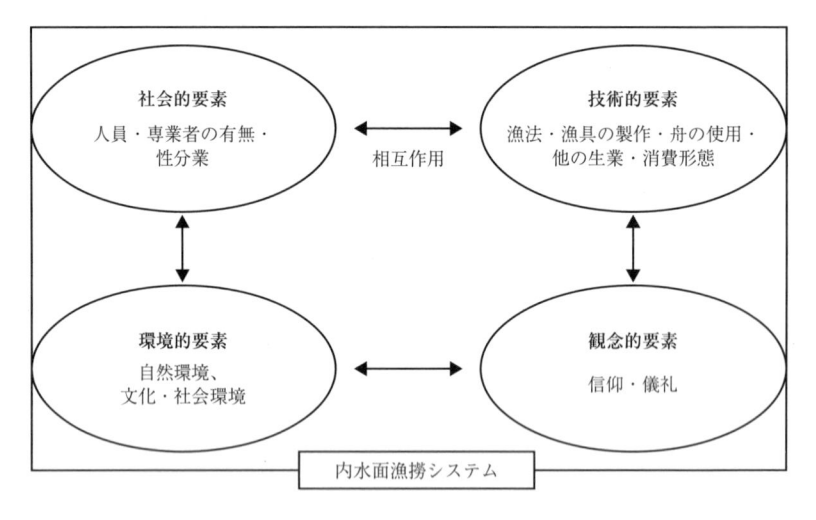

オートポイエーシス・システム論を援用した内水面漁撈体系模式図

図10　内水面漁撈体系模式図

し、またその相互作用によってふたたび漁撈活動の維持に必要な構成諸要素が産出されることになる（図10）。

　上述した内水面漁撈技術の傾向および模式図は、古代の内水面漁撈内容を考古学的に解釈する際に適用可能と考える。中・近世についても一定程度可能と考えるが、その場合は文献史料・絵画資料の研究成果も併せて参考にする必要がある。[11]

第2節　内水面漁撈の実態と古代社会―関東地方の網漁―

（1）土製漁網錘の研究史

　古代集落遺跡から、貫通孔を有する球状や管状の土製品が出土することがある。これらの土製品は、前者については「土玉」あるいは「球状土錘」、後者については「管状土錘」と呼称され、形態が類似する民俗例があることから、漁網錘とみなされてきた。これら古代の土錘（土製漁網錘）を対象とした研究は、大野左千夫の有溝土錘と有孔土錘の研究を嚆矢とする（大野 1978、1980）。大野は、弥生時代前期から中世にかけて瀬戸内海沿岸にみられる「両端のやや尖った楕円球形ないしやや扁平な球形の両側面あるいは両長軸面に溝をもつ」有溝土錘と、「長さ7cm前後の円棒の両端に円孔をもつ」有孔土錘について、分布・形態・成形・用途などの検討を行った。

　大野が取り上げていない土錘について検討を行ったのが、和田晴吾である（和田 1982）。和田は「弥生・古墳時代における漁業集団の性格をより全体的捉えるために、漁業活動そのものを、直接、研究対象とすることが、一つの不可欠な作業となっている」とし、瀬戸内海沿岸を対象に、各種の土錘の変遷・重量・分布などを検討した。その結果、弥生時代以降の土錘の変遷には、弥生時代中期後葉ないし後期と、古墳時代後期とに画期がみられるという。

　大野と和田の論考は、ほぼ同時期に発表され、弥生時代以降の漁撈活動を論じた、はじめてのものであった。そして、なによりも、単なる遺物論に終始せず、土錘の変遷や分布から歴史的な意義を読み取った点で重要な研究であった

といえる。

　この両者の論考からしばらく時をおいて、弥生時代以降の土錘研究を進展させたのは、真鍋篤行であった。真鍋は、瀬戸内海沿岸における弥生時代から近世までの土錘を集成したのち、その変遷を論じた（真鍋 1993）。氏の論考の中で評価される点は、漁網錘の民俗例を援用し、また土錘の形態分析に統計的な手法を取り入れた点である。すなわち、管状土錘の孔径を二乗した数値（L）を用い、民俗資料の計測結果から $0 < L \leq 0.25$ のものは刺網・投網用、$0.25 < L$ のものは袋網用の漁網錘の可能性が高いことをつきとめた。そして、この定式を弥生時代以降の土錘に援用し、操業形態の変遷を論じたのである。その結果、弥生時代後期、古墳時代後期、平安時代、平安時代末にそれぞれ画期がみられるという。

　この他、関東地方の小地域を対象として、古代の土錘の詳細な検討を行った研究がいくつかある（若林 1988、谷口 1991・1995、寺畑 1998、岸本 2003、剱持 2006）。西日本でも同様の取り組みが行われている（宇野 2004など）。また古墳内部からまとまって出土する土錘にも注意がなされるようになってきた（内田 2009）。

　各種の土錘を扱い、分布や変遷の意義を歴史的に論じた論考は、上述した三者のものが代表的である。しかし、これらの研究はいずれも瀬戸内海沿岸を主な対象地域としてきた。そのため、東日本の土錘については、いまだ出土遺跡の集成さえ整っておらず、分布や変遷が不明瞭なまま残されている。

　ここでは、まず研究の進んでいない東日本のなかでも、関東地方を取り上げる。関東地方は古霞ヶ浦湾・東京湾・相模湾を擁するとともに、大河川が流れ、当時、良好な漁場が多かったと考えられるからである。なお、対象とする土錘は、基本的に住居跡出土例とし、時期が確実に判明する場合に限り、他の遺構や包含層出土例も扱うことにした。

　管状土錘は、その形態的な系譜を、弥生時代、古墳時代そして律令期ののちも、近代までたどることができる。また、東京都葛飾区高砂新宿町遺跡（谷口ほか 1993）では、孔内に縄が残存した状態で出土した管状土錘の例も知られ

る。これらの事実からみて、漁網錘として間違いない。

　ところが、球状土錘については、漁網錘以外の使用をうかがわせる出土例もある。鳥取県岩美郡国府町青谷上寺地遺跡の弥生中期中葉〜後葉の包含層から出土している例がその代表格で、「孔に細枝を加工したものを通し、樹皮で緊縛して環状にしたものが一定量認められ」ている（湯村ほか 2002）。この場合の使用方法は、漁網錘とはいいがたいが、青谷上寺地遺跡のほかにこのような出土例はなく、関東地方においても、検出例は知られていない。現段階では、球状土錘の用途も漁網錘であったと認めたい。後述するように、内陸部からの出土例が極端に少ないことと千葉県柏市戸張一番割遺跡（平岡・井上 1985）の古墳前期の住居からの、数珠状に連なった状態での出土例を重視するからである。

（2）関東地方における古代の土錘出土遺跡の分布について

　本節で集成した遺跡は、弥生時代5遺跡、古墳時代106遺跡、律令期29遺跡である。古墳時代と律令期の土錘出土遺跡の分布状況を図に示した（図11、図12）。

　古墳時代においては、古霞ヶ浦湾・東京湾沿岸、すなわち当時の内海の河口付近に遺跡の分布が認められる。また、大河川である那珂川・鬼怒川・利根川の各水系の中流・下流・汽水域にも分布がみられ、それ以外の中・小河川の中流・下流・汽水域にも若干分布する。一方、内陸部の河川上流域と、相模湾沿岸・房総半島東側沿岸・九十九里浜沿岸・鹿島浦沿岸の外洋に接している沿岸地域には分布がほとんどみられない。古墳時代の各時期を通して、このような分布のあり方は、大きく変わらない。

　律令期には、土錘出土遺跡数は29例と古墳時代よりも劣るが、古墳時代とほぼ同じ分布的傾向を示す。ただし内陸の河川流域に比べ、湾沿岸の分布が少なくなる点は、古墳時代との相違点として挙げることができる。さらに、上野・下野・下総・武蔵・相模国府の周辺に、主要な土錘出土遺跡が分布することも指摘できる。これは今後検討を要する課題である。

弥生時代に関しては、後期の5遺跡のみである。出土遺跡数が非常に少なく、しかも散在している。

それぞれの遺跡について、立地をみてみよう。群馬県渋川市有馬遺跡（佐藤明 1990）は利根川中流域に、茨城県東茨城郡茨城町前田矢倉遺跡（飯島 1998）は涸沼川中流域に、千葉県木更津市高砂遺跡（小高ほか 1999）は小櫃川下流域に、埼玉県さいたま市本村遺跡（柳田敏ほか 1967）は荒川中流域に、同県同市上野田西台遺跡（青木高ほか 1988）は綾瀬川中流域に立地する。出土遺跡は5遺跡と少ないが、これらの例をみると、河川の中・下流域に立地する傾向がある。

このような分布状況は、土錘とされてきたこれら土製品が内海や河川の中流・下流・汽水域との関連が強い遺物であることを物語っており、その用途が漁網錘であった蓋然性を一層強める。民俗例だけでなく、この分布状況も、漁網錘としての用途を考えさせる根拠となる。

土錘の大部分は集落跡から出土している。したがって、出土した土錘は、漁場近辺に廃棄されたものではなく、破損時に備えて集落に予備として保有されたもの、あるいは使用を終えて持ち帰られた一部の残存と考えられる。そうであれば、出土地の分布は漁場の分布とは厳密には一致しない。けれども、集落が漁場と離れている場合、採捕した魚の運搬に時間がかかると魚の腐敗を招くであろうし、漁網の修繕を行う際にも不便が生じる。また、漁に舟を用いていたとすると、舟だまりや舟置場から住居があまりに離れていれば、舟の管理も困難になる。

前節で検討した通り、民俗誌の記述には、湖・河川を漁場とする漁業者の居住地と漁場が近距離であることが示されている。例えば、昭和39年時点の茨城県では、霞ヶ浦を漁場とする漁業者はその沿岸に住居を構えている（坂本清 1979）。このような状況は、他にも滋賀県の琵琶湖と静岡県の浜名湖における民俗事例によっても知られる（橋本鉄 1984、田原ほか 1984・1985）。河川漁では、現代の広島県江の川流域において、一人の川漁師が居住地を中心に、そこから上流約50km、下流約30kmの範囲にわたり出漁している事実が報告さ

第3章 内水面漁撈と古代社会 83

1	中内村前遺跡					
2	竹沼遺跡					
3	田端遺跡					
4	綿貫堀米前遺跡					
5	中江田八ツ縄遺跡					
6	熊野遺跡					
7	寺野東遺跡					
8	清六Ⅲ遺跡					
9	八幡根東遺跡					
10	綱山遺跡					
11	大戸下郷遺跡					
12	神谷森遺跡					
13	前田村遺跡					
14	南三島遺跡					
15	戸崎中山遺跡					
16	大山Ⅰ遺跡					
17	六十目遺跡					
18	ニガサワ古墳群					
19	うぐいす平遺跡					
20	小田林遺跡					
21	向原遺跡					
22	長峰遺跡					
23	南小割遺跡					
24	常福寺遺跡					
25	下栗野方台遺跡					
26	船窪遺跡					
27	館山遺跡	49	沢三木台遺跡	70	椎津茶ノ木遺跡	
28	宮脇遺跡	50	籾買場遺跡	71	長稲葉遺跡	
29	西原遺跡	51	幸田遺跡	72	仲ノ台遺跡（芝山町）	89 花畑遺跡
30	ヨナ川遺跡	52	幸田台遺跡			90 上小岩遺跡
31	永国遺跡	53	武田石高遺跡	73	榎作遺跡	91 伊興遺跡
32	烏山遺跡	54	辰海道遺跡	74	大台遺跡	92 江戸城跡竹橋門地区
33	北野原遺跡	55	一本桜南遺跡	75	平賀細町遺跡	
34	屋代A遺跡	56	上大城遺跡	76	上ノ台遺跡	93 新宿町遺跡
35	尾島貝塚	57	金井崎遺跡	77	御塚台遺跡	94 鴨居上ノ台遺跡
36	宮の脇遺跡	58	戸張一番割遺跡	78	西台北遺跡	95 三ッ俣遺跡
37	市ノ台屋敷遺跡	59	向台遺跡	79	高野山南遺跡	96 油壺遺跡
38	稲向原Ⅰ遺跡	60	鴇崎天神台遺跡	80	鍛冶谷・新田口遺跡	97 沼間ポンプ場南台地遺跡
39	陣屋敷遺跡	61	打越遺跡			
40	武田西塙遺跡	62	仲ノ台遺跡（多古町）	81	古ヶ場遺跡	98 菅ヶ谷地遺跡
41	三反田下高井遺跡			82	大西遺跡	99 山王山遺跡
42	石橋南遺跡	63	南羽鳥谷津堀遺跡	83	荒川附遺跡	100 佐原泉遺跡
43	ニガサワ遺跡	64	加茂遺跡	84	砂田前遺跡	101 上品濃遺跡遺跡群
44	島名境松遺跡	65	前原Ⅰ遺跡	85	城山遺跡	102 峯遺跡群
45	阿ら地遺跡	66	南羽鳥中岫遺跡	84	砂田前遺跡	103 大谷市場遺跡
46	西平遺跡	67	海老遺跡	86	今井川越田遺跡	104 鉞切遺跡
47	島名ツバタ遺跡	68	西大久保遺跡	87	久保田遺跡	105 白幡浦島丘遺跡
48	平台遺跡	69	大竹林畑遺跡	88	舎人遺跡	

図11　古墳時代の土錘の分布

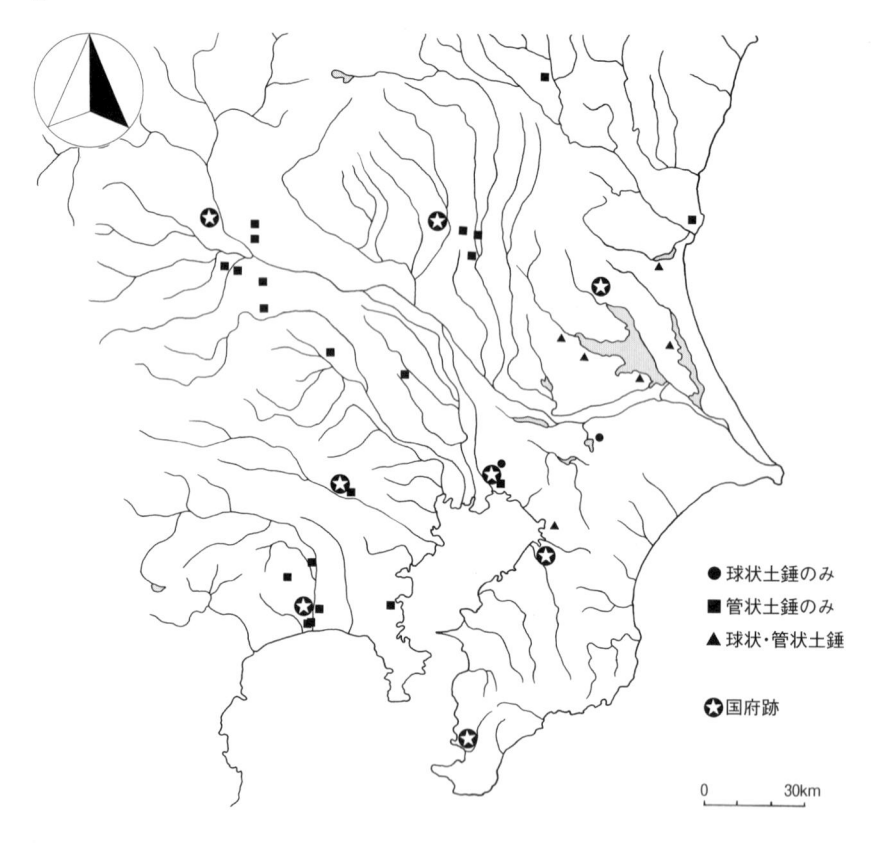

図12 律令期の土錘の分布

れている（黒田ほか 2000）。高知県四万十川においても漁師は流域に住む場合が多いようである（高木晃ほか 1998）。これらの民俗事例は、漁師たちの漁場が居住地の近辺であったことを示している。したがって民俗誌の記述内容から類推して、古代において漁撈にたずさわった人が住まう集落と漁場とは、近距離にあったと考えるべきである。

　その意味で、土錘出土遺跡が主に内海の河口付近に分布していることは、古代の網漁が、ここで操業されていたことを示唆している。海の河口付近は栄養と酸素に富んだ河川からの水が流れ込み、それを求めて集まるプランクトンを

餌とする魚が多く生息し、格好の漁場となりえたからであろう。また、内海は外洋のような激しい海流の影響を受けず、網漁を行う上で都合がよい。

さらに、河川の中流・下流・汽水域における土錘出土遺跡の分布は、淡水産魚類を対象として、河川の中流・下流・汽水域においても、網漁が行われていたことを想像させる。ここが、網漁を行うのに適した流速であったためであろう。土錘は内海、およびその河口付近だけでなく、河川中流・下流・汽水域を舞台とした内水面漁撈にも用いられていたのである。

(3) 住居内における土錘の出土状況について（表8）

集落出土の土錘のほとんどは、竪穴住居跡からの例である。それらのなかには、床面上や住居内の特定の施設からまとまった状態で出土した例がみられる。これらは、当時の住居内における配置の状態をうかがい知るために重要な情報を提供している。そこで、集成のなかでこのような例に該当する22遺跡36住居の出土状況について、その配置の状態について検討したい。

弥生時代については今のところ例はない。古墳時代以降の良好な遺存状態で出土した土錘について、まず指摘できるのは、球状・管状土錘が出土した129遺跡335軒の住居のうち、12遺跡22軒の住居において、壁付近や隅付近に複数個が集中する出土状況が認められたことである。これらは、今回の集成の1割にあたる遺存状態が良好な遺跡だけで認められた例にすぎない。けれどもこれらの事実は、当時、土錘はある程度まとまった数量をもって、住居内の縁辺部に配置されていたことを示しているが、その位置については現段階では特定できない。なお、総数22例のうち、球状土錘18例に比べて管状土錘は4例と少ない。

配置状況をより詳細に示すものもある。戸張一番割遺跡で、古墳前期前半の37号住居において、通されていた紐などの残存はなかったが、10個の球状土錘が数珠状に連なった状態で出土した例がある（平岡・井上 1985）。そして同時期の13号住居出土の土器内に、球状土錘が複数個収納されていた例が知られる。また、茨城県ひたちなか市三反田下高井遺跡の古墳後期前半の119B号住

表8　住居内における球状・管状土錘の良好な出土例

県名	遺跡名	遺構	分類	住居内の出土状況	時期
栃木	寺野東遺跡（1997）	123号住居	球状土錘	北東コーナー付近に集中	古墳前期前半
千葉	戸張一番割遺跡	9号住居	球状土錘	北東コーナー付近に集中	古墳前期前半
		11号住居		東壁南寄り付近に集中	
		13号住居		北壁中央付近に集中・土器内	
		37号住居		数珠状に連なって出土	
茨城	南三島遺跡3・4区	107号住居	球状土錘	南東壁付近の焼土中	古墳前期前半
	南三島遺跡5区	5号住居	球状土錘	北壁付近に集中	古墳前期前半
	神谷森遺跡	17号住居	球状土錘	北壁中央付近に集中	古墳前期前半
	南小割遺跡	13号住居	球状土錘	西コーナー付近に集中	古墳前期後半
		67号住居		炉の傍に集中	
		123号住居		東コーナー付近に集中	
		171号住居		北東壁中央付近に集中	
		108号住居	管状土錘	西コーナー・南コーナー付近に集中	
		80号住居	球状土錘	北コーナー・南西壁中央付近に集中	古墳中期後半
	戸崎中山遺跡	51号住居	球状土錘	東コーナー付近に集中	古墳前期
	三反田下高井遺跡	119B号住居	球状土錘	ピット内・北東壁付近に集中	古墳後期前半
千葉	海老遺跡	19A号住居	球状土錘	西コーナー付近に集中	古墳後期前半
		25号住居		南東コーナー付近に集中	
茨城	島名境松遺跡	22号住居	球状土錘	南壁付近に集中	古墳後期中頃
	ニガサワ遺跡	42号住居	管状土錘	カマド燃焼部・南西壁付近に集中	古墳後期中頃
	島名ツバタ遺跡	37号住居	球状土錘	カマド内、及びカマド周辺	古墳後期後半
	平台遺跡	17号住居	球状土錘	柱穴傍に集中	古墳後期
	幸田台遺跡	29号住居	管状土錘	カマド燃焼部	古墳後期
	沢三木台遺跡	13号住居	球・管状土錘	カマド内、及びカマド周辺	古墳後期
千葉	大竹林畑遺跡	17号住居	球状土錘	東壁付近に集中	古墳後期
		21号住居		カマド内・南西コーナーに集中	
	上ノ台遺跡（1982）	2Q-46号住居	球状土錘	カマド内	古墳後期
		2R-43			
		2M-40			
		2R-50			
神奈川	峯遺跡群	第Ⅱ地点2号住居	管状土錘	カマド内	古墳後期
東京	新宿町遺跡	包含層	管状土錘	沈子綱が孔内に残存	古墳終末期前半
茨城	宮ヶ城遺跡	6号住居	管状土錘	西壁付近に集中	奈良
	岡ノ内遺跡	12A号住居	球・管状土錘	カマド燃焼部	平安中期
群馬	波志江中野面遺跡	51号住居	管状土錘	貯蔵穴内、及びその付近に集中	平安
神奈川	本郷遺跡	MPN8号住居	管状土錘	カマド内	平安

居では、17個の球状土錘がまとまってピット内から出土し（田所・川又 1998）、群馬県伊勢崎市波志江中野面遺跡（角田 2001）の平安の51号住居では、ピット内とその周辺から複数個の管状土錘が出土した例がある。これらの例は、住居内の球状・管状土錘の配置方法が多様であったことを示している。

古墳前期では焼土や炉の付近から、古墳後期から奈良・平安時代にかけては、カマド内から球・管状土錘が出土する例が認められることも、土錘製作の実態を復原するうえで注意を要する。

茨城県竜ヶ崎市羽原町南三島遺跡3・4区（小山 1989）の古墳前期前半にあたる107号住居では、壁際の焼土中から11個の球状土錘が検出され、同県東茨城郡茨城町駒渡南小割遺跡（中村敬・江幡 1998）の古墳前期後半にあたる67号住居では、炉とその付近からに9個の球状土錘が集中して出土した。また、カマド内とその付近から球・管状土錘が出土した例として、茨城県水戸市藤井町ニガサワ遺跡（小林孝 2000）の古墳後期中頃の42号住居で管状土錘が1点、同県つくば市島名ツバタ遺跡（皆川 2003）の古墳後期後半の37号住居で球状土錘が4点、同県稲敷市幸田台遺跡（間宮 1995）の古墳後期の29号住居で管状土錘が3点、同県鹿島郡鉾田町塔が崎沢三木台遺跡（小松崎 1991）の古墳後期の13号住居で球状土錘が1点と管状土錘が2点と有溝土錘が1点、同県稲敷市浮島岡ノ内遺跡（中村敬 1992）の平安中期の12A号住居で球状土錘が7点と管状土錘が1点、千葉県成田市大竹林畑遺跡（中山俊・石戸 1997）の古墳後期の21号住居で球状土錘が複数個、同県千葉市幕張町上ノ台遺跡（穴沢ほか 1981～1983）の古墳後期の2Q-46号住居で球状土錘が3点、2R-43号住居で球状土錘が2点、2M-40号住居で球状土錘が8点、2R-50号住居で球状土錘が9点、神奈川県横浜市磯子区磯子町峯遺跡群（河合 1986）の古墳後期の第Ⅲ地点2号住居で管状土錘が1点、同県海老名市本郷遺跡（柳谷ほか 1988）の平安時代のMPN8号住居で管状土錘が7点出土した事実が挙げられる。

このように火に関連した施設とその付近から球状・管状土錘が出土した例は、古代のそれぞれの住居について、高い頻度では認められていない。また、

土錘が祭祀具に転用された出土例も知られていない。したがって、このような出土例は、火に関わる祭祀行為によるものではなく、住居内の炉やカマドで焼成された土錘が、そのまま残存したと解釈してよいだろう。この解釈が正しいとすれば、関東では古代の土錘は自家製作されていたと考えられるのである。[13]

（4）球状・管状土錘の分類

　古代の球状・管状土錘は、形態と重量に多様性が認められ、分類を行うことが可能である。

　なお、関東では弥生後期と古墳後期において、球状・管状土錘に形態が類似しながらも、比較的小形で孔径が小さく、調整が丁寧な有孔球・管状土製品が出土する例が知られる。これらについて、まず弥生後期の例からみてみよう。群馬県高崎市新保遺跡281号住居では管状土製品が1点出土した（佐藤明ほか 1988）。2分の1程度の残存であり幅1cm、孔径は2mmをはかる。同県同市日高遺跡7-2号住居でも長さ1.4cm、幅1.0cmで孔径は2mm弱の管状土製品が1点出土した（小泉範・澤田 1999）。同県沼田市下川田平井遺跡では10号住居と12号住居から管状土製品が出土した（神谷 1993）。10号住居の例は長さ4.3cm、幅2.0cm、孔径1mm、重量16.7gであり、12号住居の例は長さ3.9cm、幅1.9cm、孔径1.5mm、重量14.0gをはかり、同じ住居から径1.0cmの球状土製品と3点の土製勾玉が伴出した。群馬県以外では、神奈川県三浦市初声町下宮田赤坂遺跡4号住居から出土した長さ2.9cm、幅2.0cm、孔径3mm、重量13.5gの管状土製品が知られる（中村勉ほか 2001）。穿孔部に紐ずれの痕跡が認められたという。次に古墳後期の例をみてみよう。群馬県多野郡吉井町矢田遺跡53号住居からは径0.7～1.0cm、孔径0.1～0.15cm、重量0.3～1.0gの有孔球状土製品が9点出土した（中沢 1994）。茨城県つくば市島名ツバタ遺跡37号住居からは、長さ1.2～1.5cm、幅1.1～1.3cm、重量1.6～2.7gの棗玉様の土製品6点と径0.5～1.0cm、重量0.07～0.98gの球状土製品12点が出土した（皆川 2003）。千葉県我孫子市久寺家中谷遺跡では、小形球状土製品などの工房跡と考えられる3号住居跡から、穿孔なしの例4点、未製品6点とともに径0.5cm、

重量0.2〜1.35gの球状土製品が出土した（岡村眞 1989）。また、この住居からは土製勾玉3点と長さ2.2〜2.5cm、幅0.6〜1.1cm、重量1.7〜2.3gの管状土製品が8点伴出した。このほかにも古墳後期の例として、小形球・管状土製品が土製勾玉と伴出した千葉県我孫子市青山西台北遺跡5号住居（石田守ほか 1987）や小形球状土製品が土製勾玉と伴出した上ノ台遺跡2A-53号住居（穴沢ほか 1981〜1983）、同県印旛郡栄町竜角寺大畑Ⅰ遺跡13号住居（石田広ほか 1985）などを挙げることができる。

　以上のような小形の球状・管状土製品の重量と孔径では、明らかに漁網錘としての働きに耐えられない。また上述した通り、弥生後期では複数個ではなく、ほとんどが単体で出土しており、古墳後期では土製勾玉と伴出する例も確認できる。このような事実から、これらの土製品を土錘と考えるには無理があろう。したがって、弥生後期と古墳後期のこれら土製品は土製装飾品とみなして、球・管状土錘に加えないこととした。

　上記した小形土製装飾品を除いた131遺跡3295点の球状土錘、1640点の管状土錘について形態および重量に関する検討を行うことにする。

　球状土錘は、形状が正確な球形を呈さず、ゆがんだものがみられるが、球形を志向して製作されている点では変わりがない。そこでこれらの例は、すべて球状土錘とみなすことができる。球状土錘の重量は10gに満たない例から、100gを超える例まである。今回集成した例のうち、87遺跡において球状土錘は出土しているが、その内の6割あまりを占める56遺跡が茨城・千葉県域に所在する。そこで、これらの県域において出土した球状土錘のなかで残存度が9割以上である例1935点について、10gごとにその重量に該当する個数をグラフとして示し（図13）、球状土錘がもつ重量にどのような傾向があるか検討してみたい。

　グラフからはまず、取りあげた球状土錘が戸張一番割遺跡（平岡・井上 1985）の95.0gを最大として、すべて100g以下に収まっていることが分かる。これは今回集成したすべての球状土錘にあてはまることである。そして、10g以下と10〜20gの点数の間、20〜30gと30〜40gの点数の間、30〜40gと40〜

50gの点数の間に大きな較差があることがわかる。したがって、0～10gを小型品、10～30gを中型品、30～40gを大型品、40g以上を特大型品と分類することが可能である。なお、小型品と中型品の一部には、他の球状土錘と同一住居から伴出したために分離が困難であった、先述の小形土製装飾品を若干含んでいる可能性がある。しかし、これらが若干含まれていたとしても、小型品と中型品の設定には変更はないので、以上の重量分類は有効である。

さて、球状土錘の検討に関して、形態と重量の他に付け加えるべき点がある。それは、外面に刺突文やヘラ描文を施す例がごく少数ながら見受けられることである。今回の集成の中では、下川田平井遺跡（神谷 1993）の弥生後期の例と、千葉県佐原市鴇崎天神台遺跡（荒井丗 1994）と同県印旛郡白井町十余一一本桜南遺跡（雨宮・落合 1998）の古墳前期前半の例、そして南小割遺跡（中村敬・江幡 1998）の古墳前期後半の例である（図14）。下川田平井遺跡12号住居では、外面全面に刺突文が施された径3.9cm、孔径0.6cmの球状土錘が出土し、鴇崎天神台遺跡6号住居からは全面に竹管状工具による刺突文を施す径3cmあまり、孔径0.6cm、重量31gの球状土錘が出土した。一本桜南遺跡90号住居からは全面ではないが刺突文が施された径2.9cm、孔径0.3cm、重量19.7gの球状土錘が出土した。南小割遺跡66・67号住居からはそれぞれ沈線文が施された球状土錘が1点ずつ出土した。66号住居の例は径3.6cm、孔径

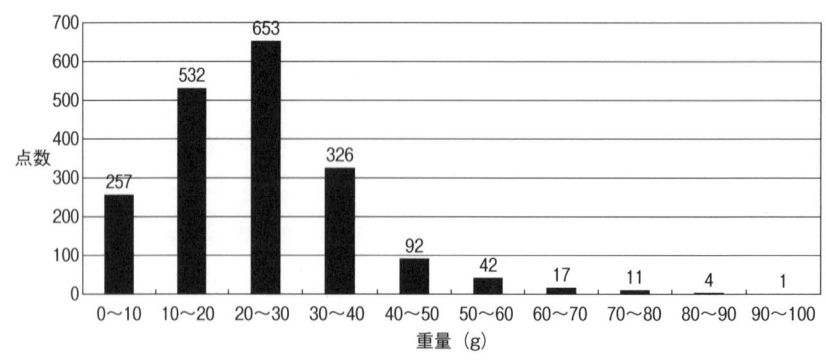

図13 球状土錘の重量分布

0.9cm、重量32.5gで、67号住居の例は径3.8cm、孔径0.9cm、重量41.8gを測る。なお、先にふれた青谷上寺地遺跡においても、出土地点は不明であるが鹿・水鳥・魚と思われる線刻と刺突文を施す径3.0cmの球状土錘が出土している（湯村ほか 2002）。漁網錘としての用途をもつ球状土錘に簡素ではあるが文様を施す点は奇異な印象を受ける。けれども、球状土錘と同様に、同時代の実用品である土製紡錘車にも文様を施す例は存在する。また、上記の例はいずれも通常見受けられる無文の球状土錘と伴出している。以上の事実から、当時の球状土錘の中には施文された例も少数存在していたと推測する。[14]

　管状土錘の形態には、多様性が若干ある。まず、長さと径の関係に着目すると、長さが径より小さいもの（A類）と、長さが径より大きいもの（B類）の2種がある。管状土錘の総数1212点のうち、A類は29点、B類は1180点、不明3点であり、割合としてB類が大部分を占める。次に、これら2種類の土錘の両端の形状についてみてみると、両分類にわたってそれぞれ両端が面取りされて端面を有するもの（1類）と、端面をもたないもの（2類）が認められる。A類のうち1類は7点、2類は22点を占め、B類のうち1類は342点、2類は838点を占める。以上のように、管状土錘の形態は、長さと径の関係による大分類と両端面の形状による小分類を組み合わせて示すことができる。

　管状土錘の重量は、10g未満のものから400g弱のものまであり、球状土錘の重量に比してその幅が広い。図15は今回の集成のうち、75遺跡1008点の残存度9割以上の管状土錘について、10gごとにその重量に該当する個数を示したグラフである。このグラフによると、最も多いのは20g未満の例である。次に

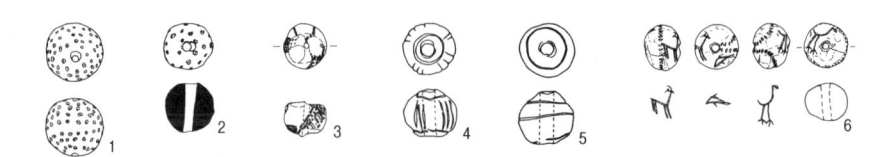

図14　有文の球状土錘
1：下川田平井遺跡、2：鴇崎天神台遺跡、3：一本桜南遺跡、4・5：南小割遺跡、6：青谷上寺地遺跡

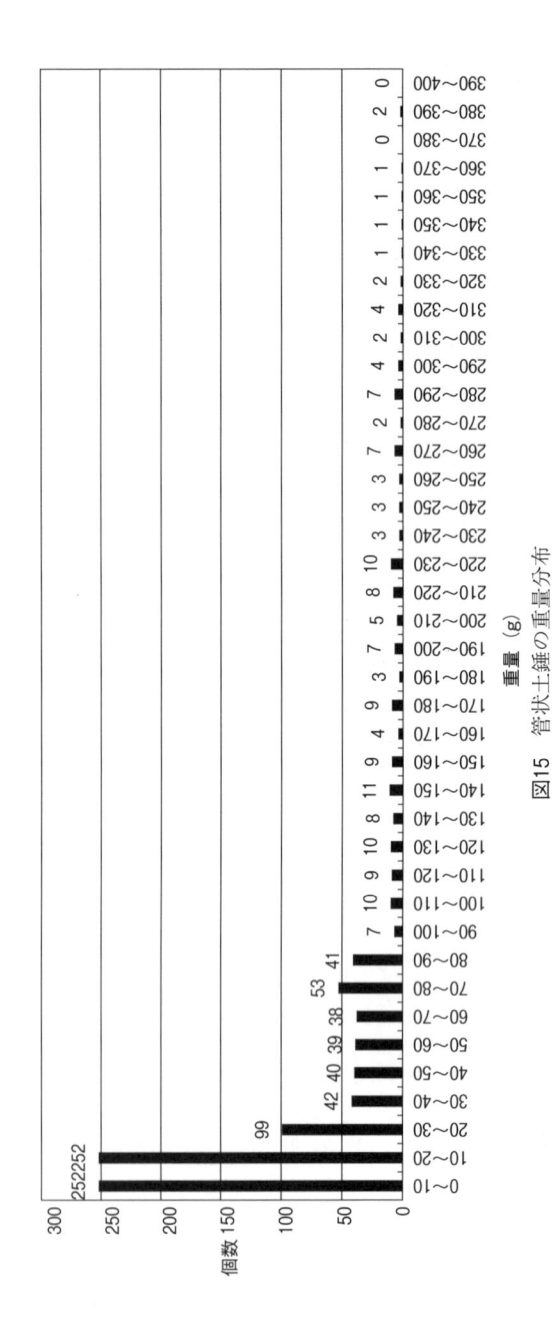

図15 管状土錘の重量分布

多いのは20g以上90g未満、そして90g以上230g未満の順となる。230g以上は、260g～270gと280g～290gに若干まとまりも認められるが、390g未満まで各重量に該当する例が散漫に出土している。

　このように管状土錘は、特定の重量の幅ごとに、数量的にまとまりをもつ傾向があることがわかる。したがって、上記したような重量の幅に属するそれぞれの管状土錘について、軽いほうから小型・中型・大型品と分類することができる。230g以上の例については特大型品とみなすことにする。次章で古代の管状土錘の変遷を検討していくが、管状土錘については形態分類ごとに、これらの各重量分類を示しながら、その変遷を追うことにする。なお、球状土錘の場合と同様に、他の管状土錘と混在して出土したため、小型品の中には先述した管状土製装飾品が若干含まれている可能性がある。しかし、その場合であっても上記した分類基準に変更は起きない。

　さて、土錘の変遷の検討に移る前に、これまで述べてきた分類に関連する既存の分類案についてもふれておくことにする。これまでに和田と真鍋による分類案が知られている（和田1982、真鍋1992～1994）。和田は「土製品の中心に貫通孔を穿ったもの」を「管状土錘」とし、それをa～e類の5種に細分した。それぞれの形態分類について、a類を「縦断面が隅丸長方形、ないしは楕円形を呈し、横幅が長さの2分の1以上を示す、全体的にずんぐりしたもの」、b類を「a類を縦長にした形で、長さに対して横幅が2分の1未満のもの」、c類を「縦断面が長方形をなす端正な形を呈するもの」、d類を「縦断面がほとんど正方形に近いもの」、e類を「断面が円形に近い、いわゆる「球形土錘」と説明している。一方、真鍋は形態よりも機能を重視する分類基準を示した。つまり、和田の「管状土錘」細分案を踏襲しながらも先述したL値の定式を用い、さらにこれらを刺網・投網用と袋網用の2種に細分したのである。

　本節で集成された土錘を和田の分類基準で分けた場合、先に示したA類を表現することができない。また、和田のa類とb類の違いは、貫通孔を縦にしたとき横幅（径）が長さの2分の1以上か未満かを基準にしているが、この基準も真鍋が述べているように機能的な根拠に基づくものではない。e類につ

いても、形態的に管状とは形容しがたいし、本節の分類での球状土錘は、管状土錘とは出土数も大きく異なるので、やはり球状土錘として独立して分類すべきであろう。真鍋の機能的な細分についても、L値の定式はあくまで民俗例から求められたものである。民俗例の漁網は当時とは漁網錘や浮子、網の材質が異なるであろうし、漁網の種類も同一とは限らない。したがって、真鍋の考える視点は重要であるが、管状土錘の孔径のみによる機能的な分類基準を、細分に適用することは難しい。あえて和田の分類との共通点を踏まえて考えるならば、和田のa・b類は本稿のB2類、c類はB1類、d類はA1類の一部、e類は球状土錘にあたることになるだろう。しかし、述べてきたようにA1・A2類に相当するものはないことになり、集成した土錘については和田の分類基準では不十分になってしまう。そこで本節では筆者の分類基準を用いて検討を進めた。

(5) 球状・管状土錘の変遷について

　土錘変遷案は図16として掲げた。

　まず、球状土錘の変遷からみていくことにしよう。球状土錘は小～大型品が弥生後期後半に出現し、古墳前期前半に小～特大型品までが出そろう。その後は古墳終末期までこの組成が存続し、古霞ヶ浦湾沿岸を除いて律令期に入ると球状土錘は消滅する。残存する古霞ヶ浦湾沿岸においても特大型品は基本的に姿を消す。

　次に管状土錘の変遷については、A1類は古墳前期の大型品と、中期と終末期の中型品が散見される。A2類は古墳後期に小～大型品が存在し、中型品は終末期まで存続する。B1類は、弥生後期後半の例は今のところ矢倉遺跡（飯島 1998）の中型品1点のみである。古墳前期前半には小～大型品がそろい、中期後半には特大型品も加わる。古墳後期～終末期には中・大型品だけになり、律令期の例は茨城県東茨城郡茨城町宮ヶ崎城跡（野田 1998）の奈良時代の中型品と千葉県千葉市中央区千葉寺町観音塚遺跡（白井ほか 2004）の奈良時代の大型品と平安時代の中型品が知られるのみである。B2類は古墳前期で

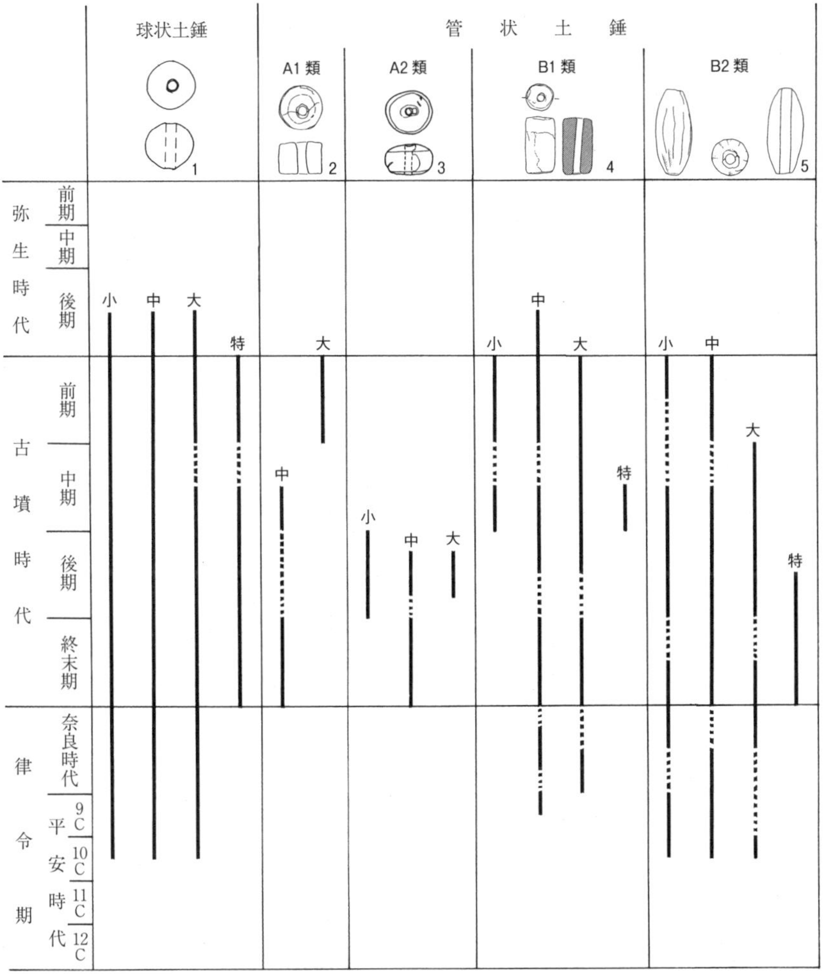

第3章 内水面漁撈と古代社会 95

図16 関東地方における原史・古代の土錘変遷案

※小・中・大・特はそれぞれ小・中・大・特大型品を示す。
※点線は未確認であることを示す。
※律令期の球状土錘は古霞ケ浦湾沿岸に限る。

1：戸崎中山遺跡53号住居、2：前田村遺跡G・H・I区494号住居、3：ニガサワ遺跡42号住居、
4：武田西塙遺跡267号住居、5：上ノ台遺跡2P-67号住居（縮尺不同）

は小・中型品だけがみられるが、古墳中期後半には小〜大型品がそろい、古墳後期後半には特大型品も加わって終末期まで存続する。律令期には特大型品は姿を消すが、その他の小〜大型品は奈良・平安時代にもみられる。

　このように土錘の消長を通観するとき、時期的な画期をいくつか認めることができる。すなわち、第1に弥生後期後半に球状・管状土錘が出現した後、土錘の重量の幅が広がり、出土量も増加する古墳前期前半における画期が認められる。第2に管状土錘A2類が出現し、管状土錘B1類の重量幅が小さくなり、全体的な出土量も減少する一方、B2類の重量幅と全体的出土量がB1類に比して増加しはじめる古墳中期と古墳後期の交における画期が現れる。そして第3に球状土錘が基本的に消滅し、それが存続する古霞ヶ浦湾沿岸においても特大型品が姿を消す。また管状土錘A類がみられなくなるとともに、B2類の小・中・大型品が組成の主体となる古墳終末期と奈良時代の交にも画期がみられる。

　なお関東では、平安の10世紀後半以降、遺跡の検出例が乏しいため、集落の様相が不鮮明になる。やはりこの時期の土錘もなく、各土錘の消長については現段階では不明である。また、古墳中期前半にも未確認の分類の土錘が目立つが、これもこの時期の集落遺跡の検出例が少ないことによる。

　次に現段階における土錘最大重量の時間的推移を検討する。網漁の操業規模の推移を知るためには、各時期に最も大型であった漁網の規模の推移を知ることが有効である。そのために土錘の最大重量の推移に着目した（図17）。

　球状土錘の最大重量は時期ごとに、弥生後期は矢倉遺跡（飯島 1998）における後期後半の37.7g、古墳前期は戸張一番割遺跡（平岡・井上 1985）における前期前半の95.0g、古墳中期は茨城県取手市稲向原I遺跡（取手市教育委員会 1996）における中期後半の79.0g、古墳後期は茨城県水戸市藤井町十万原ニガサワ遺跡（小林孝 2000）における後期中頃の66.4g、古墳終末期は神奈川県横須賀市夏島町鉞切遺跡（小出義ほか 1986）における68.4g、律令期は奈良時代で観音塚遺跡（白井ほか 2004）の37.2g、平安時代で茨城県稲敷郡阿見町竹来遺跡（河野辰ほか 1985）の35gの例が挙げられる。

管状土錘は、弥生後期は矢倉遺跡（飯島 1998）における後半の43.5g、古墳前期は茨城県結城郡千代川村下栗野方台遺跡（玉井ほか 1993）における前半の209.0g、古墳中期は茨城県ひたちなか市武田西塙遺跡（白石・関 2004）における後半の360.3g、古墳後期は上ノ台遺跡（穴沢ほか 1981～1983）における382.8g、古墳終末期は東京都葛飾区高砂新宿町遺跡（谷口ほか 1993）における351g、律令期は茨城県ひたちなか市船窪遺跡（稲田ほか 2005）における奈良時代の224.7g、観音塚遺跡（白井ほか 2004）における平安時代の183.5gの例が挙げられる。

　球状土錘は弥生後期後半に出現したのち、古墳前期前半にその重量増加の頂点を迎え、その後はゆるやかに減少する傾向がみてとれる。ただし、古墳終末期と奈良時代との間の重量の下がり方は他に比べて大きい。そして、管状土錘は弥生後期後半に出現後、古墳後期に重量増加の頂点をむかえ、その後はゆるやかに減少してゆく。管状土錘の場合も球状土錘と同じく、古墳終末期と奈良時代との間の重量減少の度合いが他の時期間に比して大きい。

　このように、球状土錘については古墳前期前半に、管状土錘については古墳後期に重量増加の頂点が認められる。両土錘は形態の違いから、同じ種類の漁網に使用されなかった可能性もあるが、いずれにしても古墳前期前半と後期に

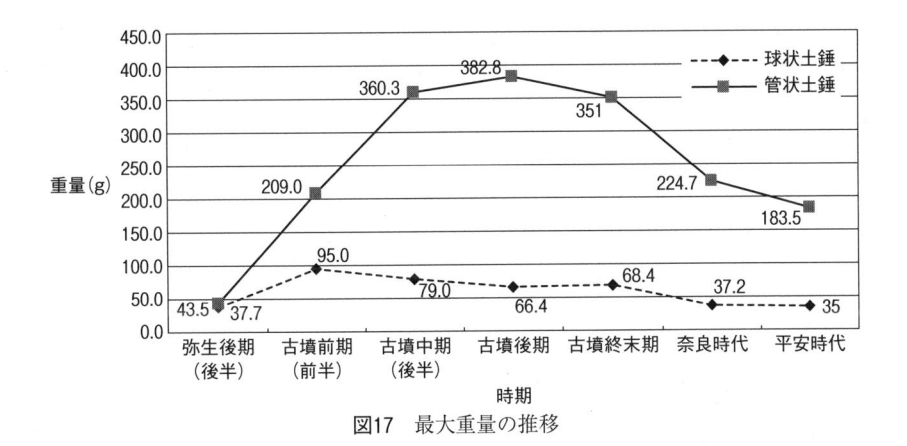

図17　最大重量の推移

網漁の操業形態の規模拡大が起こったと考えらえる。漁網錘の重量が増加すれば、水流が強い沖合寄りの箇所であっても漁網を設置することが可能になる。また、漁網の面積が広くなったとしても、水中にそれを沈めることに不都合は生じない。さらに、そうした網漁法の発展は、網漁にたずさわる人員の増加や組織の複雑化、すなわち操業形態の規模拡大も伴っていたと予想されるからである。その意味では、操業規模が拡大したと予想される時期が、土錘の消長における古墳前期前半と古墳中・後期の交における画期直後の時期とほぼ一致している点も重要である。古代関東地方に土錘がもたらされ、諸分類の組成が成立した時期とその組成の内容に変革が起こった時期には、併せて操業形態の規模拡大も起こっていたと考えられるからである。なお、球・管状土錘とも大きく最大重量が減少する古墳終末期から奈良時代にかけての時期は、先述した第3の画期の時期にあたる。最大重量の大幅な減少の原因として、操業規模の大幅な縮小と何らかの網漁技術の変化との二つの可能性が考えられるが、現段階では判断しかねる。

　最後に、重量の推移に関連して、異なる地理的環境に立地している遺跡間における重量構成の差異の有無について検討してみたい。遺跡の立地には、先述した通り当時の関東地方では河川中流・下流・汽水域と内海沿岸が認められる。しかし、現在の河川下流・汽水域は当時の内海の範囲になっている場合もあり、明確に出土遺跡の立地を河川流域ごとに区分することは難しい。そこで、古代の河川流路からみても明らかに河川中流域に立地している遺跡と、当時内海沿岸であったかその可能性のある河川下流域〜内海沿岸に立地している遺跡とに便宜的に区分して検討を進める。なお、古墳時代と律令期に比して、遺跡数が極端に少ない弥生時代は対象から除くことにする。

　以上のように遺跡の立地を分けた場合、まず各時期の最大重量の球・管状土錘を出土した遺跡はいずれも河川下流域〜内海沿岸に立地していることを指摘できる。

　当時、明らかに河川中流域に立地していたと考えられる遺跡は、利根川水系中流域では、群馬県高崎市木部町・阿久津町田端遺跡（神保ほか1988）、同県

藤岡市上戸塚・下戸塚・藤岡株木B遺跡（丸山 1991）、同県前橋市二之宮町荒砥天之宮遺跡（徳江ほか 1988）、栃木県下都賀郡藤岡町赤麻熊野遺跡（平岡・福山 1996）、同県小山市梁寺野東遺跡（初山ほか 1996・1997）、同県小山市中久喜八幡根東遺跡（海老原ほか 1996）、同県那須郡那珂川町温泉神社北遺跡（中村享 1997）、茨城県結城市小田林遺跡（桜井一 1989）、同県結城市結城下り松遺跡（川津法・平石 1999）、埼玉県大里郡岡部町矢島道砂田前遺跡（岩瀬ほか 1991、佐藤康・渡辺 1998）、同県本庄市今井川越田遺跡（礒崎 1995、伴瀬 1996）、同県児玉郡上里町堤中堀遺跡（田中広・末木 1997）の12遺跡が挙げられ、荒川水系中流域では埼玉県蓮田市関山荒川附遺跡（木戸ほか 1992）、同県東松山市大西遺跡（鈴木孝ほか 1991）、同県大里郡寄居町用土前峯遺跡（石塚・町田 1999）の3遺跡が挙げられる。これらの遺跡のうち5遺跡から出土した球状土錘の重量は、古墳前期の熊野遺跡で5.2～37.0g、寺野東遺跡で10.0～44.7g、小田林遺跡で19.2g、古墳終末期の砂田前遺跡で23.5～23.6g、今井川越田遺跡で1.5～5.9gである。次に14遺跡から出土した管状土錘の重量は、古墳前期の熊野遺跡で97.0g、寺野東遺跡で32.9～134.4g、小田林遺跡で23.9g、古墳中期の大西遺跡で55.8g、古墳後期の田端遺跡で11～29g、古墳終末期の荒川附遺跡で9.8～11.6g、砂田前遺跡で5.4～246.2g、今井川越田遺跡で8.0～23.5g、奈良時代の株木B遺跡で5.5～56.0g、寺野東遺跡で4.3～18.4g、平安時代の荒砥天之宮遺跡で4.5～27.4g、八幡根東遺跡で4.3g、温泉神社北遺跡で8.3～16.6g、下り松遺跡で2.2～5.1gである。

　以上のように河川中流域の遺跡では、球状・管状土錘はともに小型～特大型品に属する例が認められる。この事実から、今回の集成のなかで河川中流域に立地する15遺跡の土錘重量は、同じ重量分類の例が存在しているという意味では、河川下流域～内海沿岸に立地する遺跡出土土錘の重量幅と大きく異なっているとはいえない。しかしこの15遺跡以外に、球状土錘で50g以上、管状土錘で250g以上の特大型品に属する例はいまのところみられない。各時期の最大重量の土錘が、いずれも河川下流域～内海沿岸遺跡からの出土であることをあわせて考えると、このような特大型品にみられる重量幅の若干の違いは、漁場

の地理的環境の違いによって網漁法が異なり、それが土錘重量に反映されたために生じたと推察される。

（6）非在地系土錘について（図18）

　関東における土錘の受容が、弥生後期後半から古墳前期前半にかけて行なわれたであろうことは先述した。一方、瀬戸内海沿岸では、弥生前期から球状・管状土錘が存在している。したがって、古代関東の土錘は、この地域にその淵源をたどりうる可能性が高い。そうすると、厳密な意味で関東の在地産の土錘という呼称は正確ではないが、関東において古代に消長をみせる、各時期の典型的な土錘の組成について、便宜的に在地系土錘と定義し、検討を進める。

　このように定義するとき、古代関東には土錘組成の典型的な要素とならない非在地系土錘(16)の存在を指摘することができる。すなわち、瀬戸内海沿岸を中心とした地域において球状・管状土錘を含む土錘組成の中で主要な要素をなす棒状土錘と有溝土錘が、関東の6遺跡において出土している。

　棒状土錘は、神奈川県横須賀市鴨居上ノ台遺跡（岡本ほか 1981）の古墳前期前半の7・57号住居跡から合計で4点が出土し、東京都足立区伊興遺跡（永峯ほか 1997）の古墳中期後半の土坑からも4点が出土した。鴨居上ノ台遺跡

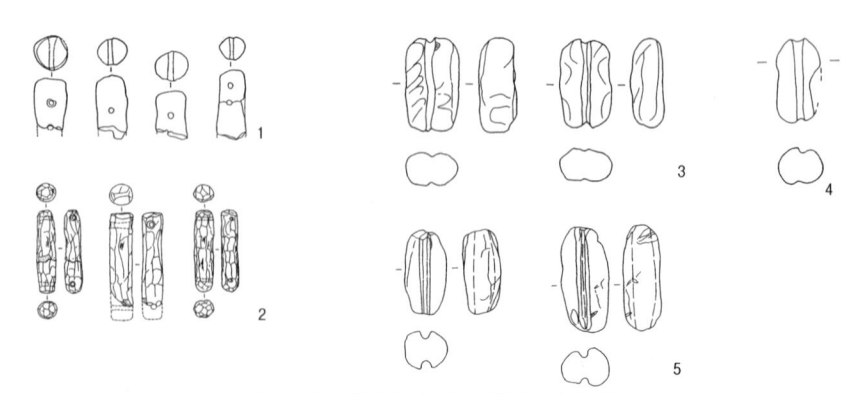

図18　非在地系土錘（各報告書より転載）
1：鴨居上ノ台遺跡、2：伊興遺跡、3：矢倉遺跡、4：沢三木台遺跡、5：岡ノ内遺跡

の例はいずれも一部欠損しており、孔径は0.5～0.8cm である。伊興遺跡では完形品が 2 点出土している。それぞれ長さは8.3cm と8.2cm、径は二つとも1.8cm、重量は30.8g と32.9g を測る。これら 4 点の孔径は0.5～0.8cm である。また岸本雅人（2003）によれば、千葉県八日市場市柳台遺跡からも、奈良～平安時代に属する棒状土錘の可能性が高い土製品が 1 点出土している。

　有溝土錘は、矢倉遺跡（飯島 1998）の弥生後期後半の遺物包含層から 2 点が、沢三木台遺跡（小松崎 1991）の古墳後期の13号住居跡から 1 点が、そして茨城県稲敷市浮島岡ノ内遺跡（中村敬 1992）では平安時代中期の土坑から 1 点出土し、同じく平安時代に属する可能性が高い例 1 点が表採された。矢倉遺跡出土の 2 点はいずれも完形品で、それぞれ長さは4.8cm と4.4cm、幅は2.7cm と2.6cm、厚さは2.0cm と1.8cm、重量は29.5g と25.0g である。沢三木台遺跡の例は一部を欠損しており、長さ4.3cm、厚さ1.8cm を測る。岡ノ内遺跡出土の 2 点はいずれも完形品である。土坑出土の例は長さ4.2cm、幅2.2cm、重量18.0g で、表採品は長さ5.2cm、幅2.4cm、重量26.1cm である。

　これら棒状・有溝土錘の出土遺跡は、いずれも当時の内海に面した立地であり、いまのところ内陸部や河川中流域には認められていない。そして、これら非在地系土錘が出土する時期は、岡ノ内遺跡の平安時代の例を除くと第 1・2 の画期の前後の時期にあたる。これは関東地方において、土錘の受容と組成の成立、そして組成に変革が起こったと考えられる時期である。これらの時期に、棒状・有溝土錘、あるいはその製作技術、そしてその使用法が球状・管状土錘のそれとともにもたらされたのであろう。しかし現在までのところ、出土例はごく少数であり、受容されたのちに普及したと思われる痕跡はうかがえない。これらの非在地系土錘は、漁網錘組成の主要な要素として関東に定着しなかったと考えられるのである。

（7）瀬戸内海および伊勢湾沿岸地域の先行研究との比較

　これまで述べてきた関東の古代網漁の検討結果を、他地域の既存の研究結果と比較すると次のようになる。

弥生時代から近世にかけての瀬戸内海沿岸出土土錘の分布図が、真鍋らによって作成されている（真鍋ほか 1992・1993）。これによれば、弥生時代から律令期にかけて、瀬戸内海沿岸、特にそのなかで河口部付近に分布が集中する状況がうかがえる。また、内陸部の河川流域にも若干の分布が認められる。このような分布的特徴は、関東と類似するものといえる。両地域とも、漁場として同じ地理的環境を選択していた可能性が高い。

瀬戸内海沿岸を中心に出土した土錘の重量については、和田が分類を試みている（和田 1982）。氏は、各種の土錘のもつ重量の幅を検討して、管状土錘 b 類（本節のB2類の一部）が多く認められる20gの製品を小型品とし、棒状土錘が属する中心的な重量幅である20g以上80g未満を中型品、それ以上は出土の頻度が高いものの重量が200g未満であることからこれを大型品とし、稀に200g以上で出土するものを超大型品とした。これを本稿の管状土錘で行った重量分類と比較すると、小型〜特大型品の重量の幅が和田氏の小型〜超大型品のそれと近似していることがわかる。また管状土錘 e 類（本節の球状土錘）は50g未満がほとんどであると述べているが、この点も関東の状況とおおむね一致している。

管状土錘の重量幅による各分類は、それぞれの出土数が大きく異なることから考えても、着装されていた漁網の種類が異なっていた可能性が高い。その意味で上記の事実は、関東地方においても瀬戸内海沿岸と同種類の漁網が存在し、同様の網漁が行われていた可能性があることを示唆している。また関東では、先述したように棒状土錘が漁網錘として普及していた形跡がいまのところうかがえない。瀬戸内海沿岸で棒状土錘が属する中心的な重量幅である20〜80gに属する球状・管状土錘が、その代用を果たしていたと考えられる。

和田と真鍋が共通して述べている、瀬戸内海沿岸の土錘の質と量に変化が起こる弥生後期と古墳後期の変遷上の画期は、関東における第1および第2の画期とほぼ同時期にあたる。和田の変遷案では、管状土錘 c 類（本節のB1類）が弥生後期から古墳前期にかけて盛行し、管状土錘 b 類（本節のB2類）が古墳後期以降に盛期をもつとされており、これも一致する点である。しかし、弥

生前～後期前半に土錘が存在する点、棒状土錘が弥生後期以降、土錘組成の中で主要な要素の一つとして存在する点、管状土錘ｅ類（本節の球状土錘）が古墳中期以降、基本的に姿を消す点、古墳後期以降、有溝土錘が土錘組成の主要な要素の一つとなり、また須恵質の漁網錘が存在する点は、関東では認められない。

　重量の推移は、瀬戸内海沿岸では、古墳中期後半に管状土錘ｃ類（本節のＢ１類）が超大型化するとされる（和田　1982）。関東においても、先述した通り管状土錘の重量が最も増加する時期は古墳中期後半～後期である。重量が最大化の頂点の時期も管状土錘に関する限り、瀬戸内海沿岸とほぼ期を一にしていると考えられる。

　瀬戸内海沿岸以外の地域では、古代伊勢湾沿岸の土錘をはじめとする漁具が、久保禎子によって概括的にまとめられている（久保　1994）。土錘の分布は河川中流・下流・汽水域及び湾沿岸にみられ、瀬戸内海沿岸の分布状況と類似する。土錘の変遷をみてみると、球状・管状土錘とも弥生前期から出現し、律令期まで継続して存在している。また、古墳時代～律令期に棒状土錘が、また律令期に有溝土錘が分布的に広がりをもって出土している。このような事実は、瀬戸内海沿岸で発生・発展したこれら棒状・有溝土錘が、伊勢湾沿岸では受容されたのちも漁網錘として定着していたことを示唆している。古墳終末期には須恵質の管状土錘もみられる。瀬戸内海沿岸の土錘との形態・重量・製作技術に関する詳細な比較は行っていないが、古代伊勢湾沿岸の土錘は、球状土錘が古墳中期～律令期まで存続することを除いて、瀬戸内海沿岸の土錘とその組成が類似し、その変遷も歩みをほぼ同じくしていると考えられる。

　以上のように、他地域との比較を試みてみると、古代の土錘の分布、種類及び変遷に関して、関東と瀬戸内海、伊勢湾沿岸との間には類似と差異が認められる。このことは、特に土錘の種類に関しては、瀬戸内海沿岸に淵源をもつ各種の土錘が関東にもたらされた際に、それらの形態的多様性に対して、縮減された要素があったことを示している。

　関東と瀬戸内海、伊勢湾沿岸はほぼ同じ緯度に存在し、内海沿岸と河川中流

域から汽水域にかけて土錘出土遺跡が分布する点も似通っており、漁場の気候的・地理的環境と生息する対象魚種も共通している。(18)したがって、このように自然環境がほぼ同様であることを考えれば、関東の網漁法や漁網に装着されていた土錘の形態・種類・重量に関して、瀬戸内海や伊勢湾沿岸と比較して、縮減されなかった要素として類似点が認められることは当然かもしれない。ただし、土錘変遷が類似する理由については、社会的要因も想定されるので、この点は課題である。また、瀬戸内海および伊勢湾沿岸との間に、特に土錘の種類に関して、縮減された要素があり、差異が認められることについても、なんらかの文化・社会的要因があったものと考える。

このように、自然環境の差異だけでは説明ができない、網漁技術に地域色が生じた原因については、第6章においてふたたび検討を試みたい。

第3節　古代内水面漁撈の多様性―東北地方の網漁―

本節では関東地方に引き続き、東北地方を対象地域として検討する。東北は、律令期に列島内でも釣漁が活発な地域であった。良好な内水面を豊富に擁した関東同様、古代に内水面漁撈が盛行していたことが予想される。

（1）土錘出土遺跡の分布について（図19・図20）

対象とする東北の68遺跡について、時代・時期ごとに分布をみていくと、弥生時代ではこれまでに土錘の例はなく、古墳時代24遺跡、律令期48遺跡、古墳終末期～奈良時代前半1遺跡である。古墳時代については時期ごとに遺跡数をみてみると、帰属時期が前期後半から後期前半までの幅をとりうる岩手県奥州市中半入遺跡（高木晃ほか 2002）の例を除き、前期14遺跡、中期4遺跡、後期6遺跡、終末期2遺跡である。律令期は奈良時代4遺跡、平安時代47遺跡、奈良後半から平安前半にかけての時期1遺跡を数える。特に平安時代の遺跡は、9～10世紀に属する前半代の例が大多数を占める。

古墳時代の土錘出土遺跡の分布をみると前期における北限は、中半入遺跡

（高木晃ほか 2002）がこれに該当する可能性があるが、この例は攪乱層から 1 点のみの出土であり、形状から球状土錘の可能性が考えられるにすぎない。そのため、この資料については用途と時期を明確に絞る根拠を欠く。

　明確に前期と判明する例は、太平洋側では管状土錘を出土した宮城県栗原市築館城生野伊治城跡（佐藤信ほか 1992）が、日本海側では球・管状土錘を出土した山形県鶴岡市大淀川畑田遺跡（眞壁ほか 1995）が北限となる。中期には、青森県八戸市田向冷水遺跡（宇部・小久保 2001）で球状土錘の可能性がある土製品 1 点が知られる。しかしこの例は、住居埋土から 1 点のみの出土であり、さらに通常認められない縄文が施されており、形状以外に土錘である可能性をうかがわせる根拠がない。この田向冷水遺跡の例が土錘であるとすると、太平洋側では中期の土錘の分布が馬淵川流域まで北上したことになる。結論はこの地域における今後の資料蓄積を待つほかない。現段階で確実に中期の土錘と考えられる例は、仙台平野の宮城県多賀城市市川橋遺跡（佐久間光ほか 2000）が北限である。後期では中半入遺跡の例を除くと、太平洋側では宮城県仙台市若林区南小泉遺跡（工藤信ほか 1998）、日本海側では山形県鶴岡市清水新田遺跡（阿部博ほか 1988）が北限となる。確実に終末期にあたる例は、宮城県仙台市若林区下飯田遺跡（中富ほか 1995）・市川橋遺跡（佐久間光ほか 2000）の 2 例のみであり、太平洋側での北限は仙台平野にとどまる。日本海側では終末期の例はない。

　このように古墳時代については、今のところ明確に時期が判明し、また形状・重量や出土状況から土錘と認定できる例は、太平洋側では北上川の支流である迫川流域以南、そして日本海側では最上川流域以南にその出土分布が限られる。そのなかでも特に、仙台湾に注ぎ込む大河川である北上川・名取川流域に、分布が若干集中する傾向がある。

　次に古墳時代における土錘出土遺跡の立地について言及したい。多くは河川下流域と汽水域に立地しているものの、中半入遺跡（高木晃ほか 2002）・伊治城跡（佐藤信ほか 1992）・宮城県登米市迫町佐沼城跡（佐久間光ほか 1995）・同県黒川郡大郷町大松鶴館遺跡（三好・窪田 1994）・山形県東村山郡中山町長

崎三軒屋物見台遺跡（阿部明 1987）・福島県西白河郡矢吹町白山 A 遺跡（田代ほか 1999）のように河川中流域に立地する遺跡も認められる。この事実は、古墳時代において河川の下流・汽水域に加え、中流域も網漁の漁場であったことを物語る。また仙台湾沿岸をはじめとする太平洋沿岸においても土錘の分布が認められる。これは河川湖沼の内水面だけでなく、湾内をはじめ海面においても網漁が行われていた可能性を示す。

　律令期を迎えると土錘出土遺跡の分布は、古墳時代に比べて北方へ拡大する。古墳時代に引き続いて仙台湾沿岸と庄内平野の河川流域、そして福島県いわき市域において分布が認められる一方、東北地方北部の北上川・岩木川流域に、特に周密な分布が認められるようになる。また、相坂川・追良瀬川・雄物川流域と十三湖・八郎潟沿岸にも分布が報告されている。

　これら律令期の遺跡の立地についてみてみよう。河川では中流域から汽水域にかけて土錘出土遺跡の立地が認められる。ことに北上川は、下流・汽水域に比して中流域の遺跡数が多いことが注目される。北上川では下流・汽水域よりも中流域において網漁が盛んに行われていた可能性が考えられる。

　また、仙台湾沿岸における河口域の若干の分布は、河川下流域から汽水域までに加えて、この湾内における網漁実施の可能性も示唆する。そして十三湖・八郎潟沿岸の分布は、当時古十三湖・旧八郎湖と呼ばれる汽水湖であったこれらの水域において網漁が行われていたことを示す。しかし陸奥湾沿岸の土錘出土例は、青森県東津軽郡蓬田村蓬田大館遺跡（櫻井・菊池 1987）の1例である。陸奥湾は海面漁撈を行う場合、格好の漁場となりえたはずだが[19]、この湾の沿岸からは土錘の出土がほとんどみられない。また三陸海岸沿岸出土例は今のところ皆無である。

　なお岩木川流域・陸奥湾を含む青森県域については、齋藤淳（2005ab）の先行研究がある。齋藤の作成した平安時代の土錘・釣針・製塩土器の分布図では、陸奥湾沿岸の土錘は、蓬田大館遺跡以外に3遺跡にみられる。出土遺跡は岩木川水系のなかでも特に古十三湖を含む下流の三角州性低地に偏在しており、「外ヶ浜など陸奥湾沿岸域、県南の馬淵川・奥入瀬川水系や下北半島にお

第3章 内水面漁撈と古代社会 107

いては出土例が寡少で、(中略)釣針の出土分布とは著しい対照をなす」という。齋藤の検討によっても、やはり岩木川流域に周密な分布が認められ、陸奥湾沿岸では出土点数がわずかであるとの結果が出ているようである。

なお、青森県上北郡七戸町倉越(2)遺跡16号住居および5・7号溝から、東北地方北部の律令期に認められる土錘のなかでは、比較的大形の管状土錘が出土した(永嶋ほか 2005)。平安時代後半の11世紀代に属し、重量は52.9〜141.3gを測る。報告書の考察で横井猛志(2005)が述べているように、「岩木川周辺以外でみられる内水面網漁の数少ない痕跡のひとつ」であり、律令期東北地方の土錘分布を検討するうえで重要な遺跡である。また律令期の青森県域において大形土錘を出土した数少ない例でもあり注意される。

このような分布状況に対する解釈の一つとして、岩木川・北上川流域の分布が示すように、東北地方北部の漁撈者は主に河川流域で網漁を行っていたため、大河川が少ない陸奥湾・三陸海岸沿岸は漁場となりにくかったことが挙げられよう。律令期における東北地方の特に北部の漁撈者は、網漁を行うにあたって積極的に海洋に進出していなかった可能性がある。

一方、三陸海岸沿岸では平安時代の鉄製釣針・角釣針の出土例が多くみられる(渡辺誠 2000a)。この地域では内水面での網漁より、むしろ釣漁を中心とした海面漁撈が盛んだったと推測する。

さて、津軽海峡を挟み対岸にある北海道の土錘の分布状況はどうだろうか。

本州の古代に併行する続縄文から擦文時代にかけては、横山英介(1990)が擦文時代における管状土錘の存在について触れているが、千歳市美々8遺跡(佐藤和ほか 1994)から20点の管状土錘の出土が確認されている(図21)。

美々8遺跡の土錘は遺構に伴うものではなかったが、土錘周辺の土器の年代から、擦文時代中期から後期にかけての時期に相当し、11世紀前葉から12世紀前葉までの年代が与えられた。形態と製作技術からみて同時期の本州における平安時代管状土錘の影響を強く受けた土錘であると考えられる。

青森県域では、9世紀から11世紀後半にかけて擦文土器の出土が数多く報告されており、当地域と擦文文化の人々との間に交流があったことが知られてい

1	田向冷水遺跡	13	石上神社遺跡
2	清水遺跡	14	中野平遺跡
3	山元（2）遺跡	15	大沢内溜池遺跡
4	尾上山遺跡	16	中半入遺跡
5	蓙野遺跡	17	台太郎遺跡
6	久米川遺跡	18	岩崎台地遺跡群
7	発茶沢遺跡	19	芋田Ⅱ遺跡
8	杢沢遺跡	20	志波城跡
9	懸河遺跡	21	飯岡林崎Ⅱ遺跡
10	蓬田大館遺跡	22	乙部方八丁遺跡
11	古館遺跡	23	瀬原Ⅰ遺跡
12	種里城跡	24	似内遺跡
		25	西田東遺跡
		26	秋田城跡
		27	三十刈Ⅰ・Ⅱ遺跡
		28	湯ノ沢Ⅰ遺跡
		29	脇本埋没家屋
		30	開防遺跡
		31	小林遺跡
		32	扇田谷地遺跡
		33	湯ノ沢岱遺跡
		34	新金沼遺跡
		35	中在家南遺跡
		36	須江糠塚遺跡
		37	北原遺跡
		38	佐沼城跡
		39	鶴館遺跡
		40	伊治城跡
		41	田道町遺跡
		42	梨木畑貝塚
		43	南小泉遺跡
		44	市川橋遺跡
		45	中田南遺跡
		46	清水遺跡
		47	下飯田遺跡
		48	壇腰遺跡
		49	富沢遺跡
		50	多賀城跡
		51	宮沢遺跡
		52	山王遺跡
		53	鶴巻前遺跡
		54	西野田遺跡
		55	畑田遺跡
		56	清水新田遺跡
		57	三軒屋物見台遺跡
		58	山田遺跡
		59	下長橋遺跡
		60	上高田遺跡
		61	桜井高見町A遺跡
		62	折返A遺跡
		63	朝日長者遺跡
		64	山中遺跡
		65	白山A遺跡
		66	清水遺跡
		67	倉越（2）遺跡

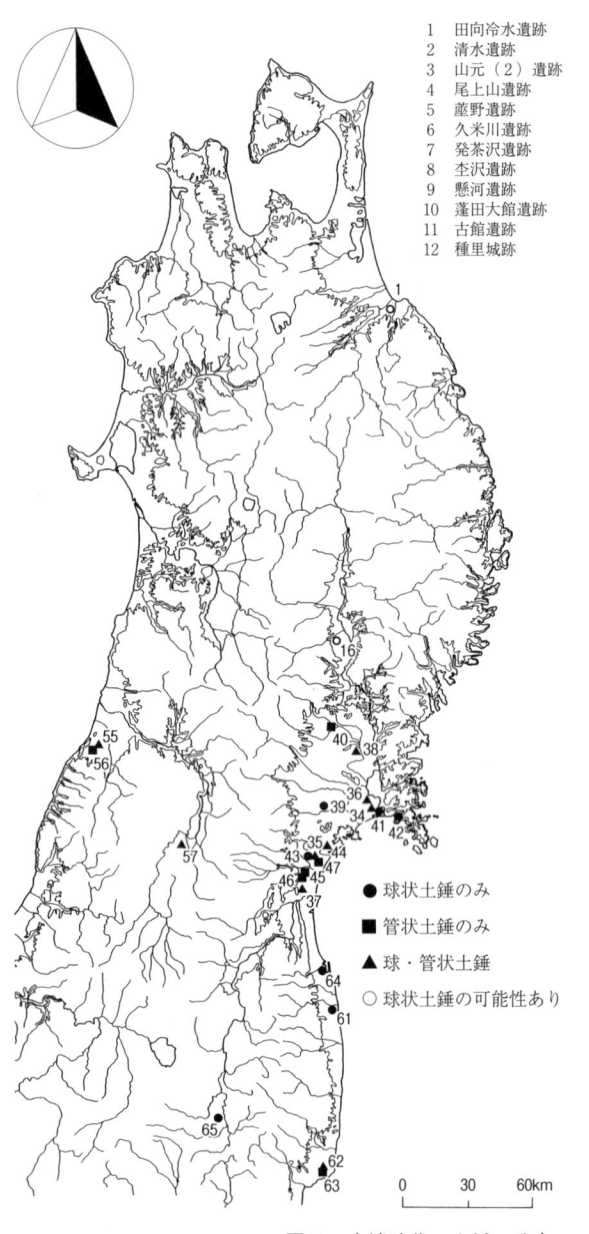

● 球状土錘のみ
■ 管状土錘のみ
▲ 球・管状土錘
○ 球状土錘の可能性あり

図19　古墳時代の土錘の分布

第3章　内水面漁撈と古代社会　109

1	田向冷水遺跡	13	石上神社遺跡
2	清水遺跡	14	中野平遺跡
3	山元（2）遺跡	15	大沢内溜池遺跡
4	尾上山遺跡	16	中半入遺跡
5	蓙野遺跡	17	台太郎遺跡
6	久米川遺跡	18	岩崎台地遺跡群
7	発茶沢遺跡	19	芋田Ⅱ遺跡
8	杢沢遺跡	20	志波城跡
9	懸河遺跡	21	飯岡林崎Ⅱ遺跡
10	蓬田大館遺跡	22	乙部方八丁遺跡
11	古館遺跡	23	瀬原Ⅰ遺跡
12	種里城跡	24	似内遺跡

25　西田東遺跡
26　秋田城跡
27　三十刈Ⅰ・Ⅱ遺跡
28　湯ノ沢Ⅰ遺跡
29　脇本埋没家屋
30　開防遺跡
31　小林遺跡
32　扇田谷地遺跡
33　湯ノ沢岱遺跡
34　新金沼遺跡
35　中在家南遺跡
36　須江糠塚遺跡
37　北原遺跡
38　佐沼城跡
39　鶴舘遺跡
40　伊治城跡
41　田道町遺跡
42　梨木畑貝塚
43　南小泉遺跡
44　市川橋遺跡
45　中田南遺跡
46　清水遺跡
47　下飯田遺跡
48　壇腰遺跡
49　富沢遺跡
50　多賀城跡
51　宮沢遺跡
52　山王遺跡
53　鶴巻前遺跡
54　西野田遺跡
55　畑田遺跡
56　清水新田遺跡
57　三軒屋物見台遺跡
58　山田遺跡
59　下長橋遺跡
60　上高田遺跡
61　桜井高見町A遺跡
62　折返A遺跡
63　朝日長者遺跡
64　山中遺跡
65　白山A遺跡
66　清水遺跡
67　倉越（2）遺跡

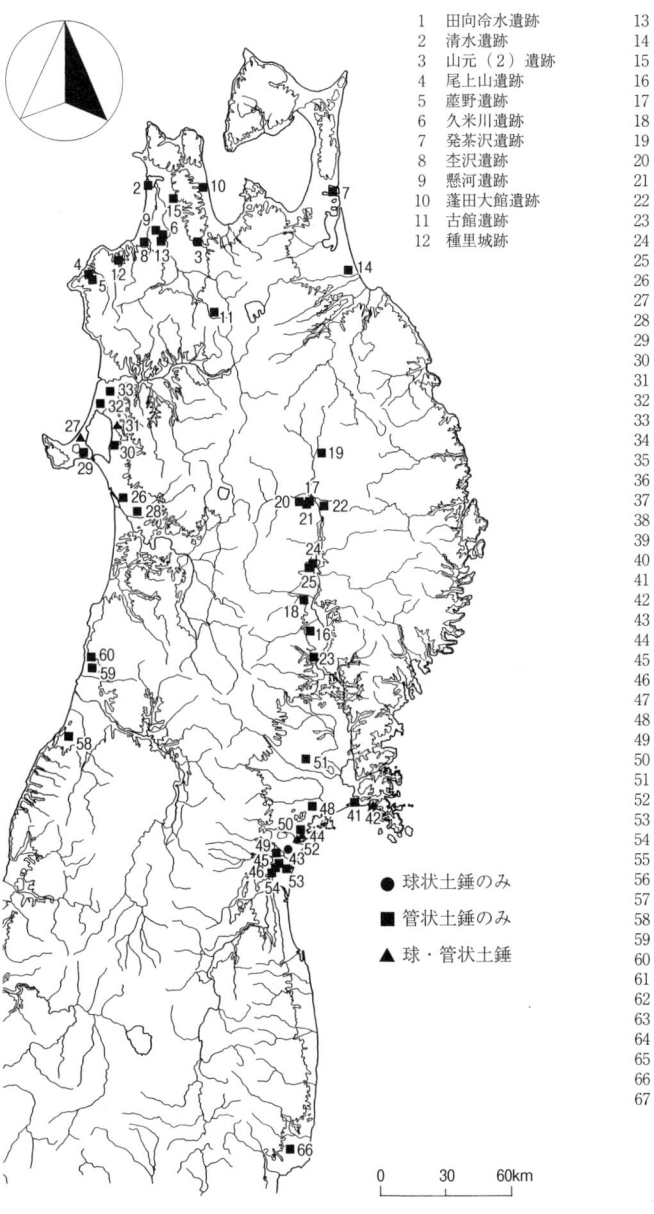

● 球状土錘のみ
■ 管状土錘のみ
▲ 球・管状土錘

図20　律令期の土錘の分布

る（齋藤淳 2002）。おそらくこの交流の過程で北海道へもたらされたのであろう。しかし、この土錘を用いた網漁がその後定着したかどうかは、この1例だけからは速断できない。今後の類例の蓄積を待ちたい。

　美々8遺跡は、美沢川左岸の台地およびそれに続く斜面に位置している。美沢川は美々川に合流してウトナイ湖に注ぎ、その後、勇払川として流れ出て、安平川に合流し太平洋に注ぐ。したがって本遺跡は、安平川水系では中流域に位置する。網漁が行われた漁場もこの中流域であったに違いない。

　この例から、平安時代中頃あるいは後半に併行する時期に、津軽海峡を隔てた北海道の石狩低地帯にまで、本州島の例と同様の形態をもつ管状土錘が分布することが明らかである。ほぼ同形態・同重量の土錘が、東北の律令支配地域と非律令支配地域、そして北海道の擦文文化地域を横断して存在していた事実は、異集団間における生業内容の差異を考察するうえで意義深い。

（2）土錘の出土状況について

　土錘は、住居・建物・鍛冶場・土坑・溝・水田・河川・湿地など、さまざまな遺構から出土している。またその出土状況も、単独での出土や複数個がまとまって出土する例があるなど多様である。出土状況や出土遺構の性格について、顕著な特徴が認められた例にふれ、検討を加えてみたい。

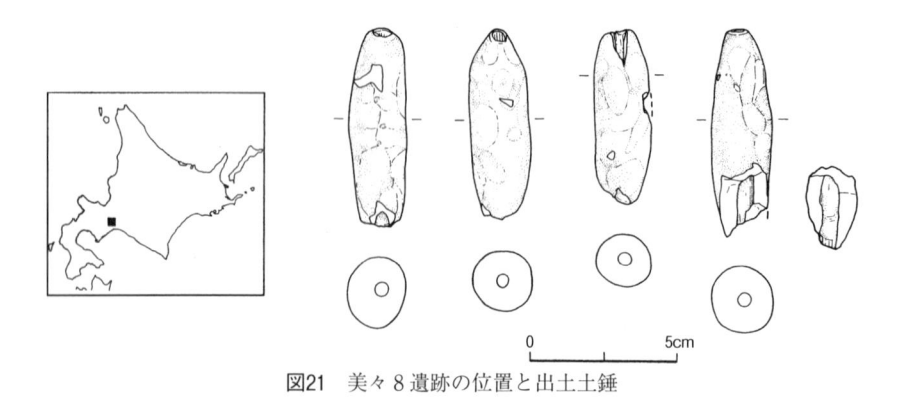

図21　美々8遺跡の位置と出土土錘

第3章　内水面漁撈と古代社会　111

　まず古墳時代の例をみていく。宮城県石巻市須江糠塚遺跡（髙橋守・阿部恵 1987）の古墳前期後半の4号住居では、北壁沿いの周溝から球状土錘14点と管状土錘3点がまとまって出土した。また同県岩沼市長岡・三色吉北原遺跡（小村田ほか 1993）では、古墳前期後半に属する10号住居床面の北西辺付近から球状土錘39点がまとまって出土した。同県石巻市田道町遺跡（芳賀 1995）では、古墳前期後半に属する18号住居床面の北部隅付近から、球状土錘13点がまとまって出土した。このうち3点の土錘には籾痕が認められた。これは他の例には認められない特徴である。

　住居跡以外の遺構から出土した例もある。宮城県石巻市渡波梨木畑貝塚（芳賀ほか 2004）では、古墳前期後半に属する径3m弱の範囲をもつ土器を主体とする遺物集中地点から、球状土錘23点が散漫な広がりをもって出土した。そしてこの遺物集中地点を挟むように、両側に同時期の2体の伸展葬人骨が検出された。この事実は、本貝塚において土錘が埋葬にかかわる行為と何らかの関連があった可能性を示唆しており、注目される。また三軒屋物見台遺跡（阿部明 1997）では、古墳後期後半（6世紀後葉）に相当する15号大溝の埋土から、球状土錘20点と管状土錘9点が出土した。このうちC区東斜面Ⅱ層では球状土錘10点が径50cm程度の範囲にまとまった状態で検出された。

　以上の土錘の出土状況は、当時の土錘の保有状態、あるいは着装時の状態の一端を示していると考えられる。

　次に律令期についてみてみよう。奈良・平安時代とも住居跡出土例は、管状土錘がその大部分を占める。球状土錘は、秋田県秋田市秋田城跡（小松ほか 1976）・同県男鹿市五里合箱井三十刈Ⅰ・Ⅱ遺跡（児玉 1984）・梨木畑貝塚（芳賀ほか 2004）・南小泉遺跡（斎野ほか 1994）・市川橋遺跡（佐久間光ほか 2000）・宮城県多賀城市市川山王遺跡多賀前地区（佐藤憲ほか 1996）の6例にとどまる。管状土錘の各住居跡における出土数も、10点未満であることが多い。古墳時代の出土例のように出土数が10点を超過する例、また住居内の一角からまとまって出土した例は、今回の集成の中ではほとんど見当たらない。

　しかし例外もある。岩手県花巻市似内遺跡（溜ほか 2000）では、平安前半

（9世紀後葉）に属する8号住居床面の東壁中央部付近から、管状土錘94点がまとまった状態で出土した。これは今回の集成中、住居跡出土例としては出土点数が群を抜いている。しかもその出土状況は、写真図版をみると数珠状に連なった状態を示しており、当時紐や縄などが通されて住居内に保有されていたことを想像させる。このほか、宮城県大崎市古川宮沢遺跡（斉藤吉ほか1980）でも、平安時代前半に属する住居床面北壁付近から管状土錘48点がまとまった状態で出土した例が知られる。

　1遺跡における出土総数が非常に多い例として、平安前半（10世紀）に属する土坑や溝跡から総数56点の管状土錘が出土した青森県つがる市稲垣町久米川遺跡（福田ほか 1993）、平安前半に属する土坑・溝・遺物包含層から総数202点の管状土錘が出土した同県同市木造町石上神社遺跡（工藤泰ほか 1976）、平安前半（9世紀前葉から中葉にかけて）に属する2号溝状遺構から70点の管状土錘が出土した岩手県西磐井郡平泉町瀬原Ⅰ遺跡（花坂・溜 1997）、遺構外から平安前半（10世紀中葉から末葉にかけて）に相当する43点の管状土錘が出土した秋田県山本郡三種町鵜川扇田谷地遺跡（磯村 1999）、平安前半に属する土坑・大路・側溝・河川跡などから球状土錘1点、管状土錘139点、有溝土錘11点、棒状土錘4点の総数154点の土錘が出土した山王遺跡多賀前地区（佐藤憲ほか 1996）、平安時代（9世紀）に属する遺物包含層などから有溝土錘43点が出土した宮城県多賀城市浮島市川橋遺跡（千葉孝ほか 2001）が挙げられる。

　特に山王遺跡多賀前地区では、9世紀に属する2266号土坑から径20cm程の範囲に29点の管状土錘がまとまって出土した良好な遺存例も報告されている。

　管状土錘の孔内に紐が残存していた例として、宮城県名取市田高清水遺跡（丹羽ほか 1981）の古墳後期後半の住居出土例が知られる。

　良好な出土状況を保っていた律令期の例は、平安前半に属するものが目立つ。住居をはじめ集落から出土する土錘は、破損・紛失に備えた予備品や再利用のため回収された土錘が遺存したものと解釈してよいだろう。だとすればこれらの例は、当時集落周辺の内水面や湾内・内海において、網漁が盛んに行われていたことを示している。そして土錘を多量に出土した遺跡が、律令期の東

北のなかで特に北部に認められることも、重要な点として付け加えておきたい。

（3）球状・管状土錘の重量分布の検討

東北の古代遺跡出土土錘は、関東の例と同じく球状・管状を呈する例がほとんどである。形態に関しても、関東の例と大きく相違するものは見当たらない。したがって前節で関東の土錘を対象に行った形態分類、すなわち球状土錘と管状土錘Ａ１・Ａ２・Ｂ１・Ｂ２類の分類設定が有効である。各分類の点数は、球状土錘183点、管状土錘Ａ１類3点、Ａ２類0点、Ｂ１類60点、Ｂ２類1173点である。

重量に関しては10g未満の例から200gを超える例まであり、幅が認められる。重量の内容を明らかにするために、球状・管状土錘の重量について分析を行う。分析は、球状土錘182点と管状土錘1224点のうち9割以上残存し、かつ重量が判明している球状土錘113点と管状土錘736点を対象とする。球状・管状土錘について10gごとに該当する土錘の点数をグラフとして示したのが図22および図23である。球状土錘は20～30gを中心に、10gから40gの間に全体の80％近くが分布する。管状土錘は10～20gに属する例が群を抜いて多く、分布が集中する0～30gの644点は全体の87.5％を占める。

球状土錘は、それぞれの重量幅に属する点数は大幅に異なるが、類似した分布の傾向を示す。管状土錘は10～20gに属する例が最も多く、20g未満に分布が集中する点は関東と共通する。しかし、40g以上は宮城県多賀城市多賀城政庁跡（伊東信ほか 1980・1982）出土の最大重量例256gまで、それぞれ10点未満の散漫な分布状況となる。この重量分布の傾向は、関東地方とは異なる。また関東における0～30gに属する603点の割合は全体の59.8％であり、東北を大きく下回る。

この分布状況を筆者の重量分類で表現すると、関東と比べ、東北の管状土錘には中型品のうち重量が中間から重い部類に属する30～90gの例と、230gを超える特大型品がほとんど認められないということになる。さらに、小型品お

図22 球状土錘の重量分布

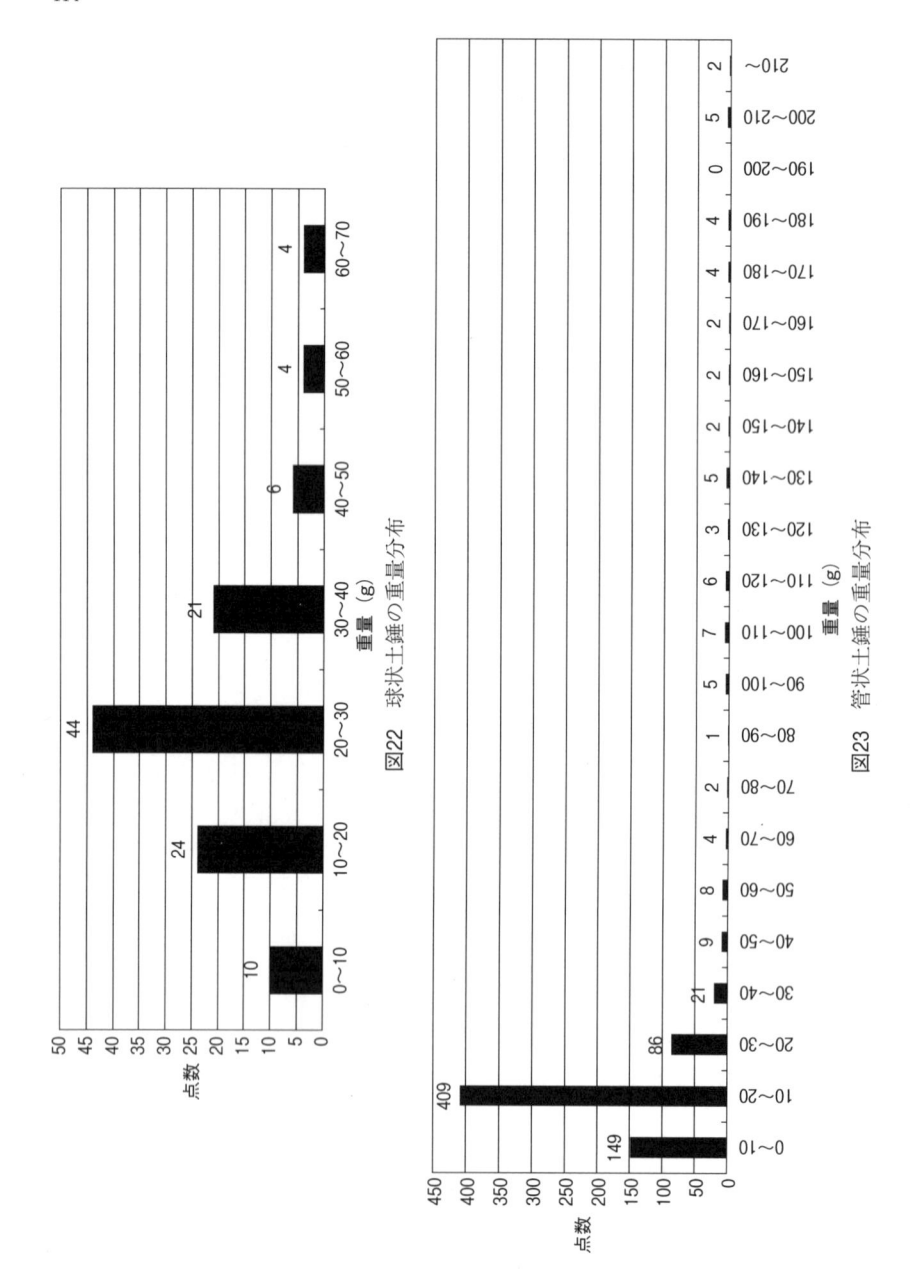

図23 管状土錘の重量分布

よび中型品のなかでも最も軽量な部類によって、管状土錘の９割近くが構成される。また分析対象となった東北の管状土錘の総数は736点であり、関東は1008点であった。東北は関東に比して300点近くも少ないにもかかわらず、東北における小型品と中型品の最も軽量な一部（20〜30g）の点数を合わせた644点が、関東の603点を上回る結果となっている。この原因は、古墳時代の出土例の乏しさと、律令期の特に北部における０〜30gの管状土錘の豊富な出土によるところが大きいと考えられる。[20]

（４）東北地方南部および北部における球状・管状土錘の変遷

　古墳時代および律令期の土錘の分布状況は、先述した通り東北の南部と北部で内容が異なる。また主要な土錘出土遺跡の数も南部と北部で差がある。したがって土錘の変遷も南部と北部でそれぞれ別に検討を行うことにした。
　東北南部における土錘の出現は、古墳前期前半であり、前期の出土例が古墳時代のなかで最も多い。この時期には、球状土錘と管状土錘Ｂ１・Ｂ２類が認められる。中期は出土例が少なく、いまのところ実態が不明瞭である。ただし宮城県仙台市若林区荒井中在家南遺跡（工藤哲ほか 1996）の中期後半の例から、球状土錘と管状土錘Ｂ１類が存在していたことが分かる。後期は前期と同様の組成に加え、Ａ１類が山形県域で３点出土している。終末期は出土例が少なく、組成内容が判然としないが、下飯田遺跡（中富ほか 1990）と市川橋遺跡（吉野 2003）から球状土錘と管状土錘Ｂ１・Ｂ２類の存在が確かめられた。
　奈良時代の出土例は乏しいものの、宮城県仙台市太白区中田南遺跡（太田昭ほか 1994）と同県同市同区中田壇腰遺跡（渡部ほか 2004）で奈良時代前半に属する管状土錘Ｂ２類が出土している。平安時代は古墳前期以降、出土遺跡数と土錘点数が最も増加する時期である。そして９・10世紀の平安前半に属する例がほとんどである。この時期は組成として球状土錘と管状土錘Ｂ１・Ｂ２類が認められるほか、後述する非在地系土錘・須恵質土錘・類九州型石錘が認められる。
　このように南部では、古墳前期に成立した組成が基本的に古墳時代を通じて

引き継がれる。しかし中期以降は出土例が少ないため、組成内容の変化を詳しく検討するのは困難である。律令期になると古墳時代に成立した組成は一応認められるが、その大部分は管状土錘B2類の小型品と中型品の軽量な一部が占める。そして平安時代後半以降は、11世紀に属する例がわずかにあるほか、遺跡自体の検出例が極めて少なくなるため、土錘の変遷が不明瞭となる。

東北北部に確実に土錘が出現するのは、古墳時代の可能性のあるものを除くと奈良前半からである。しかし奈良時代は出土例がきわめて少なく、実態が不明瞭である。そして平安時代を迎えると出土遺跡数と土錘点数が増大する。土錘組成の内容は管状土錘B2類にほぼ限られ、そのなかでも小型品と中型品の最も軽量な一部が大多数を占める。時期的には平安時代前半に属する例がほとんどである。分布的には、本州島の北端であり非律令支配地域である青森県域にまで達し、さらに北海道の美々8遺跡にも出土をみる。非在地系土錘と須恵質土錘もこの時期に出現する。その後は11〜12世紀の平安時代後半に属する例もわずかに存在する。この時期の組成内容は前半と異ならないようである。

南部と北部の変遷を検討すると、土錘の出土点数が他の時期と比べて際立って増加する時期が認められる。すなわち、南部において古墳前期前半に土錘が出現して組成が揃ったのち、出土遺跡数と土錘点数が増加する古墳前期後半と、奈良時代を迎え古墳時代からの土錘組成の内容が変容し、分布が北方に拡大したのち、出土遺跡数と土錘点数が増加する平安時代前半の2時期である。

次に土錘最大重量の推移を検討する。現段階での時代・時期ごとの最大重量の例を挙げてみる。球状土錘では、古墳前期が須恵糠塚遺跡（高橋守・阿部恵1987）の69.5g、中期が中在家南遺跡（工藤哲ほか 1996）の34.7g、後期が三軒屋物見台遺跡（阿部明 1997）の38g、終末期と奈良時代は重量が判明している例がなく、平安時代が梨木畑貝塚（芳賀ほか 2004）の41.54gとなる。管状土錘では、古墳前期が北原遺跡（小村田ほか 1993）の179g、中期が中在家南遺跡の55.7g、後期が清水新田遺跡（阿部明ほか 1997）の52g、終末期は重量が判明する例がなく、奈良時代は8割程度の残存ながら秋田城跡（小松ほか1991）の214g、そして平安時代が多賀城政庁跡（伊東信ほか 1980・1982）の

256g となる。
(21)

このように最大重量の例を時代・時期ごとに挙げてみると、球状・管状土錘とも古墳前期後半と平安時代前半の2時期に最大重量の推移が頂点を迎えていることがわかる。今後の資料増加によっては、最大重量の推移が変更する可能性もあるが現段階では、土錘の出土点数が増加する時期と最大重量の推移が頂点を迎える時期とは重なっている。前述のように、土錘重量の軽重はそれを着装して行われていた網漁操業形態の規模を反映する。その観点から、出土点数が増加するこれら2時期に、同時に土錘重量の増加、すなわち網漁の操業形態の大規模化をも迎えていたことが示唆される。

この結果について、東北では古墳前期後半と平安前半に網漁が盛行していた可能性が高いと解釈できる。そして、東北南部に土錘が出現する古墳前期前半とその前段階の弥生後期との交と、土錘組成が変容し分布が東北北部にまで拡大する、奈良前半とその前段階の古墳終末期との交とに、土錘変遷上の二つの画期を見出すことも可能である。

(5) 非在地系土錘・須恵質土錘・類九州型石錘・打欠石錘について（図24）

古代東北地方の土錘のうち、その大部分を占めるのは球状・管状土錘である。しかしごく少数ながらそれらとは形態が異なる土錘も認められる。すなわち、瀬戸内海沿岸を中心に分布する有溝土錘と棒状土錘である。そこで、東北における非在地系土錘について検討を行い、併せて東日本では出土例が希少な須恵質土錘と、素材は異なるが「九州型石錘」（下條 1984）に形態が類似する類九州型石錘、および東北北部の平安時代に認められた打欠石錘についても簡単にふれることにしたい。

有溝土錘は、青森県南津軽郡浪岡町野尻（4）遺跡、秋田城跡、多賀城跡作貫地区、山王遺跡千刈田地区・多賀前地区および市川橋遺跡で出土した。

野尻（4）遺跡では古代の113A号住居埋土から球形で溝がめぐる形態の例が出土しているという（横井 2005）。これが土錘であるとすると、現段階での律令期有溝土錘の北限の資料となる。

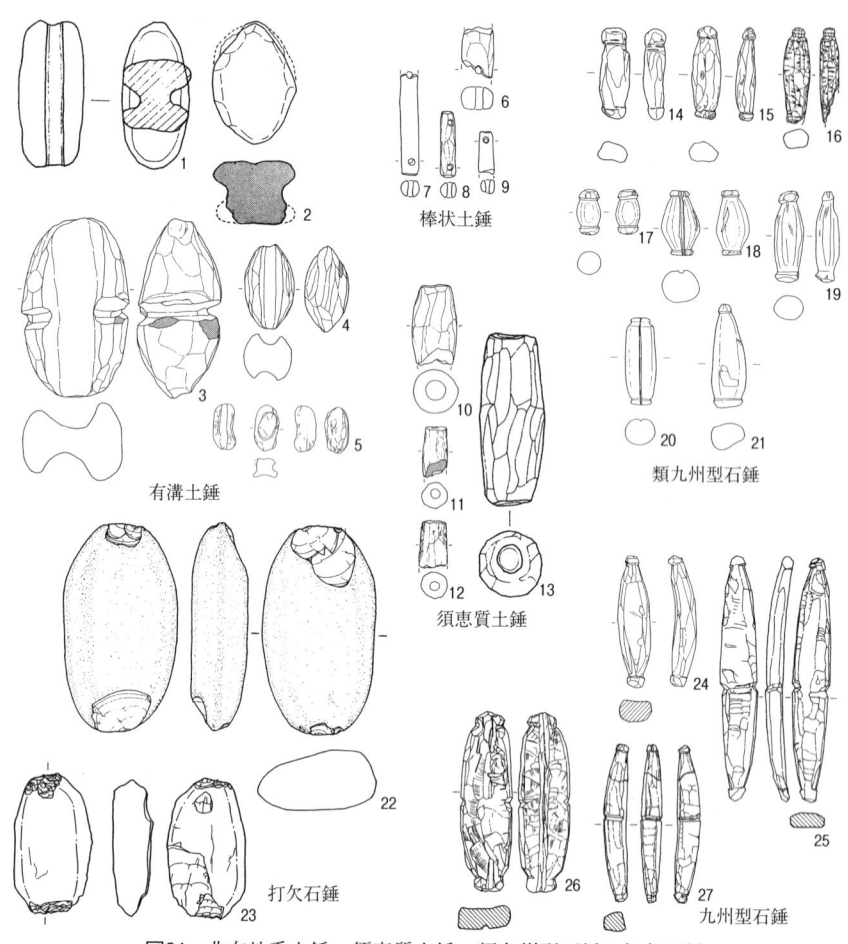

図24　非在地系土錘・須恵質土錘・類九州型石錘・打欠石錘
1・13：秋田城跡（17次）、2：多賀城跡作貫地区、3・4・6〜12・16：山王遺跡多賀前地区、5：山王遺跡千刈田地区、14・15：梨木畑貝塚、17〜19：台方下平Ⅱ遺跡、20・21：大竹林畑遺跡、22：蓬田大館遺跡、23：発茶沢（1）遺跡、24〜27：海の中道遺跡

秋田城跡では、17次調査の遺物包含層から9世紀後半を上限とする例が1点、また54次調査の遺物包含層から9世紀前半に属する例が1点出土した（小松ほか 1976・1990）。秋田城跡17次調査の例は長さ9.8cm、幅4.6cm、厚さ4.8cm、重量202g、54次調査の例は長さ9.0cm、幅4.4cm、厚さ4.8cm、重量149gを測る。

多賀城跡作貫地区（後藤勝ほか 1981）では、11世紀以降の遺物包含層から長さ8.2cm、幅4.2cm、厚さ5.6cmを測る例が1点、山王遺跡千刈田地区（石川・相沢 1991）では平安前半の遺物包含層から長さ3.1cm、幅1.5cm、厚さ1.7cmを測る例が1点、同遺跡多賀前地区（佐藤信ほか 1992）では平安前半の溝や遺物包含層から長さ5.6～11.8cm、幅3.3～7.4cm、重量46～318gの例が11点出土した。市川橋遺跡では、遺物包含層などから有溝土錘43点が出土した。長さ4.5～5.8cm、幅2.0～2.6cm、重量30～55gの法量に納まり、平安時代の9世紀代に属する（千葉孝ほか 2001）。

山王遺跡多賀前地区の例は1点を除いて、沈子綱を通す溝とは別に土錘を沈子綱に固定する紐を巡らせるための溝を備える。これは報文で指摘されている通り、有溝土錘の淵源の地である瀬戸内海沿岸では認められない特徴である（菅原ほか 1996）。山王遺跡の有溝土錘は、表面観察上、他の管状土錘と同じ胎土であった。この異形の有溝土錘は搬入品ではなく、東北において独自に工夫され製作された結果、このような形態的特徴を備えることになったと考える。また、市川橋遺跡で認められた有溝土錘の出土点数は、律令期の関東には匹敵する例がなく、東日本のなかでも最多の出土事例に入ると思われる。

なお、有溝土錘の用途については、瀬戸内海沿岸における弥生時代以降の土錘を研究している真鍋篤行によって、曳網に着装されていた可能性が高いことが指摘されている[22]（真鍋 1993）。

棒状土錘は、山王遺跡多賀前地区（佐藤信ほか 1992）の道路路面と包含層から4点出土した。このうち完形品である1点は、長さ4.4cm、幅1.0cm、孔径0.3cm、重量5gを測る。棒状土錘も有溝土錘と同じく瀬戸内海沿岸を中心に分布する。東北における本土錘の出土例は、原史・古代を通じて本遺跡のみ

に限られる。山王遺跡出土の4点のうち、3点は幅が1cm程度であるのに対し、1点のみ幅が2cmあまりを測る。この1点のみ受熱のため赤く変色しているが、胎土は表面観察上、他の3点とは異なっていない。しかし、棒状土錘のなかに法量の違いが認められることから、当時の棒状土錘には少なくとも2種類の規格があったことがうかがえる。

　須恵質土錘は、山王遺跡多賀前地区（佐藤信ほか 1992）と秋田城跡17次調査（小松ほか 1976・1990）出土の2例が知られるのみである。[23] 山王遺跡多賀前地区では、東西大路の側溝から管状の形態を呈する例が3点出土した。いずれも一部を欠く。1点は手捏ね成形後、ナデで仕上げており、製作技術は土師質管状土錘と同様である。幅3.1cm、孔径1.2cmを測る。他の2点は土師質の例の製作技術と異なり、貫通孔の向きと平行に、連続してケズリを施して外面を整形する。また、両端面を明瞭に面取りする。したがって、後者は明らかにナデで整形する土師質管状土錘とは整形技法が異なる。土師質例とは製作者が異なっていた可能性も考えられる。この2点の残存部分の法量は、幅が1.7cmと1.9cmであり、孔径は2点とも0.6cmであった。幅と孔径の値が前者と比して小さいので、山王遺跡多賀前地区における須恵質管状土錘には少なくとも2種類の規格が存在していたことがわかる。

　もう一例は、秋田城跡17次調査において1点出土した管状土錘である（小松ほか 1976・1990）。外面は中央部から両端へ、貫通孔と平行に連続的なケズリ整形が行われる。また両端は面取りがなされる。この整形技法は、ナデで整形を終える秋田城跡の他の土師質管状土錘とは明らかに異なる。山王遺跡の例と同様、土師質の例とは製作者が異なっていた可能性もある。長さ11.4cm、幅4.6cm、孔径1.8cm、重量202gを測る。

　須恵質土錘は西日本を中心に6世紀後半以降にみられる（和田 1982）。関東地方ではいまのところ例はない。他に東日本では、富山県と新潟県において律令期に属する須恵質管状土錘の出土が知られる（関雅 1990、森隆 2001）。東海地方では愛知県と静岡県で古墳後期〜律令期の例（久保 1994、埋蔵文化財研究会 1986）が、甲信地方では長野県更埴市屋代遺跡群（木下ほか 2000）と

同県長野市篠ノ井遺跡群（西山ほか 1997）で律令期の例が報告されている。

現段階では古代を通じて、秋田城跡の例が須恵質土錘の分布の北限である。東北では須恵質土錘を焼成した窯跡の報告例がいまのところない。これらの須恵質土錘が在地産であるか否かも今後の検討課題となろう。

類九州型石錘は、山王遺跡多賀前地区（佐藤信ほか 1992）から1点と梨木畑貝塚（芳賀ほか 2004）から2点が出土している。山王遺跡多賀前地区の例は道路側溝から出土した。粘板岩製で棒状の形態を呈し、両端に紐をかける溝が巡る。一部を欠損し、長さは不明だが、残存部で幅1.7cm、厚さ1.2cmを測る。梨木畑貝塚からは石材は不明であるが、山王遺跡の例とほぼ同形態の石錘が2点、遺物包含層から出土している。それぞれ長さ6.0cmと6.2cm、幅3.0cmと2.0cm、厚さはともに1.4cm、重量23.2gと18.2gを測る。これら2遺跡の例は、ともに平安時代前半に属する。

他に東日本では、関東で類九州型石錘が確認されている。千葉県成田市大竹林畑遺跡（中山俊・石戸 1997）の古墳後期の例と同県同市台方下平Ⅱ遺跡（松田富 2005）の古墳中期後半〜後期の例がある。大竹林畑遺跡からは古墳時代後期の住居から2点が出土した。1点は長さ5.8cm、幅2.1cmで長軸上に1条の沈線状の線刻が施される。もう1点は長さ6.8cm、幅2.3cmを測る。いずれも滑石製である。台方下平Ⅱ遺跡では古墳中期後半〜後期に属する3軒の住居から1点ずつ出土した。それぞれ長さ3.0cm、4.3cm、6.0cm、幅1.6cm、2.6cm、2.0cm、厚さ1.5cm、2.1cm、1.6cm、重量11.5g、30.0g、27.0gを測る。うち1点は長軸上に沈線状の線刻が1条施される。いずれも滑石製である。これらの例は、報告書中でチキリ形石製模造品とみなされている。しかし沈線状の線刻が1条施される特徴や、ミニチュアとしてもチキリにさほど類似していない点、そして後述する「九州型石錘」に形態が類似する点から、これらは漁撈に用いられる石製の沈子であったと推察する。このほかにも、千葉県の成田市から印旛郡栄町にかけて、本石錘が多く出土するという（松田富 2005）。

これら東北・関東出土の特徴的な形態の石錘の類例を他地域に求めると、弥生中期から古墳後期にかけて北部九州を中心に分布する「九州型石錘」（図

6）のなかにそれを見出だすことができる。下條信行の分類のうち、小形B型が類例として挙げられる。この分類について下條は、滑石を素材とし、「紡錘形をなさず、棒状をなしている。両端に明瞭な溝をつくりだし、完成されたものは先端が擬宝珠状になる。中には長軸溝や中央に短軸溝をいれたものもある。」と説明している。さらに出土量の僅少さと形態から、釣漁の沈子としての用途を考えている。

「九州型石錘」は、福岡県福岡市海の中道遺跡（横山浩ほか 1982・1993）で平安時代の10世紀代に相当する例が検出された。したがって古墳時代より後の律令期にも、この石錘は北部九州で存続していたことがわかる。

以上の事実から、東北と千葉県域で出土したこれら特徴的な形態をもつ石錘の淵源を、北部九州を中心に分布する「九州型石錘」にたどることができると考えられる。しかしこの系統関係については今後も検討を続ける必要がある。したがって本稿では形態が「九州型石錘」に類似している点から、便宜的に類九州型石錘と呼称することにした。

石錘は、青森県上北郡六ヶ所村鷹架発茶沢（1）遺跡（畠山・長崎 1989）の10世紀前半から11世紀前半に属する213号住居から1点と、蓬田大館遺跡（櫻井清・菊池 1987）の11世紀以降の外壕から1点が出土している。前者は長さ8.7cm、幅5.1cm、厚さ2.6cm、重量167gで石質はチャートである。後者は長さ13.9cm、幅7.8cm、厚さ3.9cm、重量612gで、石質は凝灰岩である。いずれも楕円形で板状の自然石を素材とし、長軸上の端部を両面剥離する。重量が土錘に比して大きく、それぞれ単体での出土であり、また出土例もこの2例のみである。

これらは、縄文時代の打欠石錘と類似する以外、漁撈用と推測できる根拠を欠く。しかし、同時期に他地域では類例が管見に触れず、また形態と製作技術が似たこれら2点の打欠石錘が、ほぼ同じ時期に東北の最北端部に認められることから、当地域の特徴的な漁撈用石錘であった可能性も考えられる。今後の類例の増加を待ちたい。

ところで打欠石錘を除いて、律令期におけるこれら特徴的な沈子の出土地に

関して、ある傾向を見出すことができる。すなわち秋田城跡と多賀城跡、そして多賀城跡に隣接する山王遺跡という城柵遺跡とその周辺から、これら沈子が出土しているのである。さらに特徴的な沈子のみならず重量に関しても、今回の集成のなかで200gを超える比較的大形の管状土錘が、城柵遺跡とその周辺から出土している。すなわち秋田城跡（小松ほか 1991）の例は80％の残存ながら214gを、多賀城跡の例は今回の集成の最大重量である256gを測る。また重量は未計測だが、比較的大形の管状土錘として岩手県盛岡市志波城跡（原田ほか 1985）では平安前半に属する423号住居から長さ8.9cm、幅4.5cm、孔径0.9cmの例が出土し、徳丹城跡から東へ２km程の近距離にある同県同市乙部方八丁遺跡（黒須ほか 1998）では平安時代前半に属するRA505号住居から長さ10.3cm、幅3.1cm、孔径0.6cmの例が出土している。

　以上の事実から、漁撈用沈子を取り巻く、当時の社会的背景について推測してみたい。

　東北の城柵とその周辺に住まう在地の漁撈者と、他地域から城柵とその周辺へ移動・移住してきた漁撈者との間に、漁法に関する情報の交流があったものと察知される。つまり、城柵とその周辺では、釣漁に用いられる特徴的な沈子や、曳網のように投網・刺網と比べより大規模な操業形態で必要とされる大形の土錘が製作あるいは搬入される機会があったと考えるのである。その結果、城柵とその周辺に特徴的な沈子や大形の土錘が出現することになったと解釈しておきたい。

　城柵はいうまでもなく、律令国家による東北支配の拠点である。そして、蝦夷征討や辺境防衛、農地開発のため、兵士や柵戸が他地域から城柵とその周辺に派遣あるいは集住させられたことが知られている。そして８世紀末から９世紀初頭にかけて、内国移配された俘囚が、９世紀末から陸奥に還住させられた歴史的事実もある。[25] そのため城柵とその周辺では、東北地方在地の漁撈者が他地域の漁撈者と接触する機会が特に多かったと考えられるからである。

　これら特徴的な沈子の出土点数は、一般的な土師質管状土錘に比して僅少である。したがってこれらの土錘と石錘が、律令期の東北地方に定着し、その後

も主要な漁撈用沈子の組成の一部となったとは考えにくい。在地の人々は導入を試みながら、これらを漁具として選択しなかったのであろう。けれどもこれら沈子の存在は、東北地方在地の漁撈者が、網漁や釣漁に関する新たな漁撈技術を他地域から積極的に導入し、さらにその導入の可否を主体的に選択する生業戦略をもっていたことを示唆している。

（6）関東地方との比較

本節での検討結果を、関東のそれと比較したい。

まず、土錘出土遺跡の分布と立地についてみていく。

主要遺跡の数は、関東では古墳時代107遺跡であり律令期の35遺跡を大幅に上回る。しかし東北では古墳時代25遺跡、律令期55遺跡であり、逆に律令期の遺跡数が古墳時代を上回る。

遺跡の立地は、両地方とも古墳時代・律令期には湾・内海沿岸と河川中流～汽水域に認められ、ほぼ同じ傾向を示す。ただし律令期においては、関東では河川流域に比べ、古霞ヶ浦湾沿岸をのぞき、海に面した地域には目立った分布が認められなかった。これは東北の分布状況に類似する。両地方とも律令期には、網漁は主に河川湖沼および古霞ヶ浦湾・古十三湖・旧八郎湖などの汽水湖の内水面において行われており、海面では積極的に行われていなかったと考えられる。

関東では、住居床面の壁際や土坑内から土錘がまとまって出土する例が古墳時代・律令期に認められた。このような例は東北でもみられる。しかし炉やカマド内から出土した例は、東北ではみられない。今後の調査動向にも留意したいが、おそらく東北においても、炉やカマド内において土錘の焼成が行われていたと推察する。

前述のように、球状土錘はおおむね関東と同じ重量分布の傾向を示す。しかし東北の管状土錘は、20～90gの重量をもつ中型品のなかでも、中間から重い部類に属する30～90gの例が関東に比して少なく、230gを超える特大型品がほとんど認められない。この傾向は、関東と明らかに異なる。東北では関東に

比べ、古墳時代の出土例が乏しく、また律令期の北部の出土例が多いことが原因と考えられる。

　両地方の変遷を比較すると、まず土錘の出現時期が若干異なる。関東では、弥生後期後半に漁網錘の可能性のある土製品がわずかながら出現する。しかし東北では、南部で古墳時代を迎えるまで土錘は認められない。ただし、弥生時代に基本的に土錘が認められない点は類似するといえる。古墳時代開始後に成立した土錘組成の内容は、形態分類に関して関東と同じである。東北南部の古墳後期において、管状土錘Ａ２類が認められる点までも関東と共通する。

　また網漁の盛行期と変遷における画期であるが、関東では古墳前期前半と古墳後期に網漁が盛行すると考えられた。そして画期は、弥生後期後半～古墳前期前半、古墳中・後期の交、古墳終末期と奈良時代の交の三つに認められた。東北では、土錘点数が他の時期に比べ、多く認められる時期はまず古墳前期後半であり、関東における古墳前期前半の増大期に若干遅れる。東北における古墳中期以降の土錘の変遷は、先述したように不明瞭である。しかし、東北で検出された中期後半から終末期にかけての時期に属す集落数は前期と比して極端に少ないとはいえない[26]。それにもかかわらず、出土する土錘点数は前期と比べ乏しい印象を受ける。今後の調査成果にもよるが、現段階では東北の古墳中期から終末期にかけての網漁は、前期と比べ活発ではなかったと考えておきたい。なお、古墳終末期と奈良時代の交の画期のみが、関東に認められた画期と時期が一致する。

　関東では６遺跡で非在地系土錘が認められた。そのうち４遺跡が弥生後期と古墳時代の例で、律令期は２遺跡であった。東北では出土した３遺跡すべてが平安前半の律令期に属する例である。関東では須恵質土錘はみられなかった。また類九州型石錘は、関東では古墳後期だけの出土であったが、東北では律令期だけに認められる。両地方の特徴的な沈子の多寡は、古墳時代から律令期に移り逆転するようである。

　比較の結果、関東との類似点は、古墳時代・律令期を通じて、土錘組成をなす形態分類がほぼ同様なことと、土錘の分布がおおむね同じ立地に認められる

ことの2点である。一方、差異は上述してきたように諸点において認められる。

　これらの類似と差異から、古代の土錘の移り変わりを、両地方を関連させて描くことができる。つまり、遺跡数と土錘点数の増減・最大重量の推移・非在地系土錘と類九州型石錘の有無をみると、関東の古墳時代に認められた遺跡数・土錘点数と土錘内容の発展、土錘重量幅の広さは、東北をはるかに凌ぐものであったと考えられる。しかし律令期に移ると、その興隆の場が東北、とりわけ北部に取って代わられるという様態を示すのである。そしてこの現象から、網漁操業の頻度についても、古墳時代から律令期に移るにつれ東北が関東を凌いだと解釈されてよいだろう。

　古墳時代から律令期にかけて生じた、網漁盛行の場の関東・東北間における逆転現象の原因は何であろうか。この問題解決にあたっては、漁撈以外の生業をはじめ、他の文化的側面にも目を向ける必要がある。あるいは生態学的な視点も必要となるかもしれない。

　ところで古墳時代・律令期の東日本において、本稿で「漁撈者」と表記した、農耕を主生業とし網漁などの漁撈を副業的に行っていた人々とは異なり、専業的に漁撈を行い交易・軍事にも関わったとされる「海人」の存在が指摘されている（天野努 2002、山浦 2004）。天野努は、考古資料と文献史料から古代房総地域における漁撈民の性格とその文化活動について検討を加えた。また山浦清は、関東・東北の古墳時代海蝕洞窟遺跡の検討を通じて「古墳時代における太平洋岸に沿っての、千葉・神奈川から宮城県にかけての海人間の交流」を想定した。これら東日本の古代「海人」に関する仮説を受け、関東・東北の農耕民による網漁と「海人」集団の動向との関連についても検討を進めなければならない。

　そして、東北北部における律令期の土錘は、重量分布の傾向と出土点数の豊富さにおいて、関東と比べて特異な様相を示すことが明らかとなった。当地域の網漁さらには漁撈の実態を読み取ろうとした場合、非律令支配地域を中心に居住していた「蝦夷（えみし）」と呼ばれた人々の生業の問題に大きく関わる

ことになる。

第4節　中央高地の古代網漁と内陸漁撈の独自性

　前節までの検討において、関東・東北地方の古墳時代・律令期の土錘が、河川下流・汽水域・潟湖および湾内沿岸に加え、内陸の河川流域にも分布する状況が認められた。海岸から離れた地域における土錘の分布は、当時、明らかに内水面で網漁が行われていたことを示唆している。

　本節では、関東・東北で多く集落遺跡が立地する海岸平野とは自然環境を異にする内陸地域である中央高地を対象とし、ここでの網漁実施の証左となる、甲信地方および岐阜県域内陸部の古代遺跡出土土錘について検討を加え、関東・東北出土土錘と比較を試みたい。自然環境が異なれば実施された網漁技術の内容も異なることが予想され、それが漁網の沈子である土錘に地域色として現れる可能性がある。

（1）古代中央高地の網漁

　当地域では、古代に一般的に認められる土師質の土錘とその他の素材からなる漁網錘が出土する。この両者についてみていくことにしたい。

①土師質の土錘について

　甲信では、長野県域の諏訪湖周辺を対象とした先行研究がある。古くは鳥居龍蔵（1924）と藤森栄一（1927）の研究があり、弥生時代から中世までの管状土錘について、分布・形態・製作技法の検討を行った宮坂光昭（1974）の論考がある。その後、更埴条里遺跡・屋代遺跡群から出土した古墳前期から中世にかけての土錘211点のうち、時期が特定できる127点について出土点数の時期的な変遷が検討され（市川桂ほか 1999）、そして遺跡報告書総論編（市川桂ほか 2000b）では、縄文時代から中世にかけての漁撈内容の変遷がまとめられた。このように、甲信の古代の土錘を扱った研究は緒に就いたばかりである。ここでは甲信に岐阜県域内陸部を加えた中央高地の土錘を分析対象とし、網漁の検

討を行うことにしたい。

　分析は、関東・東北と同様、土錘出土遺跡の分布、そして土錘の重量分布・変遷について行う。弥生時代から平安時代までの20遺跡の出土例580点余り（図25・表9）を対象とする。

　まず分布であるが、宮坂の検討（1974）で触れられた諏訪湖沿岸に加え、甲府盆地・長野盆地・上田盆地・佐久盆地・松本盆地・諏訪盆地・伊那盆地・高山盆地における釜無川・千曲川・天竜川・宮川・飛騨川の河川流域そして野尻湖沿岸に土錘出土遺跡が認められる。前節までの検討と同様、網漁にたずさわる者が生活する集落と漁場は近接していたと考える。したがってこれら分布遺跡付近の河川湖沼が、当時網漁の舞台であったと推察される。内陸のなかでも盆地は平地を擁しており、そこを流れる河川の流速も山地の上流域と比べれば緩やかである。網漁を行うにあたって適した環境だったのだろう。

　このような地理的環境のもとで出土する土錘の形態は、球状・管状を呈する。そして管状土錘にはいくつかの形態が認められる。前節までに示した分類のうち、A1類は認められず、A2類は2遺跡2点、B1類は6遺跡29点、B2類は20遺跡536点余りが該当する。したがって当地域の管状土錘はB2類がほとんどを占めることになる。

　管状土錘は20遺跡すべてで出土した。球状土錘はいまのところ3遺跡7点と少ない。また土錘は、長野県長野市篠ノ井石川条里遺跡（市川隆ほか 1997）で祭祀関連とされる溝・遺物集中から、岐阜県吉城郡古川町遺跡金子地点（河合ほか 2001）で道路あるいは側溝跡と考えられる溝から出土したほか、大部分は竪穴住居跡からの出土である。

　次に重量の検討に移る。9割以上残存し、重量が判明している土師質・須恵質管状土錘252点について、重量分布をグラフとして示したのが図26である。160g未満に分布が認められ、そのなかでも90g未満に分布が集まる。それ以上は、屋代遺跡群出土の古墳前期の管状土錘270g（茂原ほか 1998）と8世紀前半の管状土錘194.3g（市川桂ほか 1999）がみられるだけである。

　分布が集まる90g未満では、10〜30gと40〜70gの分布数が突出して多い。

この分布状況を、前節までの重量分類を用いて表現すると、中型品とした20〜90gの点数に比して、小型品とした20g未満の出土点数が少ないということになる。関東・東北では20g未満に特に分布の集中が認められたが、甲信・岐阜県域ではむしろ中型品のとる重量範囲に分布が集まる傾向にある。

　この理由としては、平地を擁する盆地の河川が漁場であるとはいえ、やはり標高の高い地域であり海岸とその周辺に比して河川の流速は速く、関東・東北の平野部で見受けられる20g未満の軽い土錘では漁網の沈子として適さなかったことが考えられる。

　なお球状土錘の重量は、石川条里遺跡（市川隆ほか 1997）出土の2例が20.34gと8.13gを量ることが判明している。球状土錘は7例にとどまり、重量分布の傾向をつかむのは現段階では困難である。

　次に土錘内容の変遷について述べたい。土錘を出土した遺跡数について、時期を絞れない例を除き、時代・時期ごとに挙げると、弥生中期1、弥生後期1、弥生後期から古墳前期にかけての時期1、古墳前期2、古墳前期後半から中期前半にかけての時期1、古墳中期2、古墳後期3、古墳終末期4、奈良時代2、奈良後半から平安前半にかけての時期1、平安前半11、平安後半1となる。このうち、管状土錘は弥生中期から律令期にかけて認められ、出現以降、律令期まで存続したと考えられる。球状土錘は、古墳前期後半〜中期後半、古墳後期後半以降そして律令期の遺跡から出土している。点数が僅少であり変遷を詳しく把握することはできないが、球状土錘は古墳前期から律令期まで存在していたと考えたい。

　主要な土錘出土遺跡の数をみると、古墳後期から終末期にかけてわずかに増え、その後は平安前半に最も増加する。出土する土錘点数は、弥生中期以降、古墳時代全期を通じて乏しく、平安前半に出土点数が大幅に増大する。そして平安後半（11〜12世紀）の例はほとんど認められない。

　また、本節の集成のなかで群を抜く最大重量例は、先述した屋代遺跡群の古墳前期および奈良前半の管状土錘である。当地方で土錘の質・量が発展したと考えられるのは、遺跡数がわずかながら増える古墳後期から終末期にかけての

表9 甲信地方・岐阜県域内陸部における原史・古代の主要な土錘出土遺跡

No.	県名	遺跡名	遺構	分類と点数	時期	文献
1	山梨	百々遺跡	31号住居ほか	管状 B1(10)、B2類(3)	平安（9C）	今福 2004
2		寺所遺跡	13号住居	管状B2類(1)	平安（10C）	新津・八巻 1987
3		前田遺跡	5号住居	管状B2類(1)	平安前半	山下ほか 1988
4		堂の前遺跡	9号住居	管状B2類(1)	平安前半	山下ほか 1987
5	長野	篠ノ井遺跡群	7272号住居	管状B2類(1)	弥生中期	西山ほか 1997
			7082号住居	石錘(2)	弥生後期	
			7256号住居	土器片錘※底部を転用		
			7084号住居	管状B2類(1)	古墳前期	
			7001号住居ほか	球状(1)、管状A2類(1)、B2類(39)、石錘(2)、※須恵質3点を含む	奈良～平安（8～11C）	
6		榎田遺跡	293号住居	管状B1類(1)	弥生後期～古墳前期	土屋ほか 1999
			532号住居	管状B2類(1)	古墳終末期	
			1号住居	管状B2類(1)	奈良後半～平安前半	
7		更埴条里遺跡・屋代遺跡群	住居・溝・土坑・水田ほか	管状 B1(9)、B2類(67)、※合計217点出土	古墳前期前半～平安（4C前半～11C後半）	市川桂ほか 1999
			住居・溝ほか	管状B2類(10)	平安（10C前半～11C初）	市川ほか 2000a
		屋代遺跡群	5039号住居	管状B1類(2)	古墳前期	茂原 1998
			7055号溝	管状B2類(1)	古墳後期	
			11号住居ほか	管状B2類(9)	古墳終末期～平安（7C後半～9C中頃）	青木・西 2000
			368号住居	管状B1類(1)	古墳後期前半	佐藤信ほか 2002
			366・373号住居	管状B2類(2)	平安前半	
			21号住居ほか	球状(4)	古墳後期後半以降	木下ほか 2000
			住居・溝・土坑ほか	管状A2(1)、B2類(56)、※須恵質8点を含む	平安	
8		石川条里遺跡	遺物集中地点ほか	球状(2)、管状B1(4)、B2類(4)	古墳前期後半～中期前半	市川隆ほか 1997
9		国分寺周辺遺跡群	442号住居	管状B2類(1)	古墳中期（5C中頃）	柳澤ほか 1998
			331号住居	管状B2類(1)	古墳終末期（7C前半）	
			413号住居	管状B2類(1)	平安（9C後半）	
10		前田遺跡	H112号住居	管状B2類(2)	古墳終末期前半	林ほか 1989
11		下手良中原遺跡	4号住居	管状B2類(3)	平安前半	友野・飯塚 2001
12		船霊社遺跡	5号住居	管状B2類(2)	古墳後期	樋口ほか 1980
			3・6・7号住居	管状B2類(9)	平安前半	
			4号住居	管状B1(1)、B2類(3)、不明(1)		

第3章　内水面漁撈と古代社会　131

No.	県名	遺跡名	遺構	分類と点数	時期	文献
	長野		12号住居	管状B2類(30)、不明(6)		
13		南栗遺跡	住居	管状B2類(8)、※須恵質1点を含む	古墳終末期～平安（7C後半～9C）	市村ほか1990
14		仲町遺跡	303号住居	管状B2類(11)	平安（9C後半～10C初）	鶴田ほか2004
			304号住居	管状B2類(3)	平安（9C）	
15		松原遺跡	住居・溝ほか	管状B1(1)、B2類(39)	平安（9～10C）	上田ほか2000
16		海戸遺跡	26号住居	管状B2類(60余)	平安	宮坂1974
17		殿村遺跡（S47年度）	H1号住居	管状B2類(120余)	平安	
18	岐阜	上ヶ平遺跡	26号住居	管状B2類(7)、※11号住居から鉄製釣針1点	古墳後期	八賀・岩田2002
19		上町遺跡金子地点	1号溝	管状B2類(38)、※すべて須恵質	奈良（8C中～後半）	河合ほか2001

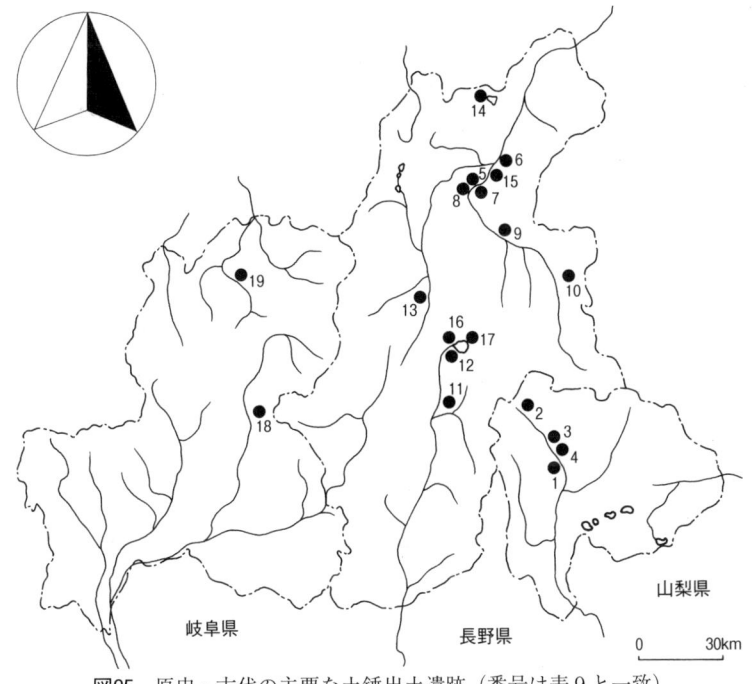

図25　原史・古代の主要な土錘出土遺跡（番号は表9と一致）

時期と、遺跡数・土錘点数ともに増大する平安前半であるが、関東での検討結果とは異なり、これらの時期と最大重量例の属する時期とが重ならない結果となった。今後の調査動向にも留意したいが、現段階では土錘出土遺跡数がわずかながら増加する古墳後期から終末期にかけての時期に網漁の小規模な発展があり、その後は遺跡数・土錘点数ともに増大する平安前半に、網漁の盛行期を迎えていたと考えられる。

なお、先述した更埴条里遺跡・屋代遺跡群では、土錘出土量の増加の頂点は7世紀後半と9世紀中頃から後半にかけての時期に認められ、9世紀末には減少傾向を示すとされる（市川桂ほか 2000b）。この二つの出土量の頂点は古墳終末期と平安前半であり、筆者の考える土錘内容の二つの発展期とも一致する。特に第2の頂点の時期には、遺跡群内のほとんどの集落から土錘が出土するという。この遺跡群でも、網漁が最も盛行したのは9世紀中頃から後半にかけての平安前半であったと考えられるようである。

しかし当地域で網漁が最も盛行したとみられる平安前半においても、主要な土錘出土遺跡数・点数について、関東・東北地方とは明らかに差がある。両地方と比べて、古代の網漁操業者の数や操業頻度も少なかったと推測する。この理由として、当時の人口の差も原因としてあろうが、流速がゆるやかな大河川

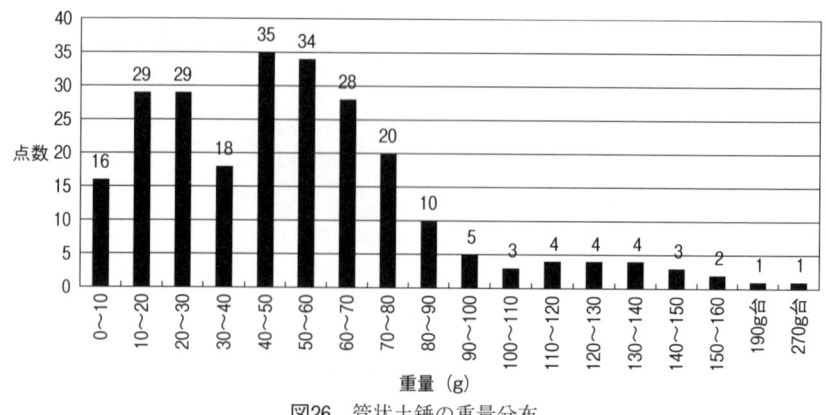

図26　管状土錘の重量分布

の下流域や河口域、また古霞ヶ浦湾・古十三湖の汽水湖（河口湖・潟湖）のように網漁にとって格好の漁場となりうる内水面が、当地域にはなかったことも考えられる。

ところで、屋地遺跡（長野市教育委員会 1990）でヒラメ頭骨の出土、芝宮・中原遺跡群でニシン科魚類・海産貝類の可能性のある遺存体の検出例（樋泉 1999b）が知られ、当地域でも古墳後期から律令期にかけての時期に、海産魚貝類が消費されていたことが判明している。[27]

仮に、当地域への海産魚貝類の供給が十分であったとすると、動物性タンパク源を求めて活発に内水面で漁を行う必要はなくなり、当地域で網漁操業頻度が少なくなった原因として想定しうるかもしれない。しかしいまのところ海産魚貝類の遺存体出土例は僅少である。芝宮・中原遺跡群での魚類遺存体の検出例にしても、コイ科がほとんどを占める。現段階で、海産魚貝類が当地域へ豊富に供給されていた状況は、原因として認めがたい。

古代中央高地の網漁は、関東・東北あるいは瀬戸内海沿岸に比して実施頻度は少なかったとみてよい。網漁にとって格好の漁場に恵まれているとはいえない内陸の河川で、小規模ながら敢えて漁撈を行っていた事実は、この地域の農耕民の生業における漁撈の位置を推量する上で示唆に富むものである。

②須恵質土錘・土器片錘・石錘について（図27）

当地域出土の土錘は、土師質の球状・管状土錘が大部分を占めるが、例外も認められる。これらの資料について吟味する。

屋代遺跡群（木下ほか 2000・市川桂ほか 1999）、長野県長野市篠ノ井遺跡群（西山ほか 1997）、同県松本市島立南栗遺跡（市村ほか 1990）および上町遺跡金子地点（河合ほか 2001）から、律令期の須恵質管状土錘が合計で53点出土した。出土遺跡数・点数ともに、同時期の関東・東北を凌ぐ。

屋代遺跡群の11点は、住居跡・土坑・溝跡から出土した。形態はＢ２類に相当し、重量はそれぞれ57〜156gを量る。９世紀の平安時代に属する。一部の例には外面にケズリ調整がなされたため、孔と並行方向に稜が形成される。これは秋田県秋田市秋田城跡（小松ほか 1976）出土の９世紀後半代の須恵質土

須恵質土錘

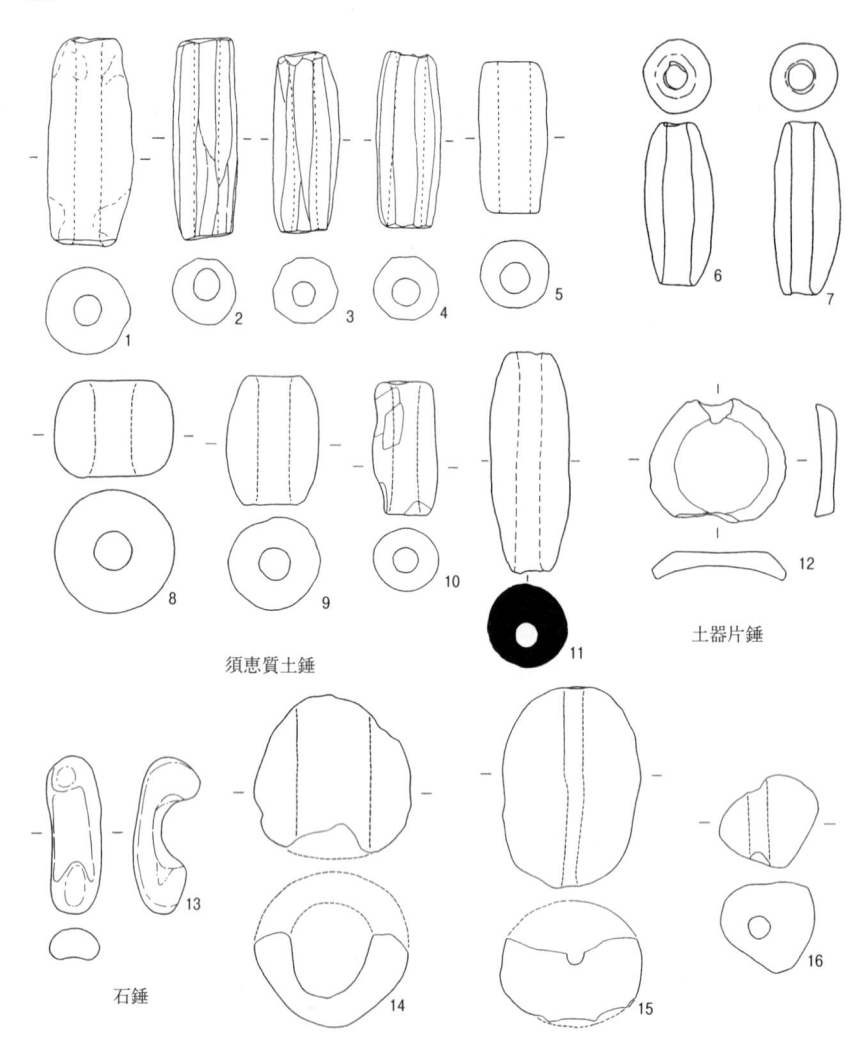

土器片錘

石錘

図27　須恵質土錘・土器片錘・石錘
屋代遺跡群：1～5、上町遺跡：6・7、篠ノ井遺跡群：8～10・12～16、南栗遺跡：11

錘に認められた特徴に類似する。

　篠ノ井遺跡群の住居・土坑・溝跡から出土した3点のうち、2点はB2類、1点はA2類に該当する。A2類はいまのところ西日本には類例が認められず（和田 1982、真鍋 1993）、須恵質土錘としては僅少な形態的特徴を示す。前者の重量は59.0gと125.0gで、後者は146.0gを量る。8～11世紀に属す。

　南栗遺跡では595号住居より1点が出土した。B2類に相当し、重量154gを量る。10世紀前葉の平安時代に属する。

　上町遺跡金子地点では1号溝状遺構より出土した。38点すべてB2類に該当する。重量はそれぞれ24.2～91.3gを量り、平均は51.5gである。8世紀中頃から後半までの時期に属する。報告書によれば、上町遺跡の立地する盆地北西に位置する中原田窯址から、須恵質土錘が出土したという[28]。この事実から、上町遺跡の須恵質土錘は、中原田窯址をはじめとする近隣の窯跡から供給されていたと推測される。一方、長野県域出土の須恵質土錘の供給元については該当する窯跡がなく、今後検討を要する。

　土器片錘および石錘は、篠ノ井遺跡群（西山ほか 1997）から弥生後期と律令期の例が出土した。弥生後期に属する土器片錘は底部を転用しており、重量44.0gを量る。同時期の石錘は、石材は不明であるが勾玉状を呈する例（61.0g）と軽石製で管状を呈する例がある。律令期の石錘は、デイサイトを素材とし有孔で長球状を呈する例（3分の2残存、284.0g）と、軽石を素材とし有孔で不定球形の例（20.0g）が認められる。これらは形態・素材そして出土例の乏しさからみて、漁網の沈子とは即断しがたい。特に軽石製の例は、漁網の浮子の可能性もある。

　また更埴条理遺跡・屋代遺跡群から、平安時代および中世に属する打欠石錘が出土している（市川桂ほか 2000b）。点数がわずかであり、漁撈用のほかに編み物用錘具などの用途（渡辺誠 1981）の可能性も残る。

　このほか、伊那盆地南部で弥生時代の打欠石錘が、また諏訪湖沿岸で弥生後期から古墳初頭にかけての時期の大形石錘が認められるという（神村 1988）。打欠石錘については「編物石」の可能性も考えられている。大形石錘は、いわ

ゆる有溝石錘と有頭石錘を含む。用途として大規模な網漁や延縄・タテ縄漁の沈子、または碇が推定されている（大野左 1981）。

　漁撈用沈子以外では、漁網に関連する資料として屋代遺跡群（市川桂ほか 1999）から網針と浮子の可能性がある木製品が出土した（図28）。いずれも7世紀後半から8世紀前半までの時期に属する。網針は針葉樹を素材とする。類例として、新潟県新潟市的場遺跡（小池・藤塚 1993）で8世紀前半から10世紀前半にかけての時期に属する網針の一部分が出土している。浮子の可能性がある木製品は、木札状木製品および用途不明とされた木製品のなかに認められた。前者は、短冊状の板の両端側面に対の切り欠きを施す。的場遺跡で出土した8世紀から10世紀前半までの時期に属する木製品のなかに類例が認められる。後者は、楕円形を呈する板の長軸上の両端に2カ所穿孔を施す。福島県相馬市長老内大森A遺跡（福島県文化センター 1990）で古墳後期の水田跡から

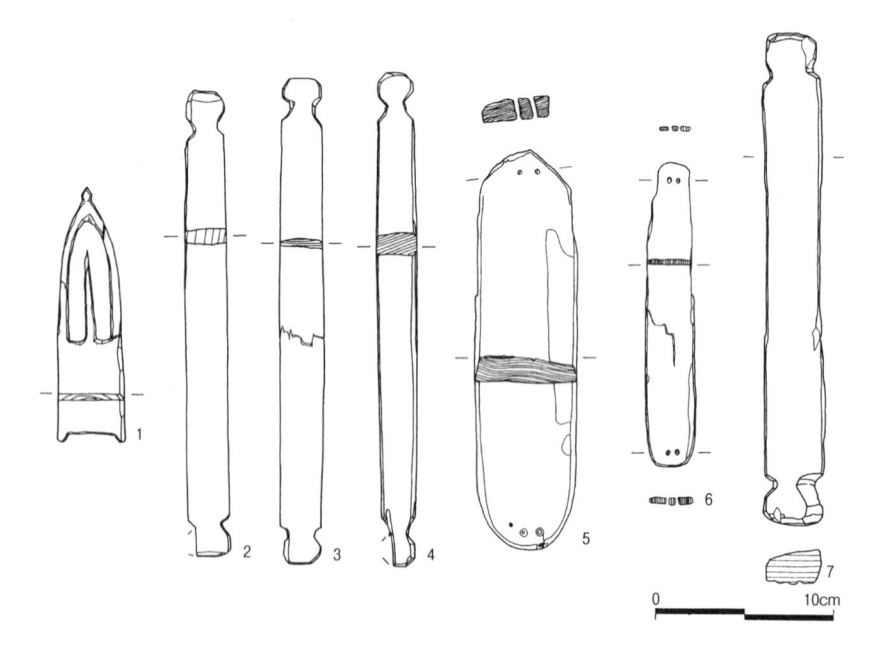

図28　網針と浮子の可能性がある木製品
　　　屋代遺跡群：1～6、下飯田遺跡：7

類例が出土している。

　浮子と考えられる木製品のうち、前者の類例は東北地方でも認められる。宮城県仙台市若林区下飯田遺跡（中富ほか 1995）の河川跡において、古墳時代終末期の7世紀後半以降の堆積土から1点出土している（図28）。マツ属の短冊状の板材を素材とし、両端部両側面に抉りをもつ。

　なお、住居内の保有状況や装着状態を窺わせる、まとまった土錘の出土状況や土錘貫通孔内の沈子綱残存例は管見に触れる例がない。

　甲信には、有溝土錘や棒状土錘などの非在地系土錘は認められない。けれども岐阜県域では、伊勢湾沿岸の弥生以降の漁撈関連遺跡を検討した久保禎子によって、美濃加茂市牧野小山遺跡および可児市宮之脇遺跡からの棒状土錘の出土が紹介されている（久保 1994）。宮之脇遺跡の例は、古墳前期に属す。しかしこの2遺跡は濃尾平野の北東端の木曽川流域に位置し、海岸からはさほど離れてはいないため、当時明らかに内陸であったとは認めがたい。そのため現段階では、甲信と岐阜県域内陸部の中央高地からは、非在地系土錘は出土していないことになる。

　関東・東北で非在地系とした有溝土錘と棒状土錘は、古代に瀬戸内海沿岸を中心に分布する（大野左 1978・1980、和田 1982）。この分布状況は、これらの土錘が沖合や沿岸、あるいは沿岸近くの河川湖沼での網漁に適した漁網錘であったことを示唆している。そのため内陸の内水面とりわけ中央高地の河川流域などの漁撈環境には不向きな漁網錘とみなされ、受容されなかったと推測しておきたい。

　ただし、棒状土錘に限っては、先述したように岐阜県域の木曽川流域の遺跡から出土している。そのまま河川に沿って、棒状土錘とそれに伴う網漁技術が内陸までもたらされることもありえたはずである。今後の調査結果に留意したいが、中央高地における棒状土錘の不在は、在地の漁撈者の意図的な導入の拒否であった可能性も考えておきたい。

(2) 古代内陸漁撈の性格

　古代の内水面漁撈は水田経営との深い関わりが推測される。先学たちによっても、河川湖沼あるいは水田とその用水系で行われた筌漁・簗漁・網漁などの内水面漁撈は、「農村型漁業」（渡辺 1988）や「農民漁業」（大野左 1992）と呼ばれ、弥生時代以降の漁撈がもつ特性として注意されてきた。

　根木修らは現代の水田を観察し、コイ・フナ・ナマズ・ドジョウ・アユモドキの水田を遡上して産卵する魚の採捕の開始が、水稲農耕の定着期にさかのぼる可能性を示した（根木ほか 1992）。

　初期稲作期における朝鮮半島から西日本東部にかけての土錘を検討した下條信行は、土錘の伝播は「稲作の広がりと密接な関係をもったもの」（下條 1993：337頁）とみなし、一気呵成に広域に拡散したわけでなく、「各地で変容、付加、創出を繰り返しながら、順次的に東伝したと見るのが妥当」（下條 1993：337頁）とした。そしてこの結果から、従来の稲作の伝播に対する考え方に再考を促した。

　九州・近畿・東海地方の遺跡を対象に漁具・漁場を検討した高橋龍三郎は、弥生以降の「淡水漁撈」は「変化に乏しく歴史を通じて保守的な性格を帯びたものである」と読み取り、さらにこれを「湖沼や一般の河川で行われる漁」と「集落や水田に付随する用水路、または水田そのもので行なわれる場合」の2種類に分類した（高橋龍 1996：129頁）。高橋が弥生以降の「淡水漁撈」について強調する性格は後者である。

　このほか、大沼芳幸（2003）は琵琶湖沿岸において弥生時代に水田とその周辺水系で行われた漁撈について、現行例を参考にしつつ論じた。また筌・簗について検討した論考（渡辺誠 1982a、久保 1988）も知られている。

　以上の研究は、西日本と東海地方の海岸平野を中心とした、平地部の数遺跡を対象としている。そのため、東日本や内陸の遺跡については検討が不足している。ここでは、東日本のなかでも長野・群馬・埼玉県域の内陸地域を対象とし、古代漁撈関連遺跡について検討し、これまで明らかにされてきた海岸平野を中心とした地域の内水面漁撈の性格との比較を試みたい。次に、内陸の漁撈

関連遺跡と人工・自然遺物について触れることとする（図29・30・31）。

長野県更埴市雨宮・生萱生仁遺跡（佐藤信ほか 1989）　千曲川の自然堤防の東端に流れ込む沢山川によって形成された微高地上に立地する。弥生時代後期の卜骨をはじめ、弥生時代から平安時代にかけての骨角器とシカ・イノシシ・ウマ・イヌなどの動物遺存体が多量に出土した。漁具の可能性のある遺物として、古墳時代中期前半の66号住居と平安時代の49号住居などからシカの中手骨や中足骨を素材としたヤス状刺突具の出土が認められる。

長野県長野市松代町東条屋地遺跡（長野市教育委員会 1990）　皆神山の北西麓に位置し、蛭川による扇状地の扇央部東端に立地する。東側には藤沢川が流れる。主に平安時代に占地されていた遺跡で、ウマ・ウシ・イヌ・イノシシ・シカなどの動物骨やヒラメの頭骨が出土した。漁具の可能性のある遺物として、遺構外からの骨角製の銛頭と刺突具が知られる。これらの遺物も平安時代に属すると考えられている。

長野県長野市松代町松原遺跡（上田ほか 2000、図31）　長野盆地の南東部、千曲川右岸の自然堤防上に立地する。遺跡西側には蛭川が流れている。7世紀から11世紀にかけて、すなわち古墳時代終末期から平安時代にかけての時期と中世の集落跡であり、主に9世紀から10世紀にかけて占地されるという。後述する土錘のほか、河川跡から簗状遺構が検出された。簗状遺構は木組みおよび杭列よりなる。「木組みは、二又に組んだ交差部の下側に横木を渡すという手法で組まれていたと考えられ」（上田ほか 2000：146頁）る。木組みの上には網代が4枚重ねられ、それぞれの間には木が渡されていた。この網代は、木組みの南側すなわち上流にむけて傾斜をもつ。木組みから約16m上流に位置する杭列は5mにわたり、水流に対して斜めにならぶ。そして、「割り竹状の細く薄い部材を杭頭で交互に挟むことで連結している様子が窺え」（上田ほか 2000：146頁）る。木組み内出土土器から、7世紀末から8世紀初頭にかけての時期に属する遺構と考えられている。

長野県佐久市芝宮遺跡群・小諸市中原遺跡群（樋泉 1999b）　佐久盆地北半部、火山性台地に立地する。遺跡群周辺には千曲川の支流である中小河川が流れてい

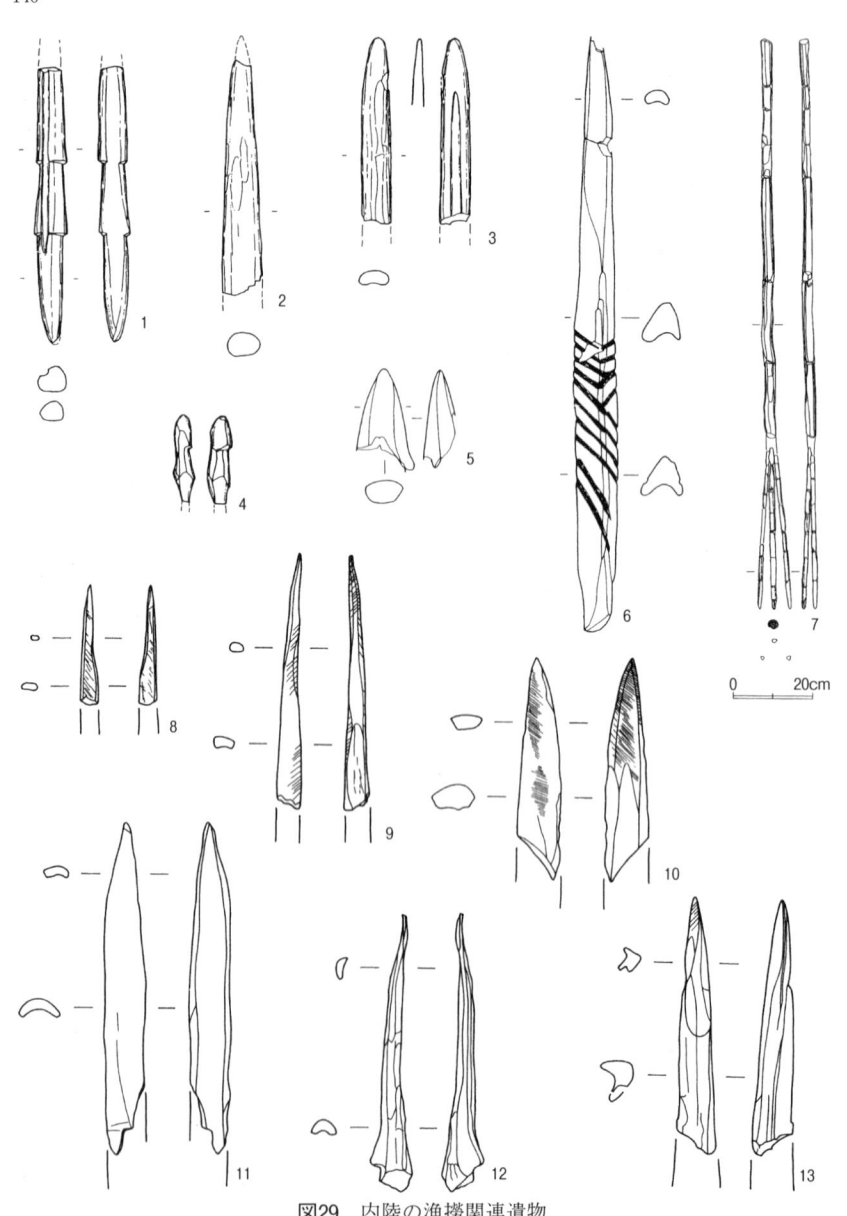

図29　内陸の漁撈関連遺物
生仁遺跡：1～4、屋地遺跡：5・6、北島遺跡：7、新保田中村前遺跡：8～13

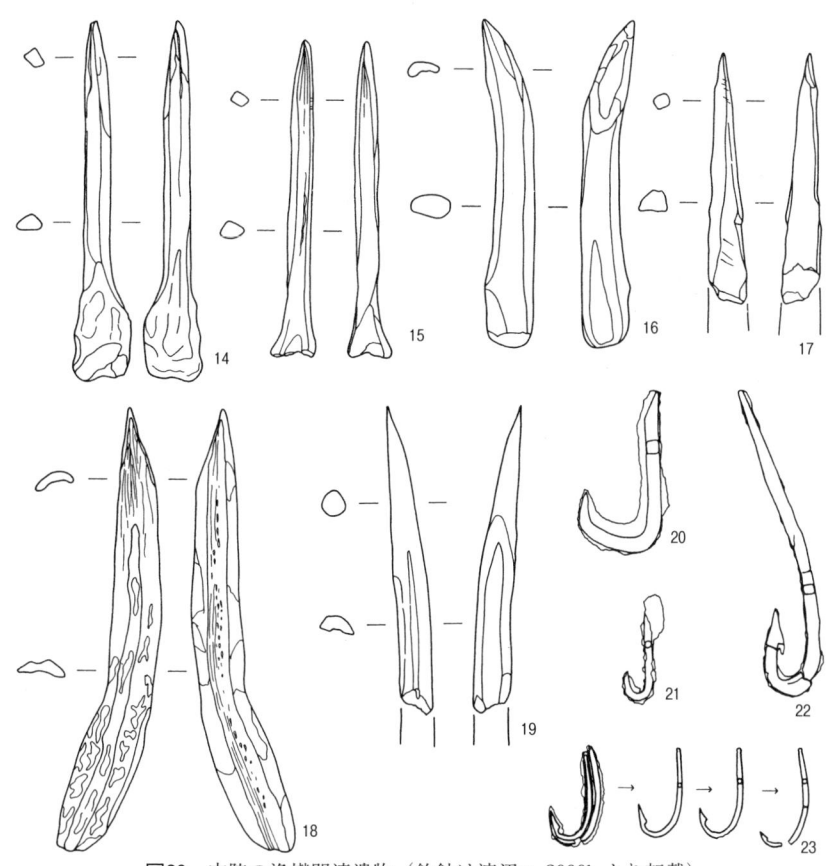

図30　内陸の漁撈関連遺物（釣針は渡辺誠 2000b より転載）
新保田中村前遺跡：14〜19、北堀遺跡：20、丸山遺跡：21、古城遺跡：22、お玉の森遺跡：23

る。6世紀後半から10世紀にかけての集落遺跡である。漁撈具は出土していないが、住居カマド内部の堆積物からタニシ類と海産種の可能性が高い巻貝類、およびニシン科・コイ科の魚類遺存体が検出された。古墳後期に属するニシン科の例はマイワシと考えられる。コイ科のなかにはフナと同定される例が認められた。資料数122点のうち約半数が貝類・鳥類・哺乳類で、2割が魚類、1割がカエル類である。そして貝類はタニシ類が最も多く、魚類はコイ科がほとんどを占める。鳥類・哺乳類は破損により種名まで特定できないが、イノシシ

142

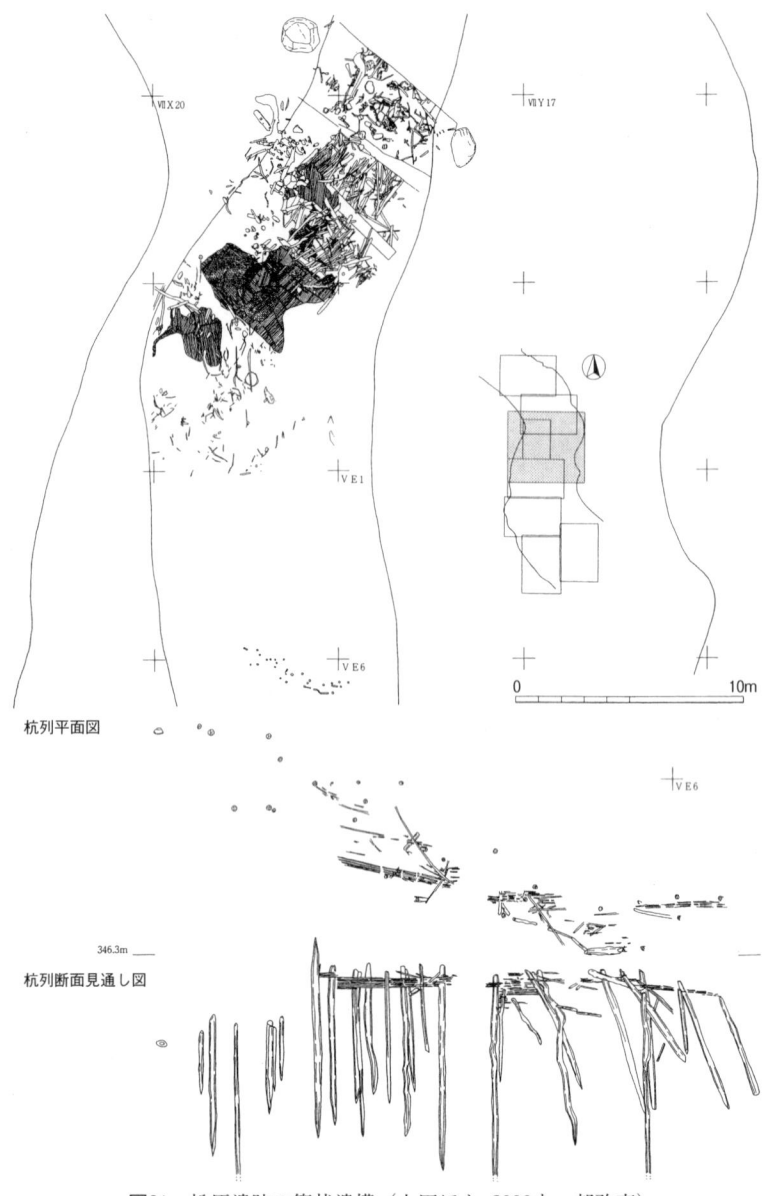

杭列平面図

346.3m
杭列断面見通し図

図31　松原遺跡の築状遺構（上田ほか 2000を一部改変）

の可能性のある歯が出土している。以上の遺存体組成は、古墳後期から平安時代まで大きく変化しないとされる。

群馬県高崎市新保田中村前遺跡（金子 1994）　榛名山と赤城山を南流する利根川は大きな扇状地を形成する。この扇状地端部で、中小河川によって形成された自然堤防上に立地する。弥生中期から古墳前期にかけての拠点集落跡である。弥生後期に属するイノシシ・ニホンジカ主体の動物遺存体と多量の骨角製品が出土した。魚類の遺骸は今のところ検出されていない。漁具と推察される骨角製の刺突具が認められた。これらはニホンジカの角・中手骨・中足骨およびイノシシの腓骨を素材とする。

埼玉県熊谷市上川上北島遺跡（礒崎・山本 2005）　荒川によって左岸に形成された扇状地の末端と低地の末端が錯綜する地に立地する。扇状地末端には中小河川が多く、これら河川の自然堤防上に本遺跡は営まれた。古墳前期前半の遺構・遺物を主体とする集落遺跡である。423号溝跡とされた河川跡から木製のヤスが出土した。一木式の複式ヤスで、残存長143.5cm、幅2.8cmを測る。芯持ち材を用いており、柄の部分は断面が円形、先端部は三角形を呈する。先端部は1本の材を三分割して形成される。

その他の事例　渡辺誠の集成（2000a）によれば、鉄製釣針が長野県大町市古城遺跡で1点（弥生後期、高さ9.5cm）、同県飯田市丸山遺跡で1点（古墳時代、残存高2.7cm）、同県木曽郡日義村お玉の森遺跡で4点（平安時代、うち3点は高さ2.8cm）、山梨県東八代郡一宮町北堀遺跡で1点（11世紀後半〜12世紀前半、高さ5.0cm）、そして群馬県前橋市天神山古墳で5点（古墳前期）出土している。未計測の前橋天神山古墳例を除き、氏の分類の「小型」から「超大型」までが認められる。[29]

このなかで古城遺跡の例（篠崎健ほか 1991）は、弥生後期に属する静岡県浜松市伊場遺跡の例（青銅製・高さ8.1cm）および神奈川県三浦市毘沙門B洞窟遺跡の例（鉄製・高さ3.9cm、青銅製・高さ1.9cm）と並んで、東日本で認められる金属製釣針としては最も古い。そして古城遺跡と伊場遺跡の例は、ともに超大型品に該当する。海岸に近い伊場遺跡の例は海洋魚を対象としていた

かもしれないが、古城遺跡は内陸に立地しており、海洋魚より小形の種が多い淡水魚を対象とした場合、超大型品は不向きと思われる。対象魚および用途に問題が残る。

　上記の漁撈関連遺跡の出土遺物・遺構から、古代当地域では後述する網漁に加え、ヤス・銛を用いた刺突漁や釣漁、および簗漁が行われていたことが推測される。そしてその漁場は、出土漁具の性格と松原遺跡における河川跡内の簗状遺構の検出例、および北島遺跡における河川跡からのヤスの出土例からみて、集落付近の河川湖沼であったと考えられる。

　ただし、漁場に関して他の可能性を示す出土例もある。芝宮・中原遺跡群からは多くのタニシ類・コイ科魚類遺存体が出土し（樋泉 1999b）、屋代遺跡群では9世紀前半に属する住居のカマド内からドジョウ科の椎骨片が検出された（市川桂ほか 2000b）。これらは河川湖沼のほか、水田およびその周辺用水系に生息する貝類・魚類でもある。したがってこれらの事実は、自然水系に加え、水田やそれに付随する人工的な水系においても漁撈が行われていた可能性を示唆する。しかし、水田およびその周辺の人工水系における漁撈の存在を直接的に示す考古学的痕跡は、いまのところみられない。今後も調査成果を注視する必要がある。

（3）古代内陸漁撈の独自色

　甲信と岐阜県域の中央高地出土の土錘の検討結果を、主に海岸平野を中心とする地域の遺跡から出土する関東・東北の土錘のそれと比較することによって、両者の間の差異が明らかとなった。すなわち、甲信・岐阜県域の主要な土錘出土遺跡数は、現段階では関東・東北より明らかに少ない。そしてその重量は、関東・東北の管状土錘より重い。須恵質管状土錘の出土点数は多く、非在地系土錘は岐阜県域の海側の地域から出土した棒状土錘を除き、未検出である。ただし、網漁が盛行したと考えられる時期は平安時代前半と、両地方と一致する。古代における海岸平野を中心とした地域と中央高地との間に認められた出土土錘の内容の差異は、当時の網漁技術の内容とその操業形態について

も、両地域の間に差異が存在した可能性を示唆するのである。

　また、中央高地の土錘出土遺跡と内陸の漁撈関連遺跡には、高橋龍（1996）の設定した弥生以降の内水面漁撈がもつ性格のうちの第2分類、すなわち「集落や水田に付随する用水路、または水田そのもので行なわれる場合」が存在した明確な痕跡はみられない。北島遺跡でヤスが河川跡から出土しているが、河川は人為的な環境ではない。屋代遺跡群（市川桂ほか 1999）では、7世紀末から8世紀前半までの時期に属する水田跡から土錘が2点出土したが、出土点数がわずかであり現段階で水田での網漁の痕跡とは即断できない。そして、芝宮・中原遺跡群のコイ科魚類・タニシ類遺存体、また屋代遺跡群（市川桂ほか 2000b）のドジョウ科椎骨の検出例を示し、水田やその周辺用水系における漁撈の実施の可能性も否定できないとしたが、実証までには至っていない。

　内陸から出土する漁具には、ヤス・銛などの刺突漁具や鉄製釣針・土錘があり、これらの漁具は水田およびその周辺の人工水系よりも、むしろ河川湖沼での漁撈に適している。高橋が弥生以降に特徴的な漁撈に用いられたとする漁具のうち、筌・魞・タモ網・四手網はまだ内陸遺跡でみられない。簗状遺構は、松原遺跡（上田ほか 2000）で検出されたが、自然河川内の設置である。

　比較から判明したこれらの事実は、海岸平野を中心とする地域と内陸との間における内水面漁撈の性格の差異を示している。

　弥生以降の内水面漁撈の性格には、高橋が設定する2分類が存在したと考える。しかし、内陸には漁撈の性格の第1分類すなわち河川湖沼における漁撈の色彩が強く、それに比して第2分類とされる集落や水田とその周辺の人工水系での漁撈の色彩が弱いようである。一方、高橋の扱った遺跡例は、その出土漁具の種類・遺構の性格からみて、第2分類の色彩が第1と同様か、あるいはそれ以上に強かった可能性が考えられる。つまり、弥生以降の内水面漁撈がもつ性格の2分類の色彩の強弱には、海岸平野を中心とする地域と内陸との間で地域的差異があったと推察されるのである。

　ところで、松本建速は東北北部の馬匹生産・鉄生産および土器などの検討を通じて、「東北北部の古代において蝦夷と表記された人々の大部分は、7世紀

以降に当地域よりも南の山間地から移住した人々であった」(松本建 2006：189頁) との仮説を示している。鉄滓の化学成分分析や土器胎土分析を採用し、蝦夷研究をさらに発展させる高著である。しかし上述したように、東北北部と甲信の律令期ことに平安時代前半の土錘には、その内容や重量分布の傾向および網漁が行われた漁場に違いが認められる。つまり土錘および網漁の内容に関しては、両地方に深い関連を見出すことはできない。また、陸奥湾沿岸をはじめ東北北部では、9世紀後半から10世紀にかけて土器製塩が営まれる（北林 2005）。そして、青森県域では平安時代に属する鉄製釣針が陸奥湾・太平洋沿岸から40点余り出土しており（齋藤淳 2005b）、盛んに釣漁が行われていたことが推量される。これら海に関係する生業と「山間地から移住した人々」との関連も問題となろう。松本の仮説の是非については、生業の面からの検討も必要となる。

註
(1) 奈良時代に属する可能性のある正倉院御物『麻生山水図』には地曳網漁の様子が描かれている（澁澤 1942）。
(2) 魚種名は地域によって異なるが、川那部・水野（1989）を参考に代表的な魚種名を記した。
(3) サケ・マス論は山内清男による説明ののち、松井章らによって論じられてきた（松井章 1985など）。渡辺誠による批判も知られ（渡辺誠 1973）、近年では大塚達朗からこの説が根拠薄弱であるとの主張が示されている（大塚 2006）。筆者は本文中で述べるように、弥生以降、サケ・マスが遡上する地域においてこれらの魚種のみが漁撈対象となっていたとは考えていない。しかし民俗誌の内容から類推して、列島東北半では内水面漁撈の主要な対象魚の一つであった可能性が高いと推測する。
(4) マス類には、サクラマス・サツキマス・ビワマスなどが認められる。
(5) 松井章によって、農商務省農務局1984『明治24年 水産事項特別調査（上・下）』から各淡水魚種の漁獲高がまとめられている（松井章 2004）。1891年時点の上位10位を示すと、サケ16,576t、シジミ6,879t、アユ3,341t、ドジョウ3,239t、フナ2,562t、ウナギ2,031t、マス1,431t、オイカワ637t、タニシ579t、ワカサギ516tとなる。ただし、松井は神奈川県のドジョウ記載部分にミスの可能性を指摘しており、ドジョウの漁獲高には注意が必要である。
(6) この場合の専業的漁撈者とは厳密な意味での専業者ではなく、主たる生業が漁撈

である人びとの意味である。
（7）川辺郡知覧町のある集落では、子供が親から「ヒエクサイものはとっちゃいかんぞ」といわれていた（原田浩 1992）。また種子島では、士族は川魚を食べず、ドジョウや川魚を食べる集落の人達は「ドジョウクラー」と呼ばれ嘲笑されていたという（下野 1972）。
（8）日本列島社会において、本格的に内水面漁撈が蔑視・差別されるようになったのはいつからであろうか。網野善彦（1984）は、南北朝内乱以前の中世前期には鵜飼・簗衆・桂女などの内水面漁撈者、およびそれに関係する人びとが天皇や寺社と関連をもち、供御人・神人として特権を有していたことを指摘する。そして中世後期になると天皇が政治的実権を失うとともに分業が進み、これらの人びとへの差別化がはじまったとする。鵜飼・簗漁以外の内水面漁撈および漁撈者への蔑視・差別も、同様に中世後期から生じてきた可能性が高いと推測する。
（9）システム論の研究史およびオートポイエーシス論については河本英夫も詳細な解説を行っている（河本 1995）。
（10）オートポイエーシス論が社会学者ニクラス＝ルーマンに受け入れられたことはよく知られている。日本における考古学では、髙木暢亮が北部九州における弥生時代埋葬行為の解釈に援用している（髙木暢 2003）。また溝口孝司は考古学的物質文化の変化の理解・説明にあたって、ルーマンの思考を社会学者アンソニー＝ギデンズのそれとともに参考にしている（溝口 2004）。
（11）網野善彦（1984・1985）が中世の内水面漁撈について触れている。また近世では絵画資料が参考になる（秋山高ほか 1991）。
（12）『利根治水論考』（吉田東 1910）の衣河流海古代水脈想定図には、約1000年前の霞ヶ浦は、現在の北浦・印旛沼・手賀沼・利根川下流域とつながり、広大な内海（古霞ヶ浦湾）を形成していた様子が示されている。その後は、土砂の堆積や干拓によって、現在のような姿となった。原史・古代においても、このような内海が存在していたと考えられる。
（13）東京都足立区伊興遺跡（永峯ほか 1997）の Bi 2 区包含層から、古墳中期の高坏の脚柱状部を加工して土錘に転用したと考えられる例が出土している。
（14）管状土錘については、東京都府中市武蔵国府関連遺跡21号溝埋土出土の魚を模したとされる須恵質土錘が知られる（府中市教育委員会・府中市遺跡調査会 2004）。刺突によって目が表現される。8〜9世紀前半に属する。
（15）註（1）に同じ。
（16）在地系土錘は、あくまで形態上の定義であり、搬入品と在地製品の二つの可能性が考えられる。伊興遺跡の棒状土錘を実見した際には、表面観察上、他の球状・管状土錘と胎土は大きく異なっているようには見受けられなかった。伊興遺跡に関しては後者の可能性が高いと思われる。

(17) 琵琶湖沿岸では、球状土錘は古墳時代を通じて存在するとされる（和田 1982）。
(18) 北緯35°～23°の間には温帯性魚類が生息している（蒲原・岡村浩 1985）。日本近海では千葉県銚子以南がその生息域にあたる。
(19) 文献史料から陸奥湾内でのマダラの釣漁と網漁は近世まで遡り、近代においても盛んにマダラ漁が行われていたという（太田原（川口）2002）。
(20) 本節執筆後、宮城県仙台市沼向遺跡第4～34次調査報告書が刊行された（斎野ほか 2010）。ここで古墳前期後半代に属する土錘の報告がなされ、管状土錘64点、球状土錘64点が出土し、管状土錘はB1類が63点、A1類もしくはB1類とされる例が1点で、8割以上の残存例37点のうち小型品1点、中型品16点、大型品19点、特大型品1点であり、球状土錘は完形に近い48点のうち小型品2点、中型品19点、大型品17点、特大型品10点であった。本節で最大重量とした平安前半代の多賀城政庁跡出土の256gに匹敵する297.6gの管状土錘も目を引く。東北において、古墳時代の土錘を多量に出土した遺跡はほかにない。ただし、この報告例を加えても、本節の変遷案に変更は生じない。
(21) 註（2）に同じ。
(22) 溝幅の2乗の値が0.25より大きな有溝土錘について、民俗例を参考に「2本の沈子綱に沈子を装着することは今日の網漁具でも一般的に行われている。これは、左右反対方向にねじれのある綱を使用してねじれを相殺させ、網の形状を保つためである。」とし、また平川敬治（1990）が報告した、近代の筑前地方において船による曳網に使用された滑石製の有溝石錘例を引用しつつ、これらを曳網に適した土錘であると推察した。
(23) 秋田城跡の例に関しては、報告書に須恵質であるとの記載はなかったが、筆者が実見して須恵質であると確認した。秋田城跡調査事務所の伊藤武士も、須恵質であるとの見解を示された。
(24) 縄文時代出土の打欠石錘については、民具資料を参考に、もじり編み用錘具であったとする解釈もある（渡辺誠 1981）。
(25) 移配された俘囚は、受領から狩猟特権を許されていた（下向井 2001）。彼らが狩猟に加え、漁撈も盛んに行っていたであろうことは想像に難くない。今泉隆雄によれば、831（天長8）年甲斐に移配された俘囚が、魚塩に便宜があるという理由で駿河に再移配された例があるという（今泉隆 1992）。今泉は、彼らは本来海民であったと推測している。
(26) 菊地芳朗（2001）が東北の主要な古墳時代集落遺跡を集成している。
(27) このほか、長野県小諸市竹花遺跡の古墳後期の住居跡から、カジキ類の椎骨が出土した（藤原直 1999）。
(28) 東日本ではほかに、新潟県佐渡郡羽茂町小泊窯跡群から、9～10世紀前半の須恵質管状土錘が1点出土している（坂井ほか 1991）。古代佐渡において須恵質土錘が

製作されていた事実を示す。
(29) 渡辺誠は、釣針の長さが 1～2 cm 台を小型、3～4 cm 台を中型、5～6 cm 台を大型、7 cm 台以上を超大型と分類した。
(30) 移住者の故地については、「元来あまり稲作農耕に向かない土地に住み、馬飼や雑穀栽培を主としておこなう人々であったと推測」し、「東北北部に連なる地域では、東山道地域や甲斐などの馬産地が、その移住者の出身地として有力な候補となる」（松本建 2006：181頁）と述べる。

第4章　古代狩猟の実態と民族考古学

　第2、第3章において、東日本を中心に古代漁撈活動の地域色や変遷について検討を行ってきた。本章では、目を水面から陸上へ向け、漁撈同様詳細な検討が不足している古代狩猟活動についてみていきたい。

　古代における狩猟の存在は、例えば弥生時代の銅鐸絵画における狩猟の表現、古墳時代の鷹匠・狩人埴輪や狩猟文鏡、そして狩猟用鏃の出土によって確認できる。

　狩猟活動は、農耕社会の成立とともに不要な生業となったわけではなく、動物性タンパク源の獲得以外にも、後述するように農作物を荒らす害獣駆除のほか、社会統合や軍事訓練などさまざまな文化的意義を有していた。副次的ながら、古代においても重要な生業であり続けたのである。

第1節　狩猟体系の模式化

　弥生時代以降の古代農耕社会の狩猟に関する考古学研究は、直良信夫(1968)によって、先史時代以降の狩猟史がはじめて概観され、その後も先学たちによって、動物考古学的知見を加え、論考が著されてきた（中井 1981、金子 1981・1988、西本 1991c）。しかし資料の数量的な制約や、当時の狩猟を副次的生業とのみみなす一般的な認識もあってか、古代生業研究の対象として狩猟は等閑視されてきた。

　ここでは古代狩猟関連資料の検討の前に、近・現代日本の狩猟民俗事例に目を向け、資料解釈のために有効な情報を求めることにする[1]。

　先の内水面漁撈体系の模式化の際と同じく民俗事例を参考に、民俗誌の狩猟習俗の記載を集成、分析し、あるいは既存の民俗学の研究成果を参考にするこ

とによって、狩猟活動を構成する諸要素の傾向を把握する。

（1）民俗誌にみる平地狩猟活動の傾向

　近代および現代の狩猟は、民俗誌記述から、平地の田畑や家屋の周辺で小型の鳥獣を対象に個人的に行われる狩猟と、山地や丘陵で主に中型獣を対象に個人から複数までの人員によって共同で実施される狩猟とに大別される。

　本節では、これら二者をそれぞれ「平地狩猟」と「山地狩猟」と仮称して検討を進めることにする。山地狩猟に関してはマタギ研究をはじめ、これまでに厚い民俗学研究の蓄積があり、これらを参考に仰ぐことが可能である。一方、平地狩猟については、民俗学をはじめ他の学問分野においても研究事例がない。そこでまず平地狩猟を調査した民俗誌を集成し、当狩猟活動の傾向を検討することにしたい。

　内水面漁撈体系を模式化した際の漁撈活動の要素分類にならい、平地および山地における狩猟活動を、便宜的に猟場・狩猟法・狩猟具・対象動物・人員（性分業を含む）・猟期・消費形態・狩猟者の他の生業・関連する信仰や儀礼の各要素に分解する。これら各項目に関する記述を、平地狩猟を網羅的に叙述している東日本の10件の民俗誌から採取し表10としてまとめ、それぞれの傾向について検討したい。

　平地狩猟の猟場は、平地のなかで田畑・家周り・川沿い・雑木林などさまざまな場所が選択される。

　狩猟法は、罠猟・網猟・トリモチ猟・釣り猟が各事例にほぼ認められる。罠猟では、金属製のトラバサミや箱の中に獲物を閉じ込める仕掛けをもつ箱罠、馬の毛や針金を輪にして作った罠（ワンナ・クビッチョ・くくり罠）、おとりの鳥を置き近づいてきた鳥に籠をかぶせて捕る罠（ワク・ヒッコクリ）、木の弾力を利用した罠（フリアゲ・首打ち罠）、重しで獲物を圧殺する重力式罠（箱落し・押し・オトシ）などの猟具が認められ、ノウサギ・イタチ・テン・タヌキ・キツネ・ヤマドリ・キジなどが捕獲される。網猟では、霞網・無双網・鴨網・ウサギ網が用いられ、スズメなどの小鳥類や鴨、ノウサギなどが捕

表10　平地狩猟の諸事例

地域	猟場	狩猟法	狩猟具	対象動物	人員	猟期	消費形態	他生業	信仰・儀礼	文献
富山県	里山・農耕地に隣接	威嚇猟	ガガウチ・ハイ・タケエミ	ノウサギ・キジ・ヤマドリ	数人〜10人	積雪期	自家消費	農耕	未確認	天野武 2006
福島県猪苗代町	田畑	罠猟・網猟ほか	トラバサミ・ワンナ・霞網・トリモチ・仕掛け銃	ヤマドリ・キジ・カモ・スズメ・ツグミ・キツネ・テン・ヤマウサギ・ムササビ・イタチ	個人?	不明	不明	農耕	未確認	佐々木長 1979
埼玉県	水田など平野部	罠猟・網猟ほか	霞網・無双網・くくり罠・フリアゲ・箱罠・箱落とし・押し・トラバサミ・首打ち罠・口発罠・鴨釣り	ノウサギ・イタチ・スズメ・ホオジロ・カワラヒワ・ツグミ・カモ・キジ・ヤマドリ・コジュケイ・カケス	個人?	冬	自家消費・イタチの皮は売買	農耕	未確認	小林 1988
埼玉県朝霞市	川沿い・湿地・雑木林	罠猟・網猟ほか	霞網・鴨網・ワナ・箱罠・トラバサミ・トリモチ	スズメ・カモ・ムジナ・イタチ・ノウサギ	個人?	冬	自家消費・イタチの皮は売買	農耕	未確認	三田村 1995
埼玉県岩槻市	屋敷周りの藪・雑木林	罠猟・網猟ほか	トリモチ・霞網・無双網・トラバサミ・タカスッポ	スズメ・イタチ	個人?	冬	自家消費・スズメ、イタチの皮は売買	農耕	未確認	藤塚 1984
埼玉県北本市	荒川沿い・水田地帯	罠猟・網猟ほか	トラバサミ・鴨網・霞網・無双網	イタチ・ノウサギ・カモ・スズメ	個人?	冬	自家消費・カモとスズメ、イタチの皮は売買	農耕	未確認	藤塚 1989
埼玉県志木市	田畑・家周り	罠猟・網猟ほか	箱罠・霞網・霞網・無双網・トリモチ・置針	イタチ・タヌキ・アナグマ・カモ・スズメ	個人?	冬	自家消費	農耕	未確認	小野寺 1985
埼玉県幸手市	川沿い・水田地帯	罠猟・網猟ほか	鴨網・霞網・無双網・ナガナハリ・トラバサミ	カモ・スズメ・イタチ・ウサギ・タヌキ	個人?	冬	自家消費・スズメ、イタチの皮は売買	農耕	未確認	大久根 1997
神奈川県	丘陵・川岸・田畑	罠猟・網猟ほか	ウサギ網・霞網・トラバサミ・箱罠・トリモチ	ノウサギ・イタチ・スズメ・ウグイス・メジロ・ヘビ	個人〜3・4人	秋〜春先	自家消費・イタチの皮は売買	農耕	未確認	岸上 1989
長野県	沢・田畑・家周り	罠猟・網猟ほか	トリモチ・ビッチョ・クビッチョ・霞網・無双・鉄砲・吹き矢・トラバサミ・オトリ	スズメ、ツグミなどの小鳥類・キジ・カモ・ヤマドリ・ウサギ・イタチ・キツネ・アナグマ・クマ・タヌキ・イタチ・テン	個人?	秋〜冬	不明（自家消費?）	農耕	未確認	松村・中村 1986・1988・1989

獲される。霞網は平地以外に山腹・山頂に設置され、渡り鳥の捕獲に用いられることもある（石原 1973）。トリモチ猟ではスズメなどの小鳥類が、釣り猟では延縄漁に用いられる釣針の仕掛けで鴨などが捕獲される（置針・鴨釣り）。このほか富山県の里山では、ガガウチ・バイ・タケユミなどと呼ばれる威嚇猟具をノウサギ・キジ・ヤマドリに投げつけ、獲物が雪穴や藪に逃げ込んだところを捕獲する威嚇猟の報告もある（天野武 2006）。

いずれも個人単位での猟の実施が可能であり、冬期を中心とした時期に行われる。

消費形態は、自家消費が主であるが、近・現代では捕らえたスズメやイタチの皮を売買することもあったようである。

平地狩猟にたずさわる人が、本来主とする生業は農業（農耕）である。この狩猟に関する信仰や儀礼に関する記述は、いまのところ未確認である。この猟に、レクリエーション・村民和合・田畑保護の目的を見出す意見も示されている（佐々木長 1979）。

なお平地狩猟に関連して、狩猟具ではないがについて触れておきたい。猪垣とは、地方によってシシドテ・シシボリ・シシグネなどとも呼ばれる、イノシシやシカの侵入を防ぐために、水田や畑をもつ集落を囲む土盛・石積・棒杭などで築かれた垣のことである（須藤 1991）。猪垣には、イノシシが嫌がるにおいを出す漁網や古着をかけることもあるという。

平地狩猟の傾向をまとめよう。
①田畑・家周り・川沿い・雑木林などを猟場とする。
②狩猟法は、罠猟・網猟・トリモチ猟・釣り猟などである。
③各種の罠・網・トリモチ・釣針・威嚇猟具などが用いられる。
④ノウサギ・イタチ・テン・タヌキ・キツネなどの中型哺乳動物や、ヤマドリ・キジ・スズメなどの鳥類を狩猟対象とする。
⑤個人単位で実施される。
⑥冬期を中心に行われる。
⑦捕獲した獲物は自家消費のほか、一部の鳥類やイタチの皮は売買される。

⑧平地狩猟者の主生業は農耕である。
⑨関連する信仰や儀礼が認められない。

　上記の傾向に加え、この狩猟はレクリエーション・村民和合・田畑保護の意義をもつと考えられる。

（2）民俗学研究にみる山地狩猟活動の傾向

　山地狩猟民俗については、古くは柳田國男（1909）による『後狩詞記』や、早川孝太郎（1926）による『猪・鹿・狸』の著作が知られ、また向山雅重（1959）によって「小狩猟」と「共同狩猟」の分類および技術や信仰・儀礼の検討がなされるなど、これまでに多くの調査報告や論考が著されてきた。当狩猟活動の傾向の検討に当たって、これらのうちの主要な民俗誌や論考から、情報を集めていく。

　山地狩猟民俗の研究をことに大きく進展させたのは、民俗学者の千葉徳爾である。千葉は列島各地の山地狩猟民俗および関連文献史料を詳細に調査し、狩猟活動の傾向についても考察を深めてきた（千葉徳 1969・1972・1975・1992など）。そこでまず千葉の一連の研究成果をもとに、山地狩猟を構成する各要素について、先述に示した項目ごとに活動の傾向を次にまとめていきたい。

　山地狩猟は、東北地方から九州地方まで、山地や丘陵を有する地域ほぼすべてにおいて実施される。定住生活者により集落近くの山地・丘陵で行われた事例がほとんどであるが、近世中頃に秋田マタギが山づたいに新潟・長野・岐阜県域までクマ狩りに遠征した事例が少なくなく、さらに山形・新潟・岐阜県域へ移住した例までもあることが文献史料などから判明している。

　狩猟具には、槍・撲殺用の棒・弓矢・鉄砲・重しで圧殺する重力式罠(2)・木の弾力を利用した罠・柵や檻を用いた罠・鹿笛などが使用される。そして、巻き狩り・犬による追い込み・落とし穴・仕掛け銃(3)・冬眠中の穴熊狩り・鹿笛による牡鹿の誘い出しなどの方法がとられる。このうち、弓矢猟や巻き狩りが実施される際には複数の人員があたり、他の方法では個人から数人での実施が可能である。中世以前は、罠や圧殺装置（重力式罠）を用いたシカ・イノシシ狩猟

が主であったと考えられる。また、罠は狩猟対象動物に対して不正なもの、あるいはよい行為ではないと感じる猟師気質が存在する。

　主たる対象動物は、イノシシ・シカ（ニホンジカ）・クマ（ツキノワグマ）・カモシカ・サル（ニホンザル）・オオカミなどの中・大型哺乳動物である。イノシシは現在、基本的に関東地方以西に生息するが、かつては北陸・東北地方にも生息していた。シカに対しては、草原などの猟場条件のもとで、共同の弓矢猟が最も適していると考えられる。またシカ狩りは中・近世において、軍事訓練・武具資源の獲得・害獣駆除の目的もあった。シカは信仰の対象でもあった。クマは当初狩りの対象ではなく、カモシカが捕りつくされたためクマへ移行した可能性が高い。そしてその猟法は、オスなどと呼ばれる重力式罠から、少人数による冬眠中のクマの狩猟（アナガリ）、そして共同の巻き狩りへ変遷したと予想される。クマの首の月の輪には霊力があると信じられていた。カモシカは全国的に生息し、犬で追いこんで棒などで撲殺する狩猟法が伝えられていた。サルは、船霊信仰を広めた者から信仰の対象とされ、中部地方以西の地域で狩猟が忌まれる傾向がある。オオカミは、現在絶滅したニホンオオカミやヤマイヌ（野犬）およびそれらの混血種に対する総称である。オオカミは山の神の眷属とされ、狩猟の対象とはならなかったらしい。

　人員は、個人単位で実施可能な狩猟もあれば、クマの巻き狩りのように、10人前後の共同狩猟で行われる事例もある。後者の場合、東日本では信仰上の理由から7人、8人あるいは12人の人数で狩を行うことが忌まれる。そして狩の実施に際して、シカリ・ヤマサキなどと呼ばれる大きな権限をもつリーダーが存在する。山の猟場における絶対者ともいうべきこの人物は、狩猟採集社会以降、農耕社会において政治支配者と精神支配者へ二分化したと考えられる。山地狩猟は、山の神が女性を嫌うなどの信仰上の理由から、男性のみがたずさわる。

　猟期は、雪で獲物が逃げづらい積雪期または残雪期が選定される。クマにとってこの時期は冬眠中であり、いわゆる「熊の胆」が最も膨張する時期でもある。ただし、シカを鹿笛で呼び集める猟は初秋に行われる。

消費形態に関して、獲物は狩猟者が居住する集落の人びとへ、たとえ猟にたずさわらなくても平等に分配される。ここに農耕社会とは異なる狩猟採集社会の分配原理を認めることができる。獲物の肉は食用にされ、毛皮も利用される。クマ狩猟の大きな目的は、胆汁（熊の胆）をとることであった。クマは全身が食用・薬用などに利用でき、「クマには捨てるところがない」との山猟師の言葉がある。毛皮・熊の胆は売却される。カモシカ・シカの角は薬として利用される。特にカモシカの角は、カツオ釣りの擬餌針に利用されることもある。

　山地狩猟者が本来たずさわる生業は、農耕が主である。厳密な意味での専業猟師は皆無である。

　信仰では、山の神信仰や諏訪信仰が知られ、狩猟におけるさまざまな言葉・行為・場所に関する禁忌、および儀礼が認められる(4)。特に儀礼では、「感謝と慰霊の表現」とみなされる、獲物の成仏を願う「狩猟儀礼」が著名である。しかし、海外諸民族の狩猟に禁忌や信仰が存在しないことから、これらの民俗を保持する狩猟民は、あくまで「季節的趣味団体」と考えられる。そして山地狩猟は、原始以来の狩猟経済の残存ではなく、農耕儀礼の準備として捉えられる。その理由は、民俗事例に農耕儀礼としての狩猟の祭りが存在するなど、狩猟儀礼に農耕と複合した文化形態の一端が認められるからである。この原因に、山地狩猟の季節が、農耕などの植物利用の季節と相補的であり、狩猟が農耕の予祝儀礼化しやすいことが考えられる。このほか、山地狩猟の宗教的特性を示す例として、山岳宗教者であった狩猟者が寺を開いたとする伝説や、狩人の由来を示した日光派・高野派文書の存在がある。

　狩猟伝承は、関連する文献史料の検討から、古くとも室町時代に形成・発達し、近世中・後期の農耕地拡大に伴って野獣被害が増大した際、山地域の専業的狩猟は盛んになったと考えられる(5)。そして、狩猟が実用性よりも儀礼的性格を帯びはじめたのは、近世中期以後と推測される。

　千葉の見解以降の新たな知見も次に付け加えておきたい。

　狩猟者の他の生業や狩猟における性分業に関しては、田口洋美（2001）が猟

期以外の時期に実施される諸生業や女性の山地における生業への従事について、さらに詳しい調査を行った。

　信仰・儀礼に関しては、佐久間惇一（1985）が山形・新潟県境の山地狩猟民俗の調査成果をもとに、近世中期以降に修験者が神仏混淆的狩猟儀礼を唱導し、同時に巻き狩りを伝来させた可能性が高いことを論じた。そして村落共同体が実施する春先の集団狩猟を、農耕民が豊作を祈る動物犠牲の祭りであると認めた。

　永松敦（2005・2008）は、南九州に存在するいわゆる狩猟文書は、庄屋が所有している点からしてもさほど秘伝文書とは認めがたく、近世中期以降に流行した山の神信仰を利用することで、この文書の所有者である自らを農民の指導者として特殊な集団に仕立てあげる目論見があったとした（永松 2005）。なおここで永松は、山の神を川の神・田の神にも姿を変えうる「民俗神」の集合としてとらえた。また、修験者や猟師鉄砲を所有する庄屋が、獲物祈願の祈祷を行ない、儀礼の作法を猟師に伝授することは心意統治として有効な手段であったとも推測している（永松 2008）。

　三浦慎悟（2008）は東北地方の山地猟の調査結果をもとに、17世紀後半から20世紀初頭にかけてのクマ猟は、猟期を限定し雌雄を区別した捕獲を行うなど資源管理的な狩猟であり、またそれはカモシカやサルの狩猟についても同様であって、その後も集団猟が組織化されるほど、資源管理の枠組や規制が整備されていった可能性を示した。

　このように千葉の研究以降、先学たちによって、山地狩猟者は農耕を中心に複合的な生業活動を行っており、そこに女性の活躍も認められること、巻き狩りや狩猟儀礼の開始は近世中期以降である可能性が高いこと、狩猟文書は山の神信仰を利用し持ち主の威信を高める効果があり、また庄屋などが狩猟儀礼を行い、あるいはそれを猟師に伝授することで心意統治を図っていたこと、そして17世紀後半以降の集団狩猟が資源管理的性格をもっていたことが新たな知見として加えられることとなった。

　山地狩猟民俗の活動傾向をまとめると次のようになる。

山地狩猟は、日本列島各地の山地や丘陵で実施される。基本的に集落近くで行われるが、遠征することもある。狩猟法には、巻き狩り・犬による追い込み・落とし穴・仕掛け銃（弓）・冬期の穴熊狩り・鹿笛による誘い出しなどが認められる。狩猟具には、槍・棒・弓矢・鉄砲・重しや木の弾力、柵、檻を利用した各種の罠・鹿笛などが認められる。主たる対象動物は、イノシシ・ニホンジカ・ツキノワグマ・カモシカ・ニホンザル・オオカミなどの中・大型哺乳動物である。雌雄を区別した捕獲など、資源管理的な狩猟を行う。人員は、狩猟法にもよるが、個人から10人前後がたずさわる。男性のみが従事し、巻き狩りには統率者が存在する。女性は他の山地生業にたずさわる。猟期は基本的に積雪期・残雪期が選ばれる。獲物は自家消費され、その際、居住地の住民たちへ平等に分配される。毛皮・熊の胆・シカやカモシカの角は売却される。狩猟者は、農耕を主生業とし、内水面漁撈や植物採集にもたずさわるなど複合的な生業活動を行う。専業狩猟民は皆無である。狩猟者は、山の神など超自然的存在を信仰し、狩猟活動中には、言葉・行為・場所・人員数・対象動物などにさまざまな禁忌が認められる。獲物を捕殺した際には、成仏を願う儀礼が行われる。

　上記の傾向に加え、山地狩猟の意義として、季節的趣味行為・農耕儀礼としての動物犠牲が挙げられる。また狩猟儀礼やそれを伝授する行為には、それらを行う統率者の威信を、所属集団内で高める意義もあったと推測される。

（3）山地狩猟体系模式図

　平地・山地狩猟民俗の活動傾向を検討してきたが、次にこれら諸要素の関連性を整理し、狩猟体系の模式化を試みたい。

　第3章第1節において内水面漁撈の体系を模式化した際、要素が集合する性格をもつ点からシステム論が援用できると考えた。その際、生業を構成する諸要素をビンフォードの文化論を参考に、社会・技術・観念・環境的要素に大別した。以上の方法は、狩猟についても試みることが可能と考える。

　平地狩猟に関していえば、信仰や儀礼などの観念的要素の記述は認められな

い。これは、この狩猟がごく小規模な生業なためでもあるが、平地狩猟はあくまで農耕に付随し、田畑の保護を目的とするなど農耕活動の一環として行われ、独立した生業として成立していないためである。平地狩猟は、農耕体系を構成する技術的要素の一部をなしている。この種の狩猟の出現は、山地狩猟と異なり、農耕社会成立後のことである。

　一方、山地狩猟民俗には、信仰や儀礼など豊かな観念的世界の存在が認められた。山地狩猟は季節的であり活動の規模が小さい生業であるが、猟場の選択や狩猟具・狩猟法・他の生業・消費形態などの技術的要素や、集団猟における人員の構成・性分業・統率者の存在などの社会的要素も認められ、猟場や対象動物、猟期の選定には自然環境が、また狩猟技術や儀礼の導入には文化的・社会的環境が影響を与えている。

　このように山地狩猟には、内水面漁撈同様、四つの構成要素が認められ、独立した生業体系として成立している。山地狩猟のこれらの要素の集合に対して、オートポイエーシス論を援用し模式化するならば、山地狩猟は社会的・技術的・観念的要素および狩猟をとりまく自然・文化環境的要素が回帰的に相互に作用し合うことで成立・存続し、またその相互作用によってふたたび狩猟活動の維持に必要な構成諸要素が産出される、自律的な活動系とすることができる（図32）。

（4）狩猟体系模式図と文献史学の研究成果との比較

　先に示した狩猟体系模式図を、古代狩猟に関する文献史学の研究成果と比較し、内容の妥当性について検討したい。

　冒頭で紹介した直良（1968）は『万葉集』の記述から、奈良時代における鳥猟・鷹狩り・捕鯨の実施を示した。

　水野祐（1978）は、『古事記』・『日本書紀』・『風土記』・『万葉集』にある狩猟関連の記載を網羅し、狩猟法と対象動物についてまとめ、日本犬に北方アジア系・ツングース系・東南アジア系の系統があることから、かつて狩猟民にもツングース系の犬を使った大陸系狩猟民と東南アジア系の犬を使った隼人系狩

猟民とが入り組んで存在したと主張した。水野が認めた狩猟の種類に、占いの性格をもつ「祈狩」・鷹狩・「網引子」と呼ばれる集団による網猟・馬に乗って狩を行う馳猟・シカの若角をとる薬猟・そして犬を用いた「狡猟」（「獦猟」との表記もあり）がある。

　遊猟以外の王の狩猟の意味を探ったのは谷川章雄（1984）であった。谷川は、農耕儀礼の一部としての動物供犠、そして異境の地で蝦夷・隼人などの異族を含む軍事的氏族や部との儀礼的共同猟の実施により結合紐帯をより強固にする意義があったとした。狩猟法として、犬を用いたイノシシ猟や弓矢を用いたシカ・イノシシ猟が認められ、騎射や共同狩猟を物語る記事が多い点を指摘した。

　考古学の立場から斃牛馬利用に関する文献史料を検討した松井章（1987）は、『日本書紀』にある天武5年（676年）の殺生肉食の禁令の記述から、当時の一般の人びとによる落とし穴や仕掛け弓による狩猟の実施を示した。

　森田喜久男（1988）は、王権と狩猟の関係について7世紀を中心に考察を進め、シカの若角をとることを目的とした薬猟は猟騎の観閲をかね、その行軍の編成にあたって位階秩序が機能したと述べた。

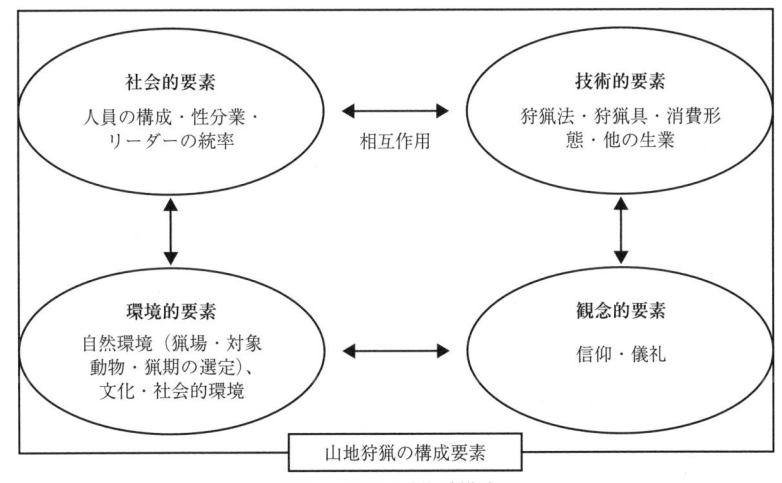

図32　山地狩猟体系模式図

岡田誠司（1992）は、古代にシカに対する呪術的信仰があったとし、平林章仁（1992）は、イノシシが負の価値を象徴する獲物であったと史料記載をもとに説明した。

　石川純一郎（1992）は、古代狩猟の目的と意義をまとめた。すなわち、経済活動・呪能的行為・あそび・呪農・祭儀である。そして近世の大名狩りでは、鷹狩などに領内巡察、巻き狩りに軍事鍛錬の性格が認められ、中世から近世に移り呪術・宗教的要素が薄れるとした。

　中澤克昭（2002）は日本書紀・風土記の記事の解釈から、王の狩猟に生産儀礼・大地に対する王の領有権の確認儀礼・神との交感手段・占い（祈狩）・軍事の一部としての行為などの性格を挙げ、また鷹狩（放鷹）が王にとって特別な意味をもつ狩猟であったと指摘した。ちなみに8世紀以前に大王・天皇は鹿猟や鷹狩を行っていたが、9世紀後半以降は狩猟や動物供犠が忌避されるようになったという。しかし鷹狩は権威の象徴として古代天皇によって続けられた。また中澤は、殺生禁断や放生と狩猟とが併行して行われていた矛盾を理解するために、平安京の神泉苑の例を挙げる。つまりここでシカをはじめとする動物の移入・狩猟・放出を繰り返すことで、王による大地の領有を表現しようとしたと考えたのである。

　このように文献史料の記述から推測されてきた律令期の狩猟には、技術や観念的側面において山地狩猟民俗の傾向と厳密には一致しない部分もあるが、社会的・技術的・観念的要素および狩猟をとりまく自然および文化・社会環境的要素に類似性を認めることができる。したがって先に提示した狩猟体系模式図と類似した構造をもっていたと考えてよい。

　また王の狩猟の意義に関する検討成果も興味深い。農耕儀礼、儀礼的共同猟による結合紐帯の強化、そしてあそびや趣味の意義が認められる点が、山地狩猟民俗と類似するからである。

　史料からは、古代の狩猟法として弓矢猟・網猟・鷹狩・犬を用いた猟・騎射による猟・共同狩猟・仕掛け弓・落とし穴が存在したことが窺える。ただし犬を用いた猟・網猟・仕掛け弓・落とし穴以外は、あくまで王の狩猟として記述

されたものであり、一般的な階層の人びとによって実施された狩猟活動については、史料に表れていない。

（5）狩猟体系模式図と狩猟関連考古資料との比較

次に狩猟体系模式図を、これまでに検討された弥生時代から律令期までに属する狩猟関連考古資料と比較してみたい。

直良（1968）が古代狩猟に関連があるとして示した考古資料に、弥生時代の石槍・石鏃・木製弓・銅鐸絵画のシカおよびイノシシ狩猟図、古墳時代の狩猟文鏡・装飾須恵器・シカやイノシシ、クマ、イヌ、サル、鷹匠を模した埴輪[6]などがある。また出土した動物遺存体についてもまとめ、狩猟対象動物を検討した。直良は、弥生時代は「半生産半狩猟生活」であり、古墳時代になると狩猟は一部の人士の楽しみとなり、仏教思想が浸透したのちは鷹狩りが王や貴族の間で継続したと推量した。

その後は加藤秀幸（1976）と塚田良道（2007）によって鷹匠埴輪、井口善晴（1998）によって5世紀末から7世紀前半までの装飾須恵器の狩猟文様、若松良一（2004）によってシカやイノシシ、イヌなどの動物埴輪、そして木村幾多郎（1998）と正林護（2007）によって弥生・古墳時代の鹿笛の検討が行われた。

塚田は鷹匠埴輪について、馬飼埴輪が一般的な階層の人物を表現したと考えられるのとは対照的に、これらは装飾表現からみて支配階層を模した例であろうと推測した。井口は、弓をもつ騎馬人物・イノシシ・シカ・イヌなどが描かれた須恵器の狩猟文様に、薬猟の原型を認めた。若松の検討では、動物埴輪のうちシカとイノシシを模した例は関東地方がもっとも多く、近畿地方がこれに次ぐこと、シカ・イノシシ形埴輪が中期に近畿で出現後、関東・東北地方まで伝播し、近畿より遅くまで製作され続けること、イヌ形埴輪は中期前葉のイノシシ形埴輪と同時に出現すること、射手や勢子を表現した人物（狩人）埴輪が認められ、これらの人物は装飾表現からみて一般的な階層に属していたであろうこと、また狩猟表現は古墳の墳形に関係なく、6世紀中葉まで埴輪祭祀の重

要な要素であり続けたことなどが論じられた。

　このほか、次節でも紹介するが、弥生時代から律令期までの鉄鏃に関して、狩猟用鏃としての用途をさぐる検討が行われた。すなわち松木武彦らによって、古墳時代の細根系鏃および有稜系鏃が中世の征矢（戦闘用）、そして平根系鏃が野矢（狩猟用）に相当する可能性が高いことが示されたのである（松木2004など）。征矢は細長い素矢尻であり、野矢は狩俣と尖根と呼ばれる幅が広く扁平な矢尻であるとされる。そして戦場では少数の野矢を、また猟場では少数の征矢をとして携行していたという。松木は、この矢の組成の傾向が、弥生中期以降の打製石鏃の組成の内容にまでさかのぼりうると推測した（松木2004）。

　この意見を受け止めるならば、鏃の形態から単純に機能を推測すると、弥生中期以降、矢の用途は戦闘用と狩猟用とに分化してゆき、幅広で扁平な狩猟用鏃を用いて弓矢猟が実施されていたことが推測される。

　次に、鏃に関するこれまでの研究成果に依拠しながら、古代狩猟用鏃の内容をみていきたい。

　大村直（1984）は弥生時代の石鏃・銅鏃・鉄鏃を集成し、分類と編年を試みた。このうち鉄鏃に関しては、大村の形式分類でいう有茎三角形式・無茎三角形式・圭頭斧箭式・方頭斧箭式の平根系の例を狩猟用、細長い柳葉式を戦闘用鏃とみなすことができる。大村の示した形式組成（大村1984：44・45頁）をみると、九州・近畿地方および東日本では狩猟用鏃が全体の半数余りを占め、中国・四国地方のみ戦闘用鏃が半数余りを占める。これらの組成から、弥生社会では戦闘用鏃より狩猟用鏃の使用頻度の方が若干高かったと受け止めることも可能かもしれないが、形態的に戦闘用あるいは狩猟用鏃と認められても、それぞれ一部には非実用の祭器的・儀器的鏃も含まれていた可能性があり、この組成をすぐさま狩猟の頻度に結びつけることはできない。ただし、当時の少なくない弓矢猟の実施を示唆する分析結果と考える。

　古墳副葬鉄鏃の研究も、狩猟用鏃の検討に参考となるので紹介したい。

　杉山秀宏（1988）は古墳後期における広根鏃（平根系鏃）の形態に、列島内

で地域色が存在することを指摘し、この現象は在地で鉄鏃生産が行われた結果であると解釈した。これらは形態的には狩猟用鏃と考えられるので、列島の各地域で異なる狩猟用鏃を用いて狩猟活動が行われていたと解釈することも可能である。水野敏典は、古墳時代後期に移っても平根系の無茎および短頸三角形式鏃が北部九州と東日本のみに残存し、また群馬県北部域に平根系の短頸の類五角形式鏃が分布することを認めた。また内山敏行（2005）は6世紀の北関東に分布する平根系の無茎鏃が、7世紀に至って東北地方北部にまで分布を拡大し、さらにその中で東北地方の中部と南部の間を境に、形態に地域差が認められることを指摘した。

以上の研究で検討された鉄鏃は古墳副葬品であり、被葬者が生前行った王の狩猟の存在を示唆すると解釈することも可能であるが、なかには極端に大形で装飾的な例もあり、用途としてはむしろ祭器・儀器的意味合いが強かったと思われる。古墳時代後期・終末期の狩猟用鏃の形態に、地域的多様性があったことは明らかなので、弓矢猟の技術内容にも地域的多様性が存在した可能性が高いことが示唆される。

律令期から中世にかけては、津野仁（1990）が東日本を中心に鉄鏃の集成・編年を行った。狩俣と尖根の形態をもつ狩猟用鏃は、全時期を通じて認められる。このうちの一部は戦闘の際の表差であった可能性もあるが、古墳時代以降、中世まで継続して弓矢による狩猟が行われていた証拠とみたい。

また動物遺存体についても、直良の研究以降、金子浩昌や西本豊弘によってさらに検討が進められた。金子（1981・1988）は全国の弥生時代出土動物遺存体をまとめ、狩猟獣は弥生後期から出土量が減少すること、遺存体はイノシシとシカが主体であり小型獣や鳥類が少ないこと、そしてその傾向のなかで九州地方から東海地方西部にかけてはイノシシが多く、この地域以東ではシカが多く縄文的な色彩が認められるとした。また出土遺跡は山地や丘陵に近接する低地性遺跡であるが、北信地方では山地性の遺跡からの出土もあるとした。西本（1991c）は、古墳時代遺跡から狩猟獣の遺体出土例がほとんど知られていないとし、少量ながら出土した例であっても、シカとイノシシが主体であり弥生時

代と内容に相違がないとした。なお、木村幾多郎（1990）によって古墳に供献されたと考えられる動物の遺存体が集成されているが、海産貝類の例がほとんどであり、狩猟獣と思われる例は皆無である。

なお平地狩猟に関連してふれた猪垣については、須藤功（1991）が群馬県黒井峯遺跡の建物を囲む柵跡について、イノシシに対する防備であったと推測している。今後、古代の集落遺跡を囲む土手・堀・柵の用途について、害獣の侵入への対処という観点からも検討が必要となるかもしれない。

このように、これまでに再構成された狩猟関連の考古資料から、弥生時代に槍や弓矢、鹿笛を用いた狩猟、古墳時代に支配階層による鷹狩りや騎馬による弓矢猟、一般階層による集団（共同）狩猟、イヌを用いた狩猟、そして鹿笛を用いた狩猟の実施、およびシカとイノシシが主要な捕獲対象であったことが推測される。さらに埴輪製作で表現される狩猟対象動物の種類、および古墳に副葬された狩猟用鏃の有無や形態から、列島内で地域差が存在したことが明らかである。

古代の狩猟関連考古資料から推量される当時の狩猟は、装飾須恵器の狩猟文様や狩人・動物埴輪を用いた埴輪祭祀において表現の題材になっていることから、食料資源の獲得以外にも、何らかの意義あるいは観念的な意味合いをもっていた可能性が高い。当時の狩猟に関わる信仰や儀礼の内容を、考古資料のみから詳しく解釈することはできないが、本節で示した山地狩猟習俗にみる信仰・儀礼の傾向と類似する部分は多かったと考える。考古資料が示唆する狩猟具や狩猟法などの技術的要素、および自然環境的要素に関しても、山地狩猟習俗の示す傾向とほぼ類似した内容であったと考えたい。

狩猟民俗誌および狩猟民俗研究の各論考をもとに検討した平地狩猟と山地狩猟を構成する各要素の傾向、および構築した山地狩猟体系模式図は、文献史学と考古学の研究成果と比較した結果、古代狩猟の考古学研究に援用可能であると考える。部分的には、狩猟採集社会においても援用可能かもしれない。[7]

文献史料に記述がなく、さらに副葬鏃や形象埴輪などの考古資料からも窺い

知れない、一般階層の農耕民や一部の専業的狩猟民による狩猟の実態については、先に示した古代狩猟の活動傾向や体系模式図を参考にしながら、新たに関連考古資料を分析し解釈を試みる必要がある。

　この検討については、狩猟用鏃（松木 2004）が良好な情報を有する。先述したように、弥生時代の鏃は大村（1984）が、律令期から中世にかけての鏃は津野（前掲）が集成しており参考になる。未検討の古墳時代集落遺跡出土鏃については第3節で検討を試みたい。

第2節　狩猟具の民族考古学

　現在、原始的な食料獲得技術をとどめた生業習俗は国内にみられないが、秋田県鹿角市周辺で、マタギをはじめ山地での生業従事者が用いる伝統的山刀・狩猟刀および狩猟槍の製作技術伝承が確認された。当地域では、山刀は「ナガサ」、狩猟槍は「タテ」や「クマヤリ」と呼ばれる。古墳時代狩猟用鏃をはじめ、遺跡から出土する狩猟用利器の製作技術や使用法の解釈は、狩猟文化の考古学研究上重要な課題であり、そのためにナガサ・タテの形態的特徴、製作技術およびその使用方法は有用な情報と考える。

　ナガサの鍛冶技術をもつ鹿角市在住の鍛冶師S氏に対して行った聞き取り調査の内容は、ナガサおよびタテの製作技術、鍛冶技術の継承、利器の組成また利器と狩猟者の関係、そして狩猟者と鍛冶師との交流の実態等についてである。また、マタギが使用した利器類の資料実見を行い、集成作業も進めた（表11）。

（1）マタギの山刀

　まず、マタギの山刀に関する研究の歩みを振り返っておきたい。
　柳田國男による『後狩詞記』の執筆から千葉徳爾による一連の狩猟伝承研究まで、狩猟習俗の研究は儀礼面に大きな注意が払われていた。狩猟に関連する儀礼や祭祀は狩猟文化の重要な側面であり、研究当初、物質文化に焦点を当て

表11 調査したマタギ使用利器 (No.1～50：碧祥寺博物館所蔵、No.51～59：マタギ資料館所蔵)

No.	種別	名称	採集地	製作年代	刃長 (cm)	刃部幅 (cm、最大)	刃部厚 (cm、最大)	柄長 (cm)	備考、報告書 No.
1	山刀	タテナタ	青森県西津軽郡鰺ヶ沢町一ツ森	昭和初期	20.8	4.8	1.2	13.7	刃部と一体の袋状の柄、峰の先端部分にも刃を付ける Ⅱ(2)1
2	山刀	マスケ	岩手県和賀郡沢内村新町	明治後期	16.7	3.6	0.9	10.5	刃部と一体の袋状の柄、峰の先端部分にも刃を付ける Ⅱ(2)2
3	山刀	マスケ	岩手県和賀郡湯田町下前	明治	23.5	3.2	1.3	16.5	茎に直接麻縄を巻く Ⅱ(2)3
4	山刀	マスケ	岩手県和賀郡沢内村大木原	明治	19.0	3.5	1.5	12.0	刃部と一体の袋状の柄、峰の先端部分にも刃を付ける Ⅱ(2)4
5	山刀	マスケ	岩手県和賀郡沢内村川舟	明治	21.5	3.1	0.8	13.0	刃部と一体の袋状の柄 Ⅱ(2)5
6	山刀	マスケ	岩手県和賀郡沢内村七内	明治後期	12.0	4.0	1.1	15.0	刃部と一体の袋状の柄、峰の先端部分にも刃を付ける Ⅱ(2)6
7	山刀	マスケ	岩手県和賀郡湯田町小メ沢	昭和初期	23.0	3.7	0.6	12.0	刃部と一体の袋状の柄 Ⅱ(2)7
8	山刀	キリハ	岩手県和賀郡湯田町小メ沢	昭和初期	24.0	3.9	0.7	12.0	木製の柄 Ⅱ(2)8
9	山刀	キリハ	岩手県和賀郡沢内村大志田	昭和初期	15.1	2.0	0.3	10.2	木製の柄 Ⅱ(2)9
10	山刀	ヤリ	秋田県平鹿郡山内村三又	明治中期	19.4	4.2	0.8	10.6	刃部と一体の袋状の柄、峰の先端部分にも刃を付ける Ⅱ(2)10
11	山刀	サスガ	秋田県由利郡鳥海村中直根	明治中期	27.9	3.3	0.8	13.2	木製の柄 Ⅱ(2)11
12	山刀	マスケ	秋田郡雄勝郡東成瀬村椿川	明治	19.3	2.2	1.0	10.0	刃部と一体の袋状の柄、細身で両刃 Ⅱ(2)12
13	山刀	マスケ	秋田郡雄勝郡東成瀬村岩井川	大正	16.8	4.6	0.8	10.0	刃部と一体の袋状の柄、峰の先端部分にも刃を付ける Ⅱ(2)13
14	山刀	ナガサ	秋田県鹿角市大湯町高崩	大正	23.0	3.4	0.5	11.5	木製の柄 Ⅱ(2)14
15	山刀	ナガサ	秋田県北秋田郡上小阿仁村八木沢	昭和25年	22.4	3.6	0.7	11.5	木製の柄 Ⅱ(2)15
16	山刀	コシナタ	山形県西田川郡温海町関川	昭和初期	27.8	3.8	0.9	12.4	木製の柄 Ⅱ(2)16
17	小刀	コガタナ	岩手県和賀郡沢内村大志田	大正	9.6	2.0	0.4	9.4	獲物解体用 Ⅳ(1)1
18	小刀	コガタナ	岩手県和賀郡沢内村大志田	大正	8.9	2.2	0.4	9.1	獲物解体用 Ⅳ(1)2
19	小刀	マキリ	秋田郡雄勝郡東成瀬村大柳	明治	9.8	2.7	0.5	11.3	獲物解体用、槍の再利用、両刃 Ⅳ(1)3

第4章 古代狩猟の実態と民族考古学 169

No.	種別	名称	採集地	製作年代	刃長 (cm)	刃部幅 (cm、最大)	刃部厚 (cm、最大)	柄長 (cm)	備考、報告書No.
20	小刀	マキリ	秋田県由利郡鳥海村笹子	明治	11.5	2.0	0.4	8.5	獲物解体用、刀の再利用 Ⅳ(1)4
21	小刀	マキリ	秋田県北秋田郡阿仁町露熊	明治	10.6	2.4	0.2	6.5	獲物解体用、刀身が反る形状、カワハギの祖型か Ⅳ(1)5
22	小刀	マキリ	秋田県平鹿郡山内村三又	大正	12.7	2.7	0.4	9.9	獲物解体用 Ⅳ(1)6
23	小刀	マキリ	秋田郡雄勝郡東成瀬村岩井川	大正	12.7	2.9	0.5	12.5	獲物解体用、左利き用 Ⅳ(1)7
24	小刀	マキリ	秋田郡雄勝郡東成瀬村谷地	昭和初期	10.9	2.9	0.4	10.7	獲物解体用 Ⅳ(1)8
25	小刀	マキリ	秋田県平鹿郡山内村三又	昭和初期	12.3	3.2	0.6	13.0	獲物解体用 Ⅳ(1)9
26	小刀	マキリ	秋田県北秋田郡上小阿仁村八木沢	昭和15年	9.3	2.2	0.2	11.2	獲物解体用 Ⅳ(1)10
27	小刀	コガタナ	新潟県岩船郡関川村大石	昭和初期	11.0	1.9	0.4	11.0	獲物解体用 Ⅳ(1)11
28	槍	ヤリ	岩手県和賀郡沢内村八ツ又	近世末期	16.5	1.6	1.3	192.6	一般の槍を改造、クマ狩用 Ⅰ(5)1
29	槍	ヤリ	岩手県和賀郡沢内村太田	近世末期	18.8	2.3	1.1	209.7	一般の槍を改造、クマ狩用 Ⅰ(5)2
30	槍	ヤリ	岩手県和賀郡沢内村大木原	近世末期	20.5	2.1	0.9	140.1	一般の槍を改造、クマ狩用、9.3cmの石突 Ⅰ(5)3
31	槍	ヤリ	岩手県和賀郡沢内村七内	近世末期	14.5	2.0	1.0	148.5	一般の槍を改造、クマ狩用 Ⅰ(5)4
32	槍	ヤリ	岩手県和賀郡沢内村長瀬野	明治期	15.5	2.4	0.8	143.0	一般の槍を改造、クマ狩用 Ⅰ(5)5
33	槍	ヤリ	岩手県和賀郡沢内村八ツ又	明治期	24.9	2.5	1.2	158.9	一般の槍を改造、クマ狩用 Ⅰ(5)6
34	槍	ヤリ	岩手県上閉伊郡大槌町大槌宮ノ口	近世末期	20.4	3.6	1.7	193.9	一般の槍を改造、イノシシ狩用 Ⅰ(5)7
35	槍	ヤリ	岩手県上閉伊郡大槌町和野	近世末期	20.0	3.8	2.0	188.0	一般の槍を改造、イノシシ狩用 Ⅰ(5)8
36	槍	タテ	秋田県由利郡鳥海村百宅	近世	21.0	3.3	1.4	不明	一般の槍を改造、クマ狩用 Ⅰ(5)9
37	槍	ヤリ	秋田県仙北郡西木村桧木内	近世	23.3	3.1	1.4	不明	一般の槍を改造、クマ狩用 Ⅰ(5)10
38	槍	ヤリ	秋田県平鹿郡山内村三又	明治期	17.0	2.1	0.9	180.4	一般の槍を改造、クマ狩用 Ⅰ(5)11
39	槍	ヤリ	秋田県由利郡鳥海村笹子	明治期	14.6	1.8	0.9	129.2	一般の槍を改造、クマ狩用 Ⅰ(5)12
40	槍	ヤリ	秋田県仙北郡西木村戸沢	明治期	18.5	2.6	1.2	138.4	一般の槍を改造、クマ狩用、石突あり Ⅰ(5)13
41	(特殊)	ヤリ	秋田県平鹿郡山内村三又	近世末期	19.0	6.4	1.7	145.0	2本刃、カモシカ狩用 Ⅰ(5)14

No.	種別	名称	採集地	製作年代	刃長(cm)	刃部幅(cm、最大)	刃部厚(cm、最大)	柄長(cm)	備考、報告書No.
42	槍	タテ	青森県西津軽郡鰺ヶ沢町一ツ森	近世末期	19.5	2.4	1.4	不明	一般の槍を改造、クマ狩用 I(5)15
43	槍	タテ	秋田県北秋田郡阿仁町打当	明治初期	21.0	2.7	1.1	165.5	クマ狩用 I(5)16
44	槍	タテ	秋田県北秋田郡阿仁町打当	明治初期	16.8	3.1	0.7	159.7	クマ狩用 I(5)17
45	槍	タテ	秋田県北秋田郡阿仁町打当内	明治初期	18.7	3.7	0.9	163.3	クマ狩用 I(5)18
46	槍	タテ	秋田県北秋田郡阿仁町打当内	明治初期	20.0	3.7	0.8	188.6	クマ狩用 I(5)19
47	槍	タテ	秋田郡雄勝郡東成瀬村岩井川	大正	17.7	3.0	0.5	112.5	クマ狩用 I(5)20
48	槍	ヒキヤリ	秋田県仙北郡西木村戸沢	昭和初期	12.4	2.4	1.2	141.4	一般の槍を改造、クマ狩用の仕掛け槍、8cmの石突 I(5)21
49	(特殊)	ナメ	山形県西置賜郡小国町徳網	近世末期	11.5	1.6	0.8	121.5	カモシカ狩用、雪べらの柄に槍の穂先を仕込む I(5)22
50	(特殊)	ナガエカマ	秋田県北秋田郡阿仁町栃木沢	近世末期	18.4	7.4	0.6	136.0	カモシカ狩用、鎌状の刃で足を払う I(5)23
51	山刀	ナガサ	秋田県北秋田市阿仁比立内	昭和50年代後半	23.2	3.7	0.8	15.0	木製の柄 88
52	山刀	ナガサ	秋田県北秋田市阿仁根子・比立内・打当	現代	25.0	4.4	0.9	11.7	木製の柄 222
53	山刀	ナガサ		現代	23.0	3.8	0.8	13.8	木製の柄 223
54	山刀	フクロナガサ		現代	25.0	4.0	0.8	14.7	刃部と一体の袋状の柄 224
55	小刀	コヨリ		現代	15.5	3.2	0.3	13.2	木製の柄 225
56	槍	タテ		近代	7.5	2.3	0.8	180.0	槍形を呈す 227
57	槍	タテ		近代	12.5	2.7	1.4	161.7	槍形を呈す 228
58	槍	タテ		近代	18.9	2.4	1.2	208.0	槍形を呈す 229
59	槍	タテ		近代	18.9	4.3	0.7	100.4	ナガサ形、穂先を外し解体時に使用 230

た研究が立ち遅れていたことはやむをえない。

　マタギの物質文化に注意が払われはじめたのは、武藤鉄城や太田雄治による調査からである。

　武藤は、旧北秋田郡大阿仁村根子の佐藤正夫氏からの聞き取りで、マタギが野宿の際の寂しさを癒す法として、左側の腰に付けた鉈を右手で強く押さえながら唱えごとをする事例を紹介している（武藤1969）。この「鉈」とは、状況から山刀であったと推察される。

秋田・岩手のマタギへの聞き取りを通じて「マタギ事典」を作成した太田は、事典の中でタテ・ナガサ・マスケ（後述）など利器の解説を行った（太田雄 1979）。

なおこの事典作成には、碧祥寺博物館収蔵のマタギ資料が参考とされた。太田祖電館長による資料の収集・展示および「有形民俗文化財調査カード」の集成（『マタギ狩猟用具Ⅰ～Ⅳ』私家本）もマタギの物質文化研究を進展させた特筆すべき業績である。

山刀に関するさらに踏み込んだ記述は、田口洋美によってなされた。北秋田市阿仁比立内の松橋時幸氏からマタギの衣装や携行する道具類について聞き取りを行い、ナガサ、マキリ、フクロナガサおよびタテについて使用方法の詳細を記述した（田口 1994）。さらに、上信越国境の秋山郷や秋田県阿仁では、クマの解体作業を調査し、コガタナ・コヨリ・マキリなどの呼び名のある小刀による解体方法の詳細を記述した。また秋山郷の狩猟用槍に、その断面の形状から「平槍」と「三角槍」と呼ばれる2種があり、平槍は秋田のマタギがもたらしたとする由来があることを紹介した（田口 1999）。

近年では、阿仁マタギ資料の調査報告書が刊行され、さらにマタギ関連の物質文化の解明が進んだ（秋田県教育委員会 2008）。報告書の中で、阿仁根子の佐藤富久栄氏からの聞き取りによって、クマやカモシカの毛皮をなめす際に「脂とり包丁（秋田県教育委員会 2008：81頁、図33）」と呼ばれる利器が用いられること、阿仁比立内の松橋時幸氏から袋状の柄をもつフクロナガサ発案の話、また、雪庇に落ちた際ナガサを用いて脱出したことやナガサで木を切り倒して川に橋を架けた話などが紹介された。

このように、これまでの調査成果からも、マタギの狩猟にナガサをはじめとする利器類が不可欠であったことがわかるが、現段階でマタギの山刀の形態や製作技術に関する詳細な調査や研究はみられない。

（2）秋田県域におけるマタギ使用利器の形式と型式（巻末写真資料「マタギ山刀の製作」参照）

　秋田県域のマタギが狩猟に用いる代表的な利器には、在地の呼び名で、ナガサ・フクロナガサ（写真27下段）・マキリ（コヨリとも、写真22）・両刃タテ（熊槍とも）・片刃タテ（写真24上から二つ目、他は両刃タテ）・カワハギ（写真28、刃長約15cm）・脂とり包丁（図33）が認められる。これら利器の種別は、考古学における「形式」の概念、あるいは石器研究における「器種」の概念に相当する。

　ナガサは「柄付きナガサ」とも呼ばれ、木製の柄を備え、枝払いなど一般的な山刀として使用するほか、クマへの応戦や狩猟後の獲物の解体にも用いられる。フクロナガサは地元では単に「フクロ」と呼称され、柄が（柄まで刃と同一の地金で形成されること）でパイプ状を呈しており、ここに長い柄をすげることでタテとしても使用可能なナガサである。このパイプ状の柄には、丸めたのち継目に隙間を残したものと、強度を考え継目を接合しているものとがある。柄は持ちやすさを考慮し、形状に鍛冶師の工夫が認められる。いずれも刀身の根元の重ねが厚く、先にゆくにしたがって減じてゆき、峰の重ねが厚く刃

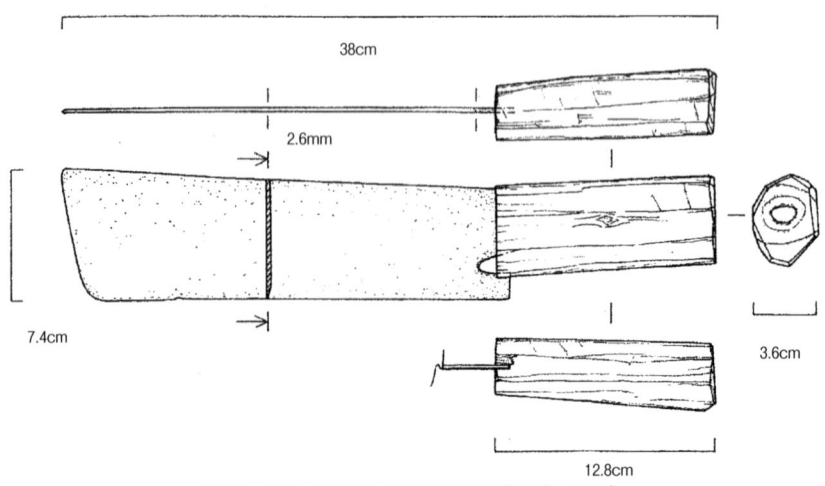

図33　脂とり包丁（秋田県教育委員会 2008）

の方へ減じてゆくのがナガサの形状の原則であるとＳ氏は語る。
　ナガサの語源は明確に伝えられていないが、Ｓ氏の周辺では「ナガザシ」あるいは「ナガザ」という呼び方をする人がいる。腰に差す長い刃物の意であろうか。
　コヨリは、獲物の解体などに用いる小刀である。
　タテは、銃の使用が普及する以前に、獲物を仕留めるための伝統的かつ主要な利器であった。槍の穂先のような形状を呈し、柄はフクロナガサ同様パイプ状になっている。長い柄に装着し、槍のように使用する。タテの中には、武器としての近世の槍を狩猟用に改良したものもある。
　カワハギは比較的新しい時代に定型化した、刃部が大きく湾曲する、獲物の皮剥ぎ用に特化した小刀である。刃を上にして持ち、峰に人差指を添えて使用する。
　脂とり包丁の使用目的は先述の通りであり、石器でいうスクレイパーに相当しよう。
　Ｓ氏によれば、かつてマタギはナガサとタテの両方を持ち歩くことが一般的であったが、これを改良してナガサと一体にした秋田型フクロナガサが北秋田市阿仁のある鍛冶師によって現代に開発され、このナガサによって枝払い、仕留め、解体などが１本でできるようになったと氏の周辺では伝えられているとのことである。
　ただし、Ｓ氏は、県内に鍛冶屋が何十軒もあった時代に、特定の鍛冶師が最初にフクロナガサを開発しそれが普及したとは考え難く、狩猟者と鍛冶師とのやりとりのなかで、東北地方北部のいくつかの地域でタテを原形としてフクロナガサ様の山刀が開発され、結果的にそれぞれの形態が類似していたと考える方が矛盾しないと推測している。
　実際に筆者も碧祥寺博物館において、岩手県旧沢内村内で採集されたフクロナガサ様の山刀を数本確認している（写真21・25・26：同裏）。旧沢内村で「マスケ」と呼ばれるこれらの山刀は、先端部付近の峰にも刃が付く特殊な形状であった。資料を見たＳ氏は、両刃タテの刃部片側を加工し除いたため、

このような形状になったとの見解を示した。これらのマスケは、両刃タテからフクロナガサへの過渡的な形態を示していると推測される。フクロナガサの多地域発生の可能性を示唆する資料である。

(3) 秋田県域におけるナガサの型式

　ナガサには、その製作者である鍛冶師によって認識され、呼称されている三つの「型」が存在する。すなわち「秋田型」、「タシロ型」および「五城目型」である。

　秋田型（写真17・27下段・29下3本、写真30は同裏）は、秋田市および旧北秋田郡阿仁町・森吉町などの秋田県中央域が地域名として「秋田」と呼ばれ、ここで盛んに作られてきたことに呼び名が由来する。なお、「秋田」地域と後述の五城目町域は、江戸時代に鉱山が栄えた地域であり、採掘道具の製作や修理のため鍛冶業が発達した歴史的背景があるという。

　タシロ型（写真13・32上）については、北海道へ渡ったマタギがアイヌのタシロを持ち帰って来た説と、秋田の鍛冶が作ったナガサが偶然アイヌのタシロと同じ形だったという説がS氏周辺に伝わっている。ただし青森県域では、近世にアイヌとマタギが共同でクマやオオカミの害獣駆除の狩猟を行っていた記録があるので（村上 2007、村上一馬ほか編 2011ab）、両者の間で技術交流があった可能性も考慮する必要がある。

　五城目型（写真29最上段・32下段）は、南秋田郡五城目町域で盛んに作られてきた型である。

　以上の、ナガサの形態に認められる「型」は、製作者のみが認識しているものであるが、ナガサが示すいくつかの形態を区別している点において、考古学における「型式」の概念に相当すると考えられる。

　調査の協力者である鍛冶師のS氏は、主に秋田型とタシロ型のナガサを製作している。氏は両型式の違いについて次のように述べる。すなわち、両型式に明確な決まりはないものの、秋田型は切っ先がほぼ直線で鋭く尖っていて、タシロ型は切っ先が緩やかな曲線になっているので先端があまり尖っていな

い。秋田型は刺さりが良いので狩猟用に用いることが多く、タシロ型はどちらかと言えば解体用に向いている。秋田型およびタシロ型ナガサは、鍛冶師によって製作する形が微妙に異なる。例えば同じ秋田型でも旧阿仁町域のナガサは刀身の重ねが薄く細身であり、鹿角市域のものは厚く幅広である。

なお、五城目型ナガサは、刀身の幅が両型式よりも細く、重ねは厚めで、峰の先端部分にも刃を付け、刺さり易い工夫がなされるのが特徴である（写真31）。

ナガサの型式認識は狩猟者と鍛冶師では多少異なり、ほとんどの場合、秋田型やタシロ型を総称してナガサと呼ぶ。狩猟者はいくつかの品物を手に取り、気に入った物を購入する。気に入る品物が無いときは、それぞれが使いやすい形状のナガサ（各型式の範疇に収まらないナガサ）の製作を鍛冶師に依頼する。ナガサの刃長は7寸少々が主流で、狩猟者、非狩猟者を問わず、熟練してくると8寸が好まれる。刃部に鍛接される鋼は、後述するように多種多様であるが、キノコ採りや山菜採りなどの一般的な山仕事目的と、マタギの使用するナガサとでは素材の優劣や作りの精度が明らかに異なる。マタギには、マタギ用のナガサを販売していたという。

なお、S氏の師匠の家は代々野鍛冶であったという。店を構え、決まった形の製品を作って売るのではなく、人から依頼を受け製品を作って売る販売方法であった。自ら顧客を増やす努力をしていた。

（4）ナガサの製作技術

ナガサの形式や使用方法によって、用いる鋼の種類が異なる。一般的な木柄のナガサは、地金に極軟鋼を、フクロナガサには少し硬い中軟鋼を使う。ただし、地鉄の使い分けは鍛冶師によって異なる。

刃となる鋼は、解体を目的とした場合は硬い鋼（白紙・青紙など）、枝払いなど万能に使う場合は粘りのある鋼（黄紙・SK-4など）を使う。一般的に鍛冶が使う鋼は日立金属の「安来鋼（やすき）」である。

安来鋼は何種類かあり、青紙・白紙・黄紙・銀紙などが一般的である。青紙

と白紙はそれぞれ1号と2号の2種類があり、黄紙は1号から3号まで3種類ある。銀紙はステンレスで通常は使わない。青紙と白紙は1号、2号ともにさらに細かくAとBに分かれているが差はなく、ここまで指定せず号数を選んで購入される。

青紙は硬くて鋭利に刃が付き、熱処理が容易であるが、値段が高くて刃欠けし易い。白紙は可不可ない理想の鋼であるが鍛造や熱処理が難しい。黄紙は若干硬さが劣るが、粘り強いため秋田では山の道具に多く用いられる。鍛造や熱処理も比較的容易な鋼である。焼入れを良くする添加物は青紙が一番多く、白紙、黄紙と減じてゆき、逆に不純物の量は多くなってゆく。

1号や2号の違いは硬さを示しており、数字が小さい方が炭素量が多く含まれるため硬く、大きい方が粘り強い鋼になる。

SKは炭素工具鋼で、安来鋼より若干不純物が多く含有され、鍛造や熱処理はどの安来鋼より容易である。刃物に使うのはSK-3、SK-4、SK-5が一般的で、値段が安いため家庭用刃物などに用いられる。これも安来鋼と同じように数字が小さい方が炭素量が多く硬い。

ナガサには通常、黄紙もしくはSKが用いられる。この他、戦前に生産が終了した「東郷レイ号鋼」もあるが、S氏は使用せず資料として保管しているとのことである。

刃物製作の最初の工程は「鍛接」である。すなわち、ナガサの刀身全体に鋼を用いる必要はないため、炭素量が極めて低いとても粘りのある地鉄に、刃となる鋼を接合する。この構造には、鋼が切れても地鉄が支えて折れにくくする効用もある。

熱した地鉄（写真4）に接合剤（鍛接剤とも呼ばれ、ホウ酸やホウ砂に鉄粉を混ぜたもの）を振り掛け、整形した鋼を乗せる。この際、大体3倍くらい伸ばす勘定で鋼を乗せる。鋼を乗せたら炉（写真3）へ入れる。燃料は、不純物を取り除いた石炭であるコークスである。炎が黄色くなり、鋼の先端から少し火花が散りはじめるのが鍛接に適した1000度に達した目安である。炉から取り出し、素早く叩いて接合する。

完全に一体化したら「素延べ」に入る（写真6）。一体化した材料を炉で熱し、赤めては叩くことを繰り返して、大体の寸法まで大雑把に延ばす。この作業には、ベルトハンマー（写真1・5）と呼ばれる鍛造用の機械を用いる。

大体の寸法が決まったら、機械打ちを止めて手作業で形を作る。切っ先や全体の凹凸を修正しながら、「水打ち」をして表面をきれいにする（写真7）。「水打ち」とは、金槌に水をつけて叩き水蒸気爆発で不純物を剥がす作業である。不純物は「金肌（かなはだ）」と呼ばれる酸化被膜のことであり、コークスの灰や、油が燃えた際の煤によってできる。これをこまめに取り除かないと、刀身にめり込み、焼入れの際脱落して穴になってしまうという。この段階で、「裏スキ（切り込みの効果を高めるため、刀身裏面を内側へわずかに反らせること）」や刃の厚さが決まる。仕上げに打面が平らに近い金槌で微妙な曲がりを直し、鍛造が終わる。

鍛造に用いる鉄製の金床は、その高さの半分ほど下の部分をコンクリートの土台によって固定されている（写真39）。金床の上で鍛造が行われるため、強い安定が求められるからである。鍛冶関連遺構において金床石（台石）が検出されることがあるが、その固定方法を推量するうえで参考になる。この工程の際、周囲には剥がれた酸化被膜が大量に飛び散る様子が観察された。鍛冶遺構で出土する鍛造剥片（鍛錬鍛冶滓）はこの鍛冶工程で形成されるのである。（写真38）、これには鉄分が多く含まれるため、集めて畑に撒き肥料にした。

なお、鍛造の目的はあくまで成形であり、鋼を鍛えるためではない。むしろ刃物の強度を保つ上では、鍛えない方がよいとのことである。ただし、近世以前の玉鋼に関しては、鋼の中に半分以上不純物が含まれていたため、逆に鍛えないと使えなかったとされる。

次は、「荒削り」である。グラインダー（写真9）で表面の酸化被膜を削って整え、鎬を粗方削ってしまう。柄に収まるように「コミ（茎）」を削って荒削りは終了である。「血流しの樋」と呼ばれる溝（写真30最下段）や屋号の刻印を刀身の裏側に刻む場合はこの際に施す（写真18）。

なお、血流しの樋は、刀身に溝を設けることでここから空気が入り、獲物に

刺さったナガサが抜け易くなるとも、日本刀の短刀の名残とも言われている。

そして、「焼き入れ」に移る。炉に柔らかいナラの木炭を割って焚き、常に動かしながら刃全体を均一に熱する。焼き入れ温度（800度前後）になったら、特別に調合した油に素早く入れて、手に伝わる振動と音、泡の出方などを見て引き上げる（写真8）。その後「焼き戻し」をする。焼き入れした刃は脆く、また変形しているので、火で200度前後まで加熱して粘りを出して変形を直すのである。

ナガサのような粘り強い刃物を作る際には油で焼入れをする。この時酸化して刀身が黒くなる。刀身の表側を磨きあげず黒色を残すと、伝統的な「黒肌仕上げ」となる。

最後に、仕上げ削りや研ぎをして（写真9～11）、ナラ材の柄を付けて完成である（写真12・13、刃長1尺）。コミを柄に固定するのは中軟鋼の目釘と、柄の上端に取り付けられる「口金（玉倉とも）」という輪状の部品である。目釘は断面が円形ではなく角を適度に設けてあり、目釘孔に食い込み固定する工夫が認められる。また口金は「黒打ち」と呼ばれる鍛造の痕跡を残す伝統的な製作法による。両者ともS氏が自作する。

柄に用いるナラ材は軽く、カシよりも使用時の衝撃を和らげる働きがある。山刀や鉈の柄には、現在カシ材が多く用いられるが、鹿角市周辺にカシは自生せず、昔からナラやヤマザクラの材が用いられてきたという。近年、ナラ材は希少となってきたが、S氏は手触りや使用感から鉈柄に向くと考え用い続けている。鞘は水に強く軽いホオの木が好まれ、刃との間に適度な隙間があるとカタカタ鳴り、クマ避けになるという（写真19）。スギ材も好まれる。

焼き入れ・焼き戻しの際の炉の燃料には、軟らかいマツの木炭が最も適しているとされるが、今回は使用感が類似するナラおよびリンゴの木炭が用いられた。また、ハンマーや「火箸（ヤットコ）」などの鍛冶道具は自作される（写真2）。ハンマーの柄は、グミ材である。砥石に関しては、昔は地元比内町で産出する「大葛石」と呼ばれる緑色凝灰岩を使用していたとのことである（写真20）。

なお、フクロナガサを製作する場合は、柄となる部分を鍛造段階で三角形状に平らに伸ばしたのち（写真14・15）、ハンマーで叩きながら丸め成形する（写真16・17、刃長8寸）。成形後、柄の端部に木の柄をすげて目釘を留めるための孔を1カ所あける。筒状部分と刃部との境界にあるくびれ部分に、強度上、厚みをもたせることが重要である。

フクロナガサの柄の作り方はとても難しく、S氏は毎週練習しても習得するのに1年ほどかかったとのことである。

（5）マタギのタテ

狩猟槍であるタテは、火縄銃や軍払い下げの村田銃がマタギたちの間に狩猟銃として普及する近代以前、特に近世を中心とした時期におけるマタギの主要な狩猟具であった。寛文年間から幕末までの『弘前藩庁御国日記』狩猟関連記事を検討した村上一馬は、猟師が鉄砲でクマを捕獲したと明記される記事は皆無であり、罠の使用も禁止されていたので、クマの捕獲は専らタテを用いていたとする（村上 2012）。弘前藩領だけを例にとっても、タテによるクマ狩りが主流であったことがわかる。なお村上は、タテ使用には「熊の胆」を損傷する確率が低い利点もあったとする。

「タテ」の語源は鹿角市周辺でもはっきり伝わっておらず、S氏は「木の棒に挿して立てて歩くことからこの名が付いた」と耳にしたことがあるという。

後述するように、タテの刃部形態は多様であり、柄から外し山刀としても使用可能なように両刃タテの片側の刃を切っ先だけ残して削った資料も一部にある。これらは装備を軽くするための工夫の結果生み出されたタテであり、のちのフクロナガサの祖形の可能性もある。S氏の師匠の話では、狩猟銃が普及した後も、マタギはクマ等に対する護身用としてタテを持ち歩くことが多く、しばしば製作の依頼があったという。

タテが狩猟具以外の意義をも有したことを示唆する民俗学的資料が存在する。高橋文太郎（1937）が著した『秋田マタギ資料』には、マタギの家に伝わる近世文書「山達由来之事」が収められている。その巻末にタテの絵が描か

れ、その傍に「南無山神十二神将　不動明王利剣ヲ表ス　タテ寸法一尺二寸」と記されている。この文は、タテの長さである「1尺2寸」が山の神の人数「12」に由来し、またタテが不動明王の利剣の象徴であることを説明している。このように一部のマタギ文書から、タテに山の神信仰や修験道あるいは密教の影響が及んでいたことを窺い知ることができる。

　また前掲の『弘前藩庁御国日記』狩猟関連記事にもタテは現れる。寛政8（1796）年の狩猟規則では、猟師各自のタテ・ナタに極印を打ち、山中で確認できるようにせよ、とあり、また文化10（1813）年の狩猟規則には他領からの猟師の侵入を見張るため猟師頭を任命し、これにタテ・ナタを1挺ずつ与える、とある（村上 2007）。これらの記事は、藩権力がマタギのタテ管理に注意を払っていたことを示している。

　このようにタテは、考古学研究に資する情報をもつ民具資料であるだけでなく、マタギ文化を形成する重要な物質文化の一つでもあったのである。

（6）タテの製作技術

　S氏に製作を依頼したタテは、代表的な形態である「片刃タテ」と「両刃タテ」である。刃長は、いずれも7寸とした。狩猟においてクマを刺す際、また外して山刀として使用する際、経験的に丁度良い長さとされるからである。

　タテを柄に装着する方法に、武器の槍のように目釘孔をもつ茎と目釘によって固定するものと、鹿角市周辺独特の鍬の装着法のように、口金と目釘とで刃を柄に固定するものがある。S氏と師匠に依頼されるタテは、柄に装着する部分をフクロナガサ同様に筒状に丸め、柄から外してもその筒状部分を掴んで山刀としても使えるようにしたもの、すなわち考古学的に矛と呼ばれる形状に近いものが多い。そのため、この「形式」のタテの製作をお願いした。

　タテの製作技術は、師匠からS氏へと伝承された。しかし、S氏は師からの教えをそのまま継承するわけではなく、自らの工夫を加え製作する。師匠も、タテの典型的な形態に沿いながらも、そこに狩猟者からの求めを加味して製作するという。例えば、タテの柄を装着する筒状部分に関して、師匠は筒状部分

に柄を差し込む際にゆるむことを恐れ、この部分が開かないよう丸めた端と端を完全に接合して仕上げるという。S氏はこの部分を接合しない。

　秋田県のナガサ・タテ製作が示すように、鍛冶師（製作者）が作る狩猟用利器には、考古学研究上の概念でいう「形式」、「器種」や「型式」におおむね該当する形態的基準が存在する。しかし、いざ製作過程に入ると、細部形態には鍛冶師の工夫や狩猟者からの要請が働き、実際に製作された製品一個体ごとの形態にはゆらぎが生じる。そして、鍛冶技術は師から弟子へと伝承されてゆくので、その過程で各器種の形態変化はさらに複雑になってゆくのである。東北地方北部で観察される、近世・近代の山刀・タテなどの狩猟用利器資料に、同じ形態が一つとして認められない所以である。[8]

　片刃タテ（写真36下・37下）は、フクロナガサと類似した形態および製作過程をもつ。フクロナガサとの違いは、筒状部分がナガサのように刃の棟（峰）寄りではなく、棟と刃縁との中間に付く。また、筒状部分の長さがナガサより短く、刃部の幅が狭い。さらに、ナガサの棟は切っ先まで一直線に伸びるが、片刃タテは背の先端部が刃部側へ曲がり柄の延長線上にくる。刺すために便宜を図った刃の形状となる。片刃であるため、すげていた柄から外して山刀としての使用も可能である。

　両刃タテ（写真36上・37上）は、地鉄の裏面全体に鋼を鍛接し、鍛造によって表側中央に鎬を、裏側中央にナガサや片刃タテ同様に「裏スキ」を打ち出す。裏スキの中央には、楔様の鍛冶道具とハンマーを用いて「血流しの樋」を刻み付ける。鎬の打ち出しには非常に手間がかかるため、ナガサや片刃タテに比べ、およそ2倍の製作時間を要する。

　両刃タテの製作は、地鉄への鋼の鍛接（写真33）、地鉄の切り離し、刃部・筒状部分の成形（写真34・35）、鍛造による刃部・鎬の成形、グラインダーによる荒削り、焼き入れ、焼き戻し、そして仕上げ研ぎの工程で進む。各工程の細かい技術内容はナガサとほぼ同様である。

（7）碧祥寺博物館およびマタギ資料館収蔵のマタギ使用利器（表11）

　製作技術の調査に関連して、岩手県の碧祥寺博物館および秋田県のマタギ資料館において山刀をはじめとするマタギ使用利器の資料調査を実施した。実見したのは、2施設に収蔵されている青森・秋田・岩手・山形・新潟5県で採集された利器である。主たる採集地域は東北地方北部である。

　山刀は、秋田県北秋田市などで採集されたナガサのほか、同県旧平鹿郡山内村の例がヤリ、旧由利郡鳥海村の例がサスガ、雄勝郡東成瀬村の例がマスケと呼ばれる。このほか青森でタテナタ、岩手でマスケとキリハ、山形でコシナタの呼び名がある。ヤリ、マスケおよびタテナタはフクロナガサに類似した形態を呈し、他は柄付きナガサと同様の形態である。刃長は20cm前後から28cm前後までを測る。先述のように、7寸や8寸の山刀が好まれたことを裏付ける。刃部最大幅は3cmから4cmまでをもつ例が多くを占める。柄付近に求められる刃部の厚さの最大値は0.5cmから1.5cmまでの幅をもつが、1cm前後の例が大部分を占め、いずれも重厚な作りであったことを示す。柄の長さは、10cmから13cm前後までに収まる。

　実見した18本の山刀のうち、柄が袋状を呈するフクロナガサ様の例は10本あり、これらの採集地は秋田のほか青森と岩手にも及んだ。両刃タテの加工例である先述の岩手県旧沢内村採集のマスケや、秋田県雄勝郡採集の山刀のように細身で両刃の例も認められた（写真26最下段）。雄勝郡採集例は、両刃槍と山刀の両者の機能をもった例もあったことを示している。

　獲物解体用の小刀（写真22）は、秋田の採集例にマキリやコヨリ、岩手・新潟の例にコガタナの呼び名がある。いずれも刃長10cm前後、最大幅2cmから3cmまでを測り、厚さは最大で2mmから5mmまでをもつ。柄の長さは、山刀同様10cmから13cm前後までに収まる。採集例の中には、狩猟用の槍や山刀を再利用した例も認められる。使用で長さが減じた利器の再利用があったことを示し、興味深い。

　狩猟槍（写真23・24）は、岩手・秋田の採集例にヤリ、青森・秋田の例にタテ・ヒキヤリの呼び名がある。いずれも刃長15cm前後から20cm前後まで、

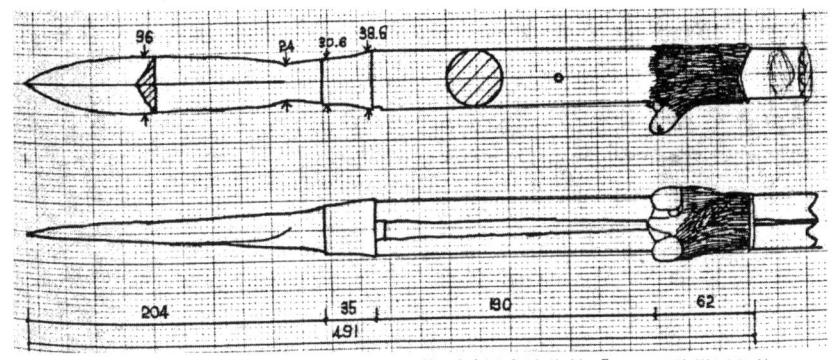

図34 大槌町採集のイノシシ狩り用の槍（碧祥寺博物館『マタギ狩猟用具』）

最大幅2cm前後から4cm未満まで、厚さの最大値は1cm前後から1.5cm前後までに収まる。柄の長さはおおむね1.5mから2mまでの間を測る。

江戸時代末期から明治期にかけて製作・使用された槍には、本来江戸時代の武器であった槍を、狩猟用に改良したものが多く見受けられる。また、槍の大部分がクマ狩り用とされる一方、岩手県上閉伊郡大槌町採集の槍2本は、江戸時代末期のイノシシ狩り用と伝えられる(9)。これらは、刺突の際の滑り止めのため、柄の先端部付近にイノシシの足首の骨が固く巻き付けられる（図34）。槍様の狩猟利器には、柄に対しても工夫や加工があった可能性を示しており、考古資料の解釈の上で示唆に富む。

また、カモシカ狩り用の利器には、秋田県旧平鹿郡山内村三又採集のヤリと呼ばれる、刺突漁具のヤスのように穂先が二股に分かれた特殊な例がある。また同県旧北秋田郡阿仁町栃木沢の採集例に、刃長18.4cmの鎌状の刃部と136cmの柄をもつ、脚を払って捕えるナガエカマと呼ばれる利器が認められる。山形県西置賜郡小国町では、ナメと呼ばれる雪べらの柄に槍を仕込んだカモシカ狩用の珍しい利器も採集されている。

（8）マタギ山刀の型式組成が示唆する狩猟用利器の形式・型式・様式

東北地方北部のマタギ使用利器には、柄付きナガサ（キリハ、サスガ）、フ

クロナガサ（ヤリ、マスケ、タテナタ）、共金のナガサ、両刃タテ、片刃タテ、マキリ（コヨリ）、カワハギ、脂とり包丁の各形式（器種）が存在する。

このうちフクロナガサおよびカワハギは、他の形式に比べ出現年代が遅れ、新しい時代に定型化した。それは、フクロナガサはタテから分化し、カワハギはマキリが獲物の皮剥ぎ用に形態が特化したためである。脂とり包丁の出現年代は不明であるが、遺存状態からみても、おそらくマキリなどの形態が皮をなめすために特化し、新しい時代に出現したものと推測される。

碧祥寺博物館所蔵のマスケの中には、先述したように両刃タテの片側の刃を落とし、マスケに転用した例がいくつか認められた（写真25・26上3本）。これらは、タテからフクロナガサへ変化するまでの過渡的な様相があったことを示している。

このようにマタギの狩猟用利器形式は、各形式の出現以降も、狩猟者と鍛冶師による試行錯誤と両者の交流の中で、新たな形式の出現をみたのである。

さらにこの利器形式には、秋田県内のナガサについて認められたように、地域によっていくつかの型式が存在した。いずれも鍛冶師によって守られ、認識されてきた型式であるが、定義が明確なものではなく、狩猟者の求めによっては長さや形態が変化することもあった。

この事実から、製作者（鍛冶師）の工夫と使用者（狩猟者）の要請は、ナガサをはじめ利器製作の過程に絶えず影響を与えており、そのことによって利器形式内における諸型式の離合集散が各地域で進んでいったことが推察される。そして、例えばタテの形態が多様であることからしても、ナガサや他の狩猟用利器形式についても、絶えず型式組成の変化は進んでいった可能性が高い。こうして、狩猟文化が展開した各時期において、マタギ狩猟用利器の「様式」は形成されていったのであろう。

ところでS氏は、ナガサの型式が定まっていった要因として、「用途」、「機能」および「デザイン性」の三つの点を挙げる。この三つの観点は、製作者の立場から利器型式の差異を認識するための要点を示しており、考古学において型式設定を行おうとする場合、研究者がもつべき着眼点として示唆されるとこ

ろが大きい。

（9）マタギ山刀と北海道アイヌのタシロとの関連

　鹿角市で認識される「タシロ型ナガサ」の「タシロ」の名称は、北海道アイヌの山刀であるタシロに由来することは疑いない。S氏は、この「型式」名が付された理由に、その時期は不明ながらも、①鹿角市周辺のナガサの形が偶然タシロと類似していたこと、あるいは、②北海道に遠征したマタギがタシロを持ち帰り導入したことの二つの説が伝わっているとする。この真偽の検討は、狩猟具製作技術の伝播に関する民族考古学的知見を得ることのみならず、狩猟史や民具、アイヌ史研究上の課題にもなりうる。

　鍛冶調査ののち、北海道開拓記念館収蔵のアイヌのタシロを実見し、上記課題解明のための情報収集を試みた。併せて同館収蔵のアイヌの小刀である「マキリ」も実見し、タシロと同じくアイヌ語の呼び名をもつマタギの「マキリ」についても形態を比較した。

　タシロ（写真40）は、40年程前に札幌市在住のF氏から北海道開拓記念館に寄託された資料である（資料No.96256）。刃部の鍛造の具合や柄と鞘の彫刻の精密さ、表面の経年変化をみても現代の作ではないことは明らかである。刃長25.5cm、柄もとの最大幅3.7cm、重ね6〜6.5mmを測る。鎬の稜線が明瞭でない点を除き、片刃で棟がほぼまっすぐに伸び、切っ先がわずかにフクラを有し（写真41）、長さもナガサで最も好まれる8寸であり、鍛造によって裏面に「裏スキ」（写真42）が形成される点までもマタギのタシロ型ナガサと類似する。このタシロは、一般的なナガサより重ねが厚く、裏スキは大きく取られる。現在秋田県で製作が確認できるナガサに比べ、より明瞭に形態的特徴を備えている。

　マキリは、鍛造の有無や柄・鞘の彫刻の精緻さ、経年変化の度合いなどから、明らかにアイヌが使用していた当時のものと考えられる資料3点（資料No.11537, 158257-1, 41392）について実見した。

　No.11537の資料（写真43）は鞘を欠き、刃部は錆に覆われている。戦前にカ

ラフトアイヌが使用していたもので、北海道新聞社が入手、開拓記念館に寄託された。わずかに片刃を呈し、棟は直線的に伸び、刃縁も直線的な形状である。刃長13.6cm、最大幅2.2cm、重ね5mmを測る。

No.158257-1の資料（写真44上）は個人コレクションが寄託されたものであり、片刃で、刃の方向へ刃部が緩やかに湾曲する形状を呈する。刃長11.4cm、最大幅2.3cmを測り、重ねは1.7mmと薄い。

No.41392の資料（写真44下）は1952年頃に北海道二海郡八雲町で個人によって収集された資料である。両刃で、棟の中央部が厚みを減じる形状である。切っ先はわずかにフクラを有する。刃長10.3cm、最大幅1.8cm、重ね2.5mmを測る。

いずれも研ぎ減りしているが、3点とも異なる刃部形態を呈する。マタギのマキリも刃部形態の多様性が昨年観察された。両者の小刀とも、使用目的が多岐にわたっていたためであろう。

1点のみの実見ながら、タシロはナガサに非常に形態が類似し、刃部にはナガサ特有の特徴さえ観察された。しかし、不明瞭な鎬や鍛造の跡を残す粗い成形の裏スキは、現在秋田県内で確認できるナガサには認められない。これらがタシロ特有の特徴であるか否か、そして、本資料を含めたタシロの製作者と製作地の特定についてこれ以上の推測は難しい。

上記の問題について、マキリ研究者の戸部千春氏に意見をうかがったところ、次の御教示を賜った。

①タシロが幕末のものであるとすると、場所請制度の下で働くアイヌは和人社会から流通するマキリやタシロを高い代価で購入する他なく、これもそのように購入された例の一つではないか。供給地は道南の和人地、道内の場所拠点の鍛冶小屋および隣接する東北地方の和人社会が考えられる。

②近代のものであるとすると、北海道と東北北部の間で商品流通は盛んであったから、両地域で山刀が類似するのは当然である。

いずれの場合も、今回実見したタシロや戸部氏が実見してこられたタシロは、アイヌの野鍛冶によるものとは考えられないという[10]。なおアイヌは、自ら

の生活に密接に関わるものとしてタシロやマキリの刃を所有者の死に際して副葬したため、現在までこれらが伝世することは非常に稀なようである。

戸部氏の意見を受け止めると、実見したタシロは、製作地の特定までは難しいが、幕末から近代にかけて東北北部の和人鍛冶師の製作によるものである可能性が高いと推測される。したがって、鹿角市周辺で伝えられるタシロ型ナガサとタシロの類似は、マタギがタシロを導入したためではなく、マタギとアイヌ双方が、幕末から近代にかけて同系統の鍛冶技術による山刀を使用したために生じたとみるべきである。

第3節　古墳時代の弓矢猟

古代の多様な狩猟法のなかに弓矢猟がある。この猟を示す考古資料として、鏃類が挙げられる。集落遺跡から出土する鏃類は、自衛や狩猟などの実用のため住居内に備えられていたものが、集落廃絶時に廃棄され残存したものと推測される。したがってこれらの鏃類は、当時集落で生活を営んでいた一般的な階層の人びとの、鏃使用を窺う上で有用な情報をもつ。

古墳時代集落遺跡出土鏃の集成は、弥生時代や律令期に比して遅れている。この理由として、古墳に副葬された鏃の研究が先に行われたことが考えられる。ここでは、古墳時代集落出土鏃の集成と分析を進め、未解明である古墳時代の一般的階層の人びとによる弓矢猟について検討を試みる。

集成の対象地域とするのは、東日本の東北・関東・甲信地方である。集成する資料は、集落遺跡において住居跡・土坑・祭祀遺構などの各遺構から出土した多様な素材の鏃、すなわち鉄鏃・銅鏃・骨鏃・石鏃・木鏃である。

（1）戦闘用鏃と狩猟用鏃

古墳副葬鏃に関しては、これまでに集成、分類そして編年が行われ、各型式の分布と変遷が明らかにされてきた。用途についても、松木武彦（2004）をはじめ先学たちによって、形態的な観点から「戦闘用鏃」と「狩猟用鏃」の区別

が試みられてきた。検討に先立ち、最も新しく検討を行った松木の意見を紹介する。

松木は、弥生時代の大形打製石鏃の検討を行った際、民族例と中世日本の故実をもとに、「戦闘用とされるものは細く軽快で、狩猟用とされるものが広く扁平という共通した傾向がみられ」(松木 2004：30頁)、実験考古学の成果もそれを支持すると述べた。また、中世故実に表れる「野矢（狩猟用）」と「征矢（戦闘用）」の組成内容は、それぞれ古墳時代の平根系鉄鏃と細根系・有稜系鉄鏃の構成までさかのぼる可能性が高く、さらに弥生時代中期から後期にかけての鉄鏃・銅鏃・骨鏃・木鏃の形態の中にもみられるとした。なお、弥生時代の石鏃の用途について、小形で凹基式・平基式の例を従来からの狩猟用、細長く突き刺さりやすい形状を志向する例を戦闘用とし、幅広く扁平な形状を志向する例は、狩猟用の可能性を認めつつも儀礼的な戦闘用鏃とした。

松木の用途論は、中世故実などを参考に、鏃のもつ二つの用途を認め、その存在を古墳時代および弥生時代まで形態的にたどりながら推測していった点で説得力をもつ。その意味で、鉄鏃の形式とともに、松木の示した平根系・細根系・有稜系の違いも用途の検討上、重要な集成項目となると考える。

ただし留意する点もある。松木が指摘したように、古墳時代の狩猟用の平根系鉄鏃を儀礼的に戦闘時に携えていたかもしれないし、戦闘用の細根系・有稜系鉄鏃を狩猟に使用したり、漁撈用のヤスに転用したりしていた可能性も否定できない。[11]しかしそのような特殊な使用事例は、頻度としては非常に少ないものであったと考える。そのためここでは、後述するように狩猟用の可能性が高い打製・磨製石鏃とともに、平根系鉄鏃を狩猟用鏃とみて検討を進める。当時集落で生活を営んだ人びとによる弓矢猟の、大まかな実態を読み取るためである。

縄文・弥生時代の集落遺跡に一般的に認められる、小形の三角形式打製石鏃に狩猟用としての用途を認める一方で、後続する古墳時代の集落出土鏃に対して、すべて戦闘用とみなすのは妥当な解釈ではない。動物性タンパク源の獲得のためにも、当時狩猟は行われていたはずである。集落周辺の草原もしくは山

地における、イノシシ・ニホンジカ・ツキノワグマ・カモシカを対象とした狩猟において、狩猟法はどうであれ、狩猟獣を殺傷する上で最も効果的で、狩猟者の身の安全を保てる弓矢を用いなかったとは考え難い。やはり狩猟用の形態をもつ鏃に、狩猟への用途を想定するのが妥当と考える。

なお弓矢は、第1節の狩猟民俗誌の検討でまとめた狩猟法のうち、巻き狩り・犬による追い込み・落とし穴・仕掛け弓・冬期の穴熊狩り・鹿笛による誘い出し、のすべてにおいて用いられた可能性が高いと推測する。

(2) 古墳時代集落遺跡出土鏃の内容

今回集成した東北・関東・甲信地方の古墳時代集落出土鏃は、95遺跡410点である（巻末表②「東北・関東・甲信地方の古墳時代集落出土鏃集成」参照）。ただし集成の対象は、狩猟用・非狩猟用の判別を鏃身の形態から判断してゆく都合上、鏃身形態が判別可能な例のみに限った。集成表には、所在・出土遺構・時期・形式・類別を表示した。

形式に関して、鉄鏃・銅鏃は後藤守一による分類案（後藤守1939）を用い、打製石鏃は佐原真による分類案（佐原1964）に鏃身の形態を付け加えて示した。類別は、鉄鏃・銅鏃については平根系・細根系・有稜系の別を表示し、非金属製の例については石鏃・骨鏃・木鏃の別を示した。平根系・細根系の区別は松木の意見を参考に、長い頸部をもつ鑿箭式・片刃箭式の例を細根系（戦闘用）、その他の有稜系（戦闘用）を除く有茎・無茎で扁平な鏃身をもつ例を平根系（狩猟用）とした。

各地方・県域出土鏃の内容の検討に移る前に、鏃を出土した集落の立地について言及したい。出土遺跡は、3地方とも平野あるいは盆地に立地する。調査事例が寡少であることもあろうが、山地域に立地する遺跡は管見に触れないので、いまのところ狩猟キャンプのような集落の存在を窺わせる痕跡はみられない。第1節で検討した山地狩猟民俗の猟場の傾向から、おそらく集落近くの林や草原、丘陵、山地を猟場としていたと推測する。

以下、地方ごとに出土した鏃の内容をみていく（表12、図35）。

①東北地方

　10遺跡の竪穴住居・土坑・河川跡から、77点が出土した。

　宮城県は6遺跡72点が出土し、前期は2遺跡で平根系鉄鏃1点、打製石鏃7点、中期は3遺跡で平根系鉄鏃3点、後期は1遺跡で骨鏃61点が出土した。

　福島県は4遺跡5点が出土し、中期は1遺跡で平根系鉄鏃2点、後期は1遺跡で平根系鉄鏃1点、終末期は2遺跡で平根系鉄鏃2点が出土した。

　東北では古墳時代を通じて、平根系鉄鏃9点で全体の11.6％、打製石鏃7点で9.0％、骨鏃61点で79.2％を占める。

②関東地方

　69遺跡の竪穴住居・建物・溝・祭祀遺構から、240点が出土した。

　茨城県は13遺跡32点が出土し、前期は3遺跡で平根系鉄鏃3点、中期は5遺跡で平根系鉄鏃15点、細根系鉄鏃1点、後期は4遺跡で平根系鉄鏃9点、細根系鉄鏃1点、終末期は2遺跡で平根系鉄鏃2点、細根系鉄鏃1点が出土した。中期および後期の出土点数が目立ち、その大部分は平根系鉄鏃である。

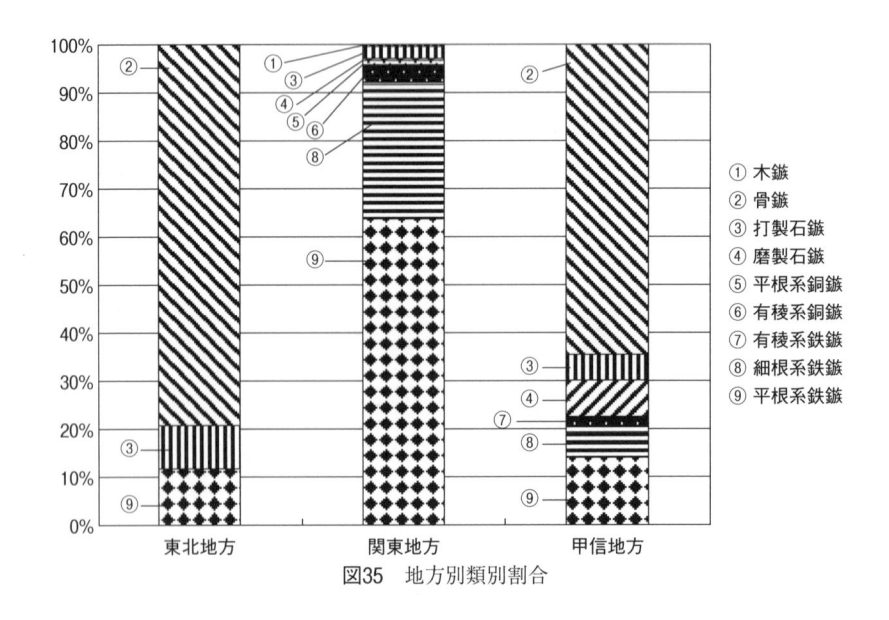

図35　地方別類別割合

栃木県は5遺跡6点が出土し、前期は1遺跡で平根系鉄鏃1点、中期は2遺跡で平根系鉄鏃3点、後期は2遺跡で平根系鉄鏃2点が出土した。

群馬県は6遺跡9点が出土した。前期は1遺跡で平根系鉄鏃1点、中期は2遺跡で平根系鉄鏃1点、細根系鉄鏃1点、後期は1遺跡で細根系鉄鏃1点、終末期は3遺跡で平根系鉄鏃4点、細根系鉄鏃1点が出土した。

表12　地方別類別点数

種類＼地域	東北地方	関東地方	甲信地方
平根系鉄鏃	9	153	13
細根系鉄鏃	0	67	5
有稜系鉄鏃	0	1	1
有稜系銅鏃	0	9	2
平根系銅鏃	0	2	0
磨製石鏃	0	1	7
打製石鏃	7	6	5
骨鏃	61	0	60
木鏃	0	1	0
合計	77	240	93

埼玉県は9遺跡23点が出土し、前期は1遺跡で有稜系銅鏃1点、打製石鏃1点、中期は3遺跡で平根系鉄鏃5点、木鏃1点、後期は1遺跡で平根系鉄鏃1点、終末期は4遺跡で平根系鉄鏃8点、細根系鉄鏃6点が出土した。

東京都は、前期の1遺跡で平根系鉄鏃7点が出土した。

千葉県は29遺跡148点が出土し、前期は9遺跡で平根系鉄鏃8点、有稜系鉄鏃1点、有稜系銅鏃7点、平根系銅鏃1点、磨製石鏃1点、打製石鏃5点、中期は6遺跡で平根系鉄鏃18点、細根系鉄鏃9点、平根系銅鏃1点、後期は17遺跡で平根系鉄鏃53点、細根系鉄鏃32点、終末期は4遺跡で平根系鉄鏃3点、細根系鉄鏃7点が出土した。このほか前期から中期までの時期に属する可能性がある俵ヶ谷遺跡で、平根系鉄鏃2点が出土している。茨城県域同様、中期および後期の出土点数が多い。また平根系鉄鏃は、細根系鉄鏃の2倍近い点数となる特徴がある。

神奈川県は6遺跡16点が出土し、前期は2遺跡で平根系鉄鏃2点、有稜系銅鏃1点、中期は1遺跡で平根系鉄鏃1点、後期は2遺跡で平根系鉄鏃5点、細根系鉄鏃2点、終末期は2遺跡で平根系鉄鏃1点、細根系鉄鏃3点が出土した。

関東では古墳時代を通じて、平根系鉄鏃152点で全体の63.3％、細根系鉄鏃68点で28.3％、有稜系銅鏃9点で3.7％、平根系銅鏃2点で0.8％、打製石鏃6

点で2.5％、有稜系鉄鏃・磨製石鏃・木鏃が各1点で0.4％を占める。

③甲信地方

　16遺跡の竪穴住居・土坑・溝から、93点が出土した。

　山梨県は7遺跡20点が出土し、前期は5遺跡で平根系鉄鏃2点、磨製石鏃3点、打製石鏃5点、中期は1遺跡で有稜系銅鏃1点、後期は2遺跡で平根系鉄鏃5点、細根系鉄鏃3点、磨製石鏃1点が出土した。

　長野県は9遺跡73点が出土し、前期は2遺跡で磨製石鏃2点、骨鏃2点、中期は5遺跡で平根系鉄鏃3点、細根系鉄鏃1点、有稜系銅鏃1点、骨鏃52点、後期は3遺跡で平根系鉄鏃1点、細根系鉄鏃1点、骨鏃4点、終末期は2遺跡で平根系鉄鏃2点、有稜系鉄鏃1点が出土した。このほか生仁遺跡から時期不明の磨製石鏃1点、骨鏃2点が出土した。

　甲信では古墳時代を通じて、平根系鉄鏃13点で全体の13.9％、細根系鉄鏃・打製石鏃がそれぞれ5点で5.3％、有稜系鉄鏃1点で1.0％、有稜系銅鏃2点で2.1％、磨製石鏃7点で7.5％、骨鏃60点で64.5％を占める。

　以上の出土遺構の大部分は竪穴住居跡であるが、次の事例のように、他の遺構からの出土報告もいくつか知られている。

　宮城県多賀城市山王遺跡では、後期河川跡堆積土中から骨鏃61点が出土した。河川での鏃の使用ではなく、流れ込みによる河川内での遺存を示すものであろう。

　また祭祀遺構からの出土事例もあり、注意される。

　千葉県木更津市マミヤク遺跡では、土器・石製模造品・鉄器類が集積した中期の祭祀遺構が検出された。ここでは、1号祭祀遺構から平根系鉄鏃1点、細根系鉄鏃6点、2号祭祀遺構から平根系鉄鏃1点が出土した。また、同県成田市南羽鳥遺跡の後期土器集積祭祀遺構からは、平根系鉄鏃5点、細根系鉄鏃1点が出土した。

　この2遺跡における出土事例は、当時千葉県域において、戦闘用鏃と狩猟用鏃がともに祭祀に用いられていたことを示唆している。

　ところで、住居出土例の中には、単に遺構内に廃棄され残存したとは考えが

たい、鏃に対する特殊な行為を想起させる例もある。

　千葉県柏市戸張一番割遺跡では、前期初頭の住居5軒の壁溝の中から、それぞれ有茎柳葉式銅鏃1点が出土した。また同県我孫子市日秀西遺跡では、後期の住居2軒から折り曲げられた細根式鉄鏃各1点が出土した。この2遺跡における事例は、戦闘用の形態をもつ銅鏃や鉄鏃が、何らかの儀礼的な行為に使用されていたことを示している。

　出土鏃のうち、最も素材として普遍的に認められる鉄鏃の変遷に関して、関東における茨城・千葉県域の中期および後期の鉄鏃の出土点数が、同時期同地方の他の県域の点数より目立って多いことが注意される。さらにその鉄鏃の中でも、茨城県では平根系が割合の大部分を占め、千葉県でも平根系は細根系の2倍近く多くの点数を数える。

　集落出土の鏃は使用に備え保有されたものの残存と考えられるので、この事実は、古墳時代中期および後期の茨城・千葉県域で、使用のため鏃を備える機会が他県域より多かったことを物語っている。そして鉄鏃のなかでも平根系の割合が高いことは、この時期の茨城・千葉県域における弓矢猟の盛行を示唆している。

　鉄鏃は、茨城・千葉県域以外の地域で、特に変遷上、出土点数の多寡などに目立った変化はみられない。また、3地方とも古墳時代の各時期から狩猟用の平根系鉄鏃が出土し、一部の時期には打製石鏃や磨製石鏃も出土する。古墳時代の全時期を通じて、弓矢猟が継続していた証拠とみたい。

　各類別点数の全体に占める割合について、3地方ごとにみていきたい。

　東北は出土が中・南部に限られるとはいえ、その面積が他の2地方と比べ劣らぬ広さを有するにもかかわらず、最も出土遺跡数・点数が少ない。今後の資料蓄積にもよるが、他の2地方に比して出土点数が少ない点は、当地方の特徴として挙げられる。鉄鏃は全体の11.6％で、平根系がすべてを占める。打製石鏃は7点で9.0％、ことに目立った出土点数をみせた骨鏃は61点で79.2％を占める。石鏃および骨鏃の出土点数が目立つことが特徴である。

　関東は、出土鏃の91.6％が鉄鏃であり、鉄鏃の中では平根系鉄鏃が71.2％を

占める。平根系鉄鏃は鏃全体の中でも65.2％と高い割合を占める。これは他の2地方では認められない傾向である。

　甲信は、関東に比して出土遺跡数・点数は少なく、東北より若干上回る程度である。鏃全体の20.4％を占める鉄鏃のうち、平根系が68.4％と多くを占めること、また磨製石鏃と打製石鏃が全体の12.9％、骨鏃が全体の64.5％と関東に比べ高い割合で認められる点も特徴である。

　3地方の中で、出土鉄鏃に占める平根系の割合は関東と甲信が類似する。全体に占める各類別の組成は、東北と甲信の傾向がおおむね類似する。

（3）平根系鉄鏃の鏃身部法量分析および形態の検討

　先述したように、広く扁平な鏃身形態をもつ平根系鉄鏃は、射切る機能が高く、狩猟用であった可能性が高い。集落遺跡出土の平根系鉄鏃の鏃身法量の傾向を探ってみたい。

　鏃身部の法量を表13としてまとめ、長幅散布図を図36として示す。長さ2〜

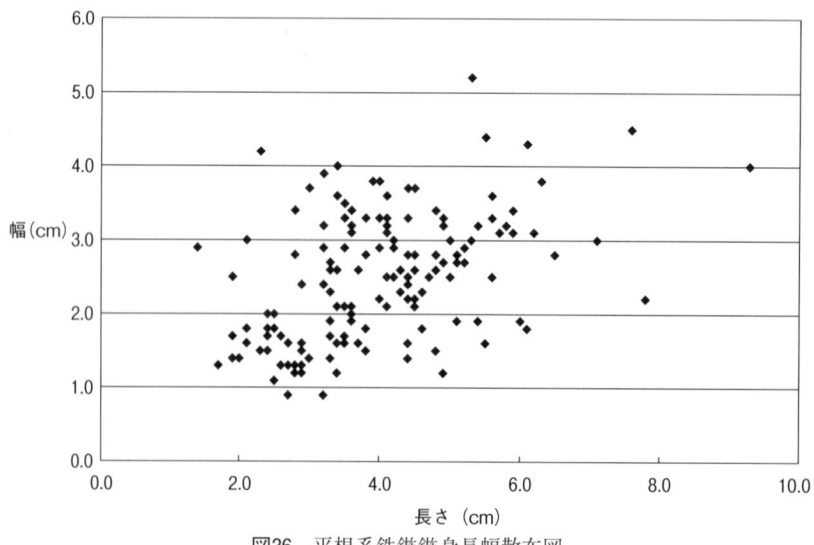

図36　平根系鉄鏃鏃身長幅散布図

第 4 章　古代狩猟の実態と民族考古学　195

表13　平根系鉄鏃鏃身部法量

東北地方

県名	遺跡名	遺構	点数	長さ(cm)	幅(cm)
宮城	野田山	3号住居	1	1.9	1.7
	南小泉(31次)	16号住居	1	4.4	2.4
	合戦原	4号住居	1	4.3	2.3
	沼向	121号土坑	1	4.4	1.4
福島	清水内	7区1号住居	1	4.9	1.2
		5区11号住居	1	5.5	4.4
	明戸	4号住居	1	5.0	3.0
	山崎	31号住居	1	4.8	2.6
	高木	46号住居	1	欠損	2.8

県名	遺跡名	遺構	点数	長さ(cm)	幅(cm)
茨城	三反田下高井	75号住居	1	3.5	2.9
	東中根	6号住居	1	2.5	1.8
	熊の山	1145号住居	1	3.2	2.4
	大戸下郷	99号住居	1	4.0	2.2
栃木	寺野東	518号住居	1	1.9	1.4
	溜ノ台	41号住居	1	3.6	3.2
	赤羽根	6号住居	1	4.1	2.1
		47号住居	1	3.7	1.6
	文殊山	3号住居	1	5.6	3.6
	清六Ⅲ	63号住居	1	3.4	2.1
	福島駒形	23号住居	1	7.1	3.0
	森下中田	4-14号住居	1	7.8	2.2
群馬	白倉下原	29号住居	1	3.2	3.9
	白井南中道	22号住居	1	4.2	2.9
	本宿・郷土	GD51号住居	2	4.3	2.6
				5.0	2.5

関東地方

県域	遺跡名	遺構	点数	長さ(cm)	幅(cm)
茨城	久慈吹上	1号住居	1	1.9	2.5
	大山Ⅰ	43号住居	1	4.9	2.7
	うぐいす平	18号住居	1	2.4	1.8
	野中	4号住居	1	4.9	3.3
	武田原前	16号住居	1	3.0	1.4
		38B号住居	6	5.5	1.6
				4.5	3.7
				4.1	3.3
				4.4	2.8
				3.5	3.5
				欠損	
	島名ツバタ	21号住居	1	3.9	3.8
		47号住居	1	6.3	3.8
	東山	61号住居	1	5.1	2.8
		62号住居	1	4.4	3.7
		71号住居	1	5.7	3.1
	武田石高	8号住居	1	2.7	1.6
		20号住居	1	4.6	1.8
		29号住居	1	6.0	1.9
		45号住居	1	5.6	2.5
		76号住居	1	3.6	2.0
		102号住居	1	3.5	2.1
		137号住居	1	2.4	1.7
		151号住居	1	2.8	1.3
	島名熊の山	2597号住居	1	6.1	1.8

県域	遺跡名	遺構	点数	長さ(cm)	幅(cm)
		25号住居	1	3.3	1.4
	御伊勢原	35号住居	2	4.1	3.1
				5.3	5.2
		39号住居	1	2.8	3.4
	後張	184号住居	1	3.3	2.3
	棚田	10号住居	1	欠損	
埼玉		55号住居	1	4.1	3.1
	荒川附	83号住居	2	2.9	2.4
				3.2	3.2
	如意	348号住居	1	2.6	1.3
		355号住居	1	欠損	2.9
		447号住居	1	5.3	3.0
		473号住居	1	4.0	3.3
東京	神谷原	74号住居	1	4.2	3.0
		102号住居	3	欠損	
		187号住居	1	欠損	1.8
		194号住居	2	3.6	3.4
				欠損	3.2
千葉	道地	88号住居	1	3.5	3.3
	上大城	103号住居	1	4.8	2.6
		118号住居	1	2.9	1.3
	台山	1号住居	1	6.2	3.1

県名	遺跡名	遺構	点数	長さ(cm)	幅(cm)
千葉	台山	8号住居	1	3.8	2.8
		74号住居	1	3.7	2.6
	マミヤク	23号住居	1	欠損	2.3
		75号住居	1	4.4	2.5
		1号祭祀遺構	1	3.3	2.7
		2号祭祀遺構	1	3.4	3.6
	草刈六之台	852号住居	1	3.4	1.2
		3G-84グリッド	1	5.8	3.2
		106号住居	1	5.3	3.0
		203号住居	1	4.4	1.6
		792号住居	1	5.6	3.3
	仲ノ台	16号住居	1	4.2	2.5
		20号住居	1	5.1	2.7
	草刈	E50号住居	3	3.6	1.9
				3.8	3.3
				4.0	3.8
		E63号住居	6	3.5	1.6
				4.8	1.5
				2.6	1.7
				3.5	1.7
				4.4	1.4
				5.4	1.9
	俵ヶ谷	56号住居	1	欠損（銅鏃）	
		89号住居	2	欠損	
	下方内野南	21号建物	1	2.1	3.0
	叶台	1号住居	1	2.3	1.5
		26号住居	1	2.0	1.4
	伯父名台	56号住居	1	欠損	2.8
	日秀西	3A号住居	2	2.7	0.9
				6.5	2.8
		22B号住居	1	3.0	3.7
		31F号住居	1	3.3	1.9
		32C号住居	1	4.4	2.2
		38号住居	1	2.5	2.0
		41A号住居	1	4.8	2.8
		63B号住居	1	2.4	1.8
		63C号住居	1	2.4	1.5
		64号住居	1	3.2	2.4
		76A号住居	2	3.2	2.9
				5.2	2.7

県名	遺跡名	遺構	点数	長さ(cm)	幅(cm)
千葉	日秀西	90A号住居	1	5.9	3.1
	加茂	6号住居	1	4.1	2.1
	榎作	190号住居	1	欠損	
		172号住居	1	欠損	
	三輪野山第II	1号住居	1	4.1	2.5
		8号住居	1	1.7	1.3
		12号住居	1	2.1	1.6
		14B号住居	2	1.4	2.9
				欠損	1.8
		45号住居	1	4.6	2.3
	飯塚荒地台	3号住居	1	4.0	2.2
	名木不光寺	4号住居	1	2.8	2.8
		11号住居	1	欠損	3.4
		43号住居	1	2.8	2.8
	大井東山	7号住居	1	3.6	3.1
		37号住居	1	4.5	2.2
	台畑	9号住居	1	3.4	2.6
	大袋山王	35号住居	1	4.5	2.1
		63号住居	1	2.1	1.8
		68号住居	1	欠損	1.5
	南羽鳥中岫	1号住居	1	5.4	3.2
		30号住居	1	2.9	1.6
		52号住居	1	4.1	3.2
		83号住居	1	9.3	4.0
		89号住居	1	4.4	2.8
		115号住居	1	2.8	1.2
		土器集積祭祀遺構	5	4.9	3.2
				3.8	1.8
				2.7	1.3
				欠損	
				欠損	1.9
	有吉北貝塚	6号住居	1	6.1	4.3
		222号住居	1	4.0	2.9
	高沢	116号住居	1	3.2	0.9
		118号住居	1	2.9	1.2
		226号住居	1	4.8	3.4
		282号住居	1	2.6	1.3
		303号住居	1	2.5	1.1
	チアミ	11号住居	1	2.9	1.5

県名	遺跡名	遺構	点数	長さ(cm)	幅(cm)	県名	遺跡名	遺構	点数	長さ(cm)	幅(cm)
神奈川	沼間ポンプ場南台地	32号住居	1	3.6	3.1	山梨	二之宮	148号住居	4	4.4	3.3
										3.4	1.6
	池子	2号住居	1	4.7	2.5					3.4	4.0
	三枚町	11号住居	1	4.1	3.6					3.8	1.5
	宿根南	H45号住居	1	3.6	2.1			西11号住居	1	4.5	2.6
		H48号住居	1	3.3	1.7	長野	屋代清水	105号住居	1	7.6	4.5
	下大槻峯	4号溝	3	3.3	2.6		恒川	138号住居	1	4.5	2.8
				4.5	3.7		屋代遺跡群	5094号住居	1	5.1	1.9
				2.3	4.2		前田	H56号住居	1	2.4	2.0
	三ヶ岡	5号住居	1	2.9	2.4		屋代遺跡群	81号住居	1	5.2	2.9
							森下	17号住居	1	欠損	

甲信地方

県名	遺跡名	遺構	点数	長さ(cm)	幅(cm)
山梨	宿尻第2	36号住居	1	3.3	2.7
	伊藤窪第2	2号住居	1	5.9	3.4

※計測部位は杉山1988による。
※形態がわかる程度の欠損例は復原値で計測。
※千葉県俵ヶ谷遺跡例のみ青銅製。

6cm、幅1〜4cmの範囲に大部分の例の法量が収まる。これは当時用いられていた平根系鉄鏃の鏃身法量がもつ傾向を示している。そしてこの法量の傾向からみて、平根系鉄鏃の大部分は狩猟の実用に耐える法量であったと考えてよい。ただし一部には、この傾向を逸脱した大きな法量をもつ例もある。これらの例は後述するように、視覚的効果を狙った儀器・祭器的な鉄鏃であった可能性が高い。

次に、平根系鉄鏃の鏃身形態について吟味したい。

東北では、正三角形式1点、長三角形式5点、五角形式1点、柳葉式2点が認められる。有茎の例4点、無茎の例5点である。

関東では、正三角形式11点、長三角形式54点、菱形式5点、五角形式11点、柳葉式26点、長茎三角形式（頸部が若干長く、小形で長三角形の鏃身をもつ形式）28点、飛燕式4点、広根式2点、斧箭式2点、雁股式1点、葉式1点、広抉腸抉式（長三角形の鏃身で広い抉りが入り、長めの腸抉を備える形式）7点が認められる。有茎の例101点、無茎の例37点、欠損のため茎の有無不明が10点である。

甲信では、長三角形式4点、五角形式1点、柳葉式2点、長茎三角形式4点、斧箭式1点、広抉腸抉式1点が認められる。有茎の例12点、欠損のため茎の有無不明が1点である。

3地方をまとめると、合計で12種類の鏃身形態の存在が確認でき、正三角形式12点、長三角形式63点、菱形式5点、五角形式13点、柳葉式30点、長茎三角形式32点、飛燕式4点、広根式2点、斧箭式3点、雁股式1点、葉式1点、広抉腸抉式8点である（図37）。また有茎の例117点、無茎の例42点、欠損のため茎の有無不明が11点である（図38）。平根系鉄鏃の形式組成には、3地方間で明瞭な相違は認められない。3地方とも、出土点数からみて長三角形式、五角形式、柳葉式、長茎三角形式を主要な形式としていたことが窺える。茎部の有無不明の例が11点あったが、有茎の例は無茎の例の3倍近くの点数を占める。狩猟用鉄鏃の中では、無茎の例よりも有茎の例が比較的多く使用されていたことが推測される。

前節のマタギ使用利器で考察したように、狩猟具としての平根系鉄鏃の鏃身形態は、狩猟対象動物や狩猟方法の如何によって狩猟者から選択され、あるいは狩猟者の経験に基づいて新たに考案・改良され生み出されてきたものと考えられる。その意味で、今回管見に触れた平根系鉄鏃が12種類もの鏃身形態を有し、さらに有茎・無茎の2者が認められる事実は、3地方における古墳時代の弓矢猟が多様な猟場のもとで多種の動物を対象に実施されていたこと、また狩猟用鏃の製作にあたって試行錯誤が繰り返されていたことを示している。

（4）大形・異形平根系鉄鏃および石鏃・骨鏃・木鏃

集成には、明らかに実用に不向きな大形あるいは特異な形態を呈する平根系鉄鏃や、鉄器の普及が進んでいた古墳時代には利器の素材として一般的ではない石・骨・木で製作された鏃がみられる。これらは形態からみて、石鏃以外は儀器および戦闘用としての用途が推測され、狩猟用とは考えにくい。次に、狩猟用と考えられる打製・磨製石鏃とともに、これらの鏃について簡単に触れておくことにしたい。大形・異形平根系鉄鏃は平根系鉄鏃を祖形とするため狩猟と

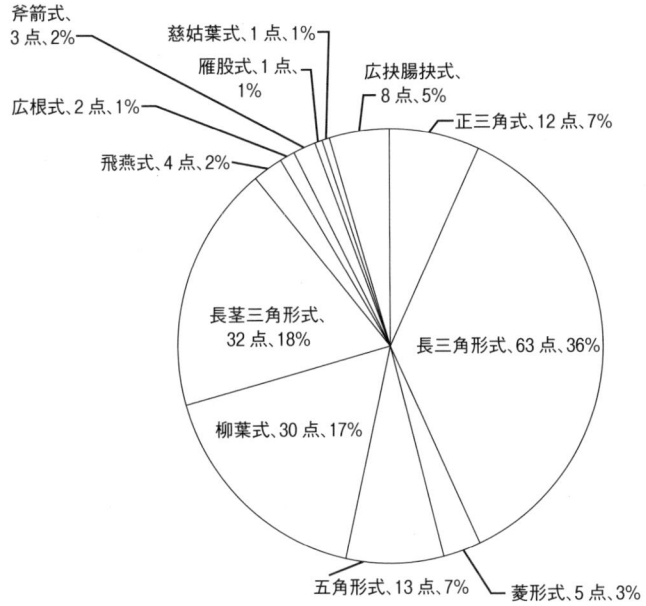

第4章　古代狩猟の実態と民族考古学　199

図37　平根系鉄鏃の諸形式

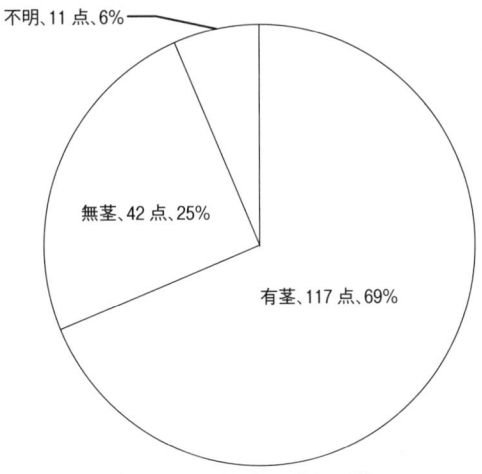

斧箭式、3点、2%
慈姑葉式、1点、1%
雁股式、1点、1%
広根式、2点、1%
広抉腸抉式、8点、5%
飛燕式、4点、2%
正三角式、12点、7%
長茎三角形式、32点、18%
長三角形式、63点、36%
柳葉式、30点、17%
五角形式、13点、7%
菱形式、5点、3%

図38　平根系鉄鏃の茎部形態

不明、11点、6%
無茎、42点、25%
有茎、117点、69%

の関連が考えられ、他の戦闘用と推測される鏃も、狩猟や漁撈への転用の可能性が窺われるからである。

①大形・異形平根系鉄鏃（図39）

　平根系鉄鏃の法量は、大部分が長さ2～6cm、幅1～4cmの範囲に収まるが、この傾向を超える、明らかに大形の例がいくつかみられる。

　すなわち、群馬県甘楽郡甘楽町福島駒形遺跡23号住居（前期）出土の長さ7.1cm、幅3.0cmの有茎広根柳葉式、同県利根郡昭和村森下中田遺跡4-14号住居（中期後半）出土の長さ7.8cm、幅2.2cmの有茎柳葉腸抉式、埼玉県川越市御伊勢原遺跡35号住居（中期前半）出土の長さ5.3cm、幅5.2cmの有茎長三角形重抉式、および千葉県成田市南羽鳥中岫遺跡83号住居（後期）出土の長さ9.3cm、幅4.0cmの有茎広抉腸抉箆被式の各鉄鏃である。

　また狩猟用鏃には必要とされない、非実用的形態をもつ異形の平根系鉄鏃も認められる。

　すなわち、福島県郡山市清水内遺跡7区1号住居（中期）出土の有茎広鋒長三角形重抉式、茨城県ひたちなか市武田原前遺跡38B号住居（中期）出土の有茎狭鋒長三角形重抉式、埼玉県御伊勢原遺跡35号住居（中期前半）出土の前掲例、千葉県袖ヶ浦市台山遺跡1号住居（前期前半）出土の異形有茎平根式、同県市原市草刈六之台遺跡3G-84グリッド出土の前期に属する有茎長三角形腸抉式、同県市原市草刈遺跡E50号住居（中期前半）出土の無茎異形斧箭式、神奈川県逗子市池子遺跡2号住居（前期）出土の慈姑葉式、および山梨県韮崎市伊藤窪第2遺跡2号住居（前期）出土の有茎異形斧箭式の各鉄鏃である。

　これらの鏃は、二重の腸抉や長く伸びる逆刺を備える形態や、非実用的な形態を呈している。狩猟用鏃の機能上必要な形態ではなく、明らかに視覚的な効果を期待して製作された鏃である。主に前期と中期に属する住居から出土するこれらの大形・異形平根系鉄鏃は、狩猟用鏃として機能していたとは考えがたい。祖形が狩猟用鏃であることから、狩猟に関連あるいは由来する、何らかの儀礼や祭祀に用いられた儀器・祭器的な鏃であったと理解したい。

②石鏃（図40、表14）

打製石鏃と磨製石鏃がある。

打製石鏃は、宮城県石巻市新金沼遺跡の住居6軒（前期前半）から計7点、埼玉県北足立郡伊奈町向原遺跡の46号住居（前期初頭）から1点、千葉県八千代市川崎山遺跡の住居5軒（前期初頭）から各1点計5点、および山梨県韮崎市宿尻第2遺跡の住居5軒（前期前半）から各1点計5点出土した。3地方から出土し、いずれも前期初頭から前半にかけての時期に属する。帰属時期からみて、先行する弥生時代に当地域あるいは他地域においてなされていた打製石

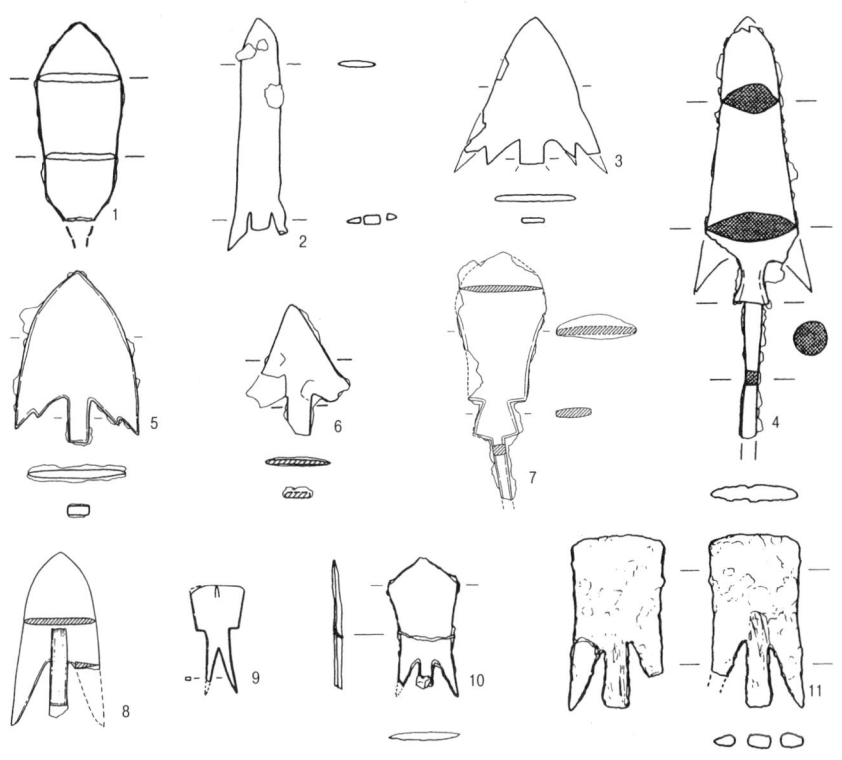

図39　大形・異形平根系鉄鏃
1：福島駒形遺跡、2：森下中田遺跡、3：御伊勢原遺跡、4：中岫遺跡、5：清水内遺跡、6：武田原前遺跡、7：台山遺跡、8：草刈六之台遺跡、9：草刈遺跡、10：池子遺跡、11：伊藤窪第2遺跡

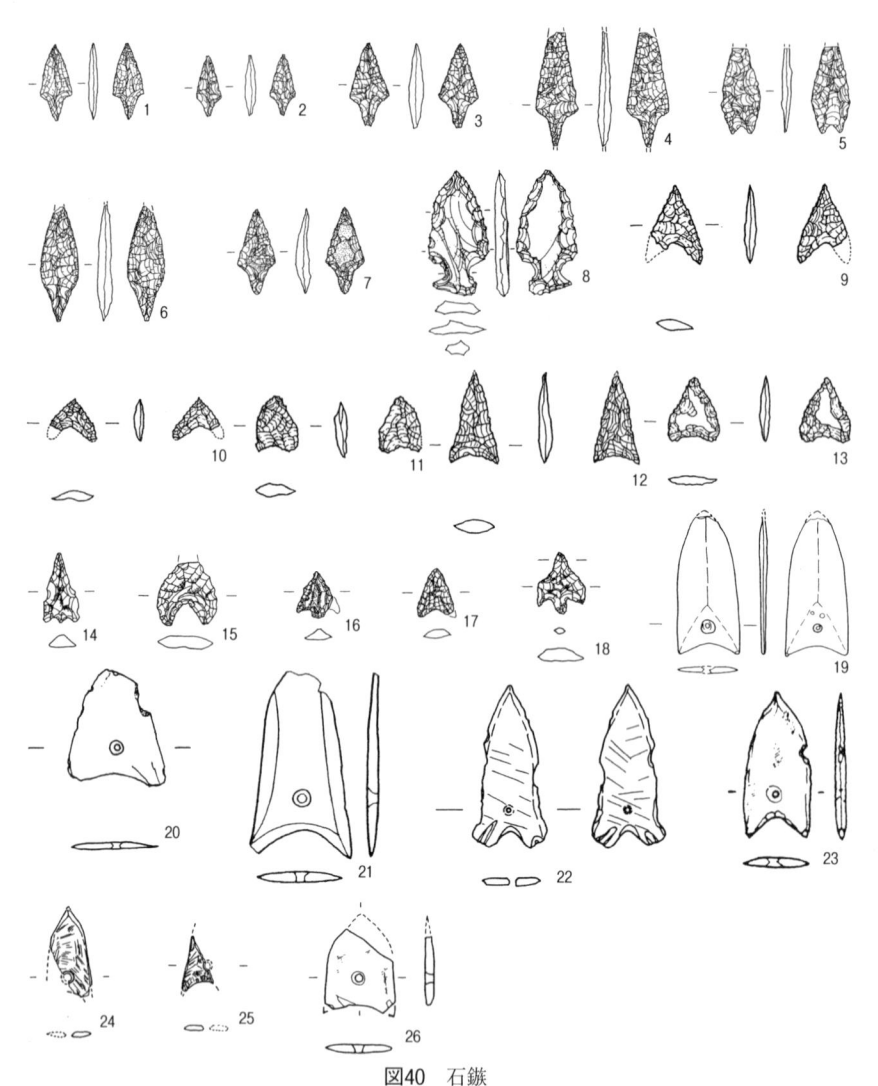

図40 石鏃
1～7：新金沼遺跡、8：向原遺跡、9～13：川崎山遺跡、14～18：宿尻第2遺跡、19：マミヤク遺跡、20：坂井南遺跡、21：立石遺跡、22：六科丘遺跡、23：上横屋遺跡、24・25：腰巻遺跡、26：生仁遺跡

鏃の製作と使用が、古墳時代開始期まで継続していたことを示す。

ところで、新金沼遺跡が所在する宮城県域では、先行する弥生時代後期に製作されていた石鏃として天王山式期のアメリカ式石鏃が知られる。アメリカ式石鏃は、弥生時代後期に宮城・福島県域を中心に分布する、特異な形態をもつ打製石鏃である（塚本 1995、石原正 1996）。けれども新金沼遺跡出土の石鏃の中には、アメリカ式石鏃に形態的に類似する例がみられない。新金沼遺跡で続縄文土器が少量出土している事実を考えると、新金沼遺跡の打製石鏃は東北や他地域の弥生文化の所産ではなく、むしろ古墳時代前期に東北北半との交流が窺われる、続縄文文化の影響が強い石鏃かもしれない。当地域における類例の増加を待ち、本石鏃の性格について検討を継続する必要がある。

表14　石鏃属性表

打製石鏃

遺跡名	長さ(cm)	幅(cm)	石　材
新金沼	1.7	1.1	頁　岩
	1.5	0.9	黒曜石
	1.9	1.4	赤頁岩
	3.0	1.4	頁　岩
	3.2	1.4	頁　岩
	2.5	1.3	頁　岩
	1.8	1.8	メノウ
向　原	2.8	2.0	不　明
川崎山	2.6	1.7	チャート
	1.4	1.8	黒曜石
	1.8	1.4	黒曜石
	3.0	1.7	チャート
	2.2	1.6	チャート
宿尻第2	2.3	1.2	黒曜石
	2.0	1.9	黒曜石
	1.4	1.5	不　明
	1.7	1.3	黒曜石
	2.0	1.6	黒曜石

有孔磨製石鏃

遺跡名	長さ(cm)	幅(cm)	石　材
マミヤク	4.4	2.1	不　明
坂井南	3.9	3.4	緑色片岩
立　石	5.4	3.4	不　明
六科丘	5.1	2.6	粘板岩
上横屋	4.9	2.2	蛇紋岩
腰　巻	欠　損	欠　損	粘板岩
生　仁	3.4	2.4	不　明

さて、打製石鏃の形態は、長三角形あるいは正三角形を呈し、有茎と無茎がある。鏃身法量は、長さ1.5〜3cm前後、幅1cm前後〜2cmの範囲にまとまりをみせる（図41）。石材は、頁岩・黒曜石・メノウ・チャートが認められる。使用された石材からみて、各石鏃はその素材を遺跡近くで産出される石材に求めていたことが推測される。

これらの打製石鏃には、非実用的な形態と大きさをもつ例はみられない。縄文・弥生時代の打製石鏃に関しては、動物遺存体への貫入例が20余り知られ（熊谷 2001）、ニホンジカやイノシシの陸獣、クジラ類やイルカ類の海獣に対

する狩猟具であったことがすでに確かめられている(12)。形態的にみて縄文・弥生時代の打製石鏃に系統を辿りうるので、狩猟用であったとみてよい。

ただし埼玉県向原遺跡の例のみ、アメリカ式石鏃に類似した形態を呈しており注意される。鏃が出土した向原遺跡の住居は、前期初頭に属し、東北地方でアメリカ式石鏃が製作・使用された弥生後期とは時期的に近接する。しかし本例は、アメリカ式石鏃の典型的な分布域を外れ、その南限に位置する。関東地方におけるアメリカ式石鏃の分布の問題に関しては、吟味の継続が必要である。またアメリカ式石鏃の用途に関しては、いまのところ実用のほかに祭祀用の可能性も示されるなど、意見の一致をみない。ここでは、基部の形状が一般的な有茎石鏃とは異なるものの、小形の打製石鏃であり扁平な形状をもつ点から狩猟用鏃として扱うこととした。

磨製石鏃は、千葉県木更津市マミヤク遺跡44号住居（前期前半）から1点、山梨県韮崎市坂井南遺跡5号住居（前期前半）から1点、同県東八代郡中道町

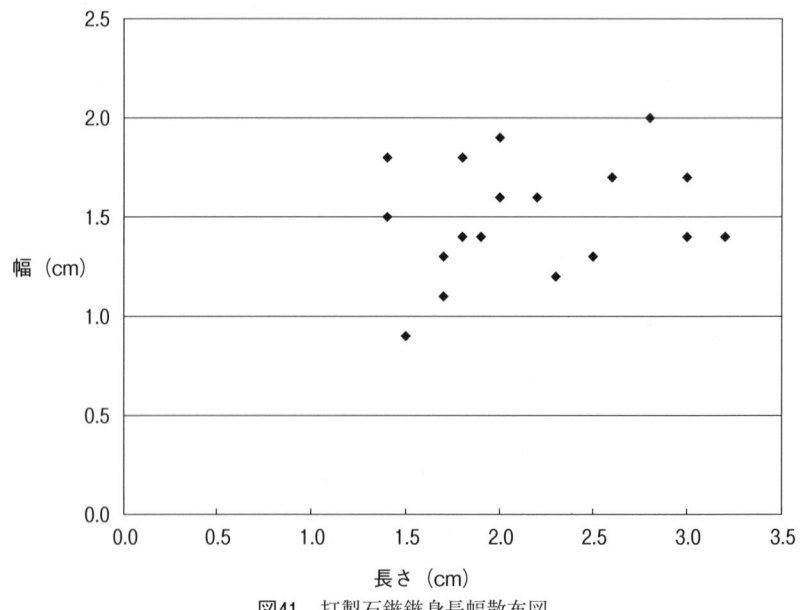

図41　打製石鏃鏃身長幅散布図

立石遺跡19号住居（前期前半）から1点、同県中巨摩郡櫛形町遺跡3号住居（前期前半）から1点、同県韮崎市上横屋遺跡11号住居（後期後葉）から1点、長野県佐久市腰巻遺跡3号住居（前期後半）から2点、および長野県更埴市生仁遺跡50号住居（時期不明）から1点出土している。

いずれも平面が長三角形で扁平な形態を呈し、基部は内側に円く湾曲し、鏃身中央下部に小孔を一つ備えるいわゆる「有孔磨製石鏃」と呼称される形式に該当する。鏃身の法量は、長さ3cm余りから5cm余りまで、幅2cm余りから3cm余りまでの範囲に収まる。使用された石材は、緑色片岩・粘板岩・蛇紋岩である。

本形式は、弥生中期から後期にかけて中部地方を中心に分布することが確認されている（関俊 1965）。今回の例は、上横屋遺跡と腰巻遺跡および帰属時期不明の生仁遺跡出土例を除き、前期前半に属する。この事実は、弥生中期にはじまる本石鏃の製作・使用が、古墳初頭まで継続していたことを示唆する。ただし上横屋遺跡の例のみ、時期の下った後期後葉に属する住居埋土からの出土である。一例のみ、また埋土からの出土なので、甲信における中期以降の有孔磨製石鏃の製作・使用の存否については、今後の出土例の増加を待って検証するほかない。現段階では、関東・甲信における有孔磨製石鏃の製作・使用は、弥生時代の終末後、古墳前期までは継続しており、その頻度は特に長野県域において多かったと推測しておきたい。

有孔磨製石鏃の用途に関して、関東出土の本石鏃を検討した及川良彦（2002）は、丘陵や河川・海岸に面した地域に出土遺跡が分布する事実と出土状況から、鏃・槍先・ヤスなどの狩猟具・漁撈具の可能性を論じた。薄く幅の広い、射切る機能をもたせた形状や鏃身の法量から、狩猟用鏃であった可能性が高いとみられる。

③骨鏃（図42）

骨鏃は、宮城県多賀城市山王遺跡河川跡（後期）から61点、長野県更埴市屋代遺跡群の前期から後期までの時期幅が考えられる住居跡から合計8点、同県長野市石川条里遺跡の土坑・溝（中期前半）から被熱した例が49点、および同

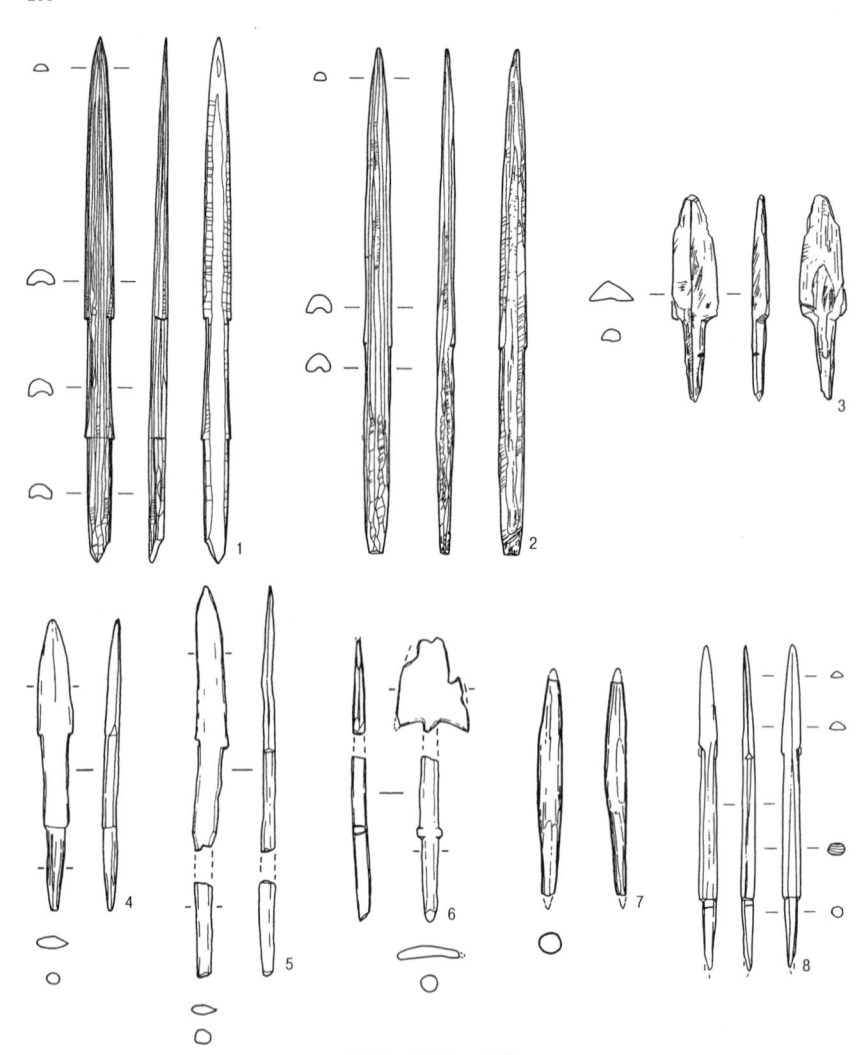

図42　骨鏃・木鏃
1～3：山王遺跡、4～6：屋代遺跡群、7：石川条里遺跡、8：横間栗遺跡

県更埴市生仁遺跡の3軒の住居（1軒は後期）から合計3点が出土している。

　これらの鏃身は、大部分が細長い柳葉形や棒状の形態を呈するため、戦闘用鏃と考えられる。ただし、山王遺跡から有茎で鏃身が長三角形の例が1点、また屋代遺跡群（木下ほか 2000）の229号住居（後期）から三角形長茎箆被式鉄鏃に形態が類似する例が1点出土している。この2点は鏃身が平根の形態をもつので、狩猟用の可能性が高い。

　また、石川条里遺跡出土例が被熱していた点は注意が必要である。儀礼行為などの故意による受熱か、または後世の野火などによるものか、類例の増加を待ち再度検討する必要がある。

　骨鏃の素材に関して、山王遺跡では大部分がニホンジカの中手骨・中足骨を用い、長三角形式の例のみ脛骨を素材としていた。生仁遺跡では44号住居出土の1例のみシカの中手骨あるいは中足骨の利用が判明した。

　なお骨鏃は、5世紀までは当時の鉄鏃の形態を模倣した例が多く、6・7世紀になると長頸鏃を模倣しつつも独自の形態を呈する骨鏃が東北・関東に広く認められるという（藤沢 2002）。藤沢は、集落と墳墓出土例をあわせて検討したが、集落出土例に限ってみると、むしろ甲信の出土遺跡数は東北・関東より多い。さらに、山王遺跡の例は後期だけに限られ、ほぼすべてが柳葉形を呈するが、長野県域出土鏃の帰属時期は前期から後期までにわたり、鉄鏃模倣例だけでなく棒状や平根の形状をもつ例も認められ多様な形態が存在する。集落出土例だけに限ってみると、古墳時代の3地方の中では、甲信とりわけ長野県域において骨鏃の発達が進んでいたと推察される。

④木鏃（図42）

　埼玉県熊谷市横間栗遺跡10号溝の埋土から出土した。共伴遺物に甕・堅櫛があるため、溝に中期の年代が与えられた。木鏃は、長さ10.3cm、幅0.7cm、鏃身長3.7cmを測る。鏃身は、平面長三角形で断面は三角形を呈し、頸部・箆被・茎を備える。細長く鋭い鏃身の形態から、戦闘用鏃と考えられる。

（5）東日本古墳時代弓矢猟

　古墳時代の鏃を出土する集落遺跡は平野・盆地に立地し、山地の立地はみられない。集落周辺の林や草原、丘陵、山地において弓矢猟が行われていたと推測される。東北・関東・甲信における鏃の出土遺構には、竪穴住居・建物・土坑・溝・祭祀遺構・河川跡がある。なかでも千葉県域の祭祀遺構では平根系・細根系の両者が出土したが、これは戦闘用に加え狩猟用鏃も祭祀に用いられていたことを示す。なお同県域では、住居内で折り曲げられた細根系鉄鏃や住居側溝内に配置された有稜系銅鏃も検出された。これら二者は戦闘用鏃であった。3地方の各時期に属する出土鏃の中で、鉄鏃は最も普遍的にみられる。ことに茨城・千葉県域の中期と後期の出土点数は目立って多く、平根系鉄鏃の割合が非常に高い。両県域における中期と後期の弓矢猟の盛行が推測される。また3地方では、全時期に平根系鉄鏃、一部の時期に石鏃が認められる。これは古墳時代を通じて、弓矢猟の実施が継続していたことを示唆する。東北は他の2地方に比べ、鏃出土遺跡数が少なく、出土点数全体に占める打製石鏃と骨鏃の割合が高い。関東では、出土鏃全体の中で鉄鏃の占める割合が非常に高く、平根系鉄鏃だけでも全体の6割余りを占める。これは他の2地方にない特徴である。甲信では、出土鏃全体に占める鉄鏃の割合は関東に比べ少ないが、鉄鏃に占める平根系の割合が高くなる点は関東に類似する。鏃の類別組成の中で、石鏃と骨鏃の占める割合が高い点は東北と傾向が類似する。平根系鉄鏃の鏃身法量は、長さ2〜6cm、幅1〜4cmの範囲に大部分が収まる。この傾向は、当時の狩猟用鉄鏃の鏃身の典型的な大きさを示している。平根系鉄鏃は、長三角形式・五角形式・柳葉式・長茎三角形式を典型的な形式として、合計12形式が認められる。そのうち有茎の例が約7割、無茎の例が約4割、茎の有無不明が約1割を占める。鏃身形態や茎の有無にみられる平根系鉄鏃の形態の多様性は、当時の狩猟技術内容の多様性や鏃製作に試行錯誤があったことを示唆する。平根系鉄鏃の中には、非実用的な大きさや形態をもつ例が存在する。主に前期と中期に属するこれらの鏃は、視覚的な効果をねらった形態を有し、狩猟に関連する儀礼的行為に用いられた儀器・祭器的な鏃であったと推測される。

前期前半に属する打製・磨製石鏃は、帰属時期からみて先行する弥生時代から製作・使用が継続してきたものである。形態から狩猟用と判断した。1点認めた類アメリカ式石鏃については類例の増加を待ち、アメリカ式石鏃との関連を再検討する必要がある。有孔磨製石鏃は長野県域の検出例が多く、当時この地域で製作・使用が最も盛んであったことが推測される。骨鏃は、大部分が細長い柳葉形や棒状の鏃身をもつため戦闘用と考えられるが、僅少ながら2点だけ平根の形態をもつ例があり、これらは狩猟用骨鏃の可能性が高い。石川条里遺跡出土の被熱した骨鏃が、儀礼的行為によるか否かについては検討の継続が必要である。出土遺跡数や骨鏃の形態的多様性から、特に長野県域において骨鏃が発達していたことが推察される。埼玉県域出土木鏃1点は、細長く鋭い形態から戦闘用と判断される。

最後に、鏃身の類別と上述の検討結果をもとに、今回対象とした古墳時代集落出土鏃に占める、狩猟用鏃の割合を示したい。東北は77点中17点が狩猟用の形態をもち22.0％、関東は240点中162点が狩猟用の形態をもち67.5％、甲信は93点中26点が狩猟用の形態をもち27.9％を占める。3地方の中で関東の狩猟用鏃の割合が最も高く、7割近くを占める。そして東北・甲信はともに2割台である。

古墳時代集落出土鏃の検討から、鏃組成において3地方間に若干の類似点がみられた。その一方で、各地方や各県域の鏃組成に地域色があることや特定時期に特定形式の鏃が出土する事実も明らかとなった。平根系鏃が狩猟用、細根系・有稜系鏃が戦闘用と厳密に区別され使用されていたとは限らないが、鏃身の形態からその用途が推測可能である根拠については検討前に述べた通りである。その意味で、古墳時代東日本の3地方で実施されていた弓矢猟の技術内容に、地域的多様性および時期的変化が生じていたことを示唆している。

また千葉県域の2遺跡の祭祀遺構からの平根系鉄鏃の出土や、各地域で認められた非実用的な大形・異形平根系鉄鏃の存在は、狩猟用鏃の儀礼・祭祀行為における使用、そして狩猟用鏃の儀器への変化を物語っている。このことは、古墳時代における狩猟と儀礼・祭祀との関連を示すだけにとどまらず、食料生

産社会である古墳社会の食料獲得活動としての狩猟が、副次的あるいはそれ以下のごく小規模な生業と従来みなされてきたにもかかわらず、当時大きな社会的役割を果たしていた儀礼・祭祀と関連をもっていたことを示す点において、大きな問題を孕んでいる。

註

（１）縄文時代の狩猟研究に関しては、長谷川豊が静岡県大井川上流域の犬を用いたシカ・イノシシ狩猟の民俗調査を実施し、検討結果の援用を試みている（長谷川豊 1996・1998）。
（２）マタギの罠猟について、佐藤宏之（1998）が詳細な民族考古学調査を行っており、参考となる。
（３）銃使用以前は、仕掛け弓が行われていたのであろう。
（４）柳田國男が千葉に「昔は猟師が宗教者であった、というよりも一派の宗教者が狩をも行なったと考えるべきではないか」（千葉徳 1975：26頁）と示唆を与えたように、山地狩猟と信仰・儀礼は密接な関係にあることが民俗学者の間で古くから注意されてきた。
（５）千葉は、「（狩猟の）習俗の発生系統にはツングース文化の作用が働いているとしても、現在の日本民族の狩猟伝承としては、中世以降の熊野神社の信仰が濃厚に投影しているとみなすべきである」（千葉徳 1976：136頁）とした。また民俗学の文化起源論への応用の難しさを説いた。
（６）直良は茨城県結城郡出土のクマ形埴輪を挙げる。群馬県藤岡市十二天塚古墳採集例も知られている（志村哲 2002）。
（７）逆に、註（１）でふれた長谷川の研究は、縄文時代だけにとどまらず、弥生時代以降の古代農耕社会における山地狩猟の研究にも援用可能であろう。氏の研究対象とした山村も農耕を主生業にしていると推測されるからである。
（８）ナガサやタテの製作工程については、動作連鎖論的分析（後藤明 2012）も可能となろう。
（９）太田祖電氏による本資料調査カードには、江戸時代末期、奥羽山系にイノシシはいなかったが、北上山系太平洋側には生息しており、明治時代中頃の異常な大雪によってそれが絶滅した旨、備考欄に記載がある。
（10）アイヌ文化期の鉄生産は、17世紀中葉までは鉄鍋が再利用されるなど、擦文文化期に比べ進展が認められた。しかし、17世紀後葉の長寸の刃物の本州からの禁輸や18世紀後葉の鉄類の本州からの輸出統制が松前藩の政策で行われ、近世アイヌの鉄生産は衰退した（鈴木信 2007）。

(11) 弥生時代の例になるが、佐賀県東脊振村三津永田32号甕棺から埋葬人骨とともに人骨に突き刺さっていたと思われる長さ6.3cm、幅2.0cmの無茎長三角形腸抉式鉄鏃が検出された（橋口 1995）。この鏃は平根系の形状をもつ。弥生時代において、狩猟用鏃が戦闘用にも使用されることがあったことを示す。
(12) 弥生時代の例として、朝日遺跡出土の石鏃が刺さったイノシシ頸椎が知られる。愛知県埋蔵文化財センターより、この石鏃は打製石鏃であるとのご教示を賜った。また縄文・弥生時代の殺傷人骨には、打製石鏃が突き刺さり残存した例がいくつか認められている（藤原哲 2004）。この例の中には、戦闘用に転用された狩猟用石鏃が含まれている可能性がある。場合によっては狩猟用石鏃の戦闘用への使用もありえたことを示唆する。

第5章　堅果類採集―民俗誌の検討から―

　古代日本の食料獲得について、海から川をさかのぼり、湖沼や水田用水系、そして内陸の内水面を舞台とする漁撈をみたのち、次に水面から陸へと上がって狩猟の検討をしてきた。漁撈と狩猟は、古代食糧生産に付随する食料獲得活動のなかでも代表的な存在である。

　しかし狩猟が展開した陸地には、もう一つ忘れてならない重要な食料獲得活動が存在した。植物質食料の採集、ことに堅果類採集である。

　狩猟採集社会が営まれた先史時代において、堅果類採集が非常に重要な生業であったことは想像に難くない。現代ほどの良好な農耕の収穫量が期待できない古代社会にあって、堅果類は救荒食として、また不断の食事にも供せられていたことが容易に推量される。その意味では漁撈や狩猟に比肩する重要性をもっていたはずである。

　けれども、この生業活動の詳細を解釈しうる古代遺跡出土の堅果類遺存体に関しては、良好な検出例が乏しい。そのため、本章では自然遺物を分析対象とせず、さきに漁撈や狩猟の検討で用いた手法と同じく、民俗誌記録の検討を通じて古代堅果類採集および利用について考察する。検討は、これまで縄文時代の堅果類採集研究で顧みられなかった、堅果類の採集技術と調理技術を中心に行う。

第1節　古代堅果類利用の研究史

　堅果類の採集は、縄文時代において狩猟や漁撈よりも中心的な生業であったことが近年の研究で主張されている（高橋龍 2007）。しかし堅果類採集が重要な位置を占める縄文時代の生業形態は、弥生時代以降、水稲農耕が主要な生業

となっていくにつれ、変化していった。

古代の堅果類採集については、植物遺存体の出土から、縄文時代以降も堅果類採集が継続されていたこと、またイモ類と異なり貯蔵に向いているため、救荒食などに利用されていたことが主張されてきた。

堅果類遺存体が、ピットや住居内などからまとまった状態で出土すれば、貯蔵など当時の利用の実態を示す情報をもつ。しかし、単に検出された遺存体のみを集成しても、当時の堅果類採集の詳細な解釈は難しい。このような資料的状況のなかで、民俗学の調査成果を参考に、古代の堅果類利用を推測するための、堅果類採集技術や調理技術の傾向を得たい。

これまで堅果類利用に関する民俗学の調査事例は、アク抜き技術を中心に、縄文時代の植物質食料採集の参考にされてきた。しかし、これら日本の山村において近年まで伝えられてきた堅果類利用習俗は、食糧生産社会の植物質食料の獲得行為とみなすことも可能である。すなわち、これらの民俗誌が有する情報は、狩猟採集社会よりも、環境が類似する点で、むしろ弥生時代から平安時代までの古代堅果類利用技術を推定するのに適する。

なお、ここでの堅果は「種実」を意味する。

ここで、堅果類利用に関する研究の歩みについて、触れておきたい。

文献史学では、関根真隆(1969)の奈良時代食生活の研究がある。「果物類」の項目の中で、堅果類がまとめられている。関根によれば、『本草和名』・『和名抄』・『延喜式』などの史料にクルミ・クリ・シイ・カヤが現れ、このうちクルミ・クリ・シイは貢進されていたという。

なお『和名抄』には、クヌギは染色の原料としても記述がある(松山1982)。平安時代におけるドングリ類の食用以外の用途を示している。

考古学では、寺沢薫・寺沢知子(1981)による、弥生から古墳前期初頭にかけての植物質食料の検討が初出である。寺沢らは、植物遺存体の集成のなかで、堅果類について、「縄文時代の落葉性堅果類のすべてがいずれも東日本に分布し、西日本にはほとんどその分布をみないのに比較すると、むしろその分布は汎日本的ともいえる」(寺沢薫・寺沢知 1981：90・91頁)とし、「西日本

では、照葉性堅果類を中心としつつも、落葉性をもふくむ堅果類一般の利用度が高いのに対して、東日本では、照葉性堅果類を欠き、量的にも各遺跡において少量検出されるにとどまっている。とくに西日本での照葉性堅果類の量は、いわゆるドングリ・ピットをはじめ大量に一括出土することも少なくなく、堅果類が計画的に採用されていたことが理解できる」(寺沢薫・寺沢知 1981：91・92頁)と述べた。この理由として、「穀物栽培への依存度と期待が大きければ大きいほど万が一の事態への対応としてのドングリ(かつての最良の植物食資源)の採集と利用がまさに穀物年間の栽培・収穫サイクルのなかに計画的に取り入れられていったものと考えられる」(寺沢薫・寺沢知 1981：97頁)とした。

渡辺誠は、水田稲作が普及した弥生時代であっても、堅果類は重要な食料資源であり続けたとしながらも、その利用に関して三つの変化を認めた。すなわち、主食の座をコメに譲ったこと、消滅せずにコメの不足を補う役割を果たしたこと、そしてコメとの関係において新しい食品形態を形成したことである。

乾燥堅果類の備蓄方法を検討した名久井文明(2012)は、縄文時代および古代の遺跡から果皮が取り除かれて出土するクリとコナラ属植物遺存体を挙げた。これらの堅果類を乾燥させた後、果皮を除いて備蓄する方法が縄文草創期以降、現代まで引きつがれていることを論じた。

また2007年には、日本考古学協会熊本大会研究発表資料集の中で、初期農耕の検討に際し、列島各地の縄文から弥生前期までの時期を中心に、出土植物遺存体の概観が行われた。このうち弥生時代に属する堅果類に関する出土例を以下にまとめておく。

瀬戸内・四国地方では、山口県綾羅木郷遺跡で弥生前期に属する400粒以上のイチイガシ・クリ・オニグルミ・スダジイ・ヤマモモの各種子が出土し、同県辻遺跡と無田遺跡からも弥生前期のピットから穀類を伴ってシイ属種子が出土した。香川県鴨部・川田遺跡からは弥生前期の貯蔵穴からコナラ属種子が出土した。山口県惣の尻遺跡の弥生前期の貯蔵穴からアカガシ亜属とトチの種子が出土した(山本 2007)。

山陰・北陸地方では、鳥取県枇杷谷遺跡の縄文晩期後半から弥生前期と推定される貯蔵穴からアカガシ亜属の種子が大量に出土した。石川県大長野遺跡では弥生中期後半の貯蔵穴からオニグルミ・クリ・トチノキ種子が多数出土した。また同県八日市地方遺跡では弥生前期あるいは後期後半と考えられる貯蔵穴群からトチやコナラ属種子が出土した。同県八田中遺跡河川跡からは、弥生前期から中期初頭にかけての層からアサ・ソバ・ウリ類・ヒョウタン・コメとともに、オニグルミ・トチノキ種子が出土した。富山県下村加茂遺跡の弥生前期後半から中期初頭にかけての溝跡から、土器・木器・ヒョウタン種子などとともに多数のコナラ属・トチノキ種子が出土した（中沢道 2007）。

　東海・近畿地方では、愛知県西中神明社南遺跡の貯蔵穴5基のうちの1基から、クヌギ・アベマキの種子が601点、三重県納所遺跡の水田跡・土坑・溝跡などからイネ・ソバ・ヒョウタンなどとともに、トチ・イチイガシ・クリ・オニグルミの種子が、奈良県唐古・鍵遺跡の近接する3基の土坑からイネ・ヒョウタン・ウリなどとともにカシ属・シイ属・コナラ属種子が、大阪府鬼虎川遺跡の貝層から若干のイネ・ウリとともにアカガシ亜属・トチ・オニグルミ・ヒシの種子が、同宮ノ下遺跡ではオニグルミ・トチの種子が多数出土した。これらの遺跡はいずれも弥生前期に属する（川添 2007）。

　関東・中部地方では、山梨県韮崎市石之坪遺跡から弥生前期末から中期初頭までの時期に属するオニグルミ・コナラ属・クリ・ブナ科種子が、イネ・オオムギ・アワ・キビなどとともに検出された（中山誠 2007）。

　文献史学の研究から、奈良時代にクルミ・クリ・シイ・カヤの堅果類が食用とされていたこと、また考古学の分野では、寺沢らによって植物遺存体の検討を通じ、弥生時代西日本における堅果類の計画的利用が示された。渡辺によって弥生時代における堅果類利用の意義が指摘されたことも重要である。2007年の集成結果も、寺沢らが指摘した西日本における堅果類多量出土の傾向を補強している。

　なお、本州の古代に併行する北海道の続縄文時代、擦文時代、オホーツク文化期からもオニグルミ・コナラ亜属・クリ・トチノキの堅果の出土が知られて

いる（山田悟 1993）。

　先行研究の成果から、弥生時代以降、奈良時代まで堅果類利用が継続していたことは疑いない。ただし古墳時代以降の考古学的な調査事例は少なく、貯蔵・食品化技術や出土堅果の種類の地域差を詳しく窺い知ることはできない。

第2節　堅果類利用習俗の諸事例

　ここでは、先行研究で扱われることが多かった保存・アク抜き技術以外の採集・調理技術について、次の八つの民俗誌から関連する記述をまとめてみたい。参考としたのは、東北地方から九州地方までの41集落の事例である。発表年次の順にみてゆくことにする。なお、地名は発表年時のままとしている。

（1）福島県南会津地方の例（富岡 1981）

　富岡によって、昭和55年から56年まで福島県南会津郡全域で調査された。昔は乏しい食料を食い延ばすために、南会津地方全域で盛んに行われていた。近年は社会構造の変化・生活様式の変化・農業技術の進歩・トチノキの木工原料目的の伐採などにより、限られた地域のみに残っていた。

　南会津郡舘岩村では、正月や旧暦の桃の節句、雷神様の祭礼日にトチモチが作られた。これについて富岡は、ハレの食事がケとなり、ケの食事がハレとなる逆転現象を認めた。同郡桧枝岐村では、村の中心部の高度が海抜1000m近くあり、日照時間がきわめて短く農作物の収穫が十分ではなかったため、トチの実を含むコメ以外のものをたくさん食べてきた。

　南会津郡内で共通する部分として、次の記述がある。

　　　トチの実は9月1日から10日ころまでに落ち始める。早生・中生・晩生
　　があり、それぞれの木の特徴を覚えてトチの実が熟して落ちた順に拾う。
　　豊作の年と不作の年がある。拾うことに関して約束事はなく、早い者勝ち
　　である。米粥に生トチ粉を加えたトチ粥、モチ米に生トチ粉を加えたトチ
　　モチ、そして生トチ粉をお湯に溶き、ソバ粉を加えて練りトチガキなどに

して食べる。

（2）朝日山地周辺地域の例（富岡 1985）

昭和57年から59年までにわたって、山形県西部と新潟県北部にまたがる朝日山地周辺地域を対象に調査された。豪雪地帯である。以下、地域ごとに記述をまとめる。

山形県西置賜郡小国町大字石滝：毎年9月10日頃から秋の彼岸前頃まで拾った。トチの実を拾うことについて昔は約束事があったが、今はなくなった。トチモチとして食す。その作り方は南会津郡と同じである。

山形県西置賜郡小国町大字五味沢：9月の上旬から中旬頃まで拾う。トチモチとして食す。

山形県東田川郡朝日村大字行沢（なめ）：矢引峰の西北側に行沢集落の共有林があり、ここで拾う。日を決めて共同で拾い集め、それを均等に分配する。拾う日は、9月10日頃から1～2日間隔で、6、7回くらいある。集落29戸のうち、8～10戸が参加する。分配量は、昭和57年段階で150～190kgであった。トチモチとして食す。

山形県西田川郡温海町大字槇代（現鶴岡市）：毎年9月中旬から1週間くらいの間に拾う。実は中程度のものが最もよいとされる。あまり大きいと乾燥に時間がかかるからである。個人で拾う。トチモチとして食すが、現在は正月と五月の鎮守様の祭りのときくらいしか作らないという。

（3）松山利夫（1982）の研究から

調査は昭和45年以降になされた。以下、地域ごとに記述をまとめる。

石川県白山市白峰：トチ拾いは家族単位の労働とされた。自分もしくは他人の所有の山林において行われた。

コナラの採集は個別で行われた。トチより貧しい食べ物とされた。10月頃拾われ、多い例で1家族1石近くになった。アク抜き後の粒を潰して粉にし、乾かしたものがナラコザラシである。そのままかいて食べたり、アワ・ヒエと混

ぜて粥にしたり、ソバ粉を加えて団子にしたりして食べた。冬の日常食のほか、ナラコザラシは夏まで保存され粥にされた。

　石川県石川郡尾口村五味島：白峰から手取川の峡谷沿いに10km下流へ下ったところに所在する。18戸からなり、雑穀栽培・製炭で暮らしを維持する。「たんのおく」と呼ばれる共有林野の一隅に30本ばかりのトチがあり、このうち20本ほどが実をつける。秋祭りが終わる9月15日すぎに落果する。実が落ちる日は年毎に多少のずれがあるので、完熟近くなる9月のはじめに熟し具合をあらためるためのトチの下検分が行われる。観察の結果は古老に伝えられ、最も大量に拾える時期が相談される。トチ拾いの日は全戸に伝えられ、必ず村の人びとは都合をつけた。当日は午前7時から腰にワラ製のカゴをつけ、大型のカゴを背負った人びとが各家から1人ずつ出た。拾われたトチは指定された場所に集められ、全員に平等に分配された。1～4石が採集され、1人当たりの分配量が1升未満から2斗程のときもあった。午後は「あとひろい」と呼ばれる時間となり、残ったトチを各家族が自由に拾うことができた。トチ1本あたりの生産量は約2斗であり、飛騨白山村の7～8斗に比べると少ない。共同採集は昭和初期からであり、明治・大正期は採集日時が決められていたほか、各自が競って拾っていたという。松山は、共同採集は資源の少なさが原因と推測する。トチはアク抜き後、トチモチにされ、神仏への供物とされる。

　このほか飛騨山村では、灯火用のアブラを搾るためにハイイヌガヤの種子が採集されたほか、クリ・トチ・ナラ・クルミ・ハシバミ・カヤが食用に採集された。『飛騨後風土記』によれば、クリは明治初期の飛騨地方全村における採集堅果類の54％に達していたという。生食できる上に商品価値が高かったためであるらしい。

　岐阜県吉城郡上宝村鼠餅（現高山市）：神通川の支流高原川に臨む山腹斜面の平坦地に集落が立地し、7戸からなる。わずかな水田と焼畑を中心に生業を営む。商品価値のあるクリが村の周りに植栽される。クリヤキモチにして食した。

　沢筋にしか生息しないトチの採集地は、白水川の渓谷沿いに点々と分布す

る。9月も下旬を過ぎると、カゴを背負い腰にも付けトチ拾いに個人で出かけた。植栽されたクリに比べ採集地は広い。その年の農作物の豊凶によって、トチへの依存度も毎年変わったと推測される。

岐阜県大野郡白川村飯島・木谷：飛騨地方の西部、庄川流域に飯島集落が所在する。そして飯島から庄川をさかのぼった山腹斜面に木谷集落がある。

木谷は、1戸あたり20人以上もの家族を擁する大家族制が存在した地域として著名である。共有林野における雑穀焼畑を中心に生業を営む。トチの実の採集は、立春から数えて220日を過ぎてしばらく、9月半ば以降にはじまる。各家から2～3人ずつ出て10日余りかけて行われる。申し合わせた場所に持ち寄って集め、そののち平等に分配して各家に持ち帰られる。クリやキノコは自分で拾った分を持ち帰った。この共同採集は大正末期に消滅したという。

飯島では、段丘に水田が営まれた。共有林野と村有林にトチが相対的に数多く分布するトチワラと呼ばれる山地斜面がある。採集は59戸すべてではなく、村の作業などをする地縁的なまとまりである、五つの組が行った。どの組がどのトチワラを拾うかはクジで選ばれた。秋になると組長の判断で採集日が決められた。各組では1戸から1人が参加した。拾ったトチの実は、採集者個人に帰属した。女性だけでなく、成年男性も参加した。平年で1人当たり2～3斗の量であった。2回目の採集の機会も設けられたが、参加人員に制限はない。クリやナラと違い、採集場所・採集日また分配方法に規約があるのはトチだけである。トチモチは正月などのハレの日のほか、コザワシとともに不断の日常食としても供された。

コナラは個別に採集された。10月末頃農作業の合間に、袋を背負い、アジカと呼ばれる腰カゴを付け、トチの時と同様に1日に3斗拾った。アク抜き後粉にし、ソバ粉と混ぜて団子にした。採集・加工・調理は女性の仕事であった。

静岡県磐田郡水窪町（現浜松市天竜区水窪町）：天竜川上流域の有本・池島集落は、大戦直後まで焼畑に雑穀・イモ類を栽培し、主食に供していた。しかし、獣害や暴風などで食糧が欠乏するケカチの恐れが常にあった。そのため、野生のデンプン質食料の採集に従事する必要があった。村人が採薪・採草に利用し

た仲間山（共同林野）の一隅に、トチが相対的に多く分布するトチヤマがある。ここでヨライドチと呼ばれる共同採集が大戦直後まで行われていた。

　戸数8戸の有本集落では、トチの熟する9月はじめ頃、村役人が寄り合い、ヨライドチの日取りを決定する。この日に合わせ各家は焼き畑などの作業の段取りを調整する。ヨライドチ当日は、すべての家から腰にカゴを付け、粗末な仕事着を着た嫁や主婦、年寄りが朝のトチヤマに向かった。カゴがいっぱいになるとあらかじめ決められた場所に運んだ。18人が1日をかけて参加し、約4石のトチを採集した。その後家ごとに平等に分配した。平年、1軒あたり2斗から2斗5升までの量になったという。「トチを植えるのもバカだが、伐るのもバカだ」という言葉がある。これは、不足する食糧を補うのに野生のトチだけで十分であったことを示している。トチの実はアク抜き後、モチゴメやモチ種のキビとともに蒸籠で蒸されトチモチについた。トチモチは不断の食事のほか、「はたしめ（正月11日）」に山の神まつりが行われる際にも供された。昭和30年前後のスギ造林により、トチの伐採がはじまったという。

　岐阜県揖斐郡徳山村：揖斐川源流域の集落である。材木伐採・製炭のほか、雑穀やマメなどの焼畑が主要な生業であった。焼畑は収穫量が不安定であり、食糧が不足したため、ホザキヤドリギの果実やクズのほか、ミズナラを食用にした。秋が深まった頃、村人は共有林野に出かけ、1〜3斗のミズナラを拾った。アク抜き後、デンプン質を固めた。これはコザワシと呼ばれる。コザワシに炊いたアズキで味付けしたり、ソバ粉を混ぜて団子にしたりして食した。

　岐阜県揖斐郡徳山村門入（かどにゅう）（現揖斐郡揖斐川町）：戸数36戸の集落である。ヤマと呼ばれる広大な共有林野で、焼畑とトチ採集を行った。秋になると隣近所誘い合わせ、ナラの木を薄く剥いで編み上げたコシツケ（腰カゴ）をつけ、麻袋を背負って出かける。農作業の合間数日拾うと多い家で1石ほどになった。トチヤマのトチの木を一本一本個別に所有する家があり、これを持たない村人は奥山へトチ拾いに行った。近隣の集落では、この所有するトチの木を嫁ぐ娘に持参させることがあった。トチはアク抜き後、モチ米とともに搗いてトチモチにされ、不断の食事と正月に供された。またミズナラと同様に、コザワシとして

粉食にされた。

　岩手県下閉伊郡岩泉町大川（昭和55年7月から訪れる）：北上山地に所在する集落である。大木のシタミ（コナラ・ミズナラ）は、1本で3～4石のシタミの採集が可能であり、セイロと呼ばれ、家ごとに所有された。セイロを所有できない貧農層は奥山へ採集に出かけた。コナラのほうがミズナラよりも多くのデンプン質を含むため好まれた。シタミはアク抜き後シタミ粉にされ、ダイズの粉をふりかけ、三度の食事に雑穀とともに出された。コナラの実は、アク抜き後デンプンを沈殿させ、それを混ぜながら煮る。煮汁を器に入れて固めたのが、シタミモチと呼ばれる食品である。適度な大きさに切り分け、ダイズの粉をかけ来客時に供された。ハレの食である。

　村にはトチはほとんどなかった。クルミは木も多く、よく食べた。なりのいい木が2～3本もあれば、1年中家で食べるくらいは拾えた。味付けによく使われたほか、正月のクルミモチに使われた。これは擂鉢や石臼でクルミをすって汁を作り、これをアワモチにつけ供したものである。また法事の供物にも使われた。大根を小さく切って煮て干したカンピョウを炊き、その上にクルミの汁をふりかけて供え、先祖を供養したという。大川では、クルミはハレの日の「かわりもの」として用いられたのである。

　熊本県球磨郡湯前町日本柿（1979年12月調査）：人吉盆地東部に所在する集落である。天神様の境内に、樹齢100年以上のイチイガシの巨木が数本ある。松山が聞き取りをした話者は、10月下旬から12月中旬まで近くの村の神社をまわり、2斗ほど実を拾ったという。アクを抜きながらデンプンを沈殿させ、これを鍋に移して煮る。粘ってきたら木箱に入れ冷まして固める。これがイチゴンニャクと呼ばれる食品である。適度な大きさに切り、酢味噌を付けて食べる。食すのは冬の間に限られる。

　なお九州山地の山村には、照葉樹のツブラジイとアラカシの実は食べられるが、落葉樹のクヌギの実は食べられないという内容の歌が伝わっている。この歌が成立した理由には、17世紀にはじまったシイタケ栽培のホダ木にクヌギが使われたため食用から脱落したこと、またクヌギはもともと西南日本の照葉樹

林の構成種ではなかったことが考えられるという。

（4）福井県・奈良県の例（辻稜三 1987）

　福井県と奈良県のトチの実・カシの実の堅果類加工に関する調査で、1986年に実施された。採録地は隔絶廃村で、調査時は過疎状態であった。平均標高は332mを測る。

　採集は男女の区別なく、加工は主に女性によって担われてきた。

　トチの木も高木は一般に地形上、劣悪な場所に分布することが多い。実が落ちるのは9月初めから10月初めまでである。トチの木にはワセ・ナカテ・オクテがあり、毎年豊かには実らず、豊年は3年に1度くらいである。男女の別なく、自由に拾いに行く場合がほとんどであるが、家族単位また女性だけで行く例もあった。

　福井県名田庄村虫谷にはかつて「ワケドチ」という制度があり、村全体で分け合っていたそうである。採集地は日帰りが可能な範囲であり、居住地から徒歩で1、2時間以内のところが多い。採集量は、1日の1人あたりの最高採集量は4斗であり、平均で2.4斗になるという。

　トチはトチモチ（他の作り方と同じ）にして食す。関連する儀礼では、京都市久多ではアク抜きの工程において、「アカドチ、アカドチ、エエトチニナリマス」と唱えながら木の棒でかき回すと、トチノミは灰と混ざってこってりした感じになるとの言い伝えがある。

　カシの実は、奈良県の人びとはカシ・ナラ（ホソ）・クヌギ（ドングリ）を明瞭に区別したという。カシの実は、カシメシ（カシゴハン）、カシジル（カシダンゴ）、カシチャガユ（カシガユ・チャガユ）として戦前戦中に食用とされた。これらは、カシの実をアク抜き後粉にしてご飯にのせたり、メリケン粉と混ぜて握ってすまし汁に入れたり、米とともに炊いたりして食したものである。奈良県白川渡では、10～11月頃（陰暦か？）村人たちがカシの実を拾いにいった。村の周辺にカシの木が繁茂していたという。

（5）辻稜三（1989）の研究から

1987年2月から1988年2月まで調査された。地域ごとに記述をまとめる。

岩手県下閉伊郡岩泉町上の山：10月中旬にトチの実が落下しはじめる。トチは、年によって豊凶を繰り返すという。竹製のカゴや袋を用意して採集する。アク抜き後、凝固した粉にきな粉やハチミツをつけて食べる。

シダミ（コナラ・ミズナラ・カシワの実）は、かつて各家に5俵くらい貯蔵されていたといい、日常食であった可能性が高いと考えられる。ナラの木1本につき1俵ほどのシダミが採れるといわれる。味覚の点で、ミズナラよりコナラが好まれる。シダミモチには団子状とヨウカン状のものがある。これらはアク抜き法と製法が異なる。ご飯と混ぜて作る団子はケの食に供され、ヨウカン状に固める食品は味覚が優れており、ハレの際の食にも供されるという。

福島県桧枝岐村屋番屋：トチの実の採集は、彼岸が終わった9月末に行われる。コシカゴ（藁・柴製、容量2升）やカマス（筵を二つ折にして作った袋）を用意して行った。1人につき半日くらい拾えば2〜4斗になった。年に2回ほど行った。

シダミは秋と春に拾う。春には生きているシダミは芽を出しているので、それらを採集する。アク抜き後粉にし、モチと混ぜシダミモチにする。また、ソバ粉と混ぜて焼き、砂糖をかけて食べるシダミデッチという食品もある。

長野県栄村小赤沢：トチの実は、彼岸頃の立春から210日が来ると落ちるといわれる。トチの実を拾うのに、かつては「山の口（山の口びらきともいう）」と呼ばれるものがあった。村の区長によってトチの実を拾う日時が決定されると、一家から割り当てられた人数が出てトチの実を拾いあった。「山の口」は通常2、3日間であり、あとは自由に拾うことができた。トチの実拾いにはテゴ（シナノキやヤマブドウの皮製）や南京袋、縄を必要とする。トチヒロイバと呼ばれる場所にはトチノキが50本近くもあり、1日に5、6斗も拾えたという。アク抜き後粉にし、トチモチやお粥に混ぜて食べた。またアワやヒエ、トウモロコシの粉にトチの粉を混ぜて握って蒸かし、臼に入れてこね、トチアンボと呼ばれる食品にしてきな粉をつけて食べた。このほか、トチコナ（トチザ

ワシとも）と呼ばれる一般的な製法とは異なる粉食も存在する。砂糖をつけて食べたという。

　岐阜県根尾村能郷：トチの実は彼岸過ぎに落下する。立春から210日がトチの実拾いの目安になっている。採集には腰につけるビク（スゲ製、容量4升）とテンゴ（スゲ製、容量1斗）を用意する。1月から2月にかけてトチモチにして食べた。神仏にも供えたという。この他に小赤沢同様、トチのコザワシ（トチサワシとも）と呼ばれる食品が存在する。砂糖をつけて食べる他、味噌を混ぜてダンゴにし、焼いて食べた。同村越波にも同じ製法が伝わる。

　鳥取県智頭町八河：八河谷では、立春から210日頃にワセギ（早生）のトチの実が落ちる。トチの実拾いには、ワラ製のコシズ（容量2升）や袋（容量2斗）、オイコ（紐）が必要である。トチモチにして食べる。

　鳥取県関金町明高：トチの実は立春から210～220日頃に落下する。トチの実のある場所はトチノシロと呼ばれる。トチモチにして食べる。トチモチは、同県三朝町三徳にも認められる。

　高知県吾川村上北川：トチの実は9月初め、立春から210日を過ぎてから落ちるといわれる。採集にはフゴと呼ばれるワラ製の背負い袋が用いられた。アク抜き後、トウキビの粉・小麦粉と混ぜて固めトチダンゴにして食べた。かつてはそのまま、現在は味噌かハチミツをつけて食べるという。

　高知県物部村別府土居：トチの実の採集は9月中旬以降であり、背負う布袋（容量5升程度）と腰につける竹製のカゴ（容量2～3升）が用意される。1回拾えば4～5升になる。アク抜き後、タカキビの粉（もしくはアワの粉）とソバ粉を入れて混ぜ、固める。適度な大きさに切って焼いて食べる。三月の節句にはトチモチを作っていたという。

　長野県栄村塩尻：シタミ（ナラの実か）はアク抜き後、コメとともに蒸し、臼に入れて搗き、きな粉をつけて食べた。

　岐阜県根尾村越波：ミズナラはナラノミ、コナラはホーソノミと呼ばれ区別された。ナラの実はアク抜き後、粉にされ、味噌と混ぜ団子を作り、焼いて食べた。

奈良県大塔村篠原：ドングリは「ホソ」と呼ばれ、マボソ（コナラ）とミズボソ（ミズナラ）がある。前者の方が、味がよくアク抜きも容易である。ホソの採集は、秋の土用（10月20日前後）が過ぎてから行われる。タノミヤ（ツケとも、腰につける容量3～5升の竹・カエデの樹皮製のカゴ）と腰ナタを持って山へ行く。昭和20～28年頃までが、ホソの実拾いの最盛期であった。1人1日に4斗も拾った人がいたという。食品には、アク抜き後粉状になったもの（ホソノコ）に干し柿を混ぜ、団子にして食べるホソモチと、シラカシをアク抜き後粉状にしたもの（カシノコ）をカユに入れて食べるカシのチャガユがあった。戦時中までトチの実食も存在したという。

徳島県海南町小川皆ノ瀬：戦時中に食べた。集落の周辺には現在でもカシの群落がある。近傍には「樫ノ瀬」「樫谷」「樫木屋」という地名があり、採集場所との関連を窺わせる。カシの実は2月頃になると落下する。採集には、2～3升くらい入る袋を持参する。アクを抜き粉状にしたもの（カシノコ）をモチゴメと混ぜ、蒸して石臼で搗くカシモチ、カシノコをコメ粉かメリケン粉で練って茹でて食べるシルダンゴ、またアク抜きの過程で澱粉だけを採取する方法もある。同県木頭村蝉谷では、アワやソバ粉を混ぜるカシモチも存在する。

宮崎県椎葉村下福良：アカガシの実を12月～1月頃に採集する。ツヅラカズラ製のカゴを用いる。カシの実の採集量はカシの実の豊凶に左右され、条件が良ければ1時間に1升拾うことができる。カシの実を粉にし、布袋に入れ水につけ、沈殿した澱粉を炊いて冷却して固めて酢味噌・リンゴ酢・醤油をつけて食べる。カシノミコンニャクという。ハレの食事ではない。

宮崎県椎葉村桑ノ木原：この地域ではドングリとはクヌギのことを指し、カシの実に比べるとおいしくないという。クヌギは拾いやすいが、1本の木から採れる量は、カシの実の半分である。しかしカシの実が少ないときはクヌギも拾ってカシノミコンニャクにした。アラカシの採集はクヌギと同様、10～11月頃である。竹製もしくはツヅラカズラ製の腰カゴを準備し、徒歩で5～10分の採集地へ向かう。多いときには、1人1日当り15kgを拾うことができ、約7kgのカシの実の粉が得られる。カシノミコンニャクにして柚子味噌をつけ

て食した。寒の頃の食べ物であり、ケの食品として考えられている。

なお、辻は考察において、ドングリ食は森林帯にそもそも存在するものであると推測した。またその加工食品について、①粉食、②凝固食、③練食・握食（ダンゴ）・搗食（モチ）、④粥食の四つの類型を認めた。

（6）大分県・宮崎県の例（栗田勝弘 1993）
調査期日は示されていない。

大分県宇佐市大字上矢部拝野：屋敷内にカタギ（カシ）の木が数本あり、毎年実がなる。稲刈りが終わった頃、アラカシの実を2～3升拾ったという。11月～12月の初めの寒い頃、一度に5合程拾った人もいるという。アク抜き後、澱粉を鍋に入れて火に掛けながら水で練り、イギスと呼ばれるヨウカン状の食品を作る。砂糖や酢味噌を加えて食べた。

大分県宇佐郡安心院町大字木裳：三女神社に3本のイチイガシがあり、10月下旬の霜が降りる頃、カゴなどを持って拾いに行った。一度に2～3升くらい拾った。アク抜き後、澱粉を固め、ゴマ味噌や酢味噌をつけて食べた。

大分県大野郡三重町大字久田字山方：10月下旬前後の一霜降りる頃にドングリを拾いに行った。クヌギは霜が降りると木の葉が落ちるので霜が降りる前の方が拾いやすい。竹カゴに5升～1斗拾った。アク抜き後、澱粉を固め、カラシ味噌や酢味噌、醤油をつけて食べる。イチイガシやカシワも同様な方法で可食化した。

宮崎県東臼杵郡南郷村鬼神野字橋場：話者の裏山にアラカシ・アカガシ・イチイガシなどの大木がある。霜が降る頃、落ちたカシ類の実をナバカゴと呼ばれるカゴで拾いに行った。アク抜き後、澱粉を固め、ゴマ味噌や酢味噌をつけて食べた。主食にもしたという。

なお以上の地域には、ドングリ・ナラを食べることを禁忌する意味合いの歌が伝承されている。

（7）北上山地の例（畠山剛 1997）

岩手県下閉伊郡岩泉町：北上山地東部に位置する。採取期は、農繁期から降雪期までにかけてであり、クルミ・クリ・コナラ・ミズナラ・トチを採集した。クルミは脂質が約70％と多すぎ、クリは甘味が強いため、主食糧に供されたのはコナラ・ミズナラ・トチであった。

コナラ・ミズナラは「シタミ」と呼ばれた。集落に近いところに生育し味のよいコナラよりも、一定時間に拾える量が多いため、遠い高山に生え味が劣るミズナラの方が好まれた。年に家族で4～6石拾った。熟して落下を始めるのは、シタミは10月上旬、トチは9月下旬であるが、この時期は農繁期なので農閑期の11月頃から家族で拾い始める。早い家で10月下旬から拾い始め、11月中旬くらいが最盛期となる。夜が明けきらないうちから拾いに出かけたという。聞き取りによれば、昭和初期には「3年に1度やってくるケカジ（凶作）のための備蓄用食糧であり、必死に拾った。備蓄が尽き、春に拾い残したシタミを拾うこともあった」という。アクを抜き可食化したシタミは、粒食としてきな粉をかけて練ったり、のど越しを良くするため粥とともに食されたりした。また粉食として「シタミモチ（シタミヨウカン）」にした例もある。粒食と粉食の違いは、過熱と非加熱のアク抜き工程の違いによる。これはトチにもいえることである。海岸から内陸へ10kmほどを境にし、上流は木の実が日常食、下流はメノコ（昆布を加工した食品）が日常食であった。

トチは気温が一定以上になるとアク抜きがさらに難しくなるため、トチ食は春先までが限度である。それ以降はシタミ食となる。しかし夏には腐敗しやすいので、その頻度は激減する。主に冬季に木の実食を行うのは、農繁期において可食化に手間のかかる木の実食を避け、オオムギ・ムギの収穫期である6月中・下旬まで穀物を食い延ばすためである。また木の実食の頻度は昼食が一番高い。「トチは腹に当たりやすいので、夕食に食べるな」といわれ、また朝よりも粥を煮る余裕があったためである。トチはミズナラに比べ豊凶の差が少なかった。

クリはアク抜きの必要がないが、甘みが強すぎて主食糧には不向きである。

また干しクリにしても、夏を越しての保存は難しかった。クリは、甘味のためあるいは増量のため、主食に添えられて供されたと考えられる。

(8) 赤羽正春 (2001) の研究から

「澱粉山」すなわち「澱粉の採れるクリやトチが備えられた集落のまわりの山」に関する事例について記述している。以下地域ごとに記述をまとめる。

山形県西置賜郡小国町金目：「澱粉山」はクリ山である。栗飯を食べてきたという。田地は13軒で3町歩足らずで、焼畑でとれるソバ・アワの雑穀とヤマノモノ（クリや山菜）に半分以上を依存してきた。集落周辺の里山と奥まった山際（奥山）に10町歩のクリ山があった。山でのナリモノ採集の基準となる、立春から210日の少し前から拾い始めた。主に女性の仕事であった。クリの木を切って、若い木に更新するということを昔からやってきているという。拾ってきたクリは、庭の一角に砂をかけて並べた後干し、俵に入れ保存した。この乾燥したクリは煮られ、冬に栗飯として食べられた。人が手を加えなければクリ山はブナやナラに遷移するはずなので、金目の栗山は長い年月をかけた半栽培であったと推測される。金目が保持した山は830町歩で、クリの木はわずかに里山の10町歩の範囲に広がっていた。

福島県南会津郡只見町長浜：調査時は48軒で、江戸時代は38軒あったと伝える。タッカラという村の入会地としての山があり、30町歩に200本のクリの木があった。誰でも自由に拾うことができ、木は絶対に切らせないことになっていた。各家の周囲もクリ林があり、これをセドの山と呼ばれ個人がクリを拾う場所であった。タッカラの先は60～100町歩の国有林であり、ここまでクリ林がひろがる。つまり村の1里四方がクリ林であった。「クリのコクソウ（穀倉か？）」と呼ばれるほどのクリ林があったため、豊作と不作の年が交互に来ても毎年一定量のクリが確保できた。

各家では、立春から210日が来るのを待ち、クリの口開けと同時に拾いに出た。クルミ・クリ・トチが拾う実であるが、クリが最も力を入れて拾われた。1軒の家が何石も拾い、クリだけで冬を越すこともあったという。拾ってきた

クリは水に漬け虫殺しをした後、陰干しをする。そして、粒の大きなクリは桶の中にクリとクリの葉もしくは乾いた砂を交互に積んでいき保存する。クリの葉はカコイグリ、砂はスナグリといった。粒の小さなシバグリ（マメックリとも）は、陰干し後叩いて割り中身を出す。そして鍋で煮て渋皮を剥がし干す。そして鍋で煎り、臼に入れて搗き粉にし、モチに入れて食べた。これがクリッコモチと呼ばれる食品である。カコイグリとスナグリは煮て皮をやわらかくし歯で皮を剥き、水車の皮剥き器や竹カゴや擂鉢で擦って渋皮を除いた。そのクリをわずかな米と混ぜて煮た。栗ご飯である。

　旧暦9月10日はクリを祭る日で、クリ祭りや十日祭りと呼ばれ、オコワにクリを入れて食べた。なお、金目と長浜では、クリ林の必要面積は1軒1町歩という伝承がある。

　秋田県打当（現北秋田市阿仁打当）：打当の集落の周りには10町歩のクリ林が広がっており、それぞれの林は所有者が決まっていた。自分のクリ林（クリ山）を持つ人はヤマモチと呼ばれ、33軒のうち13軒がヤマモチであった。人の林で拾うことはできない。「木が若いと実が大きい」との伝承はあったが、木を更新するやり方はなかった。拾われたクリは水に漬け虫を殺した後、陰干しされる。このクリは桶に入れられ、クズ屋根（ワラ葺き屋根）の雨垂れのしずくが垂れる縁側に並べられ保存される。「囲炉裏の煤を食ったクリには虫が付かない」との伝承によるからである。

　山形県西村山郡西川町大井沢：朝日山麓に所在する。海抜430～600mの範囲にクリ山があった。里山はクリ林を意味したという。山の口開けのような伝承はなく、立春から210日の少し前から拾うことができた。各家の近くの、自分が拾いたい木の下草を刈っておいた。粒の小さい、いわゆるシバグリであったが、木が若いほど実は大きい。イガを剥く竹製の道具があった。拾ってきたクリは20日ほど水に漬け、陰干しし、キノハヅメあるいはスナヅメで保存した。方法は、それぞれ福島県只見町長浜と同じだが、カコイグリと異なりスギの葉を用いた。3～4年に一度クリがならない年が来るため、集められるだけ集めた。各家で10俵を下らないクリを保存していた。保存していたクリは鍋で茹

で、その途中にワラビのホダ（秋に枯れたワラビ）を入れるとクリの実の頂部が割れるので、手で皮を剥いた。陰干ししているクリにホダをかけると虫が食わないという伝承もある。

山形県西置賜郡小国町大字樽口：飯豊山麓に所在する。江戸時代の後半は10軒、それ以前は37軒あったと伝えられており、調査時は10軒が所在する。集落の周りに広大なクルミ林があった。その外側にはクリ林があり、絶対に切ってはならないと村決めで確認されていた。「秋の取り入れが終わって（立春より）210日を区切りにして山に入った」との伝承があり、山のナリモノの一つの区切りとされた。クルミもぎが最初で、1戸から大人2人が出て収穫し、全員で平等に分配した。もいだクルミは庭に集め、カヤなどの草をかけ2週間ほど置き外皮を腐らせた。クルミ山は村の留め山（立ち入りのできない山）であった。クルミは菓子の素材として菓子屋に出荷するか、各家でヤマノモノを食べるときのクルミ和えに用いた。オニグルミとヒメグルミがあり、前者は油が強く味も良い。しかし先が尖っており、割るのに苦労した。

クリには、「彼岸過ぎを目安にクリを拾う」、「もげば次の年も必ずなるものだ」との伝承がある。4斗俵で30俵も拾ったという。1週間各家から2人出て拾い、平等に分けた。各家のクリは池で2週間水に漬けられ、池から上げた後草をかけておき、皮が柔らかくなってから剥いて保存した。

第3節　堅果類利用技術の傾向

　堅果類の保存法・アク抜き法については、すでに厚い研究蓄積がある。これら研究成果は縄文時代の生業や食文化の研究の参考とされてきたが、農耕を主生業とする集落の民俗事例であるため、食糧生産が行われていた古代社会にも参考となる。古代における堅果類の保存法・アク抜き法の参考とするため、これまでの当該研究を概観することにしたい。

　保存法については、先に触れた赤羽（2001）の調査成果に、クリとクルミの保存法が示されている。また名久井（2012）は民俗事例から乾燥堅果類の備蓄

場所として炉上空間の可能性を挙げた。赤羽が調査したクリの実のキノハヅメ・スナヅメ以外の保存法として考慮する必要がある。

アク抜き法については、代表的な研究として渡辺誠（1975）・松山（1982）・名久井（2012）のものが知られている。

渡辺はトチやドングリ類のアク抜き技術を三つに大別した。すなわち①水さらしのみ、②水さらしに加熱工程が加わる方法、③灰汁を用い、水さらし・加熱工程も加わる方法、である。①はカシ類、②③はナラ・トチ類を対象とする。

松山は、東北地方のナラの実に対して認められた加熱処理法、すなわちナラの実を煮沸して渋みの原因であるタンニンを除去する方法と、西南日本のカシの実に対して認められた水さらし法、すなわち製粉したのち水にさらすことによってタンニンを除去する方法とを見出した。一方トチの実に対しては、両技法のいずれか、もしくは組み合わせた方法があるが、加熱処理法が多数であるとしている。そして加熱処理法と水さらし法の技術圏は、それぞれ落葉広葉樹林帯と照葉樹林帯とに対応すると述べた。

名久井はトチのアク抜きの民俗事例を調査し、技法を４種に大別した。すなわち①トチの実を発酵させる発酵系アク抜き、②水に漬ける水晒し系アク抜き、③水を張った容器の底で澱粉を製するはな（澱粉）取り系アク抜き、④灰汁を用いる灰汁合わせ系アク抜きである。灰汁合わせ系以外の技法では、水に触れる表面積を大きくするため、粉砕されたトチの実が用いられる。なお①②③の技法は煮る工程が不要なため、名久井は土器出現以前からのトチの実利用の可能性を提示した。この意見を受け止めるならば、当時のアク抜き法を推測する上で、トチ種皮の細片出土の有無など、遺跡における植物遺存体出土状況にも注意が必要である。

次に、民俗誌に記述された41の事例から、堅果類の採集・調理技術に関する傾向について考えてみたい。

(1) 立　地

　まず集落の立地であるが、盆地縁辺部や山地、豪雪地帯など、山間部地域がほとんどを占める。そして、これら集落の主たる生業は、それぞれ詳細な記述はなかったものの、立地からみて農業と思われる。事例のうち、焼畑雑穀栽培とする集落が四つ確認された。集落が山間部に位置するため田地が狭く、斜面を利用した焼畑が行われているのであろう。

　堅果類利用の理由として、焼畑だけでは収穫量が不安定であることを挙げるほか、山間部は耕地が狭い上に日照量が少ないなど食料が不足しやすく、これを補うため、また凶作の備えのためなどの理由もあった。石川県白山市白峰では、冬の日常食とされていた。

(2) 地域と樹種

　対象は、トチとする集落が東北地方から中国・四国地方まで、ナラ類（コナラ・ミズナラ）が東北地方から近畿地方まで、カシ類（イチイガシ・アカガシ・アラカシ）が近畿・四国・九州地方、カシワが東北・九州地方、クヌギが九州地方、クリが東北地方と岐阜県、そしてクルミとする集落が東北地方に認められた。民俗誌の記述に現れる頻度が多いのは、トチ・ナラ類・カシ類である。なおクルミは、クルミ和えや搾り汁が味付けに用いられたり、商品として出荷されたりした。『飛騨後風土記』によれば、明治初期の飛騨地方においてもクリは商品価値が高く、よく拾われたようである。

　採集時期は、トチが9月から10月中旬まで、ナラ類・カシ類・カシワ・クヌギが10月下旬から11月までである。ただし宮崎県椎葉村下福良のアカガシに関しては、12月から1月頃までが該当する。クリ・クルミは立春から210日の少し前からという。当然のことながら、各樹種の実が熟する時期が該当する。

(3) 採集時期

　時期に関して興味深い事例がいくつか知られる。石川県石川郡尾口村五味島、岐阜県大野郡白川村飯島、そして静岡県旧磐田郡水窪町有本のトチの実採

集の事例である。これらの地域では、古老や組長、村役人が採集日を決定する決まりがあった。これは共同採集を行うためである。

　大分県宇佐市大字上矢部拝野のアラカシの実採集の事例では、稲刈りが終わった頃、また岩手県下閉伊郡岩泉町のナラ類の実などの採集の事例では、農繁期を避けた農閑期の11月頃に採集が実施されたという。このように採集日は、共同採集が問題なく実施できるように、そして農繁期と重ならないように決定されていたのである。

　採集場所は、集落周辺や共有林・村有林などが認められる。事例の中には、トチヤマやトチヒロイバ、トチノシロなどと呼ばれるトチが集まって生える場所を指す言葉が認められる。また、岐阜県旧揖斐郡徳山村門入のトチの事例、岩手県下閉伊郡岩泉町大川のナラ類の事例、福島県南会津郡只見町長浜のクリの事例、そして秋田県打当のクリの事例では、個人所有の木や林が存在する。長浜の個人所有の栗林は、セドの山と呼ばれる。

　山形県西置賜郡小国町金目では、赤羽が「澱粉山」と名付けた集落周辺の里山に、クリが集中して生えている。また同町大字樽口では、集落近くにクルミ山があり村の留め山になっているという。留め山の周りはクリ林になっているそうである。小国町のこれら二つの事例は、特定の樹種を選択的に生育させた長年の管理があったことを察知させる。また岩手県下閉伊郡岩泉町では、ミズナラを拾うため、あえて遠くの高山に拾いに行った事例が報告されている。

（4）採集者と方法

　採集者は、個人や家族ごとで自由に拾う事例もあるが、共同採集の場合は各家から1人もしくは何人かが出て作業に当たる。女性のみが採集に従事する事例も二つみられたが、基本的に性差は認められない。

　採集方法は、個人所有の木や林の場合は個別に自由に拾い、共有林野や村の留め山の場合は共同採集が行われる。この際収穫物は、基本的に集落内で平等に分配される。松山は、資源が少ないため共同採集がなされたと推測するが、労働にも分配にも平等性を期すためであろう。なお、トチは豊作の年と凶作の

年があるという（辻の調査では豊作は3年に1度くらい）。クリについても、山形県西村山郡西川町大井沢事例のように3、4年に1度不作の年が来るらしい。そのためこの集落では、毎回可能な限り実が集められたという。

　採集量は、1回の採集で1戸あたり、トチの実では1升から1石までと幅があるが、おおむね2斗から3斗程度までとする事例が目立つ。この傾向はナラ類・カシ類にもいえそうである。しかし、大分県のカシ類の事例のように、個人的に調理目的で拾う分には2升から3升までと少なく、逆に岩手県下閉伊郡岩泉町のナラ類の事例では、凶作時の備蓄用食料とするため年に家族で4石から6石まで拾ったとされる。福島県南会津郡只見町長浜のクリの事例でも、何石も拾ったという。利用目的によって採集量に違いが生じることもある。

（5）調理方法
　調理方法は、トチとナラ類・カシ類などのドングリは、アク抜き後、粉食、粒食あるいはデンプンを固めるなどして可食化される。粉食や粒食の場合、そのまま食されることはなく、ソバ粉を混ぜたり、モチに混ぜたり、あるいは粥に入れるなどして食品化される。これは主食を補うためであろう。またコザワシなどと呼ばれるデンプンを固めた状態にある場合は、ソバ粉を混ぜたり、砂糖やハチミツ、酢味噌、アズキの粉などをかけたりして食される。食べやすいように味を調える工夫がみられる。クリの実は、米やモチに混ぜて食される。ただし保存が難しい上、甘みが強いため日常的に食べるには不向きである。クルミは菓子屋に出荷されるほか、搾り汁をモチに混ぜたり、クルミ和えに用いられたりする。

　なお、畠山による北上山地の調査で、木の実食の頻度は昼食が一番高いとの事実が報告されている。余裕のない朝を避け昼に調理し食していた点は、一日三食となる以前の食習慣を想起させ興味深い。

　関連儀礼では、正月や3月の節句またその地域で祀られている神の祭礼日に、トチモチやクルミモチを供する事例がいくつか見受けられる。ただし供されるトチモチやクルミモチの主体はモチであり、トチの実やクルミの実を供す

る行為自体に、重要な儀礼的意義はないと考える。福島県南会津郡只見町長浜では、旧暦の9月10日にクリを祭るクリ祭りがあるという。このほか、アク抜きの際に唱えごとをする、また陰干しをしているクリにホダをかけると虫が食わないなど、呪術的な伝承がある。堅果類利用に関わる儀礼は、民俗誌に認められない。

（6） 古代堅果類利用技術の推定

　堅果類採集・調理技術に関する習俗の傾向をまとめると次のとおりとなる。
　堅果類利用集落は、山間部集落がほとんどである。その主たる生業は農業と思われるが、中には焼畑雑穀栽培とする事例が認められる。これには山間部という立地条件が関わっている。利用目的は、山間部における食料不足を補うためであり、また、凶作への備えのため、冬の日常食のためである。主な利用対象は、トチ・ナラ類・カシ類の実である。樹林帯の違いから列島内で樹種に差異がある。クルミとクリは、商品価値が高い。採集時期は各樹種の実が熟し落果する時期である。古老や村役人が採集日を決める事例、また農繁期を避ける事例がある。採集場所は集落周辺や村有林・共有林である。トチのみが集まって生える場所に呼び名が付けられる事例がある。またトチ・ナラ類・クリの木や林が、個人所有される場合がある。小国町には、クリが集中して生える「澱粉山」、あるいは留め山であるクルミ山が存在する。これらは、長期間にわたる特定樹種の選択的管理があったことを示唆する。また特定の樹種の実の採集のため、遠征する場合がある。採集は個別あるいは共同で実施され、採集者に性差はない。個人所有の木や林は個別に、共有林・村有林の場合は共同で採集される。後者の場合、収穫物は集落で平等に分配される。またトチの豊作は3年に1度、クリの凶作は3、4年に1度訪れるといわれ、収穫量は毎年一定ではない。そのため拾えるときに可能な限り拾われる。1戸当たり1回の採集量は、トチ・ナラ類・カシ類の実とも2斗から3斗程度までとする事例が目立つ。しかし備蓄用食料など、目的によっては何石も拾われることがある。トチ・ナラ類・カシ類はアク抜き後、粒食、粉食あるいはデンプンを固めて可食

化される。粒食・粉食の場合、米やモチに混ぜられ主食の不足が補われる。甘みが強いため日常食には不向きだが、クリも同様である。デンプンが固められたコザワシのような状態の場合は、ハチミツや味噌などで味付けされる。調理の頻度は昼が最も高い。正月や祭礼日にトチモチやクルミモチが供される事例、また福島県ではクリ祭りが知られる。しかし堅果類採集に関連する儀礼は認められない。保存法は、クリに関してはキノハヅメ・スナヅメなどの技法、また先行研究により炉上空間での保存が推定されている。トチ・ナラ類・カシ類の実のアク抜き法に関しては、先行研究でも技法の種類やその分布などについて意見の一致をみない。しかし、実を粉砕したあと、水さらしや煮沸、発酵を経る技法と、皮を除去したのち実を粉砕せず灰汁を用いてアク抜きを行う技法とが存在する。

　これらの傾向を、古代の考古資料と比較し参考にする上で、注意すべき点がいくつかある。この諸点について検討したい。

　古代の水田稲作の生産量は、現在のように安定し高いものではなかったはずである(1)。そのため、平地の農耕集落においても収穫量の不足を補い、また凶作に備える必要はあったと考える。そのため山間部集落に加え、平地集落でも堅果類採集は実施されたはずである。

　民俗誌に個人所有の木や林での個別の採集がみられた。堅果類を付ける樹種を所有することは、社会の複雑化と関連しよう。このような状況は、時期と時代によって生じうる場合とそうでない場合があったはずである。

　このほかの傾向に関しては、おおむね考古資料の解釈の参考とすることが可能と考える。中でもクルミとクリの商品価値の高さ、すなわち古代におけるクルミとクリの交易の可能性と長期間にわたる特定樹種の選択的管理があった可能性については、実際の考古資料に照らし合わせて検証してゆく必要がある。また、トチやクリあるいは他の堅果類は毎年安定して実を結ぶわけではない。これは従来示されてきた生業暦（カレンダー）のように、植物採集の季節的周期が単純ではなかった可能性を示している。古代の長期的な生業戦略を考える上で示唆的である。

堅果類採集は、儀礼のような観念的技術の要素が希薄であり、採集活動も小規模である。農耕の不作を補うなど、活動の性格上農耕との関わりが密接である。堅果類採集は内水面漁撈や狩猟のように独立した生業体系とはみなしがたく、農耕体系を補完する存在であったと考えておきたい。

註

（1）乙益重隆（1992）は、弥生後期登呂遺跡の水田収量を、奈良時代の下田または下々田級であったとし、直播栽培における実質収量の人口扶養能力はそれぞれ36人、18人であったと推算した。そして、登呂遺跡の水田総面積から最小の労働人口を男子約20人とみて、総人口は50人をやや上回る数であったと試算した。この結果から、他の雑穀や縄文時代以来の伝統的食料に頼っていたことを推測した。

第6章　古代食料獲得の歴史的意義

第1節　古代食料獲得史

　大型魚類遺存体を出土した縄文遺跡数は、カジキ類が24遺跡、マグロ類が80遺跡、サメ類が158遺跡であり、遺跡数に大きな差がある。この事実から、縄文時代を通じてサメ類の捕獲頻度が最も高く、カジキ類は最も低かったと考えられる。また出土遺跡数は、東北地方を最多とし、北海道・関東地方などの東日本の多さが目立つが、九州地方は西日本で唯一カジキ類遺存体の出土が認められ、サメ類遺存体出土遺跡数も東北・関東に次いで多い。
　縄文時代・古代を通じ、大型魚類の中でサメ類が最も多く捕獲されていた理由に、食用のほか歯や皮の利用価値が高いこと、またサメ漁に捕獲者の威信を高める効果があったことが考えられる。カジキ類捕獲頻度の低さについては、何らかの観念的理由もありうる。
　縄文大型魚漁の実施頻度に表れた地域色は、弥生時代に移行しても類似した傾向が続く。しかし古墳時代、律令期と時代が下るにつれ、その傾向は弱まり、大型魚漁の実施頻度そのものが低下する。当然、縄文サメ漁が有した捕獲者の威信を高める効果も、変質していったはずである。
　律令期鉄製釣針の検討では、東北の釣針法量を、列島内の他地域のそれと比較した。東北では、関東・東海・北陸および西日本の出土例と同様の法量の釣針と、その法量を上回る高さ6〜10cm、幅2.6〜5.3cmの釣針が17点みられた。平安時代東北の鉄製釣針が、他地域で認められない大型の釣針を含んでいたことは、東北、とりわけ大型釣針の大部分を出土した北部における釣漁が、列島のなかで特異な技術内容をもっていたことを示している。

釣針検討に際して、資料解釈のため、東北の海面漁業習俗を検討した。すなわち、出土釣針のうち小型品は主に沿岸での延縄漁・立縄漁用、中・大型品は沿岸での一本釣り用あるいは手釣り用に使用された可能性が高い。なお、沖合での釣漁を認めがたい点については、沿岸で十分な漁獲があったことに加え、漁撈習俗にみるようにオクウミ（奥海）を恐れるなど観念的な事情があったと推測する。

　河川湖沼および水田とその周辺用水系で実施された内水面漁撈について、古代東日本の土錘を分析し、瀬戸内海沿岸と伊勢湾沿岸における先行研究を参考に、地域間比較を行った。

　関東の分析結果と瀬戸内海・伊勢湾沿岸の先行研究とを比較すると、内海沿岸と河川中流・下流・汽水域に土錘出土遺跡が分布する点、また球状・管状土錘の形態と種類、重量分布について類似がみられる。この要因に自然環境の類似を挙げたが、古墳前期前半、中期と後期の交、そして終末期と奈良時代の交に同様に土錘変遷の画期が存在する理由には、社会的要因の可能性もある。ただし、土錘の種類は、関東と瀬戸内海・伊勢湾沿岸との間に違いがみられる。

　古代東北の土錘の検討結果を関東と比較すると、土錘の形態と出土遺跡の分布傾向は、関東とほぼ類似する。また球状土錘の重量分布は、おおむね関東と同じ傾向を示すが、管状土錘は20〜90gの重量をもつ中型品のなかでも、中間から重い部類に属する30〜90gの例が関東に比べて少なく、一方230gを超える特大型品がほとんどみられない点は関東と異なる。変遷をみると、東北の土錘出現時期は古墳前期であり関東に遅れ、それ以降最初に出土土錘点数が増加する時期はまず古墳前期後半であり、関東の前期前半の増大期に若干遅れる。また古墳中期以降の土錘の変遷は不明瞭であるため、東北の古墳中期から終末期にかけての網漁は、前期と比べて盛んではなかったと考えられる。古墳終末期と奈良時代の交の画期のみが、関東と一致する。

　遺跡数と土錘点数の増減、最大重量の推移、および非在地系土錘と類九州型石錘の有無をみると、古墳時代の関東にみられた遺跡数と土錘点数、土錘内容の発展、および土錘重量の幅は、東北をはるかに凌いでいたが、律令期に移る

とその興隆の場が東北、とりわけその北部に取って代わられる。網漁操業の頻度は、古墳時代から律令期に移るにつれ、東北が関東を凌いでいったのである。

　中央高地の主要な土錘出土遺跡数は、関東・東北より明らかに少ない。出土土錘の重量は、関東・東北の管状土錘より重い傾向がある。また須恵質管状土錘が両地方に比べ多く、非在地系土錘が未検出である。網漁が平安時代前半に盛行する点は関東・東北と一致する。

　山地に囲まれ内陸に位置する中央高地と、出土遺跡の大部分が海岸平野に立地する関東・東北とを比較すると、両地域の土錘内容の間に差異がある。この差異は、当時の網漁技術の内容とその操業形態にも両者間に差異があったことを示している。

　さらに内陸部の漁撈関連遺跡を吟味し、漁撈内容を検討すると、弥生時代以降に特徴的な、水田およびその用水系での漁撈の実施を示す明確な痕跡がみられない。現段階で内陸からは、ヤスや銛などの刺突漁具および鉄製釣針や土錘などが出土する。これらはむしろ河川湖沼での漁撈に適する。水田および用水系で用いられる筌・魞・タモ網・四手網はいまのところ内陸でみられない。この事実から、内陸と海岸平野を中心とする地域との間に、内水面漁撈の技術内容に差異があった可能性が高い。

　古代の狩猟活動を探る上で分析したのは、狩猟用に用いられていた可能性が高い平根系鏃である。

　東日本古墳時代集落出土鏃の分析により、茨城・千葉両県域での、古墳中期と後期の弓矢猟の盛行が推測される。また、東北・関東・甲信の鏃組成に若干の類似がみられるが、地域・時期ごとに組成を比較すると、各地方あるいは各県域の鏃組成に独自色や、特定の時期に特有の型式の鏃が存在することなどが明らかとなり、3地方の弓矢猟技術の地域色が窺える。

　また、千葉県の祭祀遺構出土の平根系鉄鏃、および非実用的な大形・異形の平根系鉄鏃は、狩猟用鏃の儀礼・祭祀での使用、および狩猟用鏃の一部の儀器・祭器化を示しており、古墳時代における狩猟と儀礼・祭祀との関連を示唆

する。

　古代堅果類採集については、関連民俗誌を参考にすると、平地の集落でも収穫量の不足を補い、凶作へ備えるため堅果類採集は実施していたはずであり、当時の社会のあり様によっては、堅果類を実らせる樹木の個人所有もありえたことなどが推測される。またクルミとクリについては、交易の対象となりえ、長期間にわたる特定優良樹種の選択的管理がなされた可能性がある。そして堅果類は毎年安定して実を結ぶわけではないので、植物採集は生業暦が同様の周期で毎年行われていくものではなかった。

　なお、堅果類採集は独立した生業体系だったとはみなしがたく、農耕体系の一環を占める存在と考えられる。

第2節　古代食料獲得と環境、他生業との相互作用

　東日本の古代食料獲得技術には、地域色が存在する。この要因は何であろうか。

　海岸平野を中心に多くの遺跡が立地する関東・東北と、山地に囲まれた中央高地との間には、網漁の技術内容に差異があるが、これは、内陸と海岸平野の間の内水面漁撈の性格差の原因と同様、生業を取り巻く自然環境の差異によるものである。第1章で、列島の生業がもつ性格の一つに、自然環境と相互作用をもつことを挙げたが、それは古代食料獲得活動についても同様なことがいえる。

　縄文・弥生の大型魚漁は東北・九州だけで盛行し、民族学的事例から縄文・弥生のサメ漁に威信を高める効果がうかがえる。カジキ類捕獲頻度が低い背景に観念的な理由を想定しうる。律令期東北北部の釣漁技術は、独自色を帯びていた可能性が高い。関東と瀬戸内海・伊勢湾沿岸との間の土錘組成に差異が認められ、関東と東北の間の土錘重量分布や網漁盛行期に時期差があり、関東・東北の海岸部とその周辺で認められる須恵質土錘と非在地系土錘が中央高地で確認されない。平安時代の殺生禁断令にも関わらず関東・東北で膨大な量の土

錘が出土する。東北の城柵周辺から典型的な土錘に加え、それらと異なる特徴的な土錘も出土する。そして古墳時代における東日本の各地方・県域の集落出土の鏃組成の地域差から、弓矢猟技術に地域色が存在した可能性が高い。

以上のように解釈される歴史的状況は、先述した自然環境の影響によってもたらされたものとも考えられるが、むしろ各地方・地域における在地集団の有する文化や生業の伝統によって主体的に形成されたものと考えられる。すなわち、各地域集団が漁撈具や狩猟具の受容や拒否を意図的に選択した結果、技術に多様性や地域色が生まれたと推測される。第１章でまとめた仮説のうち、生業活動と文化・社会環境との相互作用があった証左とみたい。

縄文の大型魚漁にみられる地域色が古墳時代以降解消され、漁の実施頻度も低下していく状況は、弥生時代以降、水田稲作による食糧生産が主流化していくなかで、危険を伴う漁撈によって威信を獲得する必然性が失われたため生じた。

また、茨城・千葉県域の古墳中・後期の平根系鉄鏃出土点数が目立って多いことから、中・後期弓矢猟の盛行を推測したが、狩猟習俗を参考にすると、猟の盛行は、農作物収穫量の増大や農地拡大によるシカ・イノシシの害獣被害の拡大が要因となる場合がある。この場合も、害獣駆除が猟の盛行の原因の一端であった可能性が高い。

堅果類利用に関して、水田稲作開始後、地域によっては水稲の生産性がまだ低く、凶作へ備えるため、あるいは主食の穀物を補うため、古代においても堅果類が日常食に供されていたと民俗事例から類推される。

以上のような状況は、食料獲得と水田稲作など食糧生産との密接な関連を示すものである。第１章の仮説のうち、食糧生産と食料獲得との間の相互作用が古代にも存在していた

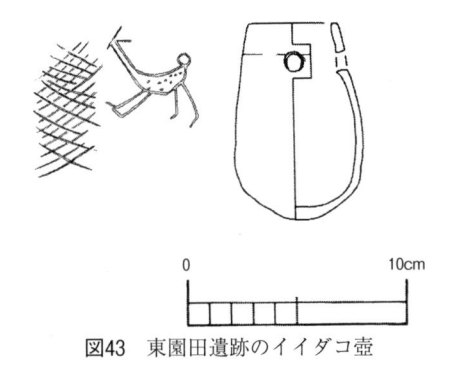

図43　東園田遺跡のイイダコ壺

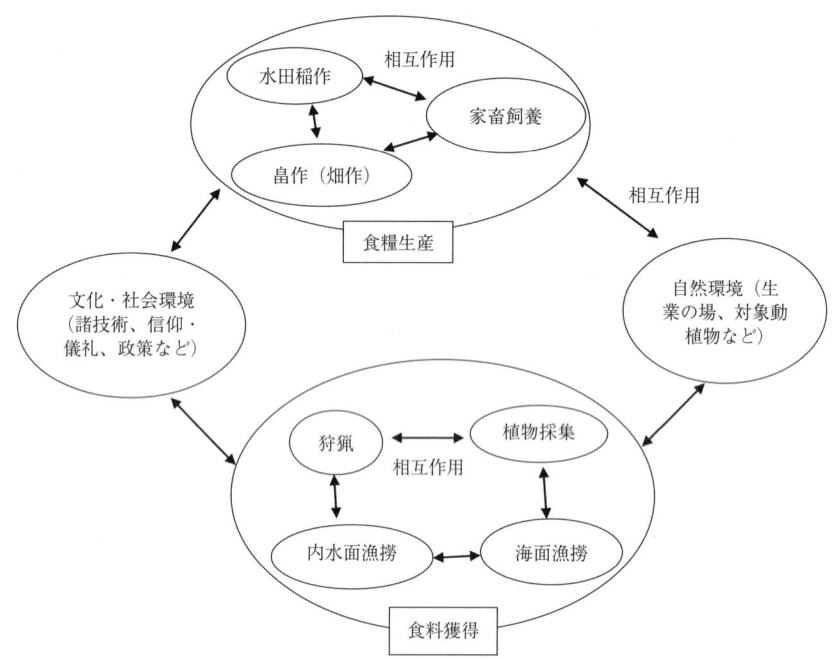

図44 食料獲得をめぐる諸要素の相互作用からなる古代生業体系模式図

可能性が高い。

　さらに、従来の生業研究では未検討であったが、食料獲得を代表する四つの生業同士の間にも相互に関連や作用があったことが考えられる。

　山地狩猟習俗には、カツオ釣りの疑似餌にカモシカの角を素材とすること、またマタギが狩猟の際、山の神が好むと伝えられる干したオコゼを携帯することが知られる。それだけでなく、漁撈に用いる丸木舟や狩猟用弓矢の材料は山林で調達される。その際の材木選択や伐採作業は、堅果類採集ほか植物質食料採集の知識と経験が応用されていたはずである。

　このように食料獲得習俗を参考にすると、山と海あるいは陸と水面における生業は、互いに深い関連があったことが容易にわかる。古代にあっても、山野河海を舞台として行われた食料獲得活動は、相互に作用し合っていたことが察知されるのである。

たとえば、兵庫県出石郡出石町袴狭(はかざ)遺跡出土の弥生後期の箱形木製品の底板と両側板3枚には、サケ（スズキ?）1尾、シカ1匹、シュモクザメ3尾の線刻画が描かれる（図1、鈴木敬ほか 2000）。また、同県尼崎市東園田遺跡出土の弥生中期後半から後期までに属するイイダコ壺にはシカが表現される（図43、岡田務・山上 2009）。そして、鳥取県岩美郡国府町青谷上寺地遺跡出土の弥生時代に属する球状土錘には、シカ・水鳥・魚が描かれる。

　資料に描かれる魚・鳥・陸獣は、山野河海での生業で、捕獲対象動物となる代表的な存在である。袴狭遺跡の木製品に海面漁撈と狩猟の対象動物を描くことは、その製作・使用に関わった人びとが、自然界で営まれる食料獲得行為の相互関連を意識していたことを示唆する。土錘やイイダコ壺の漁撈具に、陸獣であるシカを描く点も興味深い。漁撈に携わる人びとが狩猟獣をも意識していたことを示すからである。

　古代食料獲得をめぐる諸要素とそれらの相互作用の関係を模式化し、図44として提示する。

第3節　古代食料獲得と社会の動向

　食料獲得と古代文化・社会環境との相互作用、例えば食料獲得活動と古代社会の動向との関わりなどは、古代史叙述の上で、また古代の食料獲得の意義を問う上で、不可欠な検討事項となる。

　ここでは、大形魚漁と堅果類採集を除く各食料獲得活動の変遷上の画期や各生業に表れた地域色などの様態を、古代社会の動向と照らし合わせ、食料獲得と古代文化・社会との関連についてさらに考察する。

　古代社会の動向は、現段階で示されている諸論考等（社団法人長野県史刊行会 1989、山梨県 2004、戸沢・笹山編 1992、須藤ほか編 1992、川西 2011）の見解を参考にした。

（1）海面釣漁と東北北部古代社会

　平安前半9・10世紀の東北北部の専業的海面漁撈者たちは通常の大きさの釣針に加え大型の釣針で釣漁を行い、独自の釣漁技術をもっていた。

　陸奥地域と越羽地域では、7世紀後半以降、段階的に「行政府」としての城柵が設置され、その北上とともに評・郡が置かれ、律令国家の支配領域が拡大していったと考えられている。陸奥では7世紀中葉から9世紀初めにかけて、越羽では7世紀中葉から8世紀中葉にかけての時期に領域拡大が行われ、こうした辺境政策の結果、奥羽の公民支配は9世紀前半を画期として充実したとされる。この過程で、東北北部は支配領域に組み込まれず「蝦夷の地」として取り残されたが、この理由に、稲作の進展の有無よりも、古墳時代同様、東北南部と北部の政治的な関わりがなかったことを挙げる意見がある。

　律令期の東北は、城柵が設置された近夷郡を中心に、三つの地域に区分できるという。一つは、近夷郡より南の地域で、現在の宮城県域南部、福島県域および山形県域があたる。この地域には通常の令制郡が置かれ、律令支配体制がとられた。次に、蝦夷系と移民系の住民が混住する近夷郡の地域であり、城柵設置地域がその範囲にあたる。8世紀では多賀城以北の宮城県域北部、9世紀には岩手県域南部の北上川流域を加えた地域と現在の秋田市域以南の秋田県域が該当する。蝦夷の領域に大量の移民が送り込まれ律令国家の領域に組み込まれた地域である。そして三つ目は、近夷郡以北の蝦夷の住む地域である。

　このような律令期東北の社会動向を考慮すると、7世紀後半以降の東北北部には蝦夷社会が形成され、そこで営まれた釣漁をはじめとする生業技術も独自性をもつに至ったと想像したくなる。しかし東北北部では、同時期に列島内の他地域で確認される形態・法量の釣針も出土しており、他地域と同じ内容の釣漁も部分的に実施されていた。

　以上の事実は、律令期蝦夷社会における、積極的な釣漁技術の受容を示している。技術導入の要因として、8世紀以降の城柵設置とともに進められた移民による東北への釣漁技術の移入が大きかったと考えたい。移民から蝦夷へ、すなわち律令政府支配領域から蝦夷の地へ、二つの異なる社会領域を越えて生業

技術が伝達されていた事実は興味深い。

（２）内水面漁撈と古代社会
①網漁と関東古代社会

　当地方の土錘の変遷には、第１に弥生後期後半に球状・管状土錘が出現した後、土錘の重量幅が広がり、出土量が増加する古墳前期前半の画期、第２に管状土錘Ａ２類が出現し、管状土錘Ｂ１類の重量幅が小さくなり、全体的な出土量も減少するなどの傾向が現れはじめる古墳中期と古墳後期の交における画期、そして第３に古霞ヶ浦湾沿岸を除いて球状土錘が基本的に消滅し、Ｂ２類の小・中・大型品が土錘組成のなかで主流となるなどの傾向が現れはじめる古墳終末期と奈良時代の交における画期が認められる。

　なお、球状土錘については古墳前期前半に、管状土錘については古墳後期に重量増加が頂点に達する。この両時期に網漁操業規模の拡大が生じていたと解釈される。非在地系土錘が出土する時期は、おおむね第１と第２の画期の前後の時期に該当する。

　また、瀬戸内海沿岸を対象とした先行研究と比較すると、土錘変遷上の画期は関東地方における第１および第２の画期とほぼ同時期の弥生後期と古墳後期にある。しかし弥生前期から後期前半にかけて土錘が存在する点、棒状土錘が弥生後期以降の組成の中で主要な要素の一つとして存在する点、球状土錘が古墳中期以降、基本的に姿を消す点、古墳後期以降、有溝土錘が土錘のセットの主要な要素の一つとなり須恵質の漁網錘が存在する点は、関東とは異なる。変遷上の重量増加の頂点は、管状土錘に関する限り瀬戸内海沿岸とほぼ同時期である。

　茨城県域では、弥生後期十王台式期に、前時期に比べ定住度が高まったと推量されている。定住的集落の形成は、生業の安定が基盤にある。そして、古代の安定した生業活動の中で、農耕と副次的生業からなる生業の複合化が進んでいたはずである。茨城県域をはじめ関東では、弥生後期に農耕が安定して営まれ、水稲農耕技術に付随する内水面漁撈技術も進展し、漁網の導入すなわち土

製漁網錘の出現をみたと推測される。

　古墳前期後葉の関東では、茨城県の大場天神山古墳や鏡塚古墳、車塚古墳、および神奈川県の桜山古墳と長柄桜山1・2号墳のように、地域最大級の古墳が造営された。また相模湾東岸や那珂川河口近隣が、海洋航海上の泊地として重要度を増していたことが遺跡の内容からわかっている。

　関東の網漁は、古墳前期前半に盛行する。網漁を含む副次的生業の発展は、主生業である農耕の発展に伴う。網漁の発展時期が活発な古墳造営や海上交通の発展時期より早い事実は、生業の発展が陰りを見せはじめた時期に、これら古墳造営や海上交通が盛んだった可能性があることを示しており興味深い。詳細な検討は、関東の古墳前期集落消長の解明を待たなければならない。

　神奈川・茨城県域などでは、5世紀代の古墳中期前半に集落形成が進まず、5世紀後半には集落形成が隆盛をみせる。この隆盛を支えた生業基盤の安定を示すかのように、この時期には土錘出土点数も増大する。

　茨城県域では、6世紀後葉から7世紀前葉にかけての時期に集落形成が活発になるが、7世紀中葉から後葉にかけて一旦衰微し、再興する。そして8世紀の奈良時代になると、集落の規模・数ともに増大する。これには政府の政策により定住が進められたこと、また東北進出の兵站地として当地域に人口が集中したことが原因に考えられている。8世紀はまた、関東から東北への移住が開始された時期でもある。

　その後関東では、北方での騒乱も影響してか、兵站地としての意義も継続し、9世紀には集落の甚だしい衰えはなかったようである。しかし10世紀以降は、天然痘の流行、富士山と浅間山の噴火そして平将門の乱と、自然災害や兵乱による被害が重なり、集落形成の衰微がはじまるという。11世紀になると、関東は「亡弊の国」と呼ばれるまでに集落が衰退する。川西宏幸（2011）はこの原因の一つに、10世紀の関東から東北への大量移住の可能性を考える。

　常陸国府では、9世紀に人口が増加傾向となり、10世紀後葉に終焉を迎えることがわかっている。東国の国府は、いずれも8世紀前葉に創置され、ほぼ10世紀には等しく終焉を迎える。また東国の郡家は、7世紀末頃に官衙の造営が

開始、8世紀初頭頃に整備され、9世紀後半代に形成に陰りがみえ、10世紀前半に終焉を迎える。

　6世紀から9世紀にかけて東国には、古墳時代から平安前期にかけて継続する「継続型集落」と、7世紀末から8世紀にかけて出現し9世紀に消滅する、公権力による計画村落と考えられる「廃絶型集落（計画集落・開発集落）」がみられる。後者は、人びとの移動や移住によって形成された可能性があり、史料から7世紀末から8世紀にかけての公権力主導による、渡来人の関東への大規模な移住との関連も考えられている。

　なお水田開発に関しては、現代の谷地田のために備えられた溜池の分布から、谷地田の卓越する地域が群集墳や屯倉の分布と一致し、また溜池の分布が条里遺構の分布とも重なることから、これらの地域では、水田開発が8世紀後半頃までには始まっていたと推測されている。この開発地域は6、7世紀に水田開発がはじまった地域と一致し、関東の7、8世紀の水田開発は、周辺への漸進的拡大であったと推測されている。また、759年に武蔵国で900町にも及ぶ大量の隠田が摘発されたという記録は、8世紀末から9世紀初頭にかけて大きな開発があったことを物語っている。この開発は、同時期の東北にもあったと考えられている。

　このような社会と水田開発の動向の中で、8世紀初めに関東の土錘変遷は画期を迎える。このことは、定住政策や計画村落の設置、またそれに伴う水田の漸進的開発が進むことで生業も複合化しながら発展し、新たな網漁技術の関東への受容があったことが関わっている。11世紀以降に土錘の変遷が掴めなくなるのは、先にみた自然災害や兵乱によって、この時期の集落形成と生業活動が滞っていたためであろう。

②網漁と東北古代社会

　東北南部では古墳前期前半に土錘が出現して組成もそろい、後半には出土遺跡数と土錘点数が増加する。奈良時代になると前代の土錘組成は変容し、分布も北方に拡大する。平安前半には土錘出土遺跡数と点数が増加する。球状・管状土錘とも、古墳前期後半と平安前半の2時期に最大重量は頂点となる。

この結果から、東北における古墳前期後半と平安前半の網漁の盛行が推量される。そして、東北南部に土錘が出現する古墳前期前半とその前段階の弥生後期との交と、土錘組成が変容し分布が東北北部にまで拡大する奈良前半とその前段階の古墳終末期との交とに、二つの画期が見出される。

　仙台平野では、弥生前期から中期にかけて稲作農耕が発達し、農耕社会が成立したと考えられている。しかしこれまでのところ、確実に漁網に装着されていたと考えられる土錘は、弥生遺跡からは出土をみない。西日本では弥生時代の早い段階での網漁の実施が出土土錘から明らかである。この違いは、弥生時代東北の生業構造が西日本と比べ異質であったことを示唆する。

　東北の古墳時代開始は、列島規模での社会的動向に連動したものであり、これを第1の画期とみなし、5世紀後半の大きな文化変化に第2の画期、そして7世紀前葉の政治・文化の変化に第3の画期を見出す意見がある。

　東北に確実に土錘が出現するのは第1の画期以降すなわち古墳前期前半からである。この時期に古墳文化が東北に波及し、東北地方以南の農耕社会と等質な生業構造および生業技術をもつに至ったと考える。土錘を用いる網漁は、弥生時代以降の水田稲作文化に付随する生業だからである。

　また網漁の盛行は前期後半と推測されるが、この時期には関東で古墳造営や水上交通が盛行する。関東では前期前半に網漁の盛行期を迎えるので、関東と東北南部との間に網漁を含めた生業活動発展の時期差がある。この文化・社会的背景の解明のためには、集落消長などの精査が必要となる。

　5世紀後半、古墳中期後半の第2の画期の時期には、土錘は検出例が少なく内容が捉え難い。奈良前半には土錘組成が変容し、分布は東北北部にまで拡大する。

　古墳時代第3の画期の時期には、宮城県色麻町色麻古墳群、福島県相馬市善光寺遺跡および同市黒木田遺跡の検討により、関東北部からの人の移住が推測されている。岩手県域でも、北上川流域をはじめ全域で7世紀代の集落の規模・数が激増し移住が窺われるとともに、北方起源の文化の流入も認められるという。そして、7世紀から8世紀にかけての時期には、いわゆる終末期古墳

が築造される。

　また、弥生時代以降、稲作・鉄器関連技術の受容と発展に関わった北上川中流域の人びとは、それらの技術を7世紀に発展させ、8世紀にも維持していたと考えられている。先述したように、7、8世紀には集落数が増加し、分布も北上川中・上流域、馬淵川中流域、北上山地北部および太平洋岸北部にまで拡大する。このように7世紀から8世紀にかけての東北北部では、人の移住を想起させるような集落形成の急激な発展や新たな文化の流入がみられるのである。この時期に土錘変遷上の画期があることは、網漁技術の変革が社会動向と関連していたことを示している。

　岩手県域での集落消長の画期は、9世紀代にもみられるようである。集落数が増加し、その規模も中小規模のものが特に多く、集落立地も多様になる。従来の農耕集落とは異なる様相・性格を示す集落も現れることから、移住などの外的要因も考えられている。

　陸奥・越羽地域では、7世紀後半以降、律令国家の支配領域が拡大し、公民支配は9世紀前半を画期として充実した。平安前半に網漁盛行が推測されたことも、辺境政策による集落形成とその基盤となった生業の営みが順調に進んでいたことを示している。

　東北南部では、平安後半の土錘変遷が掴めない。この時期には、永承6（1051）年に安倍頼時による前九年合戦が、また永保3（1083）年に清原氏の内紛による後三年合戦が起こる。この時期は奥羽の摂関家領荘園の形成期でもあり、11世紀前半に土着しつつあった武士たちが進めた寄進地系荘園の成立と北方社会との交易とがからみ、奥羽の戦乱は複雑な様相を呈していたようである。11世紀末に奥州藤原氏によって奥羽に安定がもたらされるまでは、社会も動乱に巻き込まれ、網漁をはじめ生業は安定していなかったのではないか。

　東北北部に確実に土錘が出現するのは、わずかながら奈良前半からである。これは先に述べた、7世紀から8世紀にかけての定住化政策による集落の急増と、移住などを要因とする新たな文化の流入が原因であろう。

　平安時代には出土遺跡数と土錘点数が増大し、分布も本州島北端かつ非律令

支配地域である青森県域、さらに北海道域までも出土をみる。非在地系土錘と須恵質土錘もこの時期に出現する。これらも、律令支配領域の拡大政策の影響によるものであろう。土師質以外の土錘受容に関しては、非在地の人びとによる搬入や技術導入が示唆される。律令・非律令支配領域間での、社会的境界を越えた土錘製作技術や網漁技術の移入が窺われる。

なお東北北部では、11、12世紀の平安後半の土錘もわずかに存在する。これらは、10世紀半ばから11世紀後半にかけて東北北部や北海道南部に確認される防御性集落に居住した人びとが製作と使用に関わっている。防御性集落は、集落間の軍事的緊張のため、また10世紀半ば以降、エゾ社会と南方との交易で富を蓄えたエゾの族長が拠点集落とするため構築されたと考えられている。他に、鎮守府や秋田城による北方交易への管理や統制のため、エゾ社会内部に対立や抗争が発生したため、あるいは安倍・清原氏の勢力がエゾ世界内部に交易の拠点を置いていたためなどの構築理由も示されている。

北海道から出土した土錘は、11世紀から12世紀前葉までの時期に属する。これらは、東北北部で北方社会との交易を担っていた人びとを介して擦文社会へともたらされた可能性が高い。

さて、関東の古墳時代にみられた土錘出土遺跡数・点数と土錘組成の多様性および土錘重量幅の広さは東北をはるかに凌いでいたが、律令期になると網漁が盛んな地域は東北、特にその北部に取って代わる。

関東の古墳時代における4世紀後半の古墳造営や水上交通の発展、また5世紀後半と6世紀後葉から7世紀前葉にかけての集落形成は、東北南部に比べ活発であった。そのため、文化活動の基盤である網漁を含む生業活動の発展も東北を凌ぐものであり、東北より関東で土錘の発展をみることになったのであろう。律令期になると、関東ほか他地域から東北への移住を伴う領域拡大政策が開始され、それによる新たな文化流入の影響を受けて、非律令支配領域の蝦夷社会も網漁技術の受容を図り漁の盛行をみた。このため、律令期東北北部で、関東を上回る網漁の発展があったのだろう。

③網漁と中央高地古代社会

　中央高地の主要な土錘出土遺跡数は、古墳後期から終末期にかけてわずかに増え、その後は平安前半に最も増加する。土錘出土点数は、弥生中期から古墳時代まで乏しく、平安前半に出土点数が大幅に増大する。11、12世紀の平安後半の例はほとんど認められない。

　当地域で代表的な古代の土錘出土遺跡である長野県更埴条里遺跡・屋代遺跡群では、土錘出土量の増加の頂点は7世紀後半と9世紀中頃から後半にかけての2時期にあり、9世紀末に減少傾向を示す。古墳後期から終末期にかけて網漁の小規模な発展があり、平安前半に盛行期を迎えていたのだろう。

　当地域の主要な土錘出土遺跡数・点数は、関東・東北と比べ明らかに少ない。これは古代網漁の操業者・頻度が両地方に比して少なかったことを示すと考えるが、平安前半の9世紀代を中心に、律令期の関東・東北を凌ぐ合計53点もの須恵質管状土錘が出土したことは注意される。

　土錘出土遺跡が平安前半の4例と少ない山梨県域では、八ヶ岳山麓などの地域において弥生前期から中期初頭にかけて、弥生以前の伝統的生業と小規模水田が営まれ、中期中葉以降には沖積地で本格的な水田経営が進み、後期には高地性集落も確認されるようになる。そして古墳時代の集落は、2004年の段階で100例余りが認められ、その多くは弥生終末から古墳前期にかけて形成され、前期のうちに廃絶する。古墳前期の水田跡検出例はあるが、集落は水田経営の困難な地域にも存在し、水稲耕作を基調としながら畠作なども副次的に行われていたことが推測されている。なお、当地域では古墳時代の早い段階からの馬匹生産も推測されている。

　「開発集落（計画村落）」の可能性がある南アルプス市鋳物師屋遺跡群では、8世紀前半から開発が進み、9世紀前半から中頃にかけて住居数が増加するとともに集住化が進み、9世紀末に住居数が急激に減少、10世紀中頃に再び増加し、これ以降集落形成が廃絶する。

　このような開発集落の形成には、当時の東アジア情勢が関わっている。すなわち、7世紀半ばの東アジア社会の激動の中で半島では新羅が強大化して百済

と高句麗を滅ぼし、7世紀末に大量の亡命者が甲斐国をはじめ東国各地に移配される事態となったのである。それ以前にも積石塚古墳の存在から5世紀代からの高句麗系渡来人集団の移住が窺われており、移住した渡来人と馬匹生産導入との関連を考える意見もある。

　山梨県域では、弥生中期中葉以降、本格的な水田経営が進むため、水田用水系で網漁実施をみてもおかしくないが、現段階では土錘の出土がない。稲作に漁撈が付随していた西日本の弥生社会とは生業内容が異なっていた可能性も考えられる。

　古墳時代集落の検出例は少なく、出土土錘もみられない。当時の生業のなかで馬匹生産の比重が大きいならば、水稲耕作を営む社会に比して網漁の頻度も低かったことが推量される。詳細な検討は今後当地域の集落調査の蓄積を待ちたい。

　鋳物師屋遺跡群の開発集落は、9世紀前半から中頃までにかけて集住化が進んだ。出土土錘もこの時期に属し、集落形成が滞る10世紀中頃以降の土錘はみられない。

　律令期の甲斐国には、朝廷直轄の御牧や院・摂関家の牧が設置され、家畜馬とりわけ乗用馬の生産と飼育が行われていた。良馬の産地として、水田稲作を中心に漁撈なども伴う通常の農耕社会の生業とは異なる、独自の生業構造が存在していた可能性が高い。この時期に土錘検出例が少ないことは、そのことを示唆している。

　長野県域では、弥生中期初頭庄ノ畑式期に稲作文化が定着したとされる。球状・管状土錘を用いた網漁は稲作文化に伴うものであり、弥生中期の土錘出現は、稲作文化の受容によるものである。

　弥生後期には、例えば伊那谷で高位段丘にも集落が進出するなど、特に後期後半に爆発的な集落発展を迎える。伊那谷では打製石器を用い陸田も営まれていたとされるが、この集落発展を支えた生業の安定を示すように、点数は乏しいがこの時期の土錘は出土している。

　長野県では1989年の段階で、弥生文化波及期に属する12遺跡、中期341遺跡

および後期1314遺跡が知られている。遺跡数が増大する後期において、その発展を支えた水田稲作に付随する網漁も活発であったとすれば、土錘出土点数の少なさは意外な印象を受ける。けれども、長野県域は山地の多い高冷地であり、食糧生産の向上に陸田など畠（畑）作の役割が大きかったと考えれば、水田周辺用水系を漁場とする網漁が活発ではなかったと考えることもできる。

　古墳時代の集落遺跡数は、弥生時代の半分に満たず、いまのところ詳しい集落の動向は掴めない。土錘出土遺跡数・点数は少ないが、古墳後期と終末期に若干増えるので、これらの時期に水田稲作とそれに付随する内水面漁撈は、ある程度、発展をしていたと推測される。

　この地域の「開発集落（計画村落）」は、官牧あるいは駅家（うまや）に関連する官衙的施設に伴う、馬の飼育に密接にかかわる集落であったと推測されている。その性格を示唆するように、集落周辺で水田耕作の痕跡は認められない。土錘は、開発集落の性格をもたない他の集落遺跡から出土している。

　ところで、桓武天皇の蝦夷征討と平安京建設の政策は国家の疲弊を招き、農村の荒廃が進行した。長野県域では、宝亀6年（775）と弘仁8年（817）に飢饉が起こり、9世紀前半には地方財政が窮迫、農民の逃亡、農村の荒廃が増加した。さらに、承和8年（841）、仁和3年（887）および同4年には大地震があり、同年に起きた千曲川の大洪水をはじめとする各地の氾濫や洪水は、信濃に壊滅的な被害を与えた。

　中央貴族や寺社は、9世紀から10世紀にかけて荒廃が進んだ全国の土地を、新たに開墾していった。信濃では地方有力者や郡司、農民らの小規模開発が進められたが、この経営は不安定で、農民や田堵の定着性は弱かった。11世紀そして12世紀になっても、兵乱によって疲弊した下総・上野同様、当地域でも農民の逃亡や流浪が続き、耕地は開発と荒廃を繰り返す状況であった。

　長野県域では、平安前半に土錘出土点数が大幅に増大する。この時期に新たな農地の開墾が進み、開発が順調に進んでいたことを示す。副次的生業である網漁が活発だったことは、主生業である水田稲作が安定した営みにあったことを物語るからである。そして、その後11、12世紀に属する土錘が認められない

ことは、この時期に集落や食糧生産の経営が再び不安定になっていったことを示す。

なお、当地域で9世紀代の須恵質管状土錘が出土している。信濃では8世紀後半から須恵器の在地生産がはじまる。これらは在地産の可能性がある。

(3) 弓矢猟と東日本古墳社会

東日本の中で、茨城・千葉県域では、古墳中・後期の集落出土鉄鏃点数の豊富さが目立つ。しかも狩猟用鏃とされる平根系の割合が非常に高い。両県域での中・後期の弓矢猟の盛行が示唆される。

この盛行には、神奈川・茨城県域での5世紀後半の集落形成の隆盛、および6世紀後葉から7世紀前葉にかけての茨城県域での集落形成の高まりが関わっている。すなわち、集落形成の発展は主生業たる農耕の発展に裏付けられ、農耕の発展は害獣駆除や動物性タンパク源の獲得などの要請をもたらし、狩猟の頻度が高まるからである。

東北は関東・甲信に比べ、鏃出土遺跡数が少なく、出土例全体に占める打製石鏃と骨鏃の割合が高い。関東では鉄鏃の割合が非常に高く、鉄鏃のなかでも狩猟用の平根系鉄鏃だけで全体の6割余りを占める。甲信の鉄鏃の割合は関東に比べ少ないが、鉄鏃に占める平根系の割合が高い点は関東に類似する。また鏃全体のうち、石鏃と骨鏃の占める割合が高い点は東北と傾向が類似する。

関東に比べ、東北や中央高地の甲信の鏃出土遺跡数は少ない。土錘と同様の傾向である。両地方の古墳時代集落形成の発展が、関東より停滞していたことが原因であろう。また、金属器普及以前の材質からなる石鏃と骨鏃の割合が関東より高いことは、これら両地方の生業形態が、古墳時代を迎えても前時代の伝統を継承していた可能性を示唆する。

宮城県石巻市遺跡出土の古墳前期に属する打製石鏃は、東北で先行する弥生後期に認められる形態ではない。そのため、新金沼遺跡での石鏃使用に関しては、この時期に東北北部社会との交流が窺われる北海道の続縄文文化からの影響を考慮する必要がある。新金沼遺跡で確認された住居や物質文化はともに古

墳文化の所産であり、主たる生業も水田稲作を志向していたものと考えるが、弓矢猟という副次的生業に北方系文化要素が認められたことは、東北古墳前期の生業が一部独自色を帯びていたことを示している。

　以上の古代漁撈と狩猟の検討を通じて、特に網漁に用いた土錘に関しては、各地方の土錘組成の変遷に、列島規模で共通する部分があることが明らかになった。これは副次的生業ながら、網漁と社会の動向とが密接に関わっていたことを示している。また、集落の発展・衰退とそれを左右した水田稲作経営の様態も、網漁や弓矢猟の実施頻度の多寡と密接に関連していたであろうことが理解できる。

　狩猟や内水面漁撈の食料獲得活動は、水田稲作と深い関連をもちながら水田およびその周辺の自然界を生業の場として営まれてきた。そのため、主生業の水田稲作を補うなど、重要な副次的生業としての意義をもっていたと考えられる。その意味では、集落遺跡の周辺で水田跡の検出がない場合でも、土錘や狩猟用鏃などの関連資料から食料獲得活動の様態を推量することによって、当時の食糧生産の水準についても一定の推測が可能になるはずである。

第4節　古代食料獲得の意義の多様化と重層化

　狩猟用鏃の検討時に、非実用的な大形・異形平根系鉄鏃と千葉県域2遺跡の祭祀遺構出土平根系鉄鏃を紹介した。これらの例は、狩猟用鏃の儀器化や儀礼・祭祀行為への使用を物語るとともに、古代の食料獲得行為が、生業を超えた何らかの儀礼的意義をも有していた可能性を示している。

(1) 漁撈具の非実用的意義
　食料獲得用具の儀礼・祭祀への使用を示唆する事例は、土錘についても認められる。一般的に古代の土錘は、住居跡からの出土例が大部分を占めるが、漁網の保管場所とは考えられない、土坑や古墳石室などの遺構からも出土する。次に例を掲げる。

奈良県五条市塚山古墳は古墳中期の方墳で、箱式石棺の外側から棒状土錘が複数個まとまって出土した（奈良県教育委員会 1957）。この事例について大野左千夫は、土錘を着装した漁網が置かれていたと推測する（大野 1980）。

神奈川県茅ヶ崎市上ノ町遺跡Ⅰ区10号土坑からは、平面が径1.5～2mの不整円形を呈する土坑から、土師器片とともに長さ3～4cm、最大幅0.8cm前後の管状土錘101点が出土した（浅場 1990）。本土坑は、古墳終末期から平安初頭までの時期に属する可能性がある。

島根県浜田市小才1号墳では、石室床面から浮いた状態で管状土錘184点が出土した（内田 2009）。分布には粗密があったという。時期は7世紀代に属する。土錘の形態は、平均で長さ5.2cm、最大幅1.9cm、孔径0.57cm、重量15.9gを測る。うち9点が須恵質であった。報告書では、漁網が閉塞部分に配置、あるいは吊り下げられていた可能性が示されている。朝鮮半島南東部においても、4世紀から6世紀にかけての土坑墓、石槨墓および古墳の主体部から、管状土錘の出土が確認できるという（内田 2009）。

静岡県富士市伝法中桁(なかげた)遺跡では、7世紀中葉の住居の埋土上層における遺物集中地点から、意図的に破砕した4点の土師器坏とともにまとまった状態で須恵質土錘56点が出土した（志村博 2004）。住居の埋没過程で10世紀前半に属する土坑と思われる遺構内において、土師器坏4点と土錘を用いた何らかの行為が行われたことを示している（種石 2010）。

以上の事例のほか、弥生時代から平安時代までに属する、漁撈具をはじめ海に関連する生産用具の出土例の集成（埋蔵文化財研究会 1986）と、3世紀から7世紀までに属する、1986年以降出土の海の生産用具の集成（埋蔵文化財研究会 2007）がある。この中からも類例を挙げてみたい。

まず前者の集成から示す。7世紀初頭の円墳である京都府竹野郡網野町字磯相谷1号墳の横穴式石室内部からは安山岩製有溝石錘が出土した。7、8世紀の祭祀遺跡である静岡県浜松市半田町下滝遺跡では、管状土錘が祭祀遺物と共伴して出土した。そして同県静岡市清水区山の鼻遺跡では、古墳時代に属する0.9m×0.6m、深さ0.25mの不整楕円形ピットから、土師器・須恵器とともに

第 6 章　古代食料獲得の歴史的意義　259

管状土錘41点が出土した。うち13点は須恵質であった。

　次に後者の集成から示す。宮城県石巻市梨木畑貝塚では、2 体の伸展葬人骨の頭部周辺から、古墳前期土器と23点の球状土錘の集中が認められた。静岡県浜松市北区細江町広岡井通遺跡では、平面が長円形を呈する3208号土坑から 6 世紀後半代の土器とともに管状土錘19点が出土した。同区都田町の径約12m の円墳である見徳 3 号墳の横穴式石室内からは、須恵器や鉄鏃とともに、管状土錘88点が出土した。その他にも、古墳後期の円墳である京都府綾部市多田町丸山キツネ塚古墳では、横穴式石室内外から管状土錘138点が出土し、特に玄門部右側では119点のまとまった出土状況が確認されたという。そして岡山県岡山市加茂矢部南向遺跡では、径60cm を測る土坑から管状土錘30点が出土した。この土錘の時期は不明だが、古墳前期住居に伴う土錘に形態が類似する。

　上記の出土例は、土錘あるいは土錘を装着した漁網が、土師器や須恵器あるいは祭祀遺物とともに土坑や埋葬場所、横穴式石室内において、何らかの儀礼・祭祀行為に用いられていたことを示している。いずれの遺構も一般的な漁網の保管場所とは考えられないからである。

　土錘以外に、漁撈具と儀礼行為との関連を示唆する出土事例として、古墳時代におけるヤス・銛・釣針の漁具の古墳への副葬も知られている。清野孝之は、古墳前期および中期古墳におけるこのような漁撈具副葬事例について検討し、これらの漁具が海洋・河川と何らかの関連をもつ儀礼行為に使用されていたと解釈した（清野 1999）。

（2）食料獲得行為の意義の多様化と重層化

　農耕社会にあって狩猟・漁撈は、田畑における害獣の駆除あるいは動物性タンパク源の獲得など生業としての不可欠な意義を有するが、当時の生業としてはあくまで副次的存在にすぎない。このような食料獲得とその用具が生業としての意義を超え、儀礼など他の意義を有することになった過程の叙述とその理由の解明は、生業史研究上の課題となる。

　文化人類学の松井健（1998）は、食料獲得について、「自然との密接な関わ

り」や「単純な技術と高度な技法が行為者にもたらす情緒的価値」、「名人による威信の獲得」、「自然と人間との関わり方の位相関係や、自然の移ろいを身体で体感する働き」などの性格を認める。狩猟や漁撈に食料獲得以上の意義が付与された理由に、松井の述べるこれらのはたらきがあったことがまず挙げられるのではないか。

　また、原始的漁撈・山地狩猟習俗が示すように、これら生業には「村民の和合（結合紐帯の強化）」をもたらす作用がある。社会統合に大きな役割を果たす効果がある点で、この種の生業が特別視されていった可能性も大きい。

　狩猟に関しては、農村の狩猟習俗に「農耕儀礼としての動物犠牲」の意味を認める民俗学の意見、また、支配者が行った巻狩に「軍事訓練」の性格をみる文献史学の意見がある。古代釣針の検討の際、元慶の乱で海に適応した蝦夷集団の舟による軍事行動を紹介したが、漁撈に関しても、舟の操縦技術が練磨される点、また大型の網漁で統制された集団行動が求められる点において、狩猟同様に「軍事訓練」の意義もあったのではないか。

　このように食料獲得行為のもつ多様なはたらきのため、古代の狩猟・漁撈の意義も多様化していった。場合によっては、一つの食料獲得行為が複合的な意義をもつこともあったと考えられる。

　古代の食料獲得行為が多様な意義をもった理由はどこにあるのだろうか。

　例えば、原田信男（1993）は、国家形成期に補完的であった農耕と狩猟の関係が、水田稲作志向が進むなかで崩れ、肉食が禁忌され狩猟活動が停滞、特殊な生業へと変化していったと述べる。

　しかし、古代において、狩猟や漁撈が食料獲得以外の意味をもつようになっていったのは、肉食の禁忌による食料獲得行為の停滞が大きな原因ではないと考える。なぜなら、稲作が広まった弥生時代から古墳時代にかけて、あるいは殺生禁断令が施行された律令期に、狩猟・漁撈が継続していたことは、集落遺跡からの土錘や釣針の漁具、そして狩猟用鏃の出土からも考古学的に明らかである。原田の言うように、一部に肉食を禁忌する風潮もあったであろうが、多くの人びとは権力者の方針に左右されず、たくましく食料獲得行為を続けてい

非実用的な儀礼的・祭祀的意義
生業以外の実用的意義（害獣駆除、軍事訓練、社会統合、威信獲得）
生業としての意義（農耕を補完、動物性タンパク源獲得）

図45 古代食料獲得行為の意義の重層性

たと考えるのである。

　古代の食料獲得は「特殊化」していったのではなく、むしろ食料獲得行為の有する多様な意義は「重層化」していったと捉えるべきである（図45）。すなわち、①農耕を補完し、動物性タンパク源を得る生業としての意義、②害獣駆除や集団統合、軍事訓練、社会的威信獲得など生業以外の実用的意義、そして③非実用的な儀礼・祭祀的な意義の三つが考えられる。

　日本古代史のなかで一部の食料獲得行為は、ことに②や③の意義が本来の生業の意義を超えて突出していったようである。先にみた狩猟・漁撈具の儀礼・祭祀への使用や儀器化、および古墳への副葬、あるいは捕獲対象動物の一部が祭器に描かれるなど「神獣」のような扱いを受けるようになったこと、また一部の社会的階層による「支配者の狩猟」としての鷹狩・巻狩（佐藤孝 2008）や「釣り占い」（森浩 1987）などは、そのことを示唆する。

　ある種の生業は本来の食料獲得としての意義が薄れ、他の意義がより重視されるなど、食料獲得行為の意義は多様化が進んでいた。すでに、古代社会にあって生業手段は、人びとが自らを他者から区別しようとする「象徴闘争」（ブルデュー 1990）の争点になりうる状況にあったかもしれない。

第5節　古代食料獲得研究の課題

　本書では、東日本を中心に古代食料獲得の活動実態とその意義について考えてきた。扱った釣針、土錘、狩猟用鏃については今後、製作技術に関して調査を補う必要がある。そのことにより、西日本との製作技術の差異や生業技術の伝播の問題がより明らかになるはずである。なお、出土点数が寡少なため本書の分析で取り上げなかった、弥生・古墳時代の釣針と刺突漁具については今後

の資料蓄積をまち、分布と変遷を論じなければならない。

　第1章で示した食料獲得行為の相互作用については、従来の生業研究で指摘されておらず、本書研究の成果の一つと思われる。稲作の存在と自然環境からの影響を過大評価し、あるいは単一の生業活動のみに焦点を当て、生業従事者を「専業」漁撈民や狩猟民などと解釈してしまいがちな、従来の生業の考古学研究に一石を投じることができたと考えている。

　生業の構成要素も、生業を取り巻く要素・環境も、そして生業同士も、相互に作用し合っていることを説明してきた。それは、食糧生産の各生業にも当てはまることである。そのことを示して、特定の考古学的事実から特定の生業のみを対象とする研究指向に、多角的な視点を提供できたならば幸いである。

　しかし新たな課題も生じた。古代と一口にいってもその歴史のなかには、水田の湿田から乾田への変化、また農具鉄器化の画期、灌漑技術の進展、品種改良等の農耕収穫量の改善、人口の変化、仏教思想の受容などがあり、食料獲得をはじめ生業体系（生業構造）の細部については古代の各地域・時期の特色を論じていかなければならない。

　また、本書は古代を対象としたが、後続する中近世の生業の考古学研究は著しく停滞している。いまのところ、中近世の食料獲得活動の実態は、文献史学の成果に負うところが大きく、例えば遺跡から出土が散見される土錘などは未検討の例が多いのが現状である。

　食料獲得用具が儀器化し、生業行為そのものが儀礼・祭祀化していった過程と理由は、古代食料獲得体系の中の儀礼的要素の検討とも併せて、今後は文化人類学や他分野の知見も参考に考察を深める必要がある。

　現段階では、先に掲げたブルデューの「象徴闘争」の概念に加えて、近代化が進みつつあったシベリアでの民族調査を経て、E・ロット＝ファルク（1980）が示した狩猟儀礼論に注目している。すなわち、「狩猟儀礼のほとんどは本来言う狩猟の外でくり拡げられ、活動は準備儀礼と死後儀礼との間に限定されている（中略）これら儀礼すべてにおいて、呪術的、法的、宗教的な慣行がある」（ファルク 1980：211頁）また「もともと、人間の動物に対する関係は存

在者の存在者に対する関係であって、契約は対等に結ばれた」（ファルク 1980：212頁）とする見方である。

　古代食料獲得行為の儀礼・祭祀化過程の解明に加え、先史時代から古代にかけて、食料獲得のなかで行われる儀礼の性格の歴史的変化についてもさらなる究明が必要である。ロット＝ファルクが、生業に費やす手段の数から、農耕文化の多様性と狩猟文化の相対的な一様性について両者の文化的差異を述べているように、やはり、社会の複雑化が進行した古代農耕社会と先史時代社会が、同様の性格の食料獲得儀礼を行っていたとは考え難いからである。

　本書では、生業民俗誌から活動傾向をまとめ、記録が豊富であった狩猟・内水面漁撈についてその体系を模式図として提示した。模式化の際に用いた民俗誌は、生業習俗すなわち行為に関する記述がほとんどであり、考古資料の解釈に有用な民具、例えば漁網の各部位や、釣針、狩猟槍などの漁撈具や狩猟具の実測図や法量調査の記載はほとんどみられない。今後は考古学者自らが考古資料解釈のために民具調査を改めて進めていくことが求められる。

　秋田県鹿角市でのマタギ山刀・狩猟槍の製作技術調査では、現在使用されているマタギの山刀に「型式」があり、他の利器も形態が著しく多様であることが判明した。これらの事実は今後、狩猟具など利器の型式（器種）認定の参考になると考える。

註
（1）漁撈・狩猟民俗誌を検討すると、厳密な意味での「専業」漁撈民・狩猟民は存在しない。筆者の聞き取り調査でも、秋田県阿仁でクマ狩りをしていた方の孫から、いわゆるマタギという名の専業狩猟民は存在せず、農家の人が「マタギもしていた」という表現が妥当である、とうかがったことがある。本書では比重がわずかであっても他の生業にも携わっていたことを考慮し、「専業的」という言葉を用いた。
（2）八賀晋（1968）は、古代水田の土壌的環境から水田の開発過程を検討し、初期水稲耕作の開始期には湿田経営が、弥生時代中頃から4世紀末から5世紀前半までの古墳時代前半には半湿田経営、そして人工灌漑が大規模に導入される畿内では4世紀末、その他の地域では5、6世紀から乾田経営が開始されるという。
（3）江戸時代の土錘・陶錘については、筆者の検討がある（種石 2014）。

引用文献

相京邦彦ほか　2003『千葉東南部ニュータウン26』千葉県文化財センター調査報告書26
相原俊夫ほか　2003『大谷市場遺跡発掘調査報告書』大谷市場遺跡発掘調査団
青木一男・西　香子　2000『国道403号土口バイパス埋蔵文化財発掘調査報告書　屋代遺跡群』(財)長野県埋蔵文化財センター発掘調査報告書46
青木義脩ほか　1988『上野田西台遺跡（第4次）発掘調査報告書』浦和市遺跡調査会報告書108
青葉　高　1981『ものと人間の文化史43　野菜』法政大学出版局
青葉　高　1988「野菜の系譜」『畑作文化の誕生』日本放送出版協会　pp.121-144
赤澤　威　1984「日本の自然と縄文文化の地方差」『人類学　その多様な発展』日経サイエンス　pp.14-29
赤羽正春　2001『ものと人間の文化史103　採集』法政大学出版局
赤星直忠　1954『横須賀市なたぎり遺跡』横須賀市博物館
秋田県教育委員会　1966『脇本埋没家屋第二次調査概報』秋田県文化財調査報告書6
秋田県教育委員会　1967『脇本埋没家屋第三次調査概報』秋田県文化財調査報告書11
秋田県教育委員会　2008『秋田県指定有形文化財阿仁マタギ用具文化財収録作成調査報告書』秋田県文化財調査報告書441
秋田市教育委員会　1978『秋田の漁労用具調査報告』秋田県文化財調査報告書57
秋田市教育委員会　1986『秋田新都市開発整備事業関係埋蔵文化財発掘調査報告書　地蔵田B遺跡台A遺跡　湯ノ沢I遺跡　湯ノ沢F遺跡』
秋道智彌　1992「水産資源のバイオマスとその変動」『狩猟と漁労』雄山閣　pp.57-79
秋山圭子・関間俊明　1999『上横尾遺跡』韮崎市教育委員会
秋山高志ほか　1991『図録・山漁村生活史事典』柏書房
浅場好良　1990「上ノ町遺跡I区10号土壙出土の土錘について」『茅ヶ崎市埋蔵文化財調査10周年記念集』pp.39-43
穴沢義功ほか　1981-1983『千葉・上ノ台遺跡』千葉市教育委員会
阿部明彦　1987『三軒屋物見台遺跡発掘調査報告書（2）』山形県埋蔵文化財調査報告書107
阿部明彦ほか　1988『矢馳A遺跡　矢馳B遺跡　清水新田遺跡』山形県埋蔵文化財調査報告書127
阿部博光・山田晃弘　1997『里浜貝塚X』東北歴史資料館資料集43
天野　武　2004「2章2項　川仕事のいろいろ」『東蒲原郡史資料編8民俗』pp.166-173

天野　武　2006「北陸富山における威嚇猟」『富山の民俗学は今』富山民俗の会 pp.29-40
天野　努　2002「古代房総の漁撈民とその生産活動」『千葉県立安房博物館研究紀要』8 千葉県立安房博物館 pp.56-81
網野善彦　1984『日本中世の非農業民と天皇』岩波書店
網野善彦　1985「古代・中世・近世初期の漁撈と海産物の流通」『講座・日本技術の社会史2 塩業・漁業』日本評論社 pp.197-271
網野善彦　1997『海の国の中世』平凡社ライブラリー
雨宮龍太郎・落合章雄　1998『千葉ニュータウン埋蔵文化財調査報告書Ⅶ白井町一本桜南遺跡』千葉県文化財センター調査報告書318
荒井保雄・高野節夫　1999『北浦複合団地造成事業地内埋蔵文化財調査報告書　木工台遺跡2』茨城県教育財団文化財調査報告152
荒井世志紀　1994『鴇崎天神台遺跡』香取郡市文化財センター
荒井世志紀・鬼澤昭夫　2000『名木不光字遺跡』香取郡市文化財センター調査報告書73
安斎正人　2002「北方狩猟採集民の社会」『縄文社会論（下）』同成社 pp.51-102
飯島一生　1998『北関東自動車道建設事業地内埋蔵文化財調査報告書　矢倉遺跡・後口原遺跡』茨城県教育財団文化財調査報告135
鋳方貞亮　1945『日本古代家畜史』河出書房
井川達雄ほか　1985『三ツ寺Ⅲ遺跡 保渡田遺跡 中里天神塚古墳』群馬県埋蔵文化財調査事業団
井口喜晴　1998「子持台付壺にみる古代の狩猟文様」『楢崎彰一先生古希記念論文集』pp.66-73
石川純一郎　1992「中世・近世における狩座と狩猟信仰」『狩猟と漁撈』雄山閣 pp.226-239
石川隆司　1985「縄文貝塚出土釣針における漁獲選択性の応用（試論）」『法政考古学』10 pp.68-91
石川俊英・相沢清利　1991『山王遺跡―第9次発掘調査報告書―』多賀城市文化財調査報告書26
石北直樹　1998『森下中田遺跡』昭和村埋蔵文化財発掘調査報告書8
石坂　茂ほか　1998『田篠塚原遺跡・福島駒形遺跡・福島鹿嶋下遺跡・福島椿森遺跡』群馬県埋蔵文化財調査事業団調査報告244
石坂俊郎　1995『田島・棚田』埼玉県埋蔵文化財調査事業団報告書147
石田広美ほか　1985『主要地方道成田安食線道路改良工事地内埋蔵文化財発掘調査報告書』千葉県文化財センター
石田守一ほか　1987『西台北遺跡』我孫子市埋蔵文化財報告10
石塚三夫・町田ふみ　1999『用土前峯遺跡（1次）』寄居町遺跡調査会報告18

石原正敏　1996「アメリカ式石鏃再考」『考古学と遺跡の保護』甘粕健先生退官記念論文集刊行会　pp.179-197
石原与作　1973「狩猟」『富山県史　民俗編』富山県　pp.504-553
石部正志　1985「原始・古代の土器製塩」『講座　日本技術の社会史2 塩業・漁業』日本評論社　pp.7-42
石本　弘・安田　稔　1990『相馬開発関連遺跡調査報告Ⅱ』福島県文化財調査報告書234
石守　晃　2003『中内村前遺跡（2）5～7区』群馬県埋蔵文化財調査事業団調査報告書322
磯崎　一　1995『今井川越田遺跡』埼玉県埋蔵文化財調査事業団報告書177
磯崎　一・山本　靖　2005『北島遺跡ⅩⅢ』埼玉県埋蔵文化財調査報告書305
磯村　亨　1999『扇田谷地遺跡』秋田県文化財調査報告書283
市川桂子ほか　1999『上信越自動車道埋蔵文化財発掘調査報告書26更埴条里遺跡・屋代遺跡群―古代1編―』（財）長野県埋蔵文化財センター発掘調査報告書42
市川桂子ほか　2000a『上信越自動車道埋蔵文化財発掘調査報告書27更埴条里遺跡・屋代遺跡群―古代2・中世・近世編―』（財）長野県埋蔵文化財センター発掘調査報告書50
市川桂子ほか　2000b『上信越自動車道埋蔵文化財発掘調査報告書28更埴条里遺跡・屋代遺跡群―総論編―』（財）長野県埋蔵文化財センター発掘調査報告書54
市川隆之ほか　1997『中央自動車道長野線埋蔵文化財発掘調査報告書15石川条里遺跡』（財）長野県埋蔵文化財センター発掘調査報告書25
市川健夫　1987『ブナ帯と日本人』講談社現代新書
市川健夫ほか　1981「ブナ帯文化論」『地理』古今書院　pp.11-93
市川正史・伊丹　徹　1986『三ツ俣遺跡』神奈川県立埋蔵文化財センター調査報告書13
市村勝巳ほか　1990『中央自動車道長野線埋蔵文化財発掘調査報告書7 南栗遺跡』（財）長野県埋蔵文化財センター
伊東重敏ほか　1982『平台』稲敷郡東村文化財報告1
伊藤尚志・佐々木嘉和　1998『恒川遺跡群　新屋敷遺跡』飯田市教育委員会
伊東信雄ほか　1980『多賀城跡　政庁跡　図録編』宮城県教育委員会
伊東信雄ほか　1982『多賀城跡　政庁跡　本文編』宮城県教育委員会
伊東久之　1997「河沼の漁撈」『講座日本の民俗学5 生業の民俗』雄山閣
伊東久之　2002「川の民の世界」『いくつもの日本Ⅳ　さまざまな生業』岩波書店
稲田健一ほか　2005『船窪遺跡』ひたちなか市文化・スポーツ振興公社文化財調査報告32
井上正敏　1986「9章2節　漁法」『取手市史　民俗編Ⅲ』取手市　pp.219-250
井上義安　2000『飛城・常福寺遺跡』大貫台地埋蔵文化財発掘調査報告書3

猪熊樹人　2006「中世鎌倉のイカ釣針」『動物考古学』23 pp.113-123
今井幹夫ほか　1981『本宿・郷土遺跡発掘調査報告書』富岡市教育委員会
今泉　潔ほか　1987『大井東山遺跡・大井大畑遺跡』千葉県文化財センター
今泉隆雄　1992「7 律令国家とエミシ」『新版 古代の日本9 東北・北海道』角川書店 pp.163-198
今平昌子　1999『一本松遺跡・文殊山遺跡』栃木県埋蔵文化財調査報告230
今福利恵　2004『百々遺跡2・4』山梨県埋蔵文化財センター調査報告書212
今村啓爾　1993「狩猟採集経済の日本的性格」『新版　古代の日本1 古代史総論』角川書店 pp.95-116
岩井宏實ほか　1986「狩猟・川漁」『奈良県史12民俗（上）』奈良県 pp.225-240
いわき市教育委員会　1966『寺脇貝塚』
いわき市教育委員会　1968『小名浜』
岩瀬　譲ほか　1991『樋詰・砂田前』埼玉県埋蔵文化財調査事業団報告書102
岩瀬　譲ほか　2003『如意遺跡Ⅳ』埼玉県埋蔵文化財調査事業団報告書285
岩淵一夫　1984『赤羽根』栃木県埋蔵文化財調査報告57
岩見和泰　1991『合戦原遺跡他』宮城県文化財調査報告書140
上田典男ほか　2000『上信越自動車道埋蔵文化財発掘調査報告書　松原遺跡 古代・中世 6』長野県埋蔵文化財センター発掘調査報告書53
上原康子・篠原祐一　1998『清六Ⅲ遺跡Ⅱ』栃木県埋蔵文化財調査報告218
上原康子・篠原祐一　1999『清六Ⅲ遺跡Ⅲ』栃木県埋蔵文化財調査報告227
臼居直之・市川隆之　1997『中央自動車道長野線埋蔵文化財発掘調査報告書15　石川条里遺跡』長野県埋蔵文化財センター発掘調査報告書26
宇田敦司ほか　1997『南羽鳥遺跡群Ⅱ』印旛郡市文化財センター発掘調査報告書133
内田律雄　2009『ものが語る歴史17　古代日本海の漁撈民』同成社
内山純蔵　2007『縄文の動物考古学』昭和堂
内山敏行　2005「鏃から見た七世紀の北日本」『七世紀研究会シンポジウム　北方の境界接触世界』七世紀研究会 pp.33-45
宇野慎敏　2004「双孔棒状土錘について」『海峡の地域史』pp.364-378
宇部則保・小久保拓也　2001『田向冷水遺跡発掘調査報告書』八戸遺跡調査会埋蔵文化財調査報告書1
漆間元三　1973「2章7節　淡水漁」『富山県史民俗編』富山県 pp.377-384
閏間俊明ほか　2004『宿尻第2遺跡』韮崎市教育委員会
江藤　昭ほか　1985『神奈川県厚木市下依知大久根遺跡調査報告書』下依知大久根遺跡調査団
江幡良夫・黒澤秀雄　2003『二の沢A遺跡・二の沢B遺跡（古墳群）・ニガサワ古墳群』茨城県教育財団文化財調査報告208

海老原郁雄ほか　1996『八幡根東遺跡』栃木県埋蔵文化財調査報告181
大上周三・大塚健一　1999『下大槻峯遺跡（No.30）』かながわ考古学財団調査報告53
大久根　茂　1997「4章5節　漁撈と狩猟」『幸手市史　民俗編』幸手市　pp.299-329
大島秀俊　1983『永国遺跡』日本窯業史研究所
太田昭夫ほか　1991『富沢遺跡—第30次調査報告書Ⅰ（縄文〜近世編）—』仙台市文化財調査報告書149
太田昭夫ほか　1994『中田南遺跡』仙台市文化財調査報告書182
太田雄治　1979『消えゆく山人の記録　マタギ』翠楊社
大竹憲治ほか　1988『薄磯貝塚』いわき市埋蔵文化財調査報告19
太田原（川口）潤　2002「縄文時代のマダラ漁」『海と考古学とロマン』市川金丸先生古稀を祝う会　pp.173-192
大塚達朗　2006「『サケ・マス論』とは何であったか」『生業の考古学』同成社　pp.39-55
大坪宣雄ほか　1989『沼間三丁目遺跡群』沼間三丁目遺跡調査団
大友　透ほか　1994『仙台東道路関係遺跡調査報告書』名取市文化財調査報告書33
大友義助　2005「最上川中流域におけるサケの伝統的漁法」『最上川文化研究』3　東北芸術工科大学東北文化研究センター研究報告書　pp.133-143
大沼芳幸　2003「田んぼと魚のちょっといい関係—近江弥生時代の水田漁労に関する試論—」『弥生のなりわいと琵琶湖—近江の稲作漁労民—』サンライズ出版　pp.92-111
大野左千夫　1978「有溝土錘について」『古代学研究』86　pp.19-37
大野左千夫　1980「有孔土錘について」『古代学研究』93　pp.30-38
大野左千夫　1981「漁撈」『三世紀の考古学　中巻』学生社　pp.158-191
大野左千夫　1992「弥生時代の漁具と漁撈生活」『考古学ジャーナル』344　pp.15-19
大野　亨　2003『大仏遺跡』八戸市埋蔵文化財調査報告書98
大林太良　1983「東北日本の漁撈と伝承」『日本民俗文化大系5　山民と海人』小学館　pp.421-436
大林太良　1992「日本の狩猟・漁撈の伝統」『狩猟と漁労』雄山閣　pp.339-352
大村　直　1984「石鏃・銅鏃・鉄鏃」『史館』17　pp.25-55
大村　直　1992『市原市叶台遺跡』市原市文化財センター調査報告書44
岡崎　敬　1968「倭の水人」『日本民族と南方文化』金関丈夫博士古稀記念委員会　pp.93-125
岡田誠司　1992『古代祭祀の史的研究』塙書房
岡田　務・山上真子　2009『尼崎市埋蔵文化財調査年報　平成15年度』尼崎市教育委員会
尾形則敏・深井恵子　1999『志木市遺跡群9』志木市教育委員会
岡田光広ほか　1996『主要地方道松戸野田線埋蔵文化財調査報告書』千葉県文化財センター調査報告276

岡村眞文　1989『中谷遺跡』我孫子市埋蔵文化財報告13
岡村道雄・菅原弘樹　1996『日本の美術356　貝塚と骨角器』至文堂
岡本　勇　1965「Ⅲ縄文時代の生活と社会1労働用具」『日本の考古学Ⅱ縄文時代』河出書房新社　pp.286-302
岡本　勇ほか　1981『鴨居上ノ台遺跡』横須賀市文化財調査報告書8
岡本　勇　1986「先土器・縄文時代の食料生産」『岩波講座　日本考古学3生産と流通』岩波書店　pp.33-56
岡本　勇ほか　1989『佐原泉遺跡』泉遺跡調査団
小河邦男　1986『水海道都市計画事業・内守谷土地区画整理事業地内埋蔵文化財調査報告書2』茨城県教育財団文化財調査報告31
小川直之　1993「3章5節　川の漁」『平塚市史12別編　民俗』平塚市　pp.216-227
小川直之・藤塚悦司　1985「淡水漁法」『馴柴・八原地区』龍ヶ崎市史民俗調査報告Ⅰ　pp.59-62・200-203
小川直之・藤塚悦司　1988「淡水漁法」『北文間・川原代地区』龍ヶ崎市史民俗調査報告Ⅲ　pp.74-79・255-263
荻原ちとせ　1997『雪山川―豪雪地帯の民俗―新潟県北魚沼郡小出郷のくらし』足立区郷土博物館
奥田正彦ほか　1993『仲ノ台遺跡』香取郡市文化財センター
小澤清男ほか　1995『海老遺跡』千葉市文化財調査協会
小澤重雄　2000『葛城一体型特定土地区画整理事業地内埋蔵文化財調査報告書Ⅲ六十目遺跡』茨城県教育財団文化財調査報告160
小沢　洋　1993『千葉県木更津市　小浜遺跡群Ⅴ　俵ヶ谷古墳群・マミヤク遺跡』君津郡市文化財センター発掘調査報告書80
小沢　洋ほか　1989『小浜遺跡群Ⅱ　マミヤク遺跡』君津郡市文化財センター発掘調査報告書44
小高幸男ほか　1999『高砂遺跡Ⅱ』君津郡市文化財センター発掘調査報告書154
乙益重隆　1992『人類史叢書13弥生農業と埋納習俗』六興出版
乙益重隆ほか　1983『調布市飛田給遺跡』調布市埋蔵文化財調査報告20
小野寺節子　1985「漁撈　狩猟」『志木市史　民俗資料編Ⅰ』志木市　pp.565-619
小野寺正人　1983『北上川の民俗文化』ひたかみ
小山映一　1989『竜ヶ崎ニュータウン内埋蔵文化財調査報告書18南三島遺跡3・4区（Ⅱ）』茨城県教育財団文化財調査報告49
小山岳夫　1988『腰巻・西大久保Ⅱ・曲尾Ⅱ』佐久市埋蔵文化財調査センター調査報告書15
及川良彦　2002「有孔磨製小形尖頭器」『研究論集』19東京都埋蔵文化財センター　pp.126-162

利部　修・山田広美　2003『開防遺跡・貝保遺跡』秋田県文化財調査報告書361
角田芳昭　2001『波志江中野面遺跡（１）―古墳時代以降編―』群馬県埋蔵文化財調査事業団調査報告書281
鍛冶文博ほか　2002『木田余台Ⅱ』土浦市遺跡調査会
香月洋一郎　1986「６章　川漁」『真岡市史５民俗編』真岡市　pp.501-517
加藤晋平　1980「縄文人の動物飼育」『歴史公論』６-５雄山閣　pp.45-50
加藤秀幸　1976「鷹・鷹匠、鵜・鵜匠埴輪試論」『日本歴史』336吉川弘文館　pp.60-74
金関丈夫・坪井清足・金関　恕　1961「山口県土井浜遺跡」『日本農耕文化の生成』東京堂　pp.223-253
金子浩昌　1981「弥生時代の貝塚と動物遺存体」『三世紀の考古学　上巻』学生社　pp.86-141
金子浩昌　1988「狩猟」『弥生文化の研究２生業』雄山閣　pp.141-152
金子浩昌　1994「新保田中村前遺跡出土の骨角製品」『新保田中村前遺跡Ⅳ』（財）群馬県埋蔵文化財調査事業団発掘調査報告書176　pp.１-65
金子浩昌・牛澤百合子　1975「大畑貝塚出土の脊椎動物遺存体」『大畑貝塚調査報告』いわき市教育委員会　pp.447-508
金子浩昌・忍沢成視　1986『骨角器の研究　縄文篇Ⅰ・Ⅱ』慶友社
金子浩昌ほか　1982「狩猟・漁撈対象動物の地域性」『季刊考古学』１雄山閣　pp.18-24
神澤勇一　1985「貝製穂摘具」『弥生文化の研究５』雄山閣　pp.112-115
神野善治　1993「４章１節　川の漁撈」『韮山町史９民俗』韮山町　pp.214-225
神村　透　1985「石製耕作具」『弥生文化の研究５』雄山閣　pp.85-89
神村　透　1988「Ⅲ生産と生活の道具　3弥生時代の道具」『長野県史考古資料編１巻（４）遺構・遺物』長野県史刊行会
神谷佳明　1993『下川田下原遺跡・下川田平井遺跡』群馬県埋蔵文化財調査事業団調査報告書147
亀田隆之・大石直正・平野邦雄　1964「３章　古代産業（２）」『体系日本史叢書10産業史Ⅰ』山川出版社　pp.128-296
鴨志田篤二　2002『東中根遺跡群発掘調査報告書』ひたちなか市遺跡調査会
河合英夫ほか　2001『上町遺跡金子地点・氷見地点発掘調査報告書』古川町教育委員会
河合英夫　1986『峯遺跡群発掘調査報告書』峯遺跡群発掘調査団
河岡武春　1977「低湿地文化ノート」『近畿民具』１
川喜田二郎　1980「生態学的日本史臆説」『歴史的文化像』新泉社　pp.109-145
川崎晃稔　1991『日本丸木舟の研究』法政大学出版局
川添和暁　2007「東海地方・近畿地方の植物遺存体」『日本考古学協会2007年度熊本大会研究発表資料集』pp.375-384
川津和久・宇田敦司　1993『下方内野南遺跡』印旛郡市文化財センター発掘調査報告書

63

川津法伸・平石尚和　1999『下り松遺跡・油内遺跡』財団法人茨城県教育財団文化財調査報告145

川那部浩哉・水野信彦　1989『山溪カラー名鑑　日本の淡水魚』山と溪谷社

川西宏幸編　2011「常陸の実相」『東国の地域考古学』六一書房 pp.3-30

河野辰男ほか　1985『竹来遺跡・入屋敷遺跡』阿見町教育委員会

河野喜映ほか　1985『山王山遺跡』神奈川県立埋蔵文化財センター調査報告8

川村　勝　1992『陣屋敷遺跡』美浦村陸平調査会

河本英夫　1995『オートポイエーシス　第三世代システム』青土社

蒲原稔治・岡村　治　1985『原色日本海水魚図鑑（Ⅰ）』保育社

菊池　実・女屋和志雄　1997『緑埜遺跡群・緑埜上郷遺跡・竹沼遺跡』群馬県埋蔵文化財調査事業団調査報告215

菊地芳朗　2001「東北地方の古墳時代集落─その構造と特質─」『考古学研究』47-4 pp.55-75

岸上興一郎　1989「7章1節川漁2節狩猟」『都筑の民俗』港北ニュータウン郷土誌編纂委員会 pp.322-337

岸本雅人　1998『千葉東南部ニュータウン20有吉北貝塚2』千葉県文化財センター調査報告325

岸本雅人　2003「東総地域の弥生時代以降の漁撈について」『財団法人東総文化財センター設立10周年記念論集』東総文化財センター pp.31-44

木對和紀　1992『市原市椎津茶ノ木遺跡』市原市文化財センター調査報告書49

北林八洲晴　2005「Ⅲ部2章3節4項　青森県の土器製塩」『青森県史　資料編　考古3弥生～古代』青森県 pp.368-371

北平朗久・中山　豊　1999『宿根南遺跡発掘調査報告書』宿根南遺跡発掘調査団

木戸春夫　1995『根絡・横間栗・関下』埼玉県埋蔵文化財調査事業団報告書153

木戸春夫ほか　1992『荒川附遺跡』埼玉県埋蔵文化財調査事業団報告書112

木下正史ほか　2000『屋代遺跡群』更埴市教育委員会

木村　収・藤巻幸男　1997『白倉下原・天引向原遺跡Ⅳ』群馬県埋蔵文化財調査事業団調査報告46

木村幾多郎　1982「北部九州の弥生時代貝塚」『森貞次郎博士古稀記念古文化論集』pp.385-411

木村幾多郎　1990「古墳出土の動物遺存体（上）」『九州文化史研究所紀要』35九州大学九州文化史研究施設 pp.285-333

木村幾多郎　1998「熊本県年の神遺跡の鹿笛について」『列島の考古学』渡辺誠先生還暦記念論集刊行会 pp.647-662

木村茂光　1992『日本古代・中世畠作史の研究』校倉書房

木村　弥・半沢卯右衛門　1981「7章　漁撈」『民俗調査報告書（村方編）』会津若松市文化財調査報告7　pp.103-131
草間俊一・金子浩昌　1971『貝鳥貝塚　第4次調査報告』花泉町教育委員会
工藤信一郎ほか　1998『南小泉遺跡　第30・31次発掘調査報告書』仙台市文化財調査報告書226
工藤竹久　2003「北日本におけるアワビの貝塚」『戦国時代の考古学』高志書院　pp.243-252
工藤哲司ほか　1996『中在家南遺跡他』仙台市文化財調査報告書213
工藤泰博ほか　1976『石上神社遺跡発掘調査報告書』青森県教育委員会埋蔵文化財報告書35
クニール、ゲオルク・ナセヒ、アルミン　1995『ルーマン　社会システム理論』新泉社
久野俊度　1982『龍ヶ崎ニュータウン内埋蔵文化財調査報告書6　成沢遺跡　屋代A遺跡』茨城県教育財団文化財調査報告14
久保禎子　1988「愛知県朝日遺跡のヤナ」『季刊考古学』25　pp.45-49
久保禎子　1994『漁の技術史—木曽川から伊勢湾へ—』一宮市博物館
久保田遺跡調査団　1995『久保田遺跡』
熊谷　賢　2001「狩猟具の貫入した動物遺存体」『考古学ジャーナル』468　pp.9-12
熊倉光瑞　1974「7章　漁撈」『会津坂下町史Ⅰ民俗編』会津坂下町　pp.113-121
熊野正也ほか　1988『上小岩遺跡Ⅰ』上小岩遺跡調査団
熊野正也ほか　1990『上小岩遺跡Ⅱ』上小岩遺跡調査団
工楽善通　1985「木製穂摘具」『弥生文化の研究5』雄山閣　pp.116-120
工楽善通　1991『UP考古学選書12水田の考古学』東京大学出版会
倉田芳郎　1982『千葉・上ノ台遺跡』千葉市教育委員会
栗田勝弘　1993「九州地方における野性堅果類、根茎類利用の考古・民俗学的研究」『研究紀要』Ⅷ大分県立宇佐風土記の丘歴史民俗資料館　pp.1-49
栗村知弘ほか　1974『中里町大沢内溜池遺跡発掘調査報告書』青森県教育委員会埋蔵文化財報告書20
黒崎　直　1985「くわとすき」『弥生文化の研究5』雄山閣　pp.77-84
黒崎　直　1991「農具」『古墳時代の研究4』雄山閣　pp.69-87
黒澤春彦ほか　1997『石橋南遺跡』土浦市遺跡調査会
黒澤春彦ほか　2002『阿ら地遺跡』阿ら地遺跡調査会
黒須靖之ほか　1998『乙部遺跡群—乙部方八丁遺跡—　平成6・7・9年度発掘調査概報』盛岡市教育委員会
黒田明憲ほか　2000『川に生きる—江の川流域の漁撈用具—』広島県立歴史民俗資料館
釼持輝久　2006「三浦半島の弥生時代から平安時代における網漁について」『考古学の諸相Ⅱ』坂詰秀一先生古稀記念会　pp.967-982

小井川和夫ほか　1992『野田山遺跡』宮城県文化財調査報告書145
小池邦明・藤塚　明　1993『新潟市的場遺跡』新潟市教育委員会
小泉範明・澤田福宏　1999『史跡　日高遺跡』高崎市文化財調査報告書166
小泉光正　1991『一般県道土浦岩井線道路改良工事地内埋蔵文化財調査報告書』茨城県教育財団文化財調査報告66
小出義治ほか　1986『鉇切遺跡　C・D地点の調査』横須賀市文化財調査報告書12
小出義治ほか　1989『沼間三丁目遺跡群』沼間三丁目遺跡群調査団
郷堀英司　1996『平賀細町遺跡』印旛郡市文化財センター発掘調査報告書114
甲元眞之　1983「海と山と里の文化」『えとのす』22 pp.21-25
甲元眞之　1989「弥生と縄文」『朝日百科　日本の歴史1 原始・古代』朝日新聞社　pp.179-182
甲元眞之　1992「海と山と里の形成」『考古学ジャーナル』344 pp.2-9
甲元眞之　1993「農耕経済の日本的特性」『新版　古代の日本1 古代史総論』角川書店　pp.119-140
小久貫隆史ほか　2002『東関東自動車道（千葉・富津線）埋蔵文化財調査報告書10』千葉県文化財センター調査報告435
越川敏夫ほか　1987『向原遺跡』土浦市教育委員会
小島弘義ほか　1978『相模川の魚と漁』平塚市博物館資料11
小島弘義ほか　1984『四之宮下郷』平塚市遺跡調査会
小杉　康ほか編　2007『縄文時代の考古学5 なりわい―食糧生産の技術―』同成社
小竹茂美・浦和敏郎　2004『戸崎中山遺跡』茨城県教育財団文化財調査報告218
児玉　準　1984『三十刈Ⅰ・Ⅱ遺跡』秋田県文化財調査報告書110
小玉秀成・本田信之　1999『館山遺跡発掘調査報告書』玉里村立史料館
後藤　明　2012「技術人類学の画期としての1993年」『文化人類学』77-1 pp.41-57
後藤勝彦ほか　1981『多賀城跡』宮城県多賀城跡調査研究所年報1980
後藤信祐ほか　1990『溜ノ台遺跡』栃木県埋蔵文化財調査報告107
後藤秀一ほか　2001『山王遺跡八幡地区の調査2』宮城県文化財調査報告書186
後藤守一　1939「上古時代鉄鏃の年代研究」『人類学雑誌』54-4 pp.133-161
小橋健司　2002『市原市加茂遺跡D地点』市原市文化財センター調査報告書82
小林清隆ほか　1992『千葉市榎作遺跡』千葉県文化財センター調査報告書216
小林清隆・大谷弘幸　2006『千原台ニュータウン』千葉県教育振興財団調査報告535
小林清隆ほか　1992『千葉市榎作遺跡』千葉県文化財センター調査報告216
小林　茂　1988「5章4節　狩猟と漁撈」『新編埼玉県史　別編1 民俗1』埼玉県 pp.473-502
小林　孝　2000『ニガサワ遺跡』茨城県教育財団文化財調査報告169
小林　高　2003『伊勢原遺跡（第3次）』寄居町遺跡調査会報告23

小林達雄　1977『日本原始美術大系1 縄文土器』講談社
小林広和・里村晃一　1996『立石・宮の上遺跡』山梨県埋蔵文化財センター調査報告書110
小林正春ほか　1988『恒川遺跡』飯田市教育委員会
小林理恵ほか　1991『千葉県木更津市小浜遺跡群Ⅳ俵ヶ谷遺跡』君津郡市文化財センター発掘調査報告書54
駒澤悦郎　2002『大山Ⅰ遺跡2』茨城県教育財団文化財調査報告185
小松正夫　1996「元慶の乱期における出羽国の蝦夷社会」『古代蝦夷の世界と交流 古代王権と交流1』名著出版 pp.281-318
小松正夫ほか　1976『昭和50年度秋田城跡発掘調査概報』秋田市教育委員会
小松正夫ほか　1986『昭和60年度秋田城跡発掘調査概報』秋田市教育委員会
小松正夫ほか　1990『平成元年度秋田城跡発掘調査概報』秋田市教育委員会
小松正夫ほか　1991『平成二年度秋田城跡発掘調査概報』秋田市教育委員会
小松崎猛彦　1991『主要地方道水戸鉾田佐原線道路改良工事地内埋蔵文化財調査報告書　餓鬼塚・沢三木台遺跡』茨城県教育財団文化財調査報告70
小宮　孟　1982「上ノ台遺跡産出の魚類および貝類」『千葉・上ノ台遺跡（付篇）』千葉市教育委員会 pp.27-36
小村田達也ほか　1993『北原遺跡』宮城県文化財調査報告書159
昆　政明ほか　2001「1部2章6 内水面漁業」『青森県史 民俗編 資料 南部』青森県 pp.79-83
昆　彭生ほか　1993『大久保山Ⅱ』早稲田大学本庄校地文化財調査報告2
近藤恒重　2004『大戸下郷遺跡』茨城県教育財団文化財調査報告216
近藤義郎　1984『土器製塩の研究』青木書店
近藤義郎編　1994『日本土器製塩研究』青木書店
埼玉県埋蔵文化財調査事業団　1989『上組Ⅱ』埼玉県埋蔵文化財調査事業団報告書80
斎藤邦明　2005『川漁師 神々しき奥義』講談社
齋藤　健・飯塚　稔　1998『上高田遺跡第2・3次調査報告書』山形県埋蔵文化財センター調査報告書57
齋藤　淳　2002「本州における擦文土器の変遷と分布について」『海と考古学とロマン』市川金丸先生古稀を祝う会 pp.267-283
齋藤　淳　2005a「Ⅲ部2章3節7項 古代の漁撈」『青森県史 資料編 考古3弥生～古代』pp.378-381
齋藤　淳　2005b「岩木川流域における古代の漁撈について」『北奥の考古学』葛西勵先生還暦記念論文集刊行会 pp.503-518
斉藤英敏・大木紳一郎　1996『中江田八ツ縄遺跡』群馬県埋蔵文化財調査事業団調査報告200

斉藤吉弘ほか　1980『東北自動車道遺跡調査報告書Ⅲ』宮城県文化財調査報告書69
斎野裕彦ほか　1994『南小泉遺跡　第22・23次発掘調査報告書』仙台市文化財調査報告書192
斎野裕彦ほか　2010『沼向遺跡　第4～34次調査』仙台市文化財調査報告書360
佐伯有清　1967『日本歴史新書　牛と古代人の生活』至文堂
坂井英弥ほか　1991「佐渡の須恵器」『新潟考古』2　pp.26-67
酒井弘志ほか　2000『南羽鳥遺跡群Ⅳ』印旛郡市文化財センター発掘調査報告書156
酒井雄一ほか　2007『島名熊の山遺跡』茨城県教育財団文化財調査報告280
酒井龍一　1985「磨製石庖丁」『弥生文化の研究5』雄山閣　pp.102-107
酒井龍一　1986「石器組成からみた弥生人の生業行動パターン」『文化財学報』4　奈良大学　pp.19-37
酒井龍一　1989「初期農耕開拓活動の諸形態」『文化財学報』7　奈良大学　pp.1-15
阪口　豊　1989『尾瀬ヶ原の自然史』中公新書
酒巻忠史ほか　1992『打越遺跡・神明山遺跡』君津郡市文化財センター発掘調査報告書64
坂本育男　1987『九頭竜川の漁撈』福井県立博物館調査研究報告書5
阪本英一　1974『東毛の漁具と漁法』群馬県立博物館研究報告10
阪本英一　1984「3編6章　漁撈」『群馬県史資料編25民俗Ⅰ』群馬県　pp.536-560
坂本　清　1979a『霞ヶ浦の漁撈習俗』崙書房
坂本　清　1979b『霞ヶ浦の漁撈習俗』ふるさと文庫茨城　崙書房
坂本正夫　1977「河川漁業」『十和の民俗（下）』十和村教育委員会　pp.148-157
坂本美夫　1987『二之宮遺跡』山梨県埋蔵文化財センター調査報告書23
佐久間光平ほか　1995『佐沼城跡』迫町文化調査報告書2
佐久間光平ほか　2000『市川橋遺跡』宮城県文化財調査報告書184
佐久間惇一　1985『民俗民芸双書96狩猟の民俗』岩崎美術社
佐久間　豊ほか　1990『千葉東南部ニュータウン17高沢遺跡』千葉県文化財センター調査報告175
桜井一美　1989『一般国道4号改築工事地内埋蔵文化財調査報告書2』茨城県教育財団文化財調査報告51
櫻井清彦・菊池徹夫　1987『蓬田大館遺跡』六興出版
桜井真貴・中田　英　2003『白幡浦島丘遺跡』かながわ考古学財団調査報告152
桜田　隆ほか　1978『青森市三内遺跡』青森県埋蔵文化財調査報告書37
桜村義也・中村利彦　1986「7章　狩猟と漁ろう」『長野県史　民俗編1（2）東信地方　仕事と行事』長野県　pp.158-188
桜村義也・中村利彦　1988「7章　狩猟と漁ろう」『長野県史　民俗編2（2）南信地方　仕事と行事』長野県　pp.184-222

桜村義也・中村利彦　1989「7章　狩猟と漁ろう」『長野県史　民俗編3（2）中信地方　仕事と行事』長野県　pp.181-212
佐々木高明　1971『稲作以前』日本放送出版協会
佐々木高明　1986『縄文文化と日本人』小学館
佐々木長生　1979「狩猟」『猪苗代町史　民俗編』猪苗代町史編さん委員会　pp.154-160
佐々木長生　1985『猪苗代湖の民俗　湖北編』福島県文化財調査報告書159
佐々木義則　2006『武田原前遺跡』ひたちなか市文化・スポーツ振興公社文化財調査報告35
笹田朋孝　2002「北海道擦文文化期における鉄器の普及」『物質文化』73　pp.39-55
笹田朋孝　2004「金属器文化の普及」『新　北海道の古代3　擦文・アイヌ文化』pp.70-85
笹森一朗ほか　2003『尾上山遺跡・蓙野遺跡』青森県教育委員会埋蔵文化財報告書347
猿島町史編さん委員会　1998「2章4節　飯沼」干拓地の魚とり『猿島町史　民俗編』猿島町　pp.158-170
佐藤明人　1990『有馬遺跡Ⅱ』群馬県埋蔵文化財調査事業団調査報告102
佐藤明人ほか　1988『新保遺跡Ⅱ』群馬県教育委員会
佐藤和雄ほか　1994『美沢川流域の遺跡群ⅩⅦ』（財）北海道埋蔵文化財センター調査報告書89
佐藤甲二　2000『沼向遺跡第1〜3次調査』仙台市文化財調査報告書241
佐藤康二・渡辺清志　1998『砂田前遺跡』埼玉県埋蔵文化財調査事業団報告書198
佐藤庄一ほか　1986『西沼田遺跡』山形県埋蔵文化財調査報告書101
佐藤孝雄　2008「狩猟活動の変遷」『人と動物の日本史1　動物の考古学』吉川弘文館　pp.92-118
佐藤信之　1989『生仁遺跡Ⅲ』更埴市教育委員会
佐藤信之ほか　1992『屋代清水遺跡』更埴市教育委員会
佐藤信之ほか　2002『屋代遺跡群　附　松田館』更埴市教育委員会
佐藤則之ほか　1992『伊治城跡—平成3年度発掘調査報告書—』築館町文化財調査報告書5
佐藤憲幸ほか　1996『山王遺跡Ⅲ　多賀前地区遺物編』宮城県文化財調査報告書170
佐藤宏之　1998「罠猟のエスノアーケオロジー」『民族考古学序説』同成社
佐野今朝雄　1998「淡水漁業」『君津市史　民俗編』君津市　pp.137-139
佐野賢治　1976「鰻と虚空蔵信仰」『民族学研究』41-3　pp.235-258
佐原　真　1964『紫雲出』香川県三豊郡詫間町教育委員会
澤谷昌英・寺内貴美子　1998『北陸新幹線埋蔵文化財発掘調査報告書3　更埴条里遺跡・屋代遺跡群』（財）長野県埋蔵文化財センター発掘調査報告書32
茂原信生ほか　1998『上信越自動車道埋蔵文化財発掘調査報告書25　更埴条里遺跡・屋代遺跡群—弥生・古墳時代編—』（財）長野県埋蔵文化財センター発掘調査報告書29

篠崎健一郎ほか　1991『古城』大町市埋蔵文化財調査報告書19
柴田陽一郎ほか　1998『湯ノ沢岱遺跡』秋田県文化財調査報告書273
澁澤敬三　1940「式内魚名」『季刊アチック』1（1992『澁澤敬三著作集1』平凡社に採録。pp.551-562）
澁澤敬三　1942「式内水産物需給試考」『渋沢水産史研究室報告』2（1992『澁澤敬三著作集第1巻』平凡社　pp.365-490に再録）
澁澤敬三　1954『祭魚洞襍考』岡書院
渋谷孝雄・辻　広美　1989『下長橋遺跡発掘調査報告書』山形県埋蔵文化財調査報告書145
澁谷　貢・荒井世志紀　1991『大台遺跡群』山武郡市文化財センター発掘調査報告書8
下向井龍彦　2001『日本の歴史7　武士の成長と院政』講談社
島田和宏　2003『市ノ台屋敷遺跡』茨城県教育財団文化財調査報告198
清水　晋ほか　1993「釣漁具の漁獲機構における釣針の大きさの作用」『北海道大学水産学部研究彙報』44-4　pp.187-196
志村　哲　2002「熊形埴輪」『動物考古学』18　pp.111-116
志村　博　2004『中桁遺跡』富士市埋蔵文化財発掘調査報告書
下條信行　1993「わが国初期稲作期における土錘の伝来と東伝」『考古論集―潮見浩先生退官記念論文集―』潮見浩先生退官記念事業会　pp.319-338
下條信行　1984「弥生・古墳時代の九州型石錘について」『九州文化史研究所紀要』29　pp.71-104
下條信行　1989「弥生時代の玄界灘海人の動向」『生産と流通の考古学』横山浩一先生退官記念事業会　pp.107-123
下條信行　1993「わが国初期稲作期における土錘の伝来と東伝」『考古論集』潮見浩先生退官記念論文集事業会　pp.319-338
下野敏見　1972「種子島の河川漁法」『種子島民俗』20
社団法人長野県史刊行会　1989『長野県史　通史編1　原始・古代』
正林　護　2007「島根県江津市敬川町所在古八幡付近遺跡出土の鹿笛」『古文化談叢』58　pp.43-53
白井久美子ほか　1994『千原台ニュータウンⅥ草刈六之台遺跡』千葉県文化財センター調査報告241
白井久美子ほか　2004『千葉市観音塚遺跡・地蔵山遺跡（3）』千葉県文化財センター調査報告書472
白石真理　1999『武田石高遺跡　古墳時代編』ひたちなか市文化・スポーツ振興公社文化財調査報告17
白石真理・関　博光　2004『武田西塙遺跡　古墳時代編』ひたちなか市文化・スポーツ振興公社文化財調査報告29

白根議久　1996『千葉市原町遺跡群発掘調査報告書Ⅱ』千葉市文化財調査協会
新谷雄蔵ほか　1989『種里城跡』鰺ケ沢町埋蔵文化財調査報告書11
新谷雄蔵・新谷　武　1989『懸河遺跡発掘調査報告書』稲垣村文化財調査報告書1
神保侑史ほか　1988『田端遺跡』群馬県教育委員会
菅　豊　1986「漁撈民俗試論」『民俗学評論』26　pp.66-79
菅　豊　1987「4 海と川のなりわい　三　大川の鮭漁」『山北町の民俗3―生業―』筑波大学さんぽく研究会　pp.118-138
菅　豊　1988「川漁」『千代川流域の民俗』米子工業高等専門学校　pp.75-89
菅　豊　1989「川と湖の漁業」『天神川流域の民俗』天神川流域民俗総合調査団　pp.91-106
菅　豊　1995「呪具としての魚叩棒・呪術としての魚叩行為―日本本州編―」『動物考古学』5　pp.39-68
菅原弘樹　2005「東北地方における弥生時代貝塚と生業」『古代文化』57-5　pp.261-272
菅原弘樹ほか　1996『山王遺跡Ⅳ　多賀前地区考察編』宮城県文化財調査報告書171
杉山秀宏　1988「古墳時代の鉄鏃について」『橿原考古学研究所論集』8 吉川弘文館　pp.529-644
鈴鹿良一ほか　1992『矢吹地区遺跡発掘調査報告10』福島県文化財調査報告書270
鈴木和子　2002『清水遺跡』青森県教育委員会埋蔵文化財報告書331
鈴木公雄　1989『UP考古学選書5 貝塚の考古学』東京大学出版会
鈴木敬二ほか　2000『袴狭遺跡』兵庫県文化財調査報告書197
鈴木重美ほか　1981『朝日長者遺跡　夕日長者遺跡』いわき市埋蔵文化財調査報告6
鈴木孝之ほか　1991『代正寺・大西』埼玉県埋蔵文化財調査事業団報告書110
鈴木裕芳　1981『久慈吹上』日立市教育委員会
鈴木　信　1994「威信経済としてのメカジキ漁」『同志社大学考古学シリーズⅥ 考古学と信仰』pp.333-348
鈴木　信　2007「擦文〜アイヌ文化期の鉄器・素材生産」『たたら研究』46　pp.1-17
須田英一ほか　2003『油壺遺跡』三浦市埋蔵文化財調査報告書11
須藤　功　1991『山の標的』未来社
須藤隆ほか編　1992『新版古代の日本9 東北・北海道』角川書店
砂田光紀　1994「河川漁法」『川辺町の民俗』川辺町民俗資料調査報告書2　pp.96-106
清野孝之　1999「古墳副葬漁撈具の性格」『国家形成期の考古学』大阪大学考古学研究室　pp.307-321
瀬川拓郎　2005『アイヌ・エコシステムの考古学』北海道出版企画センター
関　俊彦　1965「東日本弥生時代石器の基礎的研究（Ⅰ）―有孔磨製石鏃について―」『立正大学文学部論叢』21　pp.16-66
関　雅之　1990「古代細型管状土錘考」『北越考古学』3　pp.21-37

関口達彦・西野雅人　2004『千葉東南部ニュータウン30千葉市伯父名台遺跡』千葉県文化財センター調査報告468
関根孝夫ほか　1985『六科丘遺跡』櫛形町文化財調査報告3
関根真隆　1969『奈良朝食生活の研究』吉川弘文館
田尾誠敏　1995『弥杉・上ノ台遺跡』東海大学校地内遺跡調査団
高木　晃ほか　2002『中半入遺跡・蝦夷塚古墳発掘調査報告書』岩手県文化振興事業団埋蔵文化財調査報告書380
高木國男ほか　1990『宮脇遺跡（第Ⅱ期）』宮脇遺跡発掘調査会
高木誠治　1979「狩猟・漁撈」『玉名の民俗』熊本民俗文化研究会　pp.74-78
高木啓夫・田辺寿男　1998『四万十川民俗文化財調査報告書』高知県教育委員会
髙木暢亮　2003『北部九州における弥生時代墓制の研究』九州大学出版会
高木康江ほか　1968「漁業」『諏訪の民俗』長野県諏訪実業高校地歴部　pp.44-49
高桑　守　1984「伝統的漁民の類型化にむけて」『国立歴史民俗博物館研究報告』4　pp.57-69
高杉博章　1999『上粕屋・三本松遺跡』上粕屋・三本松遺跡調査団
高谷英一ほか　2005『千葉県佐倉市飯塚荒地台遺跡』印旛郡市文化財センター発掘調査報告書225
高橋義介ほか　2001『台太郎遺跡第18次発掘調査報告書』岩手県文化振興事業団埋蔵文化財調査報告書369
高橋克夫　1985「2節　漁労と漁具・漁民信仰　二　川と池の消え行く漁法」『香川県史14資料編民俗』pp.779-789
高橋　健　2008『日本列島における銛猟の考古学的研究』北海道出版企画センター
高橋　誠　1998『南羽鳥遺跡群Ⅲ』印旛郡市文化財センター発掘調査報告書145
高橋文太郎　1937『秋田マタギ資料』アチック・ミューゼアム（1989『日本民俗文化資料集成1　サンカとマタギ』三一書房再録）
高橋守克・阿部　恵　1987『須江糠塚遺跡』河南町文化財調査報告書1
高橋與右衛門ほか　1995『岩崎台地遺跡群発掘調査報告書』岩手県埋蔵文化財発掘調査報告書214
高橋龍三郎　1996「弥生時代以降の淡水漁撈について」『早稲田大学大学院文学研究科紀要』41-4　pp.115-131
高橋龍三郎　2004『縄文文化研究の最前線』早稲田大学オンデマンド出版シリーズ
高橋龍三郎　2007「縄文社会の変革と堅果類利用」『民俗文化』19近畿大学民俗学研究所　pp.275-303
高松俊雄ほか　1997『清水内遺跡—5区調査報告—』郡山市埋蔵文化財発掘調査事業団
高村博文ほか　1989『森下』佐久市埋蔵文化財調査センター調査報告書18
田口洋美　1994『マタギ　森と狩人の記録』慶友社

田口洋美　1999『マタギを追う旅』慶友社
田口洋美　2001『越後三面山人記』農山漁村文化協会
竹内利美　1983「河川と湖沼の漁法と伝承」『日本民俗文化大系5 山民と海人』小学館 pp.277-316
竹内尚武　1988「矢作川水系の川漁」『新編 岡崎市史 民俗12』岡崎市 pp.343-385
武田正俊ほか　1999『清水内遺跡7区調査報告―』郡山市埋蔵文化財発掘調査事業団
田崎博之　2002「日本列島の水田稲作」『東アジアと日本の考古学Ⅳ』同成社 pp.73-117
田代和明ほか　1999『福島空港・あぶくま南道路遺跡発掘調査報告3』福島県文化財調査報告書354
多々良典秀　2004「ヤマメ祭」『井川雑穀文化調査報告書』松田民俗研究所 pp.104-114
立石盛詞ほか　1989『御伊勢原』埼玉県埋蔵文化財調査事業団報告書79
田所則夫・川又清明　1998『一般国道6号東水戸道路改築工事地内埋蔵文化財調査報告書 三反田下高井遺跡』茨城県教育財団文化財調査報告128
田中熊雄　1992「1章6節4 淡水漁業」『宮崎県史資料編民俗1』pp.417-418
田中広明・末木啓介　1997『中堀遺跡』埼玉県埋蔵文化財調査事業団報告書190
田中正夫ほか　1980『上野・古ヶ場遺跡発掘調査報告書』岩槻市文化財調査報告書9
田中幹夫ほか　1984『三陸沿岸の漁村と漁業習俗（上）』東北歴史資料館資料集10
田中幹夫ほか　1985『三陸沿岸の漁村と漁業習俗（下）』東北歴史資料館資料集11
田中幸夫・荒蒔克一郎　2005『綱山遺跡』茨城県教育財団文化財調査報告243
田中　裕ほか　2004a『船橋印西線埋蔵文化財調査報告書』千葉県文化財センター調査報告464
田中　裕ほか　2004b『船橋印西線埋蔵文化財調査報告書3』千葉県文化財センター調査報告473
田中義昭　1983「古代農業の技術と展開」『講座 日本技術の社会史1』日本評論社 pp.7-41
田中義昭　1986「弥生時代以降の食料生産」『岩波講座 日本考古学3 生産と流通』岩波書店 pp.57-119
田辺　悟　2005『海浜生活の歴史と民俗』慶友社
谷井　彪ほか　1979『大山』埼玉県遺跡発掘調査報告書23
谷川章雄　1984「古代の狩猟伝承について」『学術研究 地理学・歴史学・社会科学編』33早稲田大学 pp.15-28
谷口　榮　1991「北部東京湾岸における土錘の様相」『竹橋門』東京国立近代美術館遺跡調査会 pp.334-348
谷口　榮　1995「東京湾北部における漁撈活動」『王朝の考古学』雄山閣 pp.89-107
谷口　榮ほか　1991『竹橋門』東京国立近代美術館遺跡調査会
谷口　榮ほか　1993『新宿町遺跡Ⅰ』葛飾区郷土と天文の博物館考古学調査報告3

谷　春雄　1983「3章3節　漁撈」『日野市史　民俗編』日野市　pp.156-168
種石　悠　2010「静岡県富士市伝法中桁遺跡出土の平安時代須恵質土錘について」『筑波大学　先史学・考古学研究』21　pp.95-100
種石　悠　2014「土錘を用いた漁撈」『季刊考古学』128　雄山閣　pp.20-22
田原　久ほか　1984『浜名湖における漁撈習俗Ⅰ』静岡県文化財調査報告書30
田原　久ほか　1985『浜名湖における漁撈習俗Ⅱ』静岡県文化財調査報告書32
玉井輝男ほか　1993『下栗野方台遺跡』茨城県結城郡千代川村埋蔵文化財発掘調査報告書
溜　浩二郎ほか　2000『似内遺跡発掘調査報告書』岩手県文化振興事業団埋蔵文化財調査報告書344
田村良照ほか　1988『三枚町遺跡発掘調査報告書』玉川文化財研究所
Chisholm, Brianほか「炭素安定同位体比法による古代食性の研究」『考古学と自然科学』20　pp. 7 -16
千葉孝弥ほか　2001『市川橋遺跡』多賀城市文化財調査報告書60
千葉徳爾　1969『狩猟伝承研究』風間書房
千葉徳爾　1972『続　狩猟伝承研究』風間書房
千葉徳爾　1975『ものと人間の文化史14狩猟伝承』法政大学出版局
千葉徳爾　1976「狩猟伝承からみた日本人の起源」『歴史公論』2 -12雄山閣　pp.127-137
千葉徳爾　1992「日本の狩猟者とその行動」『狩猟と漁撈』雄山閣　pp.240-254
塚田良道　2007『人物埴輪の文化史的研究』雄山閣
塚本和也　1995「アメリカ式石鏃」『みちのく発掘』菅原文也先生還暦記念論集　pp.211-235
辻　史郎　2004『チアミ遺跡』我孫子市埋蔵文化財報告31
辻　史郎・茅野　強　1998『高野山南遺跡・西大久保遺跡・西野場遺跡』我孫子市埋蔵文化財報告18
辻　秀人　1996『桜井高見町Ａ遺跡発掘調査報告書』原町市埋蔵文化財調査報告書12
辻　秀人ほか　1984『明戸遺跡発掘調査概報』福島県立博物館調査報告 8
辻　稜三　1987「近畿地方における堅果類の加工に関する研究」『季刊人類学』18- 4　pp.60-106
辻　稜三　1989「わが国の山村における堅果類の加工に関する文化地理学的研究」『立命館文学』510立命館大学人文学会　pp.143-194
土屋　積　1999『上信越自動車道埋蔵文化財発掘調査報告書12榎田遺跡』(財) 長野県埋蔵文化財センター発掘調査報告書37
土屋政江　1995「3章　漁撈」『藤岡市史　民俗編（下）』藤岡市　pp.21-28
都出比呂志　1989『日本農耕社会の成立過程』岩波書店
常深　尚・神戸聖語　2000『綿貫堀米前Ⅱ遺跡』高崎市遺跡調査会文化財調査報告書76

常松成人・川口貴明　2003『千葉県八千代市川崎山遺跡d地点』八千代市遺跡調査会
津野　仁　1990「古代・中世の鉄鏃」『物質文化』54 pp.59-75
坪井洋文　1979『イモと日本人』未来社
坪井洋文　1982『稲を選んだ日本人』未来社
出口晶子　1996『川辺の環境民俗学』名古屋大学出版会
寺門千勝ほか　2002『島名前野東遺跡・島名境松遺跡・谷田部漆遺跡』茨城県教育財団文化財調査報告191
寺沢　薫・寺沢知子　1981「弥生時代植物質食料の基礎的研究」『考古学論攷』5 奈良県立橿原考古学研究所 pp.1-129
寺沢知子　1985「鉄製穂摘具」『弥生文化の研究5』雄山閣 pp.120-125
寺畑滋夫　1998「東京都世田谷区及び狛江市出土の土錘と石錘について（中）」『東京考古』16 pp.35-51
樋泉岳二　1999a「池子遺跡群No.-1-A地点における魚類遺体と弥生時代の漁撈活動」『池子遺跡群Ⅹ　第4分冊　別編・自然科学分析編』かながわ考古学財団調査報告46 pp.311-339
樋泉岳二　1999b「5章1節　中原遺跡・芝宮遺跡出土の動物遺体」『上信越自動車道埋蔵文化財発掘調査報告書18芝宮遺跡群・中原遺跡群』（財）長野県埋蔵文化財センター発掘調査報告書39
東京女子大学民俗調査団　1977『雄勝役内の民俗』
徳江秀夫ほか　1988『荒砥天之宮遺跡』群馬県教育委員会
戸沢充則・笹山晴生編　1992『新版古代の日本8関東』角川書店
戸田哲也ほか　1992『上品濃遺跡群発掘調査報告書』上品濃遺跡群発掘調査団
戸田哲也ほか　1994『構之内遺跡発掘調査報告書』構之内遺跡発掘調査団
戸田有二ほか　1988『鳥山遺跡』土浦市教育委員会
飛田正美　1997『千葉市小中台A遺跡・牛尾舛遺跡発掘調査報告書』千葉市文化財調査協会
富岡和夫　1981「野生堅果類、特にトチノミの食用利用の伝承技術に関する事例研究（第1報）─福島県南会津郡の場合」『聖徳学園短期大学紀要』14 pp.345-369
富岡和夫　1985「野生堅果類特にトチノミの食用利用の伝承技術に関する事例研究（第2報）─朝日山地周辺地域の場合」『聖徳学園短期大学紀要』18 pp.65-76
友野良一・飯塚政美　2001『松太郎窪遺跡』伊那市教育委員会
豊巻幸正ほか　2005『袖ヶ浦椎の森工業団地内埋蔵文化財調査報告書』君津郡市文化財センター発掘調査報告書188
鳥居龍蔵　1924『諏訪市1巻』諏訪教育会
取手市教育委員会　1996『取手市内遺跡発掘調査報告書2』
直良信夫　1954「6章　動物遺存体」『登呂　本編』日本考古学協会 pp.314-343

直良信夫　1968『ものと人間の文化史　狩猟』法政大学出版局
中井一夫　1981「狩猟」『三世紀の考古学　中巻』学生社　pp.140-157
中尾佐助　1966『栽培植物と農耕の起源』岩波書店
中川成夫ほか　1966「阿津里貝塚の発掘」『立教大学博物館研究』12立教大学博物館学講座　pp.56-59
中澤克昭　2002「狩猟と王権」『岩波講座　天皇と王権を考える3生産と流通』岩波書店　pp.93-114
中沢　悟　1994『矢田遺跡V』群馬県埋蔵文化財調査事業団調査報告171
中沢道彦　2007「山陰・北陸地方の植物遺存体」『日本考古学協会2007年度熊本大会研究発表資料集』pp.366-374
中嶋友文ほか　1999『野木遺跡Ⅱ』青森県埋蔵文化財調査報告書264
中嶋友文ほか　2000『野木遺跡Ⅲ』青森県埋蔵文化財調査報告書281
中嶋友文ほか　2003『朝日山（2）遺跡Ⅷ』青森県埋蔵文化財調査報告書350
中嶋友文ほか　2004『朝日山（2）遺跡Ⅸ』青森県埋蔵文化財調査報告書369
中島保比古・山下孝司　1984『坂井南遺跡』韮崎市教育委員会
永嶋　豊ほか　2005『倉越（2）遺跡、大池館遺跡』青森県埋蔵文化財調査報告書389
中富　洋　1985「阿武隈川の漁撈習俗」『東北民俗』19　pp.25-51
中富　洋　1990「Ⅲ章　広瀬川水域の漁撈習俗」『広瀬川流域の民俗』仙台市歴史民俗資料館調査報告書9　pp.30-70
中富　洋ほか　1995『下飯田遺跡発掘調査報告書』仙台市文化財調査報告書191
中西靖人　1985「7漁撈具　4筌」『弥生文化の研究5』雄山閣　pp.155-159
長沼　孝　1984「遺跡出土のサメの歯について」『考古学雑誌』70-1　pp.1-28
中根節男　1986『竜ヶ崎ニュータウン内埋蔵文化財調査報告書12南三島遺跡5区』茨城県教育財団文化財調査報告32
長野市教育委員会　1990『屋地遺跡Ⅱ』長野市の埋蔵文化財36
永松　敦　2005『狩猟民俗研究』法蔵館
永松　敦　2008「狩猟文書の伝播と信仰・儀礼の成立」『歴史と民俗』24　pp.27-45
永峯光一ほか　1996『舎人遺跡』足立区伊興遺跡調査会
永峯光一ほか　1997『伊興遺跡』足立区伊興遺跡調査会
永峯光一ほか　1998『足立区北部の遺跡群』足立区伊興遺跡調査会
永峯光一ほか　1999『伊興遺跡Ⅱ』足立区伊興遺跡調査会
中村絵美・村上　拓　2004『飯岡林崎Ⅱ遺跡発掘調査報告書（第1・3次調査）』岩手県文化振興事業団埋蔵文化財調査報告書427
中村享史　1997『温泉神社北遺跡』栃木県埋蔵文化財調査報193
中村敬治　1991『主要地方道大洗友部線道路改良工事地内埋蔵文化財調査報告書』茨城県教育財団文化財調査報告71

中村敬治　1992『一般県道新川江戸崎線道路改良工事地内埋蔵文化財調査報告書』茨城県教育財団文化財調査報告75
中村敬治・江幡良夫　1998『茨城中央工業団地造成工事地内埋蔵文化財調査報告書』茨城県教育財団文化財調査報告129
仲村浩一郎ほか　2004『辰海道遺跡1』茨城県教育財団文化財調査報告222
中村　勉ほか　2001『赤坂遺跡』三浦市埋蔵文化財調査報告書5
中村哲也　2000『野中遺跡』美浦村教育委員会
中村　勝　1978『青森県の文化シリーズ13漁村と漁民の生活』北方新社
中村幸雄・後藤義明　1990『竜ヶ崎ニュータウン内埋蔵文化財調査報告書19長峰遺跡（上）』茨城県教育財団文化財調査報告58
中村亮雄　1968「川漁」『神奈川県民俗調査報告1 相模川流域の民俗』神奈川県立博物館 pp.47-60
中村亮雄・森美智子　1969「2節 川漁」『神奈川県民俗調査報告2 串川・中津川流域の民俗』神奈川県立博物館 pp.42-55
中山俊之・石戸啓夫　1997『大竹林畑遺跡』印旛郡市文化財センター発掘調査報告書125
中山誠二　2007「関東・中部地方の植物遺存体からみた植物栽培の開始」『日本考古学協会2007年度熊本大会研究発表資料集』pp.385-397
中山雅弘・江川逸生　1998『折返A遺跡』いわき市埋蔵文化財調査報告54
名久井文明　2012『伝承された縄紋技術』吉川弘文館
南雲芳昭　1996『白井遺跡群―集落編Ⅱ―白井南中道遺跡』群馬県埋蔵文化財調査事業団報告202
奈良県教育委員会　1957『奈良県埋蔵文化財調査報告書1』
奈良昌毅ほか　1990『中野平遺跡』青森県教育委員会埋蔵文化財報告書134
新岡　巌・下山信昭　1995『山元（2）遺跡』青森県教育委員会埋蔵文化財報告書171
新津　健・八巻与志夫　1987『寺所遺跡』山梨県埋蔵文化財センター調査報告書27
西井　章ほか　1984・1985・1991『江の川の漁撈』江の川水系の漁撈民俗文化財調査報告書
西口正純ほか　1986『鍛冶谷・新田口遺跡』埼玉県埋蔵文化財調査事業団報告書62
西澤正晴ほか　2004『中半入遺跡第2次発掘調査報告書』岩手県文化振興事業団埋蔵文化財調査報告書443
西田親史　1999「関東地方における鶏形埴輪の諸問題」『動物考古学』12 pp.69-86
西田親史　2000「続・鶏形埴輪の諸問題」『動物考古学』15 pp.99-113
西本豊弘　1991a「縄文時代のシカ・イノシシ狩猟」『古代』91 pp.114-132
西本豊弘　1991b「弥生時代のブタについて」『国立歴史民俗博物館研究報告』36 pp.175-189

西本豊弘　1991c「狩猟」『古墳時代の研究4生産と流通I』雄山閣 pp.121-128
西本豊弘　1993「弥生時代のニワトリ」『動物考古学』1 pp.45-48
西本豊弘　1996「縄文時代の狩猟と儀礼」『季刊考古学』55雄山閣 pp.33-37
西本豊弘　2003「縄文時代のブタ飼育について」『国立歴史民俗博物館研究報告』108 pp.1-15
西本豊弘・大島直行　1994「入江貝塚の動物遺体」『入江貝塚出土の遺物』虻田町教育委員会 pp.100-103
西本豊弘ほか　1992「朝日遺跡の動物遺体」『朝日遺跡・自然科学編』愛知県埋蔵文化財センター調査報告書31 pp.207-212
西山克己ほか　1997『中央自動車道長野線埋蔵文化財発掘調査報告書16篠ノ井遺跡群』長野県埋蔵文化財センター発掘調査報告書22
似内啓邦ほか　1988『志波城跡―昭和62年度発掘調査概報―』盛岡市教育委員会
丹羽　茂ほか　1974『東北新幹線関係遺跡調査報告書I』宮城県文化財調査報告書35
丹羽　茂ほか　1981『東北新幹線関係遺跡調査報告書V』宮城県文化財調査報告書77
根木　修ほか　1992「水稲農耕の伝来と共に開始された淡水漁撈」『考古学研究』39-1 pp.87-100
野崎一郎　1986「2章6節 川漁」『大分県史民俗篇』大分県 pp.127-129
野田良直　1998『主要地方道大洗友部線道路改良工事地内埋蔵文化財調査報告書2宮ヶ崎城跡』茨城県教育財団文化財調査報告141
能登　健　2002「考古学による日本の畑作研究」『東アジアと日本の考古学IV』同成社 pp.119-149
野村直治　1996「阿武川の川漁」『暮らしと環境』民俗部会報告書3 山口県 pp.138-145
野本寛一　1984『焼畑民俗文化論』雄山閣
芳賀英実　1995『田道町遺跡』石巻市文化財調査報告書7
芳賀英実ほか　2003『新金沼遺跡』石巻市文化財調査報告書11
芳賀英実ほか　2004『梨木畑貝塚』石巻市文化財調査報告書12
萩原恭一　1994『下総町長稲葉遺跡』千葉県文化財センター
橋口達也　1995「弥生時代の戦い」『考古学研究』42-1 pp.54-77
橋本　勉　2000『向原・相野谷』埼玉県埋蔵文化財調査事業団報告233
橋本　勉　2001『向原遺跡II』埼玉県埋蔵文化財調査事業団報告272
橋本鉄男　1984『琵琶湖の民俗誌』文化出版局
長谷川道夫ほか　1987『社具路遺跡発掘調査報告書』本庄市埋蔵文化財調査報告書5
長谷川豊　1996「縄文時代におけるイノシシ猟の技術的基盤についての研究」『動物考古学』6 pp.51-71
長谷川豊　1998「縄文時代における狩猟犬の研究」『列島の考古学』渡辺誠先生還暦記念論集 pp.483-500

長谷川嘉和ほか　1981『湖西の漁撈習俗』琵琶湖総合開発地域民俗文化財特別調査報告書4
畠山　剛　1997『新版　縄文人の末裔たち』彩流社
畠山　昇・長崎勝巳　1989『発茶沢（1）遺跡発掘調査報告書Ⅳ』青森県埋蔵文化財調査報告書120
八賀　晋　1968「古代における水田開発」『日本史研究』96　日本史研究会　pp.1-24
八賀哲夫・岩田　修　2002『上ヶ平遺跡Ⅱ』岐阜県文化財保護センター調査報告書73
初山孝行ほか　1996『寺野東遺跡Ⅷ』栃木県埋蔵文化財調査報告185
初山孝行ほか　1997『寺野東遺跡Ⅵ』栃木県埋蔵文化財調査報告201
鳩山一雄　1979「漁撈」『栃木市史　民俗編』栃木市　pp.456-503
花坂政博ほか　1995『西田東遺跡発掘調査報告書』岩手県文化振興事業団埋蔵文化財調査報告書221
花坂政博・溜　浩二郎　1997『瀬原Ⅰ遺跡第2次・3次発掘調査報告書』岩手県文化振興事業団埋蔵文化財調査報告書257
羽原又吉　1949『日本古代漁業経済史』改造社
土生朗治　1994『(仮称)上高津田地建設事業地内埋蔵文化財調査報告書　寄居遺跡・うぐいす平遺跡』茨城県教育財団文化財調査報告84
早川孝太郎　1926『猪・鹿・狸』郷土研究社（1974『早川孝太郎全集4　山村の民俗と動物』未来社　pp.13-144採録）
早坂　悟・濱田　宏　1999『芋田Ⅱ遺跡発掘調査報告書』岩手県文化振興事業団埋蔵文化財調査報告書304
林　幸彦ほか　1989『前田遺跡（第Ⅰ・Ⅱ・Ⅲ次）発掘調査報告書』佐久市教育委員会
林田利之ほか　1991『向台Ⅱ遺跡』印旛郡市文化財センター発掘調査報告書48
原田信男　1993『歴史のなかの米と肉』平凡社
原田秀文ほか　1985『志波城跡―昭和59年度発掘調査概報―』盛岡市教育委員会
原田浩典　1992「河川漁法・狩猟・他」『知覧町農漁村の民俗と技術伝承』知覧町民俗資料調査報告書　pp.80-89
原田浩典　1993「河川漁法と漁具・他」『加世田市の民具』加世田市民俗資料調査報告書1　pp.140-176
伴瀬宗一　1996『今井川越田遺跡』埼玉県埋蔵文化財調査事業団報告書178
人見暁朗　1988『一般県道新川・江戸崎線道路改良工事地内埋蔵文化財調査報告書』茨城県教育財団文化財調査報告46
平岡和夫・井上荘之助　1985『戸張一番割遺跡』柏市教育委員会
平岡和夫・福山俊彰　1996『熊野遺跡』熊野遺跡発掘調査団
平川敬治　1990「網漁における伝統的沈子についての2、3の問題」『九州考古学』65　pp.13-40

平塚市博物館　1978『相模川の魚と漁』
平野元三郎・金子浩昌　1958『館山鉈切洞穴』千葉県教育委員会
平林章仁　1992『鹿と鳥の文化史』白水社
廣山堯道　1983『日本製塩技術史の研究』雄山閣
吹野富美男ほか　1999『伊奈・谷和原丘陵部特定土地区画整理事業地内埋蔵文化財調査報告書　前田村遺跡G・H・I区』茨城県教育団文化財調査報告146
福井淳一　1993「福島県南部太平洋岸における縄文時代カジキ漁」『立正考古』32 pp.77-90
福井淳一　2005「オホーツク文化の釣針」『北方島文化研究』3 pp.1-16
福井淳一　2007「天寧1遺跡出土のメカジキ鰭棘製銛頭」『動物考古学』24 pp.89-90
福島県文化センター　1990『相馬開発関連遺跡調査報告Ⅱ』福島県文化財調査報告書234
福田友之ほか　1980『碇ヶ関村古館遺跡発掘調査報告書』青森県埋蔵文化財調査報告書54
福田友之ほか　1982『発茶沢遺跡発掘調査報告書』青森県埋蔵文化財調査報告書67
福田友之ほか　1993『稲垣村久米川遺跡』青森県埋蔵文化財調査報告書163
藤沢　敦　2002「古墳時代の骨角器」『考古資料大観9弥生・古墳時代　石器・石製品・骨角器』小学館 pp.361-364
藤田哲也ほか　2001『熊の山遺跡』茨城県教育団文化財調査報告174
藤塚悦司　1984「3章5節　川漁と狩猟」『岩槻市史　民俗資料編』岩槻市 pp.255-274
藤塚悦司　1989「3章6節　川漁と狩猟」『北本市史6　民俗編』北本市 pp.231-245
藤塚悦司　1997「3章3節3　多摩川や用水・水田での魚取り」『多摩市史　民俗編』多摩市 pp.220-235
藤原　哲　2004「弥生時代の戦闘戦術」『日本考古学』18 pp.37-52
藤原直人　1999「芝宮遺跡群・中原遺跡群出土の動植物遺体―古代の食生活を考える―」『食の復元』帝京大学山梨文化財研究所研究集会報告集2 pp.171-185
藤原　均ほか　1996『北野原遺跡調査報告書』龍ヶ崎市北野原遺跡調査会
藤森栄一　1927「有史以前における土錘の分布と諏訪湖」『諏訪中学校友会誌』26
府中市教育委員会・府中市遺跡調査会　2004『武蔵国府の調査』26
古里　淳　1991『八戸沿岸の漁撈習俗』八戸市博物館
ブルデュー、ピエール（石井洋二郎訳）1990『ディスタンクシオン（社会的判断力批判）Ⅰ・Ⅱ』藤原書店
堀部昭夫ほか　1980『千葉県我孫子市日秀西遺跡発掘調査報告』千葉県文化財センター
埋蔵文化財研究会　1986『海の生産用具』埋蔵文化財研究会第19回研究集会資料集
埋蔵文化財研究会　2007『第56回埋蔵文化財研究集会　古墳時代海人集団を再検討する資料集』

眞壁　建ほか　1995『畑田遺跡・中野遺跡発掘調査報告書』山形県埋蔵文化財センター調査報告書22
眞壁　建ほか　2004『山田遺跡発掘調査報告書（L・M区）』山形県鶴岡市埋蔵文化財調査報告書24
間壁忠彦　1985「打製石庖丁」『弥生文化の研究5』雄山閣 pp.108-111
増田昭子　2001『雑穀の社会史』吉川弘文館
増田勝機　1993「Ⅳ―三　狩と川漁」『五木の民俗』五木村民俗調査団 pp.340-343
益田　一ほか　1984『日本産魚類大図鑑』東海大学出版会
松井　章　1985「『サケ・マス論』の評価と今後の展望」『考古学研究』31-4 pp.39-67
松井　章　1987「養老厩牧令の考古学的考察」『信濃』39-4 pp.1-26
松井　章　2004「山地域における生業―内水面漁労をめぐって―」『日本考古学協会2004年度広島大会　研究発表会資料集』pp.94-114
松井　章　2005「狩猟と家畜」『列島の古代史2 暮らしと生業』岩波書店 pp.161-206
松井　健　1998「マイナー・サブシステンスの世界」『現代民俗学の視点1民俗の技術』朝倉書店 pp.247-268
松浦　敏　1995『東山遺跡』茨城県教育財団文化財調査報告101
松木武彦　2004「戦闘用鏃と狩猟用鏃―打製石鏃大形化の再検討―」『古代武器研究』5 pp.29-35
松田真一　2003「物流をうながした縄文時代の丸木舟」『初期古墳と大和の考古学』学生社 pp.11-20
松田富美子　2005『成田市台方下平Ⅰ遺跡・台方下平Ⅱ遺跡発掘調査概報』（財）印旛郡市文化財センター発掘調査報告書
松村義也・中村利彦　1986「7章　狩猟と漁ろう」『長野県史民俗編1巻（2）東信地方 仕事と行事』長野県 pp.158-188
松村義也・中村利彦　1988「7章　狩猟と漁ろう」『長野県史民俗編2巻（2）南信地方 仕事と行事』長野県 pp.184-222
松村義也・中村利彦　1989「7章　狩猟と漁ろう」『長野県史民俗編3巻（2）中信地方 仕事と行事』長野県 pp.181-212
松本　茂ほか　2002『阿武隈川右岸築堤遺跡発掘調査報告2』福島県文化財調査報告書401
松本建速　2006『蝦夷の考古学』同成社
松本直子　2003「1章2説　農耕の始まりと認知」『認知考古学とは何か』青木書店 pp.20-32
松山利夫　1982『ものと人間の文化史47木の実』法政大学出版局
マトゥラーナ、H.R.・ヴァレラ、F.J.（河本英夫訳）1991『オートポイエーシス』国文社
真鍋篤行　1992『瀬戸内地方出土土錘調査報告書（Ⅰ）』瀬戸内海歴史民俗資料館

真鍋篤行　1993『瀬戸内地方出土土錘調査報告書（Ⅱ）』瀬戸内海歴史民俗資料館
真鍋篤行　1994「弥生時代以降の瀬戸内地方の漁業の発展に関する考古学的考察」『瀬戸内海歴史民俗資料館紀要』7　pp.19-124
真鍋篤行　1995「弥生・古墳時代の瀬戸内地方の漁業」『瀬戸内海歴史民俗資料館紀要』8　pp.59-155
間宮政光　1994『印内台遺跡　第12次発掘調査報告書』山武考古学研究所
間宮政光　1995『幸田遺跡・幸田台遺跡』山武考古学研究所
丸山治雄　1991『株木Ｂ遺跡』藤岡市教育委員会
三浦慎悟　2008「東北における野生動物管理の源流」『季刊　東北学』14　pp.64-87
水野敏典　1995「東日本における古墳時代鉄鏃の地域性」『古代探叢』Ⅳ早稲田大学出版部　pp.423-441
水野　祐　1978「獦人考」『続　律令国家と貴族社会』吉川弘文館　pp.1-36
溝口孝司　2004「考古学的物質文化研究における『変化』」『日本考古学』18　pp.1-20
三田村佳子　1995「3章3節　狩猟」『朝霞市史　民俗編』朝霞市教育委員会　pp.190-193
道澤　明　1988『双賀辺田No.1遺跡発掘調査報告書』鎌ヶ谷市埋蔵文化財調査報告3
皆川　修　2003『島名ツバタ遺跡』茨城県教育財団文化財調査報告203
南川雅男　2001「炭素・窒素同位体分析により復元した先史日本人の食生態」『国立歴史民俗博物館研究報告』86　pp.333-357
宮　文子　1995『大袋山王第1遺跡・大袋山王第2遺跡　Ａ地区・Ｂ地区』印旛郡市文化財センター発掘調査報告書91
宮内勝巳　1992『大台遺跡』印旛郡市文化財センター発掘調査報告書59
宮城県教育委員会　1986『田柄貝塚Ⅲ』宮城県文化財調査報告書111
宮城県水産試験場　1992『宮城県の伝統的漁具漁法Ⅴ内水面』
宮坂光昭　1974「天竜川水系上流の管状土錘」『長野県考古学会誌』19・20　pp.67-75
宮本真二・中島経夫　2006「縄文時代以降における日本列島の主要淡水魚の分布変化と人間活動」『動物考古学』23　pp.39-54
宮本常一　1964a『山に生きる人びと　双書・日本民衆史2』未来社
宮本常一　1964b『海に生きる人びと　双書・日本民衆史3』未来社
宮本常一　1965『生業の推移』河出書房新社
三好秀樹・窪田　忍　1994『大郷町鶴館遺跡』大郷町文化財調査報告書
民族考古学研究会　1998『民族考古学序説』同成社
向山雅重　1959「狩猟」『日本民俗学大系5　生業と民俗』平凡社　pp.193-221
武藤鉄城　1969『秋田マタギ聞書』慶友社
村上一馬　2007「弘前藩の猟師と熊狩り」『季刊東北学』10　東北文化研究センター　pp.142-185
村上一馬　2012「解説」『「弘前藩庁御国日記」狩猟関係史料集　第三巻』東北芸術工科

大学　pp.4-19
村上一馬ほか編　2011a『弘前藩庁御国日記狩猟関係史料集第1巻』東北文化研究センター
村上一馬ほか編　2011b『弘前藩庁御国日記狩猟関係史料集第2巻』東北文化研究センター
村田六郎太ほか　1982『千葉・上ノ台遺跡』千葉市教育委員会
最上孝敬　1959『日本民俗学大系5 生業と民俗』平凡社
茂木悦男　1998『北浦複合団地造成事業地内埋蔵文化財調査報告書　木工台遺跡1』茨城県教育財団文化財調査報告140
茂木悦男・宮崎修士　2000『国補緊急地方道路整備事業一般県道荒井麻生線道路改良工事地内埋蔵文化財調査報告書』茨城県教育財団文化財調査報告165
森　浩一　1987「弥生・古墳時代の漁撈・製塩具副葬の意味」『日本の古代8 海人の伝統』中央公論社　pp.127-176
森　隆　2001「富山県出土の土錘集成」『富山考古学研究』4　pp.45-64
森田喜久男　1988「日本古代の王権と狩猟」『日本歴史』485 吉川弘文館　pp.19-36
八木洋行　1991「川漁」『田代・小河内の民俗』静岡県史民俗調査報告書14　pp.176-180
八木光則ほか　1983『志波城跡―昭和57年度発掘調査概報―』盛岡市教育委員会
安井良三　1969『南紀串本　笠嶋遺跡』笠嶋遺跡調査報告書刊行会
安室　知　1998『水田をめぐる民俗学的研究』慶友社
安室　知　2005『水田漁撈の研究』慶友社
柳澤和明　2003『新田東遺跡―三陸自動車道建設関連遺跡調査報告書Ⅱ―』宮城県文化財調査報告書191
柳田國男　1940『食物と心臓』創元選書
柳田國男　1961『海上の道』筑摩書房
柳田國男　1970『定本　柳田國男集27』筑摩書房　pp.1-39
柳田敏司ほか　1967『鳳翔』4　埼玉大学考古学研究会
柳谷　博ほか　1988『海老名本郷（Ⅱ）』本郷遺跡調査団
山浦　清　2002「古墳時代安房海人の一様相」『古代史研究』19　pp.1-13
山浦　清　2004『北方狩猟・漁撈民の考古学』同成社
山口義伸ほか　1990『杢沢遺跡』青森県教育委員会埋蔵文化財報告書130
山崎京美ほか　1998『遺跡出土の動物遺存体に関する基礎的研究』平成7-9年度科学研究費補助金研究成果報告書
山下孝司　1991『伊藤窪第2遺跡』韮崎市教育委員会
山下孝司ほか　1987『中本田遺跡・堂の前遺跡』韮崎市教育委員会
山下孝司ほか　1988『前田遺跡』韮崎市教育委員会
山下英世　1983「3章5節　漁撈」『戸田市史　民俗編』戸田市　pp.370-422

山田悟郎　1993「北海道の遺跡から出土した植物遺体について」『古代文化』45-4 古代学協会 pp.13-22
山田昌久　1985「弥生時代の狩猟」『歴史公論』114 pp.54-62
山中英彦　1980「鉄製漁撈具出土の古墳について」『古代探叢』早稲田大学出版部 pp.235-255
山中英彦　1995a「鉄製漁撈具からみた海人族の東遷」『古代探叢Ⅳ』早稲田大学出版部 pp.309-328
山中英彦　1995b「考古学からみた海人族の東遷」『西海と南島の生活・文化 古代王権と交流8』名著出版 pp.23-69
山中英彦　2007「『博多湾貿易』を」支えた古代海人『古文化談叢』57 pp.55-90
山梨県　2004『山梨県史　通史編1　原始・古代
山内清男　1964「日本先史時代概説」『日本原始美術Ⅰ縄文式土器』講談社 pp.135-147
山内清男　1969「縄紋時代研究の現段階」『日本と世界の歴史1』学習研究社 pp.86-97
山本悦世　2007「瀬戸内〜四国地方出土の植物遺存体」『日本考古学協会2007年度熊本大会研究発表資料集』pp.354-365
山本　禎・西井幸夫　1997『山王裏・上川入・西浦・野本氏館跡』埼玉県埋蔵文化財調査事業団報告書184
山本暉久ほか　1994『池子遺跡群Ⅰ』神奈川県埋蔵文化財センター調査報告27
山本直人　2002『縄文時代の植物採集活動』渓水社
山本典幸　2004「生業」『現代考古学事典』同成社 pp.269-274
柳田國男　1909『後狩詞記』非売品（1970『定本　柳田國男集27』筑摩書房 pp.1-39採録）
湯浅照弘　1977「岡山県の内水面漁撈習俗」『日本民俗学』110 pp.46-63
湯浅照弘　1983「4節　漁業と漁民の信仰　二　河川漁業」『岡山県史15民俗Ⅰ』pp.165-174
湯村　功ほか　2002『青谷上寺地遺跡4』鳥取県教育文化財団調査報告書74
横井猛志　2005「第5編　まとめ　第3章　倉越（2）遺跡出土の管状土製品（土錘）について」『倉越（2）遺跡、大池館遺跡』青森県埋蔵文化財調査報告書389 pp.164-167
横川好富ほか　1982『関越自動車道関係埋蔵文化財発掘調査報告ⅩⅢ後張』埼玉県埋蔵文化財調査事業団報告書15
横山英介　1990『考古学ライブラリー59擦文文化』ニュー・サイエンス社
横山浩一ほか　1982『海の中道遺跡』福岡市埋蔵文化財調査報告書87
横山浩一ほか　1993『海の中道遺跡Ⅱ』海の中道遺跡発掘調査実行委員会
吉川國男　1995「5章2節　漁撈」『鴻巣市史　民俗編』鴻巣市 pp.310-347
吉川耕太郎　2004『小林遺跡Ⅱ』秋田県文化財調査報告書376

吉廻　純ほか　1981『神谷原Ⅰ』八王子資料刊行会
吉田邦夫　2008「縄文人の食性と生業」『季刊 考古学』105 pp.51-56
吉田東伍　1910『利根治水論考』三省堂書店
吉田章一郎　1964「1章 原始産業」『体系日本史叢書10産業史Ⅰ』山川出版社 pp.1-30
吉田章一郎・森　浩一　1964「2章 古代産業（1）2節 食物の生産」『体系日本史叢書10産業史Ⅰ』山川出版社 pp.35-73
吉野　武　2003『市川橋遺跡』宮城県文化財調査報告書19
ロット＝ファルク、E（田中克彦ほか訳）　1980『シベリアの狩猟儀礼　人類学ゼミナール14』弘文堂
若狭　徹　2002「古墳時代における鵜飼の造形—その歴史的意味—」『動物考古学』19 pp.15-24
若林勝司　1988「奈良・平安時代の管状土錘に関する試論—古代相模、武蔵国を中心として—」『村上徹君追悼論文集』村上徹君追悼論文集編集委員会 pp.109-128
若松良一　2004「狩猟を表現した埴輪について」『幸魂』北武蔵古代文化研究会 pp.113-173
和田晴吾　1982「弥生・古墳時代の漁具」『考古学論考』小林行雄博士古稀記念論文集 pp.305-339
渡辺一雄・馬目順一　1966『寺脇貝塚』いわき市教育委員会
渡辺一雄・馬目順一　1968『小名浜—小名浜湾周辺の遺跡調査報告集—』いわき市教育委員会
渡辺　仁　1977「アイヌの生態系」『人類学講座12生態』雄山閣 pp.387-405
渡辺　仁　1990『縄文式階層化社会』六興出版
渡辺則文　1971『日本塩業史研究』三一書房
渡部弘美ほか　2004『壇腰遺跡発掘調査報告書』仙台市文化財調査報告書277
渡辺　誠　1973『縄文時代の漁業』雄山閣
渡辺　誠　1975『縄文時代の植物食』雄山閣
渡辺　誠　1981「編み物用錘具としての自然石の研究」『名古屋大学文学部研究論集』LXXX 史学27 pp.1-46
渡辺　誠　1982a「採集対象植物の地域性」『季刊考古学』1 雄山閣 pp.28-31
渡辺　誠　1982b「弥生時代の筌」『稲・舟・祭—松本信廣先生追悼論文集—』六興出版 pp.121-137
渡辺　誠　1985a「漁業の考古学」『講座・日本技術の社会史2塩業・漁業』日本評論社 pp.159-195
渡辺　誠　1985b「西北九州の縄文時代漁撈文化」『列島の文化史』2日本エディタースクール出版部 pp.45-96
渡辺　誠　1986「堅果類」『季刊考古学』14雄山閣 pp.32-35

渡辺　誠　1988「縄文・弥生時代の漁業」『季刊考古学』25 pp.14-20
渡辺　誠　1989「日間賀島北地古墳群出土のサメ釣針」『考古学の世界』新人物往来社 pp.367-379
渡辺　誠　2000a『考古資料ソフテックス写真集 第15集』名古屋大学文学部考古学研究室
渡辺　誠　2000b「弥生・古墳時代における回転式離頭銛頭の研究」『琉球・東アジアの人と文化 下』pp.1-12
渡辺　誠・田中禎子　1992「朝日遺跡貝層ブロック・サンプリングの調査報告」『朝日遺跡・自然科学編』愛知県埋蔵文化財センター調査報告書31 pp.159-182
綿引英樹・松本直人　2006『大戸下郷遺跡2』茨城県教育財団文化財調査報告257
和深俊夫　1999『清水遺跡』いわき市埋蔵文化財調査報告63

Arnold, Jeanne E. and Bernard, Julienne. 2005 Negotiating the coasts: status and the evolution of boat technology in California. *World Archaeology* 37 (1): 109-131
Binford, Lewis R. 1962 Archaeology as Anthropology. *American Antiquity*, vol.28, pp.217-225
Binford, Lewis R. 1965 Archaeological Systematics and the Study of Culture Process. *American Antiquity*, vol.31, pp.203-210
Ward, P., Porter, J.M. and Elscot, S. 2000 Broadbill swordfish: status of established fisheries and lessons for developing fisheries. *FISH and FISHERIES1*: 317-336.

資料編

巻末写真資料　マタギ山刀の製作

写真1　ベルトハンマー

写真2　鍛冶道具

写真3　炉

写真4　熱した地鉄

写真5　鋼の鍛接

写真6　鍛接後

写真7　素延べ

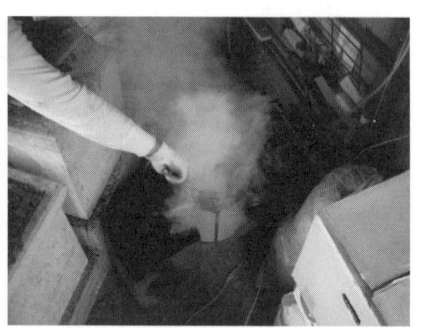

写真8　焼き入れ

写真9　グラインダーによる荒削り

写真10　削り出された鎬

写真11　研ぎ

写真12　柄を付ける

巻末写真資料　マタギ山刀の製作　299

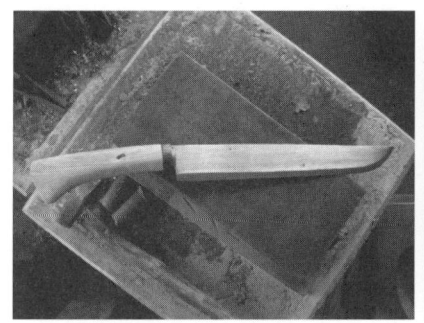

写真13　柄付きナガサ完成

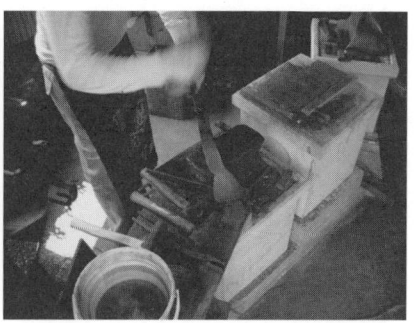

写真14　フクロナガサの柄の成形①

写真15　フクロナガサの柄の成形②

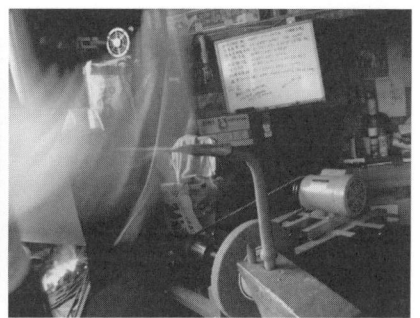

写真16　フクロナガサの柄の成形③

写真17　フクロナガサ完成

写真18　血流しの樋・屋号の刻印を刻む

写真19　ホオの木の鞘

写真20　大葛石の砥石

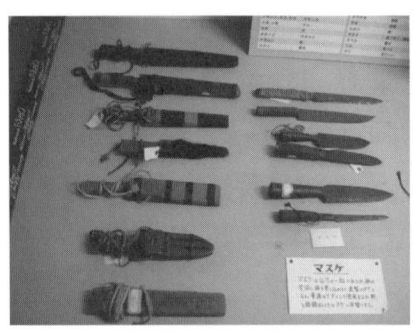

写真21　山刀①

写真22　小刀

写真23　狩猟用槍①

写真24　狩猟用槍②

巻末写真資料　マタギ山刀の製作　301

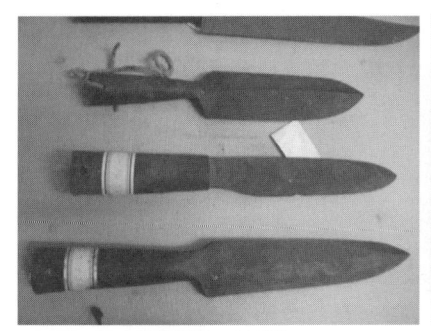

写真25　山刀②

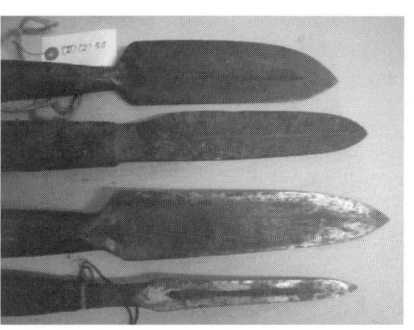

写真26　山刀③

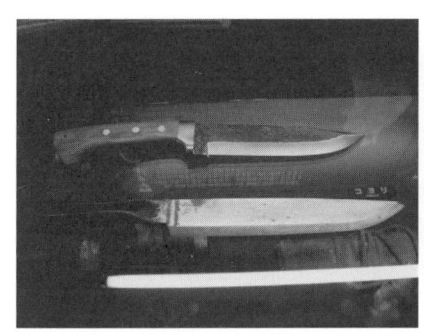

写真27　山刀④

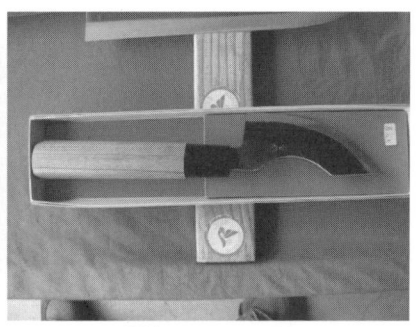

写真28　カワハギ

写真29　山刀⑤

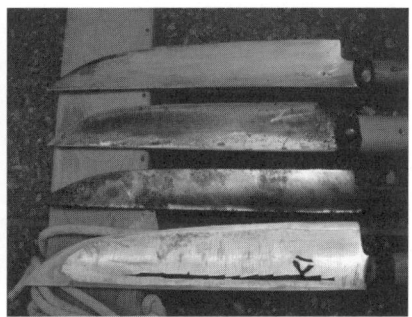

写真30　山刀⑥

写真31　五城目型ナガサの細部

写真32　山刀⑦

写真33　鋼の鍛接

写真34　刃部の成形

写真35　筒状部分の成形

写真36　片刃タテ・両刃タテ（表）

巻末写真資料　マタギ山刀の製作　303

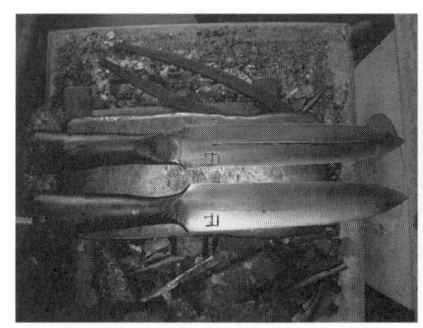

写真37　片刃タテ・両刃タテ（裏）

写真38　剥がれ落ちた酸化被膜

写真39　金床

写真40　北海道アイヌのタシロ

写真41　タシロの切っ先

写真42　裏スキ

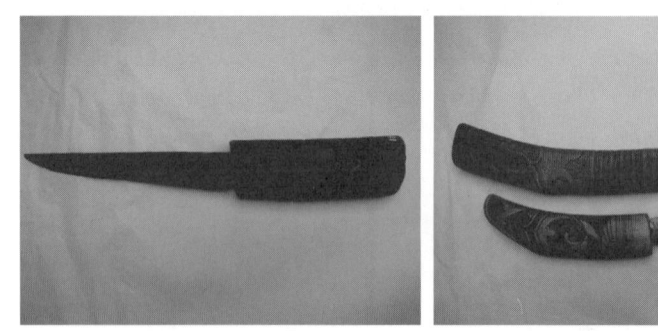

写真43　マキリ①

写真44　マキリ②

写真1～7：S氏の工房にて撮影、写真8～12：北海道開拓記念館にて撮影
写真21～23・25・26：碧祥寺博物館、24・27：マタギ資料館、28：西根鍛冶店、その他の写真：S氏の工房にて撮影

巻末表① 内水面漁撈民俗誌

河川漁撈の民俗誌

県名	河川名	対象流域	主な漁法	主な対象魚など(放流魚を除く)	舟の使用	人員	漁期	専業者の有無	漁撈者の他の生業	消費形態	漁に関連する民俗信仰・儀礼	文献
北海道	十勝川、釧路川、静内川(アイヌ)	上流~下流域	網漁(刺網、引き網、袋網、サデ網)、刺突漁(回転鉤)、筌漁、簗漁、漬け漁、ヒブリ漁	サケ、マス、ヤマメ、イワナ、イトウ、チョウザメ、ウグイ	網漁、回転鉤	1~4人(網漁)	春~秋	なし	狩猟、農耕、採集	自家消費	川の神、火の神、さまざまな禁忌	犬飼1969、更科1982、佐藤1992
青森	馬淵川	上流~下流域	網漁(延縄、刺網、巻網)、釣漁(ヤス、マス鉤)、筌漁、簗漁、毒流し、ヒブリ漁	サケ、マス、アユ、ウグイ、カジカ、ウナギ、コイ、ナマズ、ドジョウ、ヤツメウナギ、カニ、エビ	網漁	1~6人	魚種・漁法により一年中	なし	農業	自家消費	未確認	昆ほか2001
宮城・福島	阿武隈川	上流~下流域	網漁(投網、刺網、四ツ手網)、釣漁(延縄、ヤス)、筌漁、刺突漁、徒手採捕、鵜飼漁、ヒブリ漁、石打ち漁	サケ、アユ、オオガイ(マルタウグイ)、ウナギ、ウグイ、ハヤ、フナ、コイ、ナマズ、カジカ、カニ	網漁	個人、鵜飼漁は3~4人	魚種・漁法により一年中	なし	農業	自家消費、売買	水神信仰	中富1985
福島	只見川	上流~下流域	網漁(刺網、引き網、投網、四ツ手網)、釣漁(延縄)、刺突漁(マス鉤、ヤス)、筌漁、簗漁、毒流し、おどし漁、ヒブリ漁	サケ、マス、ヤマメ、フナ、カワビシ、ジカ、ナマズ、ウナギ、コイ	なし	1~10人	春~秋	あり	林	自家消費、売買	最初に獲ったヤマメを川の神へ捧ぐ	熊倉1974
岩手・宮城	北上川	上流~汽水域	網漁(投網、引き網、刺網、サデ網、四ツ手網)、釣漁(延縄)、刺突漁(ヤス、ヤナギウキ)、筌漁、簗漁、駆魚漁、漬け漁、ヒブリ漁、おどし漁、魚伏籠	サケ、マス、イワナ、ウグイ、アユ、ハヤ、ウグイ、カジカ、シラウオ、スズキ、ボラ、カワウ、ワカニ	網漁、釣漁	1~5人	魚種・漁法により一年中	未確認	農業	自家消費、売買	サケの大介	小野寺1983、宮城県水産試験場1992
秋田	役内川	上流域	網漁(投網)、釣漁、刺突漁、徒手採捕	イワナ、ヤマメ、アユ、ドジョウ	未確認	1~6人	春~秋	なし	農業、狩猟、家畜	自家消費	未確認	東京女子大学1977
福島	大川・湯川	上流~中流	網漁(投網)、刺網、四ツ手網、釣漁(餌釣り、毛鉤)、延縄、刺突漁(ヤス)、筌漁、簗漁、駆魚漁、徒手採捕、毒流し、おどし漁、ヒブリ漁、川干し漁、魚伏籠	サケ、イワナ、ヤマメ、アユ、ハヤ、カジカ、カマツキ、ナマズ、カマツギ、シマドジョウ、フナ、コイ、ドジョウ、ヤツメウナギ、エビ、カニ	未確認	1~2人	春~秋	なし	農業	自家消費、売買	未確認	木村・半沢1981

県名	河川名	対象流域	主な漁法	主な対象魚など(放流魚を除く)	舟の使用	人員	漁期	専業者の有無	漁撈者の他の生業	消費形態	漁に関連する信仰・儀礼	文献
宮城	広瀬川	上流～汽水域	網漁(投網),刺網,地曳網,サデ網,ジュズカギ,釣漁(延縄,毛鉤),鋩漁(ウナギかき),刺突漁,徒手採捕,毒流し,ヒつり漁,石打ち漁	イワナ,ヤマメ,マス,サケ,カジカ,コイ,フナ,ウグイ,ハエ,ボラ,ウナギ,ナマズ,マス,ドジョウ,モクズガニ,エビ,タニシ,シジミ	網漁,ジュズカギ,釣漁,刺突漁,シジミかき	1～10人	魚種・漁法によるが一年中	汽水域にあり	農業,製炭,流木費,(筏),狩猟,採集	自家消費,行商,売買	虚空蔵菩薩信仰,エビス信仰	中富1990
山形	最上川	中流域	網漁(刺網,投網,四ツ手網,鉤漁),鋩漁,徒手採捕	サケ	網漁	1～4人	秋～冬	未確認	農業	自家消費	サケの大助	大友2005
新潟	魚野川	上流～下流域	網漁(刺網,投網,四ツ手網,マチカブ網),鋩漁,刺突漁,徒手採捕	サケ,カジカ,ウグイ,イワナ,カニ,ハヤ,ウオ,モクズガニ	網漁	1～4人	魚種・漁法によるが一年中	なし	農業,狩猟,採集,船夫	自家消費,売買	未確認	荻原1997
新潟	阿賀野川	上流～中流域	網漁(釣漁,サデ網,鉤漁,ヤス),鋩漁,刺突漁,徒手採捕,ヒつり漁	イワナ,ヤマメ,アユ,カジカ,サケ,ウメケナギ,ハヤ,ウナギ,マス	刺突漁	個人	春～秋	未確認	農業,狩猟,採集	自家消費	エビス信仰	天野武2004
新潟	大川	上流～中流域	網漁(投網),刺突漁(ヤス),鋩漁,コド漁(陥穽漁)	サケ	未確認	個人	秋～冬	なし	農業	自家消費,売買	エビス信仰,オースケ,コースケ	菅1987
富山	常願寺川,神通川,庄川	上流～下流域	網漁(延縄,刺網),刺突漁(ヤス),鋩漁,徒手採捕,川干し漁	サケ,マス,イワナ,アユ,ウグイ,ナマズ,ウナギ,フナ,コイ,カジカ,ボラ,ススキ,エビ	網漁,釣漁,おどし漁	1～7人	春～秋	未確認	未確認	未確認	未確認	漆間1973
福井	九頭竜川	上流～汽水域	網漁(投網),釣漁(延縄,毛鉤),鋩漁(ヤス,ヘラ),刺突漁,徒手採捕,ヒつり漁,石打ち漁,川干し漁,鵜飼漁	サケ,マス,ヤマメ,イワナ,アユ,ウグイ,ナマズ,ウナギ,フナ,コイ,カジカ,ユゴカ,ボラ,スズキ	網漁	1～6人	魚種・漁法によるが一年中	なし	農業	自家消費,売買	未確認	坂本1987

県	河川	流域	漁法	魚種	人数	期間	兼業	流通	信仰	出典
茨城	旧小貝川	中流〜下流域	網漁（投網、刺網、サデ網、ブッタイ）、釣漁（延縄、ヤス）、刺突漁、釜漁、毒流しヒナリ漁、川干し漁	コイ、フナ、ナマズ、ウナギ、ドジョウ、ワカサギ、モエビ、ボラ、エビ、カニ	1〜5人	魚種・漁法によるが一年中	農業	自家消費、売買	未確認	小川・藤塚1988
茨城	利根川、小貝川	中流〜下流域	網漁（投網、刺網、ブッタイ）、釣漁（餌釣り、ウナギカケ、ヤス、ドジョウブチ）、釜漁、魞漁、毒流し、魚伏籠、ヒナリ漁	サケ、マス、コイ、フナ、ヤマメ、タナゴ、ナマズ、ウナギ、モクズガニ、シジミ	個人	未確認	未確認	自家消費、売買	香取信仰、水神信仰	井上1986
茨城	飯沼、西仁連川	中流〜下流域	網漁（投網、刺網、四ツ手網、シジミかき、ブッタイ）、釣漁（延縄、餌釣り）、刺突漁（ウナギカケ、ヤス、ドジョウブチ）、釜漁、毒流し、漬け漁、ヒナリ漁、川干し漁	コイ、フナ、ナマズ、ウナギ、ドジョウ、エビ、モクズガニ、シジミ	1〜6人	農閑期	農業	自家消費、売買	未確認	猿島町1998
栃木	永野川、巴波川、思川	上流〜中流域	網漁（投網、刺網、四ツ手網、ブッタイ）、釣漁（延縄、餌釣り、毛鉤）、刺突漁（ウナギカケ、ヤス）、釜漁、徒手採捕、ヒナリ漁、川干し漁	サケ、イワナ、ヤマメ、ハヤ、ウナギ、コイ、カジカ、ナマズ、ドジョウ、モツゴ、ニゴイ、タニシ、エビ	個人	魚種・漁法によるが一年中	農業	自家消費、売買	エビス信仰、水神信仰、虚空蔵信仰	鳩山1979
栃木	鬼怒川	上流〜中流域	網漁（投網、地曳網、鮎引き、ブッタイ）、釣漁、刺突漁、釜漁、おどし漁、ヒナリ漁	アユ、サケ、ウナギ、ハヤ、フナ、ヤマメ、タナゴ、ナマズ、ドジョウ	1〜10人	魚種・漁法によるが一年中	農業	自家消費、売買	未確認	香月1986
群馬	利根川水系	上流〜下流域	網漁（投網、刺網、ブッタイ、タモ網、ハッキリ網、餌釣り、毛鉤、ドジョウブチ）、釜漁、毒流し、徒手採捕、おどし漁、漬け漁、石積み漁、ヒナリ漁、川干し漁、鵜飼漁	サケ、イワナ、ヤマメ、アユ、ハヤ、カジカ、オイカワ、ナマズ、ウグイ、ウナギ、コイ、フナ、ギバチ、ヤマベ、スズキ、ソウ、ハス、ワタカ、ドジョウ	1〜3人	魚種・漁法によるが一年中	農業、狩猟	自家消費、売買	水神信仰、エビス信仰、ナカラコイ、コイの尾を魔除けに使用、特定魚種に禁忌	阪本1984、土屋1995

県名	河川名	対象流域	主な漁法	主な対象魚など(放流魚を除く)	舟の使用	人員	漁期	専業者の有無	漁撈者の他の生業	消費形態	漁に関連する信仰・儀礼	文献
千葉	小櫃川、小糸川	上流〜下流域	網漁(投網)、釣漁(延縄、餌釣り)、刺突漁(ウナギカキ、ヤス)、筌漁、簗漁、川干し漁	アユ、ウナギ、ハヤ、フナ、コイ、ドジョウ	なし	個人	春〜秋	なし	農業	自家消費	未確認	佐野 1998
埼玉	荒川水系、利根川水系	上流〜下流域	網漁(投網、四ツ手網、刺網、建網、地曳みかき、ブッタイ)、釣漁(延縄、餌釣り、毛鉤)、刺突漁(ウナギカキ、ヤス)、筌漁、徒手採捕(潜水漁法)、おどし漁、毒流し漬け漁、ピテリ漁、川干し漁、鵜飼漁	サケ、イワナ、ヤマメ、マス、アユ、ニゴイ、カジカ、オイカワ、ナマズ、ツガイ、ウナギ、コイ、フナ、スズキ、ボラ、ドジョウ、シジミ、カラスガイ、タニシ	網漁、釣漁、刺突漁、筌漁	1〜6人	魚種・漁法による 一年中	あり	農業、狩猟、林業	自家消費、売買	虚空蔵信仰、大山蔵信仰、命信仰、水神信仰、コイの尾を魔除けに使用、様々な禁忌	山下 1983、小野寺 1985、小林 1988、藤塚 1989、吉川 1995
埼玉	江戸川、中川	中流〜下流域	手網(投網、刺網、袋網、四ツ手網)、釣漁(延縄、餌釣り)、刺突漁(ウナギカキ、ヤス)、筌漁、川干し漁	コイ、フナ、ウナギ、ナマズ、アユ、スズキ、ボラ、シジミ	網漁、釣漁、刺突漁、筌漁	1〜6人	魚種・漁法による 一年中	あり	農業、狩猟	自家消費、売買	未確認	大久 1997
東京	多摩川	上流〜下流域	網漁(投網、刺網)、釣漁、刺突漁、筌漁、石打ち漁、川干し漁、鵜飼漁	アユ、ウナギ、ハヤ、イカワ、フナ、コイ、ナマズ、ドジョウ、エビ	なし	1〜15人	春〜秋	あり	農業	自家消費、売買	未確認	谷 1983、藤塚 1997
神奈川	相模川	上流〜汽水域	網漁(投網、刺網、地曳網、ツブ網、シジミかき、ブッタイ)、釣漁(延縄、餌釣り、友釣り、毛鉤)、刺突漁(ウナギカキ、ヤス)、筌漁、ピテリ漁、川干し漁、鵜飼漁	ヤマメ、アユ、ウナギ、マス、ワカサギ、コイ、カジカ、ハヤ、ウグイ、フナ、ドジョウ、ヤンメン、ナマズ、スズキ、ハゼ、モクズガニ、テナガエビ、シジミ、タニシ	網漁、釣漁、刺突漁	1〜3人(築を構築する際は25人程度)	魚種・漁法による 一年中	あり(川師、殺生人、川がり師)	農業、輸送業(高瀬舟)、筏	自家消費、売買	弁天岩、水神信仰、エビス信仰	中村 1968、小島ほか 1978、小川 1993
神奈川	中津川、串川	上流〜中流域	網漁(投網、サデ網、ブッタイ、釣沙(延縄、餌釣り)、刺突漁(ウナギカキ、ヤス)、筌漁、簗漁、毒流し、ピテリ漁、川干し漁、鵜飼漁	イワナ、ヤマメ、アユ、ハヤ、カジカ、ウナギ、ナマズ、サンショウウオ、サワガニ、モクズガニ、カワノリ	なし	1〜5人(築を構築する際は20〜30人)	春〜秋	あり(川師、野良坊、サンガカ)	農業	自家消費、売買	さまざまな禁忌、オシャカクヨウ、コブサマ、アスキトギ	中村 1969

巻末表①　内水面漁撈民俗誌

	河川	区間	漁法	魚種	主要漁法	人数	時期	兼業	流通	信仰・禁忌	文献
神奈川	早渕川	中流~下流域	網漁(サデ網、タモ網)、釣漁(延縄、餌釣り)、刺突漁(ヤナギカス、ヤス、ドジョウツキ)、筌漁、徒手採捕、毒流し、ピンドウ漁、川干し漁	コイ、フナ、ウナギ、ヤツメウナギ、ナマズ、キンブナ、ハヤ、ガマツカ、ドジョウ、エビ、カラスガイ、タニシ、シジミ	なし	1~5人	春~初夏	未確認	自家消費、売買	キツネッピ	岸上1989
長野	千曲川、天竜川、木曽川	上流~中流域	網漁(投網、ブッタイ)、釣漁(延縄、餌釣り)、筌漁、簗漁、刺突漁採捕、四ツ手網、刺網、すくい網、毒流し、石積み漁、ピンドウ漁、川干し漁	イワナ、ヤマメ、マス、アユ、ウグイ、ガガカ、オイカワ、コイ、フナ、ウナギ、ドジョウ	網漁	1~4人	魚種・漁法によるが一年中	農業、狩猟	自家消費	未確認	松村・中村1986・1988・1989
静岡	狩野川	上流~下流域	網漁(投網、刺網、サデ網、ブッタイ)、釣漁(延縄、餌釣り)、刺突漁(ドジョウツキ)、筌漁、簗漁、徒手採捕、毒流し、川干し漁、鵜飼漁	アユ、コイ、フナ、ウグイ、ハヤ、ナマズ、ウナギ、ドジョウ、モクズガニ、タニシ、ボラ、ススキ	網漁	個人	魚種・漁法によるが一年中	なし	自家消費	未確認	神野1993
静岡	大井川	上流域	網漁(投網)、釣漁(餌釣り、毛鉤)、筌漁	イワナ、アマゴ、ウグイ	なし	個人	春~秋	農業	自家消費、神撰	ヤマメ祭(諏訪信仰)、さまざまな禁忌	八木1991、多々良2004
愛知	矢作川	中流~下流域	網漁(投網、刺網、サデ網、延縄、餌釣り、毛鉤)、釣漁、刺突漁(ヤス、ウナギカス、ドジョウツキ)、筌漁、簗漁、おどし漁、毒流し、魚伏籠、石積み漁、川干し漁	コイ、フナ、ウナギ、ナマズ、アユ、ニゴイ、ドジョウ、スッポン、ウグイ、ボラ	網漁、釣漁	1~8人	魚種・漁法によるが一年中	農業	自家消費、売買	あり(地域外川漁民)さまざま	竹内1988
奈良	吉野川、十津川、北山川	上流~中流域	網漁(投網、刺網、サデ網、延縄、餌釣り、ヒッカケ)、刺突漁(ドジョウツキ、ギギバタ)、筌漁、簗漁、徒手採捕、毒流し、潰け漁、石積み漁、鵜飼漁	アユ、ウナギ、ナマズ、ウグイ、ギギ、ドジョウ、コイ、フナ、モクズガニ	網漁	1~6人	魚種・漁法によるが一年中	農業	自家消費	未確認	岩井ほか1986

県名	河川名	対象流域	主な漁法	主な対象魚など（放流魚を除く）	舟の使用	人員	漁期	専業者の有無	漁撈者の他の生業	消費形態	漁に関連する信仰・儀礼	文献
鳥取	天神川、千代川	上流〜下流域	網漁（投網、刺網、地曳網、四ツ手網）、釣漁（延縄、餌釣り、友釣り）、筌漁、簗漁、おどし漁、徒手採捕、毒流し、石打ち漁、干し漁	イワナ、ヤマメ、アユ、コイ、フナ、ウグイ、ハヤ、ウナギ、ナマズ、サケ、マス、オオサンショウウオ、スッポン、モクズガニ	網漁	1〜15人	春〜秋	あり	農業	自家消費、売買	エビス信仰、金比羅信仰	菅1988・1989
岡山	旭川、高瀬川	上流〜下流域	網漁（投網、刺網、サデ網）、釣漁（餌釣り）、筌漁、簗漁、徒手採捕、魚伏籠、毒流し、石打ち漁、ピトリ漁	イワナ、ヤマメ、マス、アユ、コイ、フナ、ハヤ、ワカサギ、ウナギ、ナマズ、モクズガニ、スッポン、タニシ、ミゾラスガイ	網漁	1〜3人	魚種・漁法によるが一年中	あり（サンカ）	農業	自家消費、売買	未確認	湯浅1977・1983
広島	江の川	上流〜汽水域	網漁（刺網、建網、大引網、タモ網、投網、四ツ手網）、ゴリすくい、釣漁（延縄、友釣り、ちょんかけ）、刺突漁（銛、ヤス、マス鈎、ウナギサミ）、筌漁、鵜飼漁、徒手採捕、諌け漁、おどし漁、ピトリ漁、漁川干し漁、石積み漁	アユ、ウグイ、ハヤ、マス、コイ、フナ、ドジョウ、ギギ、サケ、マス、イワナ、アマゴ、ウナギ、ススキ、オオサンショウウオ、モクズガニ、タニシ、カワニナ、シジミ、カラスガイ、エビ、スッポン	網漁、釣漁、鵜飼漁	1〜5人	春〜秋	あり	狩猟、竹細工、輸送業、農業	自家消費、交換、行商、売買	未確認	西井ほか1984・1985・1991
山口	阿武川	上流〜汽水域	網漁（建網）、釣漁（餌釣り）、刺突漁（ヤス）、筌漁、徒手採捕、石打ち漁	ヤマメ、サケ、ヤ、コイ、フナ、ウナギ、ナマズ、ワカサギ、ウグイ、ギバチ、ヨシノボリ、オヤニラミ、アユカケ、カニ、エビ、スッポン、ボラ、スズキ、シジミ	網漁	1〜6人	魚種・漁法によるが一年中	なし	農業	自家消費、売買	未確認	野村1996

巻末表① 内水面漁撈民俗誌

県	川	漁場	漁法	魚種	共同漁	人数	季節	農業	流通・消費	信仰	文献
香川	財田川、中津川	上流〜汽水流域	網漁（投網）、釣漁（餌釣り、延縄）、刺突漁、簗漁、徒手採捕、漬け漁、毒流し、魚伏籠、石打ち漁、石積み漁	アユ、ウナギ、コイ、フナ、ドジョウ、カニ	なし	1〜8人	魚種・漁法による一年中	未確認	自家消費	未確認	高橋1985
高知	四万十川	上流〜汽水流域	網漁（投網、刺網、建網、地曳網、タモ網、四ツ手網）、釣漁（餌釣り、疑似餌釣り、ヤス、ウナギカキ）、簗漁、刺突漁、漬け漁、石打ち漁、徒手採捕、石積み漁、ヒブリ漁、鵜飼漁	アマゴ、マス、アユ、ウナギ、ナマズ、コイ、フナ、ハヤ、タカハヤ、ヨシノボリ、ドンコ、アカザ、ボラ、スズキ、クロダイ、アカメ、テナガエビ、モクズガニ、アオノリ	網漁、釣漁、刺突漁、鵜飼漁	1〜2人（数十艘の舟が集まり、共同で網漁を行うこともあり）	魚種・漁法による一年中あり	水田、湿田、畑作、焼畑	自家消費、隣人へ分配、行商、売買	水神信仰、水まつり、正月・七夕、盆・虫送りに川が関係	坂本1977、高木・田辺1998
大分	大野川、三隈川	上流〜下流流域	網漁、徒手採捕、釣漁、簗漁、おどし漁、鵜飼漁	アユ	なし	個人	9〜11月	なし	自家消費	未確認	野崎1986
宮崎	五ヶ瀬川ほか	上流〜汽水流域	網漁（投網、刺網、四ツ手網）、タモ網漁（ウナギかき）、釣漁、簗漁、刺突漁	アユ、ウナギ、マス、ハゼ、ウグイ、ナマズ、ウグイ、ヤマメ、シジミ、カニ、イサザ、スズキ	なし	個人（簗を構架する際は30人余り）	春〜秋	なし	自家消費、売買	未確認	田中1992
熊本	菊池川、球磨川	上流〜汽水流域	網漁（投網、サデ網）、釣漁（餌釣り、疑似餌釣り）、簗漁（ヤス）、簗漁、毒流し、石打ち漁、おどし漁、徒手採捕、毒採捕	ヤマメ、アユ、カマツカ、ウグイ、ハヤ、オイカワ、コイ、フナ、ナマズ、ウナギ、ドジョウ、ドンコ、ヨシノボリ、モクズガニ、シジミ、タニシ、カワニナ	網漁	個人	魚種・漁法による一年中	なし	自家消費、売買	未確認	高木1979、増田1993

県名	河川名	対象流域	主な漁法	主な対象魚など（放流魚を除く）	舟の使用	人員	漁期	専業者の有無	漁撈者の他の生業	消費形態	漁に関連する信仰・儀礼	文献
鹿児島	万之瀬川	中流〜汽水域	網漁（投網、サデ網、ミジミかき）、釣漁（餌釣り）、筌漁（ヤス）、漬け漁、徒手採捕、毒流し、おとし漁、川干し漁、ヒブリ漁	アユ、フナ、コイ、ドジョウ、ウナギ、ナマズ、オイカワ、ウグイ、カワムツ、クロダイ、クルメサヨリ、ボラ、ハゼ、スッポン、シジミ、タニシ、カラスガイ、カワニナ、モクズガニ、テナガエビ	網漁	1〜3人	魚種・漁法により一年中	あり	農業、狩猟	自家消費、売買	水神信仰	原田 1992・1993、砂田 1994
鹿児島（種子島）	甲女川ほか	中流〜汽水域	網漁（投網）、釣漁（餌釣り）、刺突漁（ヤス）、筌漁、徒手採捕、おとし漁、石積み漁、干し漁	フナ、コイ、ドジョウ、ウナギ、ナマズ、スズキ、クロダイ、ボラ、スッポン、モクズガニ、エビ	なし	個人	春〜夏	なし	農業	自家消費	龍神信仰（ウナギ禁忌）	下野 1972

湖沼漁撈の民俗誌

県名	湖沼名	主な漁法	主な対象魚など（放流魚を除く）	舟の使用	人員	漁期	専業者の有無	漁撈者の他の生業	消費形態	漁に関連する信仰・儀礼	文献
福島	猪苗代湖	網漁（投網、刺網、建網、地曳網、四ツ手網）、釣漁（餌釣り）、筌漁、延縄、藻漁、刺突漁（ヤス）、トブリ漁、魚伏籠	フナ、コイ、ナマズ、ウグイ、ハヤ、サケ、サクラマス、ニゴイ、カツナッカ、エビ、タニシ、カラスガイ、シジミ	網漁、釣漁、筌漁	1〜2人	春〜秋	未確認	農業	自家消費、売買	金比羅信仰、湖水の主と竜宮の存在	木村・半沢 1981、佐々木 1985
群馬	多々良沼	網漁（ハス網、サデ網、四ツ手網）、刺突漁（ヤス、ウナギカキ）、釣漁、トブリ漁、徒手採捕	フナ、コイ、ドジョウカ、モツゴ、タナゴ、ウナギ、ワタカ、ドジョウ、ドブガイ、タニシ、エビ	網漁、釣漁、刺突漁	1〜20人程度	魚種・漁法により一年中	なし	農業、鴨猟	自家消費、肥料、飼料	エビス信仰	
	近藤沼	網漁（ハス網、刺網）、釣漁、筌漁	フナ、コイ、ドジョウ、ナマズ、ウナギ、ワカサギ、エビ、モツゴ	網漁、釣漁、筌漁	1〜40人程度	4〜7月禁漁	なし	農業	自家消費	コイの尾を魔除けに使用	阪本 1974

巻末表①　内水面漁撈民俗誌

県	湖沼	漁法	魚種	漁形態	人数	時期	兼業	販売	信仰	出典
群馬	板倉沼	網漁（投網、ハズ網、サデ網、タモ網、四ツ手網）、釣漁、刺突漁（ヤス、ウナギカキ）、筌漁、漬け漁	フナ、コイ、ギバチ、ナマズ、ウナギ、ワカサギ、エビ、モツゴ	網漁、筌、漬け漁	1～10人程度	魚種・漁法によるが一年中	なし	自家消費、売買	未確認	
茨城	板倉沼	網漁（投網、ハズ網、刺網、刺突漁（ブッタイ）、釣漁、筌漁、川干し漁、徒手採捕	フナ、コイ、ドジョウ、ナマズ、ウナギ、ワカサギ、エビ、モツゴ	網漁、釣漁、刺突漁	1～15人程度	魚種・漁法によるが一年中	なし	自家消費、売買	水神信仰	坂本 1979
茨城	霞ヶ浦	網漁（投網、刺網、地曳網、四ツ手網、サデ網、シジミかき）、釣漁（餌釣り、延縄）、刺突漁（ヤス）、筌漁、漬け漁、魚伏籠	フナ、コイ、ドジョウ、ナマズ、ウナギ、ワカサギ、タナゴ、シラウオ、ススキ、ボラ、エビ、モクズガニ、シジミ	網漁、釣漁、刺突漁	未確認	魚種・漁法によるが一年中	あり	自家消費、売買	水神信仰、エビス信仰、河童信仰	坂本 1979
茨城	牛久沼	網漁（投網、ハリリ網、刺網）、釣漁、刺突漁（ヤス、ドジョウ、モクダニ、シジミ、タニシ、エビ）、筌漁、徒手採捕、毒流し	コイ、フナ、ウナギ、ドジョウ、モクズガニ、シジミ、タニシ、エビ	網漁、刺突漁	1～2人	魚種・漁法によるが一年中	あり	自家消費、売買	水神信仰	小川・藤塚 1985
山梨	山中湖	網漁（投網、刺網、地曳網、延縄）、釣漁（餌釣り、延縄）、刺突漁（ヤス）、筌漁、徒手採捕し	コイ、フナ、ウナギ、ウグイ、ハヤ、ワカサギ、モロコ、ナマズ、モクズガニ、シジミ、エビ	網漁、釣漁、刺突漁、筌漁	1～8人	魚種・漁法によるが一年中	あり	自家消費、売買	未確認	平塚市博物館 1978
長野	諏訪湖	網漁（投網、刺網、地曳網、四ツ手網、シジミかき）、釣漁、筌漁、ヒブリ漁、石積み漁	コイ、フナ、ウナギ、ハヤ、ナマズ、ミジ	未確認	個人	夏～冬中	なし	自家消費	金比羅信仰、エビス信仰、さまざまな禁忌	高木ほか 1968
滋賀	琵琶湖およびおもな周辺水系	網漁（投網、サデ網、四ツ手網）、釣漁（餌釣り）、延縄、刺突漁（ヤス）、筌漁、築漁、鮎漁、魚伏籠、ヒブリ漁、網飼漁	コイ、フナ、ワタカ、ハス、ヤ、マス、アユ、ウナギ、ハヤ、ナマズ、ウグイ、ドジョウ、ホンモロコ、ギヨン、ホンモロコ、カマツカ、エビ、シジミ、ドブガイ	網漁、釣漁、筌漁	個人（地曳網は30人程）	魚種・漁法によるが一年中	あり	自家消費、売買	船霊信仰、エビス信仰	長谷川ほか 1981、橋本 1984

巻末表② 関東・東北・甲信地方の古墳時代集落出土鏃集成

東北地方

県名	遺跡名	所在	遺構	時期	形式	類別	文献
宮城	新金沼	石巻市蛇田	3号住居	前期前半	有茎凸基長三角形式(打製石鏃)	打製石鏃	芳賀ほか 2003
			13号住居	前期前半	有茎凸基長三角形式(打製石鏃)	打製石鏃	
			19号住居	前期前半	有茎凸基長三角形式(打製石鏃)	打製石鏃	
			20号住居	前期前半	有茎凸基長三角形式(打製石鏃)	打製石鏃	
			22号住居	前期前半	無茎凹基菱形式(打製石鏃)	打製石鏃	
			25号住居	前期前半	有茎柳葉式(打製石鏃)	打製石鏃	
					有茎凸基長三角形式(打製石鏃)	打製石鏃	
	野田山	名取市愛島塩手	3号住居	前期	無茎丸凹正三角形式	平根	須田ほか 1992
	南小泉(31次)	仙台市若林区	16号住居	中期後半	有茎広鋒長三角形腸抉式	平根	工藤信ほか 1998
	合戦原	亘理郡山元町高瀬	4号住居	中期	無茎広鋒丸凹長三角形式	平根	岩見・佐藤 1991
	沼向	仙台市宮城野区中野	121号土坑	中期	有茎柳葉腸抉式	平根	佐藤甲 2000
	山王	多賀城市南宮	河川跡	後期	有茎柳葉箆被式(骨鏃)×22	骨鏃×22	後藤ほか 2001
					有茎柳葉式(骨鏃)×9	骨鏃×9	
					不明有茎柳葉式(骨鏃)×29	骨鏃×29	
					有茎長三角形式(骨鏃)	骨鏃(平根)	
福島	清水内	郡山市大槻町字人形坦東・御前	7区1号住居	中期	有茎広鋒長三角形重抉式	平根	武田ほか 1999
			5区11号住居	中期	有茎鎬造柳葉箆被式	平根	高松ほか 1997
	明戸	白河市板橋	4号住居	後期	無茎広鋒丸凹長三角形式	平根	辻ほか 1984
	山崎	岩瀬郡天栄村大里	31号住居	終末期	無茎五角形腸抉式	平根	鈴鹿ほか 1992
	高木	安達郡本宮町	46号住居	終末期	無茎長三角形式	平根	松本ほか 2002

関東地方

県域	遺跡名	所在	遺構	時期	形式	類別	文献
茨城	久慈吹上	日立市久慈町	1号住居	前期前半	無茎丸凹三角形式	平根	鈴木裕 1981
	大山Ⅰ	取手市寺田	43号住居	前期後半	無茎狭鋒長三角形腸抉式	平根	駒澤 2002
	うぐいす平	土浦市上高津	18号住居	前期後半	有茎菱形式	平根	土生 1994

巻末表② 関東・東北・甲信地方の古墳時代集落出土鏃集成

県名	遺跡名	所在	遺構	時期	形式	類別	文献
茨城	野中	稲敷郡美浦村請領	4号住居	中期後半	有茎広鋒長三角形腸抉式	平根	中村哲 2000
	武田原前	ひたちなか市武田	16号住居	中期前半	有茎狭鋒長三角形腸抉式	平根	佐々木義ほか 2006
			38B号住居	中期	有茎柳葉腸抉箆被式	平根	
					無茎広鋒丸凹長三角形式×2	平根×2	
					長三角形式	平根	
					有茎狭鋒長三角形式	平根	
					有茎狭鋒長三角形重抉式	平根	
	島名ツバタ	つくば市島名字戸面山	21号住居	中期後半	有茎狭鋒三角形腸抉式	平根	皆川 2003
			24号住居	中期後半	鑿箭式	細根	
			47号住居	中期後半	有茎五角形腸抉式	平根	
	東山	牛久市東猯穴町	61号住居	中期後半	無茎広鋒丸凹長三角形式	平根	松浦 1995
			62号住居	中期後半	無茎広鋒丸凹正三角形式	平根	
			71号住居	中期後半	無茎広鋒長三角形腸抉式	平根	
	武田石高	ひたちなか市武田	8号住居	後期	三角形狭鋒長茎箆被式	平根	白石 1999
			20号住居	後期	無茎長三角形式	平根	
			29号住居	中期	有茎柳葉箆被式	平根	
			43号住居	後期	鑿箭式	細根	
			45号住居	後期	長茎柳葉腸抉式	平根	
			76号住居	後期	無茎五角形腸抉式	平根	
			102号住居	中期	有茎菱形式	平根	
			137号住居	後期	無茎広鋒三角形式	平根	
			151号住居	後期	三角形狭鋒長茎箆被式	平根	
	島名熊の山	つくば市島名	2597号住居	後期後葉	有茎柳葉式	平根	酒井ほか 2007
	三反田下高井	ひたちなか市三反田	75号住居	後期後半	有茎長三角形式	平根	田所・川又 1998
	東中根	ひたちなか市中根	6号住居	後期後半	三角形狭鋒長茎箆被式	平根	鴨志田ほか 2002
	熊の山	つくば市島名字道場前	1145号住居	終末期前葉	有茎狭鋒三角形式	平根	藤田ほか 2001
	大戸下郷	東茨城郡茨城町	99号住居	終末期前半	鑿箭式	細根	綿引・松本 2006
					三角形狭鋒腸抉式	平根	
栃木	寺野東	小山市梁字愛宕・土手附	518号住居	前期前半	有茎菱形式	平根	初山ほか 1997
	溜ノ台	小山市犬塚町	41号住居	中期前半	有茎五角形式	平根	後藤ほか 1990
	赤羽根	下都賀郡岩舟町静和	6号住居	中期前半	無茎長三角形腸抉式	平根	岩淵 1984
			47号住居	中期前半	無茎長三角形式	平根	
	文殊山	石橋町上古山字大木	3号住居	後期初頭	有茎菱形式	平根	今平 1999

県名	遺跡名	所在	遺構	時期	形式	類別	文献
栃木	清六III	野木町野木	63号住居	後期	三角形狭鋒腸抉筐被式	平根	上原・篠原1998
群馬	福島駒形	甘楽郡甘楽町	23号住居	前期	有茎広根柳葉式	平根	石坂ほか1998
群馬	森下中田	利根郡昭和村	4-14号住居	中期後半	有茎柳葉形抉式	平根	石北1998
群馬	白倉下原	甘楽郡甘楽町	34号住居	中期後半	片関片刃箭式	細根	木村・藤巻1997
群馬	白倉下原	甘楽郡甘楽町	29号住居	終末期	飛燕式	平根	木村・藤巻1997
群馬	白倉下原	甘楽郡甘楽町	30号住居	終末期	切刃片丸鑿箭式	細根	木村・藤巻1997
群馬	保渡田	群馬郡群馬町	33号住居	後期前半	先片刃箭式	細根	井川ほか1985
群馬	白井南中道	北群馬郡子持村	22号住居	終末期末	有茎長三角形腸抉式	平根	南雲1996
群馬	本宿・郷土	富岡市一ノ宮	GD51号住居	終末期	三角形広鋒長茎筐被式×2	平根×2	今井ほか1981
埼玉	向原	北足立郡伊奈町小針内宿	18号住居	前期	有茎柳葉式（銅鏃）	有稜（銅鏃）	橋本2000
埼玉	向原	北足立郡伊奈町小針内宿	46号住居	前期初頭	類アメリカ式石鏃	打製石鏃	橋本2001
埼玉	御伊勢原	川越市笠幡	25号住居	中期前半	有茎柳葉形抉式	平根	立石ほか1989
埼玉	御伊勢原	川越市笠幡	35号住居	中期前半	広鋒丸凹長三角形式	平根	立石ほか1989
埼玉	御伊勢原	川越市笠幡	35号住居	中期前半	有茎長三角形重抉式	平根	立石ほか1989
埼玉	御伊勢原	川越市笠幡	39号住居	中期前半	有茎三角形式	平根	立石ほか1989
埼玉	後張	児玉町下浅見字下モ田	184号住居	中期前半	無茎長三角形式	平根	横川ほか
埼玉	横間栗	熊谷市西別府	10号溝	中期	長茎長三角形式（木鏃）	木鏃	木戸1995
埼玉	棚田	坂戸市	10号住居	後期	有茎柳葉形抉式	平根	石坂1995
埼玉	社具路	本庄市西富田	82号住居	終末期	鑿箭式	細根	長谷川ほか1987
埼玉	上組	川越市笠幡	17号住居	終末期	端刃鑿箭式	細根	埼玉県埋蔵文化財調査事業団1989
埼玉	上組	川越市笠幡	115号住居	終末期	先片刃箭式	細根	埼玉県埋蔵文化財調査事業団1989
埼玉	荒川附	蓮田市関山	1号住居	終末期前半	切刃片丸鑿箭式	細根	木戸ほか1992
埼玉	荒川附	蓮田市関山	55号住居	終末期後半	広鋒丸凹長三角形式	平根	木戸ほか1992
埼玉	荒川附	蓮田市関山	83号住居	終末期後半	有茎三角形式	平根	木戸ほか1992
埼玉	荒川附	蓮田市関山	83号住居	終末期後半	広鋒丸凹正三角形式	平根	木戸ほか1992
埼玉	荒川附	蓮田市関山	83号住居	終末期後半	鑿箭式	細根	木戸ほか1992
埼玉	如意	大里郡川本町畠山	258号住居	終末期	端刃鑿箭式	細根	岩瀬2003
埼玉	如意	大里郡川本町畠山	320号住居	終末期	切刃片丸鑿箭式	細根	岩瀬2003
埼玉	如意	大里郡川本町畠山	348号住居	終末期	長茎筐被長三角形式	平根	岩瀬2003
埼玉	如意	大里郡川本町畠山	355号住居	終末期	有茎長三角形抉式	平根	岩瀬2003
埼玉	如意	大里郡川本町畠山	447号住居	終末期	五角形腸抉式	平根	岩瀬2003
埼玉	如意	大里郡川本町畠山	473号住居	終末期	有茎正三角形抉式	平根	岩瀬2003
東京	神谷原	八王子市椚田町	74号住居	前期前半	無茎三角形腸抉式	平根	吉廻ほか1981
東京	神谷原	八王子市椚田町	102号住居	前期前半	無茎三角形式	平根	吉廻ほか1981
東京	神谷原	八王子市椚田町	102号住居	前期前半	無茎長三角形式×2	平根×2	吉廻ほか1981
東京	神谷原	八王子市椚田町	187号住居	前期前半	無茎長三角形式	平根	大村ほか1982
東京	神谷原	八王子市椚田町	194号住居	前期前半	無茎広鋒正三角形式	平根	大村ほか1982
東京	神谷原	八王子市椚田町	194号住居	前期前半	無茎長三角形腸抉式	平根	大村ほか1982

巻末表② 関東・東北・甲信地方の古墳時代集落出土鏃集成 317

県 名	遺跡名	所 在	遺 構	時 期	形 式	類 別	文 献
千 葉	戸張一番割	柏 市	3号住居	前期初頭	有茎柳葉式(銅鏃)※壁溝内出土	有稜（銅鏃）	平岡・井上 1985
			13号住居	前期初頭	有茎柳葉式(銅鏃)※壁溝内出土	平根（銅鏃）	
			33号住居	前期初頭	有茎柳葉式(銅鏃)※壁溝内出土	有稜（銅鏃）	
			37号住居	前期初頭	有茎柳葉式(銅鏃)※壁溝内出土	有稜（銅鏃）	
			53号住居	前期初頭	有茎柳葉式(銅鏃)※壁溝内出土	有稜（銅鏃）	
	川崎山	八千代市萱田町	7D号住居	前期初頭	無茎凹基長三角形式(打製石鏃)	打製石鏃	常松・川口 2003
			12D号住居	前期初頭	無茎凹基正三角形式(打製石鏃)	打製石鏃	
			17D号住居	前期初頭	無茎凹基長三角形式(打製石鏃)	打製石鏃	
			20D号住居	前期初頭	無茎凹基長三角形式(打製石鏃)	打製石鏃	
			22D号住居	前期初頭	無茎凹基長三角形式(打製石鏃)	打製石鏃	
	風見穴	四街道市鹿渡	16号住居	前期初頭	柳葉銅鏃式	有 稜	田中ほか 2004a
	道 地	八千代市平戸	1号住居	前期初頭	有茎柳葉式(銅鏃)	有稜（銅鏃）	田中ほか 2004b
			88号住居	前期初頭	無茎長三角形腸抉式	平 根	
	小中台A	千葉市稲毛区	26号住居	前期前半	有茎柳葉式(銅鏃)	有稜（銅鏃）	飛田 1997
	上大城	袖ヶ浦市久保田字五反田	118号住居	前期前半	有茎広根柳葉式	平 根	豊巻ほか 2005
			103号住居	前期前半	無茎五角形腸抉式	平 根	
	台 山	袖ヶ浦市野田字代官割	1号住居	前期前半	異形有茎広根式	平 根	小久貫ほか 2002
			8号住居	前 期	無茎広鋒長三角形式	平 根	
			74号住居	前 期	無茎広鋒長三角形式	平 根	
	マミヤク	木更津市小浜	44号住居	前期前半	無茎丸凹基長三角形式(磨製石鏃)	磨製石鏃	小沢ほか 1989
			49号住居	前期前半	有茎柳葉式(銅鏃)	有稜（銅鏃）	
			23号住居	中期後半	有茎柳葉腸抉式	平 根	
			75号住居	中期後半	有茎柳葉腸抉式	平 根	
			228号住居	後 期	端刃鑿箭式	細 根	
			1号祭祀遺構	中 期	片刃箭式×4	細根×4	
					片丸鑿箭式	細 根	
					異形片丸鑿箭式	細 根	
					無茎広鋒丸凹正三角形式	平 根	
			2号祭祀遺構	中 期	無茎広鋒丸凹正三角形式	平 根	

県 名	遺跡名	所 在	遺 構	時 期	形 式	類 別	文 献
千 葉	草刈六之台	市原市草刈	852号住居	前期	有茎平造切刃柳葉式	平根	白井ほか 1994
			3G-84グリッド	前期	有茎長三角形腸抉式	平根	
			86号住居	中期	腸抉片刃箭式	細根	
			106号住居	中期	有茎長三角斧箭式	平根	
			143号住居	中期	片関片刃箭式	細根	
			203号住居	中期	有茎柳葉腸抉式	平根	
			792号住居	中期	有茎長三角形腸抉式	平根	
	仲ノ台	香取郡多古町多古字桜ノ宮	16号住居	中期前半	無茎広鋒長三角形腸抉式	平根	奥田ほか 1993
			20号住居	中期前半	有茎柳葉腸抉式	平根	
	草 刈	市原市ちはら台西	E50号住居	中期前半	無茎異形石箭式	平根	小林清・大谷 2006
					有茎五角形式×2	平根×2	
			E63号住居	中期後半	有茎柳葉×5	平根×5	
					有茎長三角形腸抉箆被式	平根	
	マミヤク	木更津市小浜・大久保	307号住居	中期後半	腸抉片刃箭式	細根	小沢 1993
	俵ヶ谷	木更津市小浜	56号住居	中期	長三角形式（銅鏃）	平根（銅鏃）	小林理ほか 1991
			89号住居	前～中期	有茎菱形式	平根	
					三角形式	平根	
			103号住居	後期	端刃鑿箭式	細根	
			114号住居	後期	端刃鑿箭式	細根	
	下方内野南	成田市	21号建物	後期後半	異形広腸抉式	平根	川津・宇田 1993
			36号建物	後期後半	関無片刃箭式	細根	
	叶 台	市原市新堀	1号住居	後期	長茎箆被長三角形式	平根	大村 1992
			26号住居	後期	長茎箆被長三角形式	平根	
	伯父名台	千葉市緑区おゆみ野南	56号住居	後期	長茎箆被三角形式	平根	関口・西野 2004
	日秀西	我孫子市	1号住居	後期	片丸鑿箭式（折り曲げ）	細根	堀部ほか 1980
			3A号住居	後期	片丸腸抉鑿箭式	細根	
					切刃腸抉鑿箭式	細根	
					斧箭長根式	平根	
					広根式	平根	
			8号住居	後期	切刃腸抉鑿箭式（折り曲げ）	細根	
			22B号住居	後期	異形飛燕式	平根	
			23号住居	後期	先片刃箭式	細根	
					片丸鑿箭式	細根	
			27A号住居	後期	片丸鑿箭式	細根	
			27B号住居	後期	片丸鑿箭式	細根	
			29A号住居	後期	片丸鑿箭式	細根	
					先片刃箭式	細根	
			29G号住居	後期	端刃鑿箭式	細根	
			31C号住居	後期	端刃鑿箭式	細根	

巻末表② 関東・東北・甲信地方の古墳時代集落出土鏃集成

県名	遺跡名	所在	遺構	時期	形式	類別	文献
千葉	日秀西	我孫子市	31F号住居	後期	無茎広鋒丸凹長三角形式	平根	堀部ほか1980
			31G号住居	後期	先片刃箭式	細根	
			32C号住居	後期	無茎広鋒長三角形式	平根	
			32E号住居	後期	端刃鑿箭式	細根	
			38号住居	後期	三角形広鋒長茎式	平根	
			41A号住居	後期	有茎三角形式	平根	
			48号住居	後期	端刃鑿箭式	細根	
			63B号住居	後期	三角形狭鋒長茎鉋被式	平根	
			63C号住居	後期	三角形広鋒長茎式	平根	
			64号住居	後期	三角形狭鋒長茎式	平根	
			76A号住居	後期	無茎広鋒長三角形式	平根	
					有茎柳葉腸抉式	平根	
			90A号住居		有茎長三角形腸抉式	平根	
	加茂	市原市西国分寺台	6号住居	後期	有茎柳葉腸抉式	平根	小橋2002
	榎作	千葉市	190号住居	後期	有茎広抉腸抉鉋被式	平根	小林清ほか1992
			172号住居	後期	雁股式	平根	
			93号住居	後期	片丸鑿箭式	細根	
			87E号住居	後期	片丸鑿箭式	細根	
	三輪野山第II	流山市	1号住居	後期	有茎狭鋒三角形式	平根	岡田ほか1996
			8号住居	後期	三角形狭鋒長茎式	平根	
			12号住居	後期	三角形狭鋒長茎式	平根	
			14B号住居	後期	異形飛燕式	平根	
					無茎広鋒長三角形式	平根	
			45号住居	後期	有茎柳葉腸抉式	平根	
	飯塚荒地台	佐倉市内田字木戸台	3号住居	後期	有茎長三角形腸抉式	平根	高谷ほか2005
	名木不光寺	香取郡下総町	4号住居	後期	長茎鉋被三角形式	平根	荒井・鬼澤2000
			11号住居	後期	有茎柳葉腸抉式	平根	
			43号住居	後期前葉	無茎広鋒正三角形式	平根	
	大井東山	東葛飾郡南沼町	7号住居	後期	無茎広鋒正三角形式	平根	今泉ほか1987
			37号住居	後期	有茎広抉腸抉鉋被式	平根	
	台畑	千葉市若葉区原	9号住居	後期	有茎広抉腸抉式	平根	白根1996
	大袋山王	成田市	8号住居	後期	端刃鑿箭式	細根	宮1995
			35号住居	後期	無茎五角形腸抉式	平根	
			47号住居	後期	端刃鑿箭式	細根	
			52号住居	後期	端刃鑿箭式	細根	
			63号住居	後期	有茎長三角形式	平根	
					端刃鑿箭式	細根	
			68号住居	後期	五角形式	平根	
	南羽鳥中岫	成田市	1号住居	後期	有茎広抉腸抉式	平根	高橋誠ほか1998
			30号住居	後期	長茎三角形式	平根	
			52号住居	後期	有茎広抉腸抉鉋被式	平根	

県　名	遺跡名	所　在	遺　構	時　期	形　式	類　別	文　献
千　葉	南羽鳥中岫	成田市	78号住居	後　期	鑿箭式	細　根	高橋誠ほか 1998
			83号住居	後　期	有茎広抉腸抉箟被式	平　根	
			89号住居	後　期	有茎長三角形式	平　根	
			115号住居	後　期	有茎長三角形式	平　根	
			148号住居	後　期	切刃片丸鑿箭式	細　根	
			土器集積祭祀遺構	後　期	無茎広鋒丸凹正三角形式	平　根	
					長三角形式×2	平根×2	
					有茎長三角形式	平　根	
					切刃片丸鑿箭式	細　根	
					柳葉式	平　根	
	有吉北貝塚	千葉市緑区	2号住居	後期後半	切刃腸抉鑿箭式	細　根	岸本 1998
			6号住居	後期後半	有茎広抉腸抉式	平　根	
			20号住居	後期中葉	鑿箭式	細　根	
			38号住居	終末期中葉	関無片刃箭式	細　根	
					片丸鑿箭式	細　根	
			43号住居	後期後半	片関片刃箭式	細　根	
			161号住居	後期後半	片関片刃箭式	細　根	
			163号住居	後期後半	切刃腸抉鑿箭式	細　根	
			169号住居	終末期前半	片丸鑿箭式	細　根	
					片関片刃箭式	細　根	
			217号住居	終末期中葉	片関片刃箭式	細　根	
			222号住居	後期中葉	有茎三角形式	平　根	
	高　沢	千葉市生実町・南生実町	116号住居	後期中葉	長茎箟被三角形式	平　根	佐久間ほか 1990
			118号住居	終末期中葉	長茎箟被三角形式	平　根	
			226号住居	後期後半	有茎五角形式	平　根	
			282号住居	後期中葉	長茎箟被三角形式	平　根	
			303号住居	終末期前半	長茎箟被三角形式	平　根	
	チアミ	我孫子市我孫子	11号住居	終末期前半	片関片刃箭式	細　根	辻 2004
					三角形狭鋒丸長茎箟被式	平　根	
	上ノ台	千葉市幕張町	2H54号住居	終末期	切刃片丸鑿箭式	細　根	倉田ほか 1982
神奈川	沼間ポンプ場南台地	逗子市沼間	32号住居	前期前半	有茎正三角形腸抉式	平　根	小出ほか 1989
	池　子	逗子市	2号住居	前　期	有茎柳葉式（銅鏃）	有稜（銅鏃）	山本ほか 1994
					慈姑葉式	平　根	
	三枚町	横浜市神奈川区	11号住居	中期後半	無茎広鋒丸凹長三角形式	平　根	田村ほか 1988
	宿根南	横浜市緑区東本郷	H45号住居	後　期	有茎柳葉腸抉式	平　根	北平・中山 1999
			H48号住居	後　期	有茎柳葉腸抉式	平　根	
	下大槻峯	秦野市	4号溝	後　期	無茎長三角形式	平　根	大上・大塚 1999
					有茎五角形式	平　根	
					飛燕式	平　根	
					端刃鑿箭式×2	細根×2	
			77号住居	終末期後半	関無片刃箭式×2	細根×2	
					端刃鑿箭式	細　根	

巻末表② 関東・東北・甲信地方の古墳時代集落出土鏃集成

県 名	遺跡名	所 在	遺 構	時 期	形 式	類 別	文 献
神奈川	三ヶ岡	三浦郡葉山町一色	5号住居	終末期	長茎蒲被長三角形式	平 根	長谷川ほか2001

甲信地方

県 域	遺跡名	所 在	遺 構	時 期	形 式	類 別	文 献
山 梨	宿尻第2	韮崎市穴山町	8号住居	前期前半	有茎凹基長三角形式（打製石鏃）	打製石鏃	関間ほか2004
			16号住居	前期前半	無茎凹基長三角形式（打製石鏃）	打製石鏃	
			20号住居	前期前半	有茎平基正三角形式（打製石鏃）	打製石鏃	
			34号住居	前期前半	無茎凹基長三角形式（打製石鏃）	打製石鏃	
			36号住居	前期前半	有茎凹基正三角形式（打製石鏃）	打製石鏃	
					有茎五角形式	平 根	
	坂井南	韮崎市藤井町北下条	5号住居	前期前半	無茎丸凹長三角形式（磨製石鏃）	磨製石鏃	中島・山下1984
	立 石	東八代郡中道町下曽根	19号住居	前期前半	無茎丸凹長三角形式（磨製石鏃）	磨製石鏃	小林・里村1996
	六科丘	中巨摩郡櫛形町平岡	3号住居	前期前半	無茎長三角形腸抉式（磨製石鏃）	磨製石鏃	関根ほか1985
	伊藤窪第2	韮崎市穴山町	2号住居	前 期	有茎異形斧箭式	平 根	山下1991
	二之宮	東八代郡二之宮	58号住居	後 期	腸抉片刃箭式	細 根	坂本1987
			69号住居	後 期	片丸鑿箭式	細 根	
			148号住居	後 期	有茎広鋒長三角形腸抉箆被式	平 根	
					三角形狭鋒長茎箆被式	平 根	
					片丸鑿箭式	細 根	
					広抉腸抉箆被式	平 根	
					有茎狭鋒長三角形式	平 根	
			西11号住居	後 期	三角形広鋒長茎式	平 根	
			西46号住居	中期後半	有茎柳葉式（銅鏃）	有 稜（銅鏃）	
	上横屋	韮崎市藤井町北下条	11号住居	後期後葉	無茎丸凹長三角形式（磨製石鏃）	磨製石鏃	秋山・関間1999
長 野	腰 巻	佐久市上平尾	3号住居	前期後半	無茎丸凹長三角形式（磨製石鏃）×2	磨製石鏃×2	小山1988
	屋代遺跡群	更埴市屋代	93・96号住居	前期前半	有茎柳葉式（骨鏃）×2	骨 鏃×2	木下ほか2000
			35号住居	後 期	有茎柳葉式（骨鏃）	骨 鏃	
			229号住居	後 期	三角形長茎箆被式（骨鏃）	骨鏃（平根）	
			384号住居	後 期	有茎柳葉箆被式（骨鏃）	骨 鏃	
	石川条里	長野市	土坑・溝ほか	中期前半	有茎棒状（骨鏃）×49（被熱）	骨鏃×49	臼居・市川1997

県　名	遺跡名	所　在	遺　構	時　期	形　式	類　別	文　献
長　野	石川条里	長野市	1016号溝	中期前半	有茎柳葉式(銅鏃)	有　稜(銅鏃)	臼居・市川 1997
	屋代清水	更埴市屋代	105号住居	中期前半	有茎柳葉腸抉式	平　根	佐藤ほか 1992
	新屋敷	飯田市座光寺	76号住居	中期後半	端刃鑿箭式	細　根	伊藤・佐々木 1998
	恒　川	飯田市座光寺	138号住居	中期後半	有茎広鋒長三角形腸抉式	平　根	小林ほか 1988
	屋代遺跡群 (寺地区)	更埴市雨宮・屋代	8号住居	中期後半	柳葉式(骨鏃)×2	骨鏃×2	佐藤ほか 2002
	生　仁	更埴市雨宮	43号住居	後　期	有茎柳葉式(骨鏃)	骨　鏃	佐藤 1989
			44・46号住居	不明(中期を中心)	有茎柳葉式(骨鏃)×2	骨鏃×2	
			50号住居		無茎広鋒丸凹正三角形式(磨製石鏃)	磨製石鏃	
	屋代遺跡群	更埴市雨宮・屋代	5094号住居	中期後半	有茎柳葉腸抉箆被式	平　根	茂原ほか 1998
			6048号住居	後期前半	片関片刃箭式	細　根	
			6079号住居	中期後半	有茎柳葉式(骨鏃)	骨　鏃	
	前　田	佐久市小田井	H56号住居	後　期	長茎三角形式	平　根	林ほか 1989
	屋代遺跡群	更埴市屋代	6068号住居	終末期初頭	定角形銅鏃式	有　稜	深谷・寺内 1998
	屋代遺跡群	更埴市雨宮・屋代	81号住居	終末期	三角形狭鋒長茎箆被式	平　根	青木・西 2000
	森　下	佐久市長土呂	17号住居	終末期	長三角形式	平　根	高村ほか 1989

あとがき

　日本考古学において、古代の狩猟・漁撈・採集は農耕に付随する、取るに足らない生業とみなされてきた。そして食料獲得を物語る考古学的証拠も土器や利器ほど豊富ではなく、学界で注意される機会は乏しかった。大学院で筆者が志した古代食料獲得研究も、教員から博士論文に値しないと言われる始末であった。

　けれども、古墳に副葬された漁撈具、律令期の殺生禁断令の中にあっても続けられた漁、そして狩猟・漁撈と儀礼・祭祀との深い関連を示す考古資料を確認するにつれ、しだいに食料獲得文化に古代史の謎を解く鍵があるのではないかという信念を強めていった。

　また、文献史学の羽原又吉や原田信男が、民俗学の河岡武春や坪井洋文が著したような、それまでの生業史概念を覆す論考を、考古学はいまだ示せずにいることも本書執筆の一つの契機となった。

　幸い、釣針や土製漁網錘などの漁撈関連遺物および狩猟用鏃をもとに、古代食料獲得活動について、一定の考古学的解釈を試みることができた。

　本書では古代の食料獲得を扱ってきたが、狩猟採集を対象とする点で、先史時代の生業研究とも方法論的に無関係ではない。また、本書では東日本を中心に検討したので、将来的には西日本の古代食料獲得の詳細も検討していきたい。多方面の研究者からの忌憚のない御教示を頂ければ幸いである。

　出土した生業用具の解釈に際して、原始的食料獲得習俗を記録した民俗誌を参考にし、狩猟用利器に関する民族考古学調査を秋田県鹿角市で実施したことは、本書で展開した研究の特色の一つと考えている。挑戦的な試みだったので、考古学、古代史研究者のみならず、民族考古学研究者をはじめ文化人類学や民俗学の学究諸氏から叱正を乞う次第である。

本書は、第1章を除き、既出の拙稿に大きく加筆、改変を加えたうえ執筆した。各章各節のもととなった論文原題と初出誌一覧を次に掲げる。

第2章第1節：2011年「先史・原史時代日本列島における大型魚漁」『環太平洋・アイヌ文化研究』8　pp.53-67

第2章第2節：2008年「蝦夷の釣漁と海人論」『宮城考古学』10　pp.145-158

第3章第1節：2008年「民俗誌を用いた内水面漁撈モデル―漁撈関連考古資料解釈のために―」『動物考古学』25　pp.13-36

第3章第2節：2006年「関東地方における原史・古代の土錘について」『物質文化』80　pp.29-53

第3章第3節：2007年「東北地方における原史・古代の土錘について』『物質文化』83　pp.21-44

第3章第4節：2007年「原史・古代の内陸漁撈」『考古学談叢』六一書房　pp.715-735

第4章第1節：2009年「民俗誌を用いた古代狩猟モデル―狩猟関連考古資料の解釈にむけて―」『動物考古学』26　pp.61-76

第4章第2節：2012年「マタギ山刀の民族考古学（1）」『宮城考古学』14　pp.193-210および2013年「マタギ山刀の民族考古学（2）」『宮城考古学』15　pp.213-219

第4章第3節：2009年「古墳時代の弓矢猟」『物質文化』87　pp.41-60

第5章：2011年「民俗誌を参考とした古代堅果類採集および調理技術の検討」『動物考古学』28　pp.45-65

第6章：2010年「静岡県富士市伝法中桁遺跡出土の平安時代須恵質土錘について」『筑波大学先史学・考古学研究』21　pp.95-100および2013年「考古学における日本古代食料獲得研究の諸問題」『動物考古学』30　pp.411-425

また、次の諸氏・諸機関から資料実見に際して便宜をおとり図らい頂き、あるいは執筆の際に有益な御教示を賜った。

泉明博、伊藤武士、伊藤務、稲村繁、太田祖電、及川良彦、加藤博文、川西宏幸、神田和彦、菅野智則、久保禎子、佐藤孝雄、佐藤宏之、杉浦章一郎、関直人、髙木暢亮、谷口榮、田村将人、常木晃、出利葉浩司、戸部千春、中川律子、ハドソン，マーク、早瀬亮介、東影悠、深澤靖幸、福井淳一、前田潮、蓑島栄紀、宮崎博、山浦清、渡辺直哉（敬称略・五十音順）

秋田城跡調査事務所、伊興遺跡公園展示館、北秋田市商工観光課、（財）山形県埋蔵文化財センター、千葉市教育振興財団埋蔵文化財調査センター、東北芸術工科大学東北文化研究センター、東北歴史博物館、西根鍛冶店、碧祥寺博物館、北海道開拓記念館、マタギ資料館、横須賀市自然・人文博物館

なお本書は、次の助成による研究成果の一部を含んでいる。
「原史・古代における漁撈の復原的研究」平成18年度笹川科学研究助成、「狩猟用利器の民族考古学的研究」平成23年度財団法人髙梨学術奨励基金助成、「狩猟用利器の民族考古学的研究」平成24年度財団法人髙梨学術奨励基金助成。

末筆ながら、以上の諸氏・諸機関の芳名を記して感謝の意を表するとともに、本書刊行までに御尽力いただいた同成社会長山脇洋亮氏に御礼申し上げる。

2014年7月

種石　悠

ものが語る歴史シリーズ㉛
古代食料獲得の考古学
こだいしょくりょうかくとく こうこがく

■著者略歴■
種石　悠（たねいし　ゆう）
1977年　静岡県生まれ
2000年　東北大学文学部卒業
2003年　東北大学大学院文学研究科博士前期課程修了
2009年　筑波大学大学院人文社会科学研究科博士課程単位取得退学
東京都教育庁学芸員を経て、現在、北海道立北方民族博物館学芸員。
主要著作・論文
「関東地方における原史・古代の土錘について」『物質文化』第80号、物質文化研究会、2006年。「東北地方における原史・古代の土錘について」『物質文化』第83号、物質文化研究会、2007年。「民俗誌を用いた内水面漁撈モデル―漁撈関連考古資料解釈のために―」『動物考古学』第25号、動物考古学会、2008年。「マタギ山刀の民族考古学（１）―山刀の型式と製作技術について―」『宮城考古学』第14号、宮城県考古学会、2012年。

2014年9月30日発行

著者	種石　悠	
発行者	山脇洋亮	
印刷	亜細亜印刷㈱	
製本	協栄製本㈱	

発行所　東京都千代田区飯田橋 4-4-8
（〒102-0072）東京中央ビル　㈱同成社
TEL 03-3239-1467　振替 00140-0-20618

©Taneishi Yu 2014. Printed in Japan
ISBN978-4-88621-671-7 C3321

― ものが語る歴史シリーズ・既刊 ―

①楽器の考古学
山田光洋著
A5 256頁 本体4200円

いままでに日本列島から出土した楽器もしくは楽器と推定される遺物など、音楽文化関係の出土情報を蒐集・分析し、「音楽考古学」という新たな視点からこれらを整理し、その体系化を試みる。

②ガラスの考古学
谷一尚著
A5 210頁 本体3700円

ガラスの起源から説きおこし、様々に発達をとげながら世界に広まっていったガラスを考古学的に追求し、分かりやすく分類・解説する。さらに日本の古墳や正倉院のガラスの由来などにも迫る。

③方形周溝墓の再発見
福田聖著
A5 210頁 本体4800円

弥生時代の代表的な墓制とされている方形周溝墓を、数々の研究史をふまえ、自明とされたことをあらためて問い直し、これら一連の墓群の存在がどのような社会的意味をもっていたのかを探る。

④遮光器土偶と縄文社会
金子昭彦著
A5 266頁 本体4500円

縄文社会のなかで遮光器土偶はいかなる存在だったか。何のために作られたのか。考古学的事実のうえに立ち、遮光器土偶の用途について「想念」をめぐらし、縄文人のメンタリティーに迫る。

⑤黒潮の考古学
橋口尚武著
A5 282頁 本体4800円

黒潮に洗われる伊豆諸島には、古くから特色ある文化が根づいている。それらの文化の諸相を縄文時代から中世にかけて追求し、太平洋沿岸の文化交流の実体解明に迫る。

⑥人物はにわの世界
稲村繁(文)・森昭(写真)著
A5 226頁 本体5000円

人物埴輪に見出したロマンを独特な黒の空間に描き出した森昭の作品群と、それに触発され埴輪の語る世界を読みとるべく筆を起こした稲村繁。本書はその両者をもって古代史を紡ぎ出している。

⑦オホーツクの考古学
前田潮著
A5 234頁 本体5000円

オホーツク海をめぐる地域に展開したいくつかの古代文化の様相をめぐって、筆者自らの調査の結果をふまえ、また日露の研究者の幾多の文献を渉猟し、研究に新たな展望を開く。関係者必見の書。

⑧井戸の考古学
鐘方正樹著
A5 210頁 本体3700円

制作時からすでに土中にある井戸は考古学の宝庫であり、過去と現在をつなぐタイムトンネルともいえよう。本書では建築技術・構造的視角から分析、東アジア的広がりの中でその展開を追究する。

⑨クマとフクロウのイオマンテ―アイヌの民族考古学―
宇田川洋編
A5 248頁 本体4800円

北海道東部に残された「イオマンテ」とよばれるクマの魂を送った場所を考古学的に調査し、古老への聴取り調査もふまえ儀礼の全容を明らかにする。民族考古学の先駆けとなった研究成果を提示。

⑩ヤコウガイの考古学
髙梨修著
A5 302頁 本体4800円

ヤコウガイの供給地域はほとんど未詳とされてきたが、近年奄美大島から大量に出土し注目されている。本書は、古代〜中世の琉球弧の交易史を、ヤコウガイによって明らかにしようとする。

――― ものが語る歴史シリーズ・既刊 ―――

⑪食の民俗考古学
橋口尚武著

A5 222頁 本体3800円

縄文時代や弥生時代に育まれ、その後も日常生活のなかで改良されながら発展的に継承されてきた生活技術や食習慣を描き出すことで、日本文化の「原風景」に迫る。

⑫石垣が語る江戸城
野中和夫編

A5 394頁 本体7000円

日本最大級の城郭である江戸城。現存する膨大な石垣群に焦点をあてて、考古資料と文献等を手がかりにしつつ、詳細に分析。様々な表情を見せる江戸城の姿を多くの写真とともに描き出す。

⑬アイヌのクマ送りの世界
木村英明・本田優子編

A5 242頁 本体3800円

アイヌのアイデンティティーを最もよく示すと言われ儀礼のなかで最高位に位置づけられる「クマ送り儀礼」。民族誌と考古学の両面からクマ送りの実際や起源を検証し、その今日的意味を探る。

⑭考古学が語る日本の近現代
小川・小林・両角編

A5 282頁 本体4500円

出土遺物や遺構は文字や映像資料では知り得ないことをしばしば雄弁に物語る。筆者らは、近年盛んになった明治期以降を対象とする考古学研究を駆使しつつ、新たな視点からの近現代史を探る。

⑮古代馬具からみた韓半島と日本
張允禎著

A5 226頁 本体3800円

古代韓半島と日本の馬具技術や特徴を詳細に分析し、馬具技術の伝播や製作集団の動向を総合的に検討することにより、両地域間交流の様相と社会変容を探り、地域間格差やその特徴等にも言及。

⑯壺屋焼が語る琉球外史
小田静夫著

A5 258頁 本体4500円

沖縄を発し、東京八丈島や南方の島々でも発見される壺屋焼を追って、泡盛の歴史的な展開やその背景、さらには知られざる沖縄の漁業・農業移民の壮大な軌跡を探る。第36回伊波普猷賞受賞

⑰古代日本海の漁撈民
内田律雄著

A5 290頁 本体4800円

古代出雲地方を中心とする日本海の沿岸漁撈がどのように営まれたか、考古資料や文献史料、民俗資料を駆使し漁具の復元なども試みて、その実態に迫る。

⑱石器づくりの考古学―実験考古学と縄文時代のはじまり―
長井謙治著

A5 258頁 本体4600円

気鋭の若手研究者が十年間にわたり石器―特に有舌尖頭器の復元製作に取り組み、モノと人の行動をつなぐ補助的な情報を可能な限り拾い集め、石器と対話することにより縄文開始期を捉え直す。

⑲民族考古学と縄文の耳飾り
高山純著

A5 290頁 本体5800円

縄文時代の耳栓は土製耳飾りから派生した一変種であり、南方や大陸から流入したものではないという持論を精緻に論証しつつ、さらに広く民族学資料を渉猟し、縄文人の生態の一側面を描き出す。

⑳縄文の漆
岡村道雄著

A5 186頁 本体3800円

縄文文化を代表する特色の一つである漆。その植生や起源、製作技法、形態分類、特色などについて、考古学的見地から具体的な資料を示し、現在の学際的研究の成果を踏まえながら追究する。

ものが語る歴史シリーズ・既刊

㉑古代蝦夷社会の成立
八木光則著
A5 298頁 本体6000円

古代の道南・東北において、律令国家との接触過程で蝦夷の社会が変容し、形成されていく過程について、文献史料も援用しつつ、考古資料を精緻に分析することから冷徹に描き出そうと試みる。

㉒貝の考古学
忍澤成視著
A5 442頁 本体7000円

縄文時代、主に装身具などの素材に利用された貝について、その考古学的、生物学的な分析をもとに、当時の習俗や社会形態、交易ルートや、もう一つの「貝の道」などについて考察する。

㉓アイヌの民族考古学
手塚薫著
A5 242頁 本体4800円

アイヌの狩猟採集や家畜飼養、儀礼、交易、疾病など幅広い属性を通時的に分析し、国家との関係、他民族との異同にも触れつつ、その文化の特徴と変容の過程を明らかにする。

㉔旧石器社会と日本民俗の基層
田村隆著
A5 278頁 本体5500円

石器に込められた豊穣なメッセージを読み解く過程で、伝統的な形式分類学では捉えられない旧石器社会の諸特質を描くとともに、旧石器・縄文の画期を見出し、日本民俗の全体性を透視する。

㉕蝦夷とは誰か
松本建速著
A5 314頁 本体5700円

古代東北にはやまと言葉と異なる言語を話す人々が住んでいたという。著者はこの議論に考古学の立場から迫り、民俗学や文献史学と、言語学・形質人類学をも援用して決定的な結論を得た。

㉖箸の考古学
高倉洋彰著
A5 154頁 本体3000円

中国に起源をもつ箸文化は東アジア周辺諸国にどのように伝来したのか。箸の材質や形状、使用法などに着目し、膨大な資料を駆使して精緻に考察。その豊かな文化の全貌を明らかにする。

㉗ガラスが語る古代東アジア
小寺智津子著
A5 224頁 本体4500円

約5千年前、西アジアで生まれたガラスが、政治的・呪術的意味を付加されつつ東アジアに伝わっていく様相を丹念に追究。ガラスを通して、東アジア各国の社会の動きを鮮やかに描きだす。

㉘出土文字資料と古代の東国
高島英之著
A5 322頁 本体6400円

絵画表現を含む墨書土器や漆紙文書などの出土文字資料について歴史的性質を丹念に確定し、個々の資料の背後に潜む古代社会像総体の解明を目指す。

㉙中世鎌倉の都市構造と竪穴建物
鈴木弘太著
A5 198頁 本体3900円

縄文以来の竪穴式住居のうち、鎌倉出土の住居址を竪穴建物と規定しつつ往時の都市領域を復原。独自の起源をもつ竪穴建物のルーツを探り、都市構成との相関関係に迫る。

㉚イヌの考古学
内山幸子著
A5 278頁 本体4200円

世界最古の家畜とされるイヌと人とのかかわり合いを、考古資料から丹念に検証し、時に運搬用、時に食用とされるなど、時期や地域で大きく変化してきたその関係性と歴史を鮮やかに描き出す。